D1919283

GROSSER WANDERATLAS

ALPEN

DEUTSCHLAND · ÖSTERREICH · ITALIEN

KOMPASS

2. Auflage 2004
ISBN 3-85491-605-1
Verlagsnummer 605

Grafische Herstellung: KOMPASS-Karten GmbH, Innsbruck
Wanderkartenausschnitte: © KOMPASS-Karten GmbH
Tourskizzen und Texte: wt-BuchTeam, Garching/Alz
Bearbeitung Reiseatlas Alpen: Kartographie Heinz Schwanninger, Absam
Konzept und Layout: FGH, Innsbruck

Da die Angaben eines Wanderführers in der heute so schnelllebigen Zeit fas ständig Veränderungen unterworfen sind, kann für die Richtigkeit keine Ge währ übernommen werden. Auch lehrt die Erfahrung, dass Irrtümer nie gan zu vermeiden sind. Berichtigungshinweise und Verbesserungsvorschläge nimm die Redaktion gerne entgegen.

Korrekturhinweise bitte an unsere Adresse: KOMPASS-Karten GmbH,
Kaplanstraße 2, A-6063 Rum/Innsbruck,
Telefon: +43 512 265561-0 · fax: +43 512 265561-8
e-mail: kompass@kompass.at
http://www.kompass.at

GROSSER WANDERATLAS

ALPEN

DEUTSCHLAND · ÖSTERREICH · ITALIEN

KOMPASS Wander-Atlas

DEUTSCHLAND

ÖSTERREICH

ITALIEN

GROSSER WANDERATLAS

ALPEN

DEUTSCHLAND · ÖSTERREICH · ITALIEN

DIE ALPEN

Zuckerhütl, 3507 m

Vom ewigen Eis zu den Rebenhängen

Majestätische Bergwelt – ob man vor „König Watzmanm“ steht oder vom Gipfel des Ortlers auf die Dreitausender rings herum schaut: Der Eindruck dieser Riesen ist überwältigend, schon der schieren Masse wegen, da gibt es nichts Vergleichbares. Und zwischen den schneegekrönten Spitzen eine Welt von erstaunlicher Vielfalt: zerklüftete Felsen und steile Wände, mal wild, mal sanft rauschende Bäche, kristallklare Bergseen, saftige Wiesen und steile Rebenhänge, bizarre Schluchten, malerische Städtchen und prächtige Kirchen – es ist ein buntes Mosaik, das sich zu Europas größter zusammenhängender Urlaubslandschaft fügt.

Diese Urlaubslandschaft hat sich in den vergangenen Jahren gewaltig verändert. Das war unumgänglich, denn der Tourismus ist in vielen Regionen der Alpen die einzige Branche mit Zukunft. Deshalb wurden Milliarden in ein zeitgemäßes touristisches Angebot investiert. Erlebnisbäder und Funparks, Mountainbiking, Canyoning und trendige Events gehören ebenso dazu wie lebendiges Brauchtum, Feste und Tradition. Aber auch das Wandern im Gebirge ist wieder »in«. Um die Alpen in ihrer Faszination und Vielfalt kennenzulernen, wurden vor allem einfache Touren aufgenommen, die den Landschafts-Charakter gut widerspiegeln.

Marketenderin in Wipptaler Tracht

Der deutsche Anteil der Alpen beschränkt sich auf einen schmalen, kaum 20 Kilometer breiten Streifen im Süden Bayerns. Wenn auch kein Dreitausender dabei ist, so kann diese reizvolle Landschaft doch mit eindrucksvollen Berggestalten wie den Watzmann in den Berchtesgadener Alpen und die Zugspitze im Wettersteinmassiv aufwarten. Daneben lockt die sanfte Landschaft des Alpenvorlandes mit ihren sehenswerten Kirchen, Klöstern und Schlössern.

Wendelstein-Kirche

Der Großteil der Ostalpen liegt auf österreichischem Gebiet. Zwischen Vorarlberg im Westen und der Wien im Osten reiht sich eine Bergkette an die andere. Etliche Dreitausender krönen die Silvretta, den Rätikon und die Verwallgruppe, die Vorarlberg und Tirol miteinander verbindet.

Die anschließenden Ötztaler Alpen, Stubaier Alpen und Zillertaler Alpen bilden den Kern der österreichischen Alpen, die mit dem vergletscherten Großvenediger und dem Großglockner, 3797 m, in den Hohen Tauern ihren Höhepunkt finden.

Fruchtbare Täler und grandiose Felsszenarien bilden die typischen Merkmale der Südtiroler Landschaft, die von den berühmten Dolomiten beherrscht wird. Im Westen des Landes liegt der Ortler, 3905 m, der von erfahrenen Bergsteigern in einer Zweitagestour von Sulden aus erstiegen werden kann. Weiter südlich, in den Bergen rund um den Gardasee, bieten sich dank des mediterranen Klimas das ganze Jahr über Wanderungen an. Alpentouren reichen vom ewigen Eis bis zu den Rebenhängen.

Ansitz bei Kaltern, Blick auf den Mendelkamm

Die Entstehung der Alpen

Wie alle Gebirge, so sind auch die Alpen durch erdinnere Kräfte und Bewegungen entstanden, welche die äußere, bis zu 70 km dicke Erdkruste, ständig verändern. Sechs große und einige kleinere Platten bilden sozusagen die Haut der Erde. Sie bewegen sich auf dem zähflüssigen Untergrund des Erdmantels mit einer Geschwindigkeit von 2 cm pro Jahr wie Eisschollen auf dem Wasser. Entfernen sich zwei Platten voneinander, so entsteht ein Ozean, und Basaltmagma aus dem Erdinneren füllt den sich weitenden Spalt der Erdkruste. Durch die Abkühlung wird die ozeanische Basaltkruste immer dicker und schwerer und sinkt in den Erdmantel zurück. Dadurch bewegen sich die Kontinente aufeinander zu und falten sich an ihren Rändern zu Gebirgszügen auf.

Ein von der Afrikanischen Platte losgelöster Kontinentsplitter, die Adriatische Platte, schob sich vor 50 Mio. Jahren 150 Kilometer weit über den Südrand der Europäischen Platte hinweg. Bei dieser gewaltigen Überschiebung wurden die Sedimente beider Platten zu hohen Bergen aufgefaltet.

Die Konturen der Alpen werden durch Erosion laufend verändert. Wasser, Eis und starke Winde verursachen oft starke Abtragungen, Flüsse und Bäche schneiden Täler in die Erdoberfläche, und auch Abtragungen ändern das Bild der Erde fortlaufend.

Erdgeschichte am »Sentiero Astaldi«.

Gesteine und Mineralien

Die Felswände der Alpen gewähren Einblicke in die steinernen Strukturen der Erdkruste.

Magmatische Gesteine
bilden sich, wenn flüssiges Magma aus dem äußeren Erdmantel hervorquillt und an der Oberfläche erstarrt. Ein weit verbreitetes Tiefengestein ist der Granit.

Durch Verwitterung werden Steine abgetragen, bis sie schließlich als Schotter und Sand unter Felswänden lagern und von Flüssen ins Meer befördert werden. Durch chemische und physikalische Prozesse verfestigen sich diese Ablagerungen im Laufe der Zeit zu **Sedimentgestein** (Kalkgestein).

Metamorphes Gestein
bildet sich durch Umwandlung von magmatischem Gestein und Sedimentgestein unter großem Druck oder hohen Temperaturen.

Die Temperaturen der kontinentalen Erdkruste zwischen 300 und 650 °C ließen auch eine Vielfalt von **Mineralien** entstehen. Über 2000 davon sind uns bekannt und immer neue werden entdeckt. Fast alle Minerale sind Kristalle und faszinierende Zeugen der Erdgeschichte.

Alpenflora

Wer liebt sie nicht, die Alpenblumen, mit ihren leuchtenden Farben und exotisch anmutenden Formen? Ihre Umwelt ist wesentlich rauher als die der Tieflandpflanzen und sie haben eine kürzere Vegetationszeit, die sie mit mehrjährigem Wachstum, immergrünem Laub und frühzeitigem Blühen ausgleichen. Zudem sind die Pflanzen starkem Wind und intensiver UV-Strahlung ausgesetzt und werden von Stein- und Schneelawinen bedroht. An diese erschwerten Lebensbedingungen haben sich die Alpenpflanzen in vielen Jahrtausenden gut angepasst. Auch das Edelweiß, die Königin der Alpenblumen, ist in den wärmeren Abschnitten der Eiszeiten aus Ostasien zugewandert. Durch seine filzige Behaarung schützt es sich erfolgreich vor der rauhen Hochgebirgswitterung.

Das Edelweiß – ein junger Alpenbewohner

Von den Ebenen bis zu den höchsten Berggipfeln sind verschiedene Vegetationsstufen zu erkennen: Die **subalpine Stufe** wird meist von Nadelwald gebildet, der bis zur Waldgrenze auf 1700–2000 m reichen kann. Darüber findet man noch Latschen und Zwergsträuche. In der **alpinen Stufe** ober der Waldgrenze trotzen nur noch Rasen und Schuttfluren dem rauhen Klima. In der **nivalen Stufe**, 2500–3200 m, können sich nur noch kleine Polster behaupten.

Alpenfauna

Mit den erschwerten Lebensbedingungen in zunehmender Meereshöhe ändert sich die Vegetation und damit auch die entsprechende Tierwelt. Die Tiere passen sich durch Verstärkung des Herzens und der Gefäße, Dunkelfärbung und verdichtete Behaarung an die Umwelt an. Im Laubwald der **Waldstufe** finden sich Eichhörnchen, Baummarder, Spechte, Eulen, Feuersalamander, Alpenbockkäfer, Auerhuhn, Hasel- und Birkhuhn. Den Nadelwald bewohnen Tannenhäher, Kreuzschnäbel, Schwarzspecht, Rauhfuß- und Sperlingskauz. In der **Zwergstrauchheidenstufe** leben Schneehuhn, Steinhuhn, Steinschmätzer, Murmeltier, Gämse, Steinbock, Hermelin, Fuchs und Schmetterlinge. In der **nivalen Stufe** sind noch Milben, Springschwänze, Spinnen, Mücken und Schmetterlinge zu finden. Die Firnfelder und Gletscher werden nur von Protozoen, Bärtierchen und Gletscherfloh bewohnt.

Im Hochgebirge zu Hause: das Murmeltier

DIE ALPEN

Tipps und Hinweise

SCHWIERIGKEITS-BEWERTUNG
Angaben zu Schwierigkeiten sind gerade im Bereich der Bergwanderungen problematisch; zu unterschiedlich ist das individuelle Empfinden, etwa beim Thema »ausgesetzt« und Schwindelfreiheit. Auch die Klassifizierung von objektiven Voraussetzungen (körperliche Verfassung, Wetter ...) wäre nur wenig aussagekräftig, deshalb gibt es bei den folgenden Tourenvorschlägen zur Schwierigkeit weniger »harte Ziffern« als Hinweise zum Charakter des jeweiligen Unternehmens. Das setzt voraus, dass immer auch die eigene Verantwortlichkeit gefragt ist und hat den zusätzlichen Vorteil, dass der Benützer auch nach seinen eigenen Kriterien »passend« und »Spaß« auswählen kann.

Eine grobe Unterscheidung bei den Schwierigkeiten ergibt sich aus den Farben der Tourennummern. Dabei ist zu beachten, dass im Text erwähnte etwaige Zusatzziele, alternative Abstiegswege oder Varianten deutlich schwieriger sein können. Das Hinweissymbol macht auf Zusätze aufmerksam.

▼ **BLAU** Hier handelt es sich um gut angelegte (Berg-) Wege ohne echte Gefahrenstellen, die jedermann begehen kann. Das schließt aber kräftige Steigungen nicht aus. Diese Routen sind zudem gut beschildert und markiert. Auch für alpine Anfänger geeignet

▼ **ROT** Diese Wege und Steige verlaufen in hochalpinem Gelände, können also durchaus steil und steinig sein, vielleicht auch einmal durch leicht schrofiges Gelände führen (evtl. Drahtseile), ohne allerdings ernste Gefahrenstellen zu bieten. Ein Mindestmaß an alpiner Erfahrung, etwas Trittsicherheit und festes Schuhwerk sollen nicht fehlen. Auch diese Routen, wie fast alle im Bereich des Führers, sind meist ausreichend beschildert und gut markiert.

▼ **SCHWARZ** Hier findet man wirklich anspruchsvolle Bergwanderungen in manchmal felsdurchsetztem Gelände. Es gibt ausgesetzte und gefährliche Stellen, und diese Touren sind meist recht lang. Kondition, Schwindelfreiheit, Trittsicherheit und Geschicklichkeit sind ebenso notwendig wie Bergstiefel und richtige Ausrüstung. Hier wirken sich die herrschenden Verhältnisse wie Nässe, Nebel, Neuschnee, Altschneefelder usw. besonders deutlich aus. Auch diese Routen sind meist ausreichend beschildert und markiert. Für Anfänger ungeeignet!

ZEITANGABEN Die angegebenen Gehzeiten für Auf- und Abstiege können nur Richtwerte sein; zu ungleich ist das Tempo der einzelnen Wanderer und Bergsteiger. Auch andere Faktoren beeinflussen die benötigte Zeit wie ein schwerer Rucksack, ungünstige Bedingungen, Hitze, die persönliche Tagesverfassung usw. Jeder muss für sich herausfinden, ob er ungefähr die angegebenen Zeiten braucht, ob er etwas langsamer oder schneller unterwegs ist.

ORIENTIERUNG Führer und Karte nützen wenig, wenn die nötige Sorgfalt fehlt. Kluge studieren ihre Hilfsmittel nicht nur vor der Tour genau, sie vergleichen laufend ihre Unterlagen mit den Gegebenheiten. Nur so fällt ein Fehler sofort auf, nur so ist man vor Irrwegen sicher. Die gute Hütten-Infrastruktur gibt zusätzlich die Möglichkeit, immer wieder Informationen vor Ort einzuholen.

HÖHE UND SCHNEE Auch wenn Sie keine Hochgebirgstour auswählen, müssen Sie für einen Wetterumschwung vorsorgen. Warme Kleidung sollte bei höheren Gipfeltouren nie fehlen, zumal in der Höhe häufig kalte Winde blasen. Zudem gibt es an geschützten Stellen bis weit in den Sommer hinein Altschneefelder, und jeder Schlechtwettereinbruch kann auch Neuschnee bringen. Deshalb ist es ratsam, sich vorher über die Verhältnisse zu informieren!

HÜTTEN, ALMEN Bei den Einkehrmöglichkeiten unterwegs haben wir keine Öffnungszeiten angegeben – aus gutem Grund: Diese ändern sich zu rasch, hängen manchmal auch von den Verhältnissen ab (z.B. Schlechtwettereinbruch mit Schnee im Herbst). Der Benützer findet jedoch die Telefonnummern der Alpinen Auskunftstellen und der Verkehrsämter bzw. Informationsbüros, die meist gut darüber Auskunft geben können.

KOMPASS Alpin Info

Alpine Auskunftstellen
DAV - Deutscher Alpenverein
☎ +49/89/294940
ÖAV - Österreichischer Alpenverein
☎ +43/512/587828
AVS - Alpenverein Südtirol
☎ +39/0471/413809

KOMPASS-Karten GmbH:
www.kompass.at

Alpiner Wetterdienst
☎ Deutschland: 0190/116011
☎ Österreich: 0900/911566-80

Alpenwetter (persönliche Beratung):
☎ Österreich +43/512/291600

Alpenwetter (im Internet):
www.alpenverein.at/wetter

Alpiner Notruf:
☎ Europäischer Notruf 112
☎ Bayern: 19222, ☎ Österreich 140
☎ Italien: 118

BERCHTESGADENER LAND

Wasser, Felsen, Blumen: die idealen Komponenten des Berchtesgadener Wandergebiets

Das Gebiet

Die Berchtesgadener Alpen, ein Bestandteil der Nördlichen Kalkalpen, werden geprägt durch tief liegende Täler, ausgedehnte Hochplateaus und schroffe Gipfelregionen.

Während der Dachsteinkalk in den Hochgebirgslagen durch seine starke Verkarstung zur Höhlenbildung (vor allem am Untersberg) beigetragen hat, besteht der Sockel der Gebirgsmassive aus Dolomitgestein, das durch eiszeitliche Gletscherentwicklungen zu Trogtälern ausgeschliffen wurde, wie beim Königssee, oder infolge der Verwitterung zu riesigen Schutttälern führt; wie im Wimbachtal zu sehen.

Außer dem Watzmann und dem Lattengebirge, die ausschließlich auf deutschem Boden liegen, werden alle anderen Gebirgszüge von der Landesgrenze Österreich und Deutschland durchzogen. Die Saalach trennt die Berchtesgadener im Westen von den Chiemgauer, Loferer und Leoganger Bergen, die Salzach bildet im Osten die Grenze.

Nationalpark Berchtesgaden

210 km^2 umfasst der im Jahre 1978 gegründete Nationalpark Berchtesgaden, der den Südteil des Alpenparks bildet. Er entspricht in etwa dem früheren Naturschutzgebiet Königssee, das bereits 1910 unter Schutz gestellt wurde. Die Ziele der Nationalparkverwaltung – zum einen die Natur, Flora und Fauna sich weitgehend ungestört entwickeln zu lassen, zum anderen den Menschen diese Natur zur Erholung zur Verfügung zu stellen – hat dazu geführt, dass kaum ein anderes Erholungsgebiet so gut wissenschaftlich untersucht, so hervorragend erschlossen und so umfassend mit Informationen über die Zusammenhänge zwischen Mensch und Natur ausgestattet ist.

Nationalparkhaus Berchtesgaden, Tel. 08652/64343 und Nationalpark-Informationsstellen in Königssee »Alter Bahnhof«, Tel. 08652/62222; Ramsau-Hintersee »Klausbachhaus«, Tel. 08657/1431; Wimbachbrücke.

Das Urlaubs- und Wandergebiet Berchtesgadener Land

Die landschaftliche Vielfalt der Berchtesgadener Alpen bietet sowohl dem Spaziergänger wie dem ambitionierten Bergwanderer eine Vielzahl von Möglichkeiten. Das Angebot an Seen (Königssee, Taubensee, Hintersee), Klammen, Almen (Gotzenalm, Kührointalm) und Hütten ist riesig und vielfältig.

Mit Hilfe der Seilbahnen lassen sich um Jenner, Predigtstuhl und am Untersberg leichte Tagestouren durchführen, unter Benützung der Unterkunftshäuser auf der Reiter Alm und im Steinernen Meer können auch lange und abwechslungsreiche Mehrtagesunternehmungen durchgeführt werden. Die Kombination von Bootsfahrt und Bergtour hat rund um den Königssee natürlich einen ganz besonderen Reiz und ist nicht nur für Kinder eine zusätzliche Motivation.

Für den engagierten Berggeher sind die Überschreitungen am Hohen Göll, im Hochkaltergebiet, am Watzmann, auf der Reiter Alm und im Steinernen Meer durchaus lohnende Herausforderungen.

Themenwege

stehen in Bezug zur Berchtesgadener Geschichte, Kultur und Landschaft und vermitteln ein lehrreiches Erlebnis:

☛ **Adlerweg** (Hintersee)

☛ **Almbachklamm, Theresienklause, Kugelmühle** (Marktschellenberg)

☛ **Arnoweg**
Die ersten acht der insgesamt 63 Etappen des Arnoweges führen über den Untersberg nach Marktschellenberg, dann über das Torrener Joch und Stahlhaus zum Königssee und über das Steinere Meer nach Lofer. Der 830 km lange Arnoweg wurde aus Anlass des Jubiläums »1200 Jahre Erzbistum Salzburg« geschaffen und nach Erzbischof Arno benannt.
Salzburger Land Tourismus GmbH,
e-mail: info@salzburgerland.com
www.tiscover.at/salzburg

☛ **Historischer Rundgang**
(Berchtesgaden/Bad Reichenhall)

☛ **Oberer Knappenweg**
(Bergwerk Dürrnberg)

☛ **Naturlehrpfad Zauberwald**
(Ramsau-Hintersee)

☛ **Ramsauer Malerweg**
(Hintersee)

☛ **Sagen-Wanderung**
(Oberau, Roßfeldstraße)

☛ **Salzhandelsweg**
(Hintersee – Weißbach)

☛ **Salinenweg zum Antoniberg**
(Bad Reichenhall)

☛ **Schlösser-Wanderungen**
(Gruttenstein, Marzoll, Ruine Karlstein)

☛ **Soleleitungsweg**
(Ramsau – Ilsank)

☛ **Wasserpfad–Naturerlebnis-Rundwanderweg**
(Bayerisch-Gmain);
Informationen: Landesbund für Vogelschutz in Bayern e.V. (LBV), Güterhallenstr.2, D-83278 Traunstein, Tel. 0861/15152, Fax 2637.

Die Orte

Bad Reichenhall
470 m, die Stadt des Salzes, Alpenstadt des Jahres 2001, sehenswerte Altstadt, Heimatmuseum mit Ausstellungsgegenständen zur Salzgewinnungsgeschichte, bereits seit 1158 Stadtrechte. Bad Reichenhall und Bayerisch Gmain sind wettermäßig bevorzugt durch die Föhnlagen im Reichenhaller Becken (nur 13 Frosttage im Jahr).
Kur- und Verkehrsverein e.V.,
Bad Reichenhall/Bayerisch Gmain,
D-83435 Bad Reichenhall,
Wittelsbacherstr. 15, Tel. 08651/60 63 03,
Fax 08651/60 63 11;
e-mail: info@bad-reichenhall.de
www.bad-reichenhall.de

Berchtesgaden
573 m, Zentrum des Berchtesgadener Landes, heilklimatischer Kurort, Obersalzberg, Obersalzbergbahn, Roßfeldstraße.
Ein beschilderter 2-stündiger Weg führt an 15 bezeichneten Punkten vorbei – ausgehend vom Kur- und Kongresshaus – und ermöglicht einen historischen Spaziergang durch eine fast 900-jährige Geschichte. Augustinerstift um 1100, ab 1559 souveränes Fürstentum, 1810 zum Königreich Bayern.
Kurdirektion des Berchtesgadener Landes,
Königsseer Straße,
D-83471 Berchtesgaden,
Tel. 08652/96 70, Fax 08652/96 74 00;
e-mail: info@berchtesgadener-land.com
www.berchtesgadener-land.com

Bischofswiesen
614 m, heilklimatischer Kurort, der flächenmäßig zweitgrößte Gemeindeort Bayerns.
Verkehrsbüro Bischofswiesen,
D-83483 Bischofswiesen, Hauptstraße 48,
Tel. 08652/72 25, Fax 08652/78 95;
e-mail: Verkehrsverein_Bischofswiesen@t-online.de; www.bischofswiesen.de

Marktschellenberg
479 m, Schellenberger Eishöhle, Almbachklamm.
Verkehrsamt Marktschellenberg,
D-83487 Marktschellenberg, Salzburger Straße 2, Tel. 08650/98 88 30,
Fax 08650/98 88 31; e-mail:
info-schellenberg@berchtegaden.de

Piding
457 m, Luftkurort, Museum im Schloss Staufeneck.

Ramsau
670 m, heilklimatischer Kurort, Taubensee, Hintersee.
Kurverwaltung Ramsau,
D-83486 Ramsau, Im Tal 2,
Tel. 08657/98 89 20, Fax 08657/772;
e-mail: TouristikServiceRamsau@toline.de
www.Ramsau-Nationalparkgemeinde.de

Schönau am Königssee
602 m, am nördlichen Seeufer, Königssee-Schifffahrt, Kunsteis-Rodel- und Bobbahn, Jennerbahn.
Verkehrsamt Schönau am Königssee,
D-83471 Schönau am Königssee,
Rathausplatz 1,
Tel. 08652/17 60, Fax 08652/40 50;
e-mail: Tourismus@Koenigssee.com
www.Koenigssee.com

Sehenswürdigkeiten – Ausflugsziele

Blick vom Jenner zum Untersberg

Almbachklamm
Am Fuß des Unterbergs auf dem Gemeindegebiet von Marktschellenberg gelegen, seit 1894 erschlossen, rund 2,5 km lang. Das Gefälle von 200 m macht 320 Stufen, einen Tunnel, 168 m Nischenwege und 29 Brücken erforderlich. Bis 1963 wurde Holz (Nutz- und Brennholz bis zu einer Länge von 4,50 m) durch die Klamm gedriftet; dazu wurde die »Theresienklause« genannte Staumauer am oberen Klammteil erbaut.
Das Gasthaus Kugelmühle ist Ausgangspunkt für eine ca. 2-stündige Wanderung, u. a. zur seit 1683 bestehenden Kugelmühle, die als der letzte Betrieb ihrer Art in Deutschland schöne Marmorkugeln fertigt.
Klamm und Kugelmühle sind vom 1.5.–31.10. ganztägig geöffnet.

Alte Saline mit Salzmuseum
An der Salinenstraße, D-83435 Bad Reichenhall, Tel. 08651/700 21 46, Fax 08651/70 02 54, geöffnet 1.5.–31.10. täglich 10–11.30 und 14–16 Uhr, 1.11.–30.4. Di, Do, 1. So im Monat 14–16 Uhr (an Feiertagen teils besondere Öffnungszeiten, erkundigen!), Besichtigungsdauer mit Führung ca. 1 Std. (Kombikarte mit dem Salzbergwerk Berchtesgaden möglich!).

Kulturzentrum
D-83435 Bad Reichenhall,
Tel. 08651/37 13, Fax 08651/98 45 77, kostenloser Katalog, Ausstellungen täglich 10–17 Uhr.

Bad Reichenhaller Glashütte
D-83435 Bad Reichenhall,
In der Alten Saline 12, Tel. 08651/697 38, Fax 08651/697 39; Öffnungszeiten: Mo–Fr 9.30–18 Uhr, Sa 9–13 Uhr; www.riedl-glaskunst.de

Marktschellenberger Eishöhle
Die Schellenberger Eishöhle unterhalb des Salzburger Hochthrons ist die größte erschlossene Eishöhle Deutschlands.
Besichtigung eine gute ½ Std. (warme Kleidung!), stündliche Führungen von Pfingsten bis Oktober von 10–16 Uhr.
Der Aufstieg vom Schellenberger Wachturm (Paßthurm) dauert 2½ Std., von der Untersbergbahn-Bergstation über den Thomas-Eder-Steig ca. 1½ Std., von der Toni-Lenz-Hütte ca. 20 Min.
Infos: D-83487 Marktschellenberg, Dr. Berkmann-Str. 13, Tel. 08650/375

Hintersee
Schön gelegener Bergsee mit künstlerischer Vergangenheit (Malerkolonie des 19. Jahrhunderts). Boots-

BERCHTESGADENER LAND

ausflüge, Naturlehrpfad Zauberwald (mit Informationstafeln). Der Hintersee ist Ausgangspunkt für die Rotwild-Schaufütterung (an der Hirschbichlstraße im Klausbachtal inmitten eines 45 ha großen Wintergatters).

Für Besucher ist ein Damm aufgeschüttet, von dem aus die Tiere beobachtet und fotografiert werden können. Oberhalb der Wildfütterung ist ein Fressplatz für Steinadler eingerichtet, der regelmäßig von November bis April bestückt wird, so dass die Chance besteht, Steinadler beobachten zu können.
Informationen: Kurverwaltung Ramsau, Tel. 08657/98 89 20

Königssee
Der fjordartig eingebettete See ist 8 km lang, bis zu 1250 m breit und liegt 602 m über NN. Mit einer maximalen Wassertiefe von 190 m bleibt das Wasser auch im Hochsommer relativ kalt, da der See

Tiefblick auf den Königssee und St. Bartholomä

Die Königssee-Halbinsel St. Bartholomä

hauptsächlich durch unterirdische Zuflüsse gespeist wird.

Die Königsseeflotte verfügt über 18 Elektroboote, mit 1650 Plätzen und befördert jährlich ca. 650.000 Personen. 3 Stationen werden angelaufen: Kessel (Bedarfshaltestelle); St. Bartholomä (35 min), Salet (Hin- und Rückfahrt ca. 2 Std.).
Informationen: Schifffahrt Königssee, Tel. 08652/96 36 18, Fax 647 21; www.seenschifffahrt.de

Maria Gern, Wallfahrtskirche
Berühmte Marien-Wallfahrtskirche im Gerner Hochtal, erbaut 1708-1710 von einem unbekannten Salzburger Barockbaumeister, mit kunstvoller Barockausstattung, beliebter Ausgangspunkt für Wanderungen (Kneifelspitze) und ebenso beliebtes wie häufiges Fotomotiv.

Nationalpark Berchtesgaden
Umfassende Dokumentationen bringen die Einzigartigkeit des Nationalparks Berchtesgaden näher.
Nationalparkhaus Berchtesgaden, D-83471 Berchtesgaden, Franziskanerplatz 7, Tel. 08652/643 43, Eintritt frei, geführte Wanderungen, geöffnet täglich Uhr (außer an Sonn- und Feiertagen).

Dokumentationszentrum
Obersalzberg, Salzbergstraße 41, D-83471 Berchtesgaden, Tel. 08652/94 79 60, Fax 94 79 69; www.obersalzberg.de
Ständige Ausstellung des Instituts für Zeitgeschichte München über die Geschichte des Obersalzbergs und die Nazi-Diktatur, multimediale Ausstellung,
geöffnet 1.5.–31.10. Di–So 9–17 Uhr; 1.11.–30.4. Di–So 10–15 Uhr.

Roßfeldstraße
Mautpflichtige ringförmige Panoramastraße, die auf einer Länge von 15,2 km bis in eine Höhe von 1600 m hinaufführt. Zwei Anfahrtsmöglichkeiten: Obersalzberg bzw. Unterau, ganzjährig befahrbar.

Salzbergwerk Berchtesgaden
Bergwerkstraße 83, D-83471 Berchtesgaden, Tel. 08652/600 20, Fax 08652/60 02 60, Besichtigungsdauer mit Führung 1 Std. Zeitaufwand ca. 2 Std., 1.5.–15.10. täglich 9–17 Uhr; 16.10.–30.4. Sa 12.30–15.30 Uhr (an wenigen Feiertagen geschlossen; erkundigen!).

Salzburger Freilichtmuseum
A-5084 Großgmain bei Salzburg, Tel. 0662 850 01, Fax 0662 850 01 19; www.freilichtmuseum.com
60 bäuerliche Originalbauten aus fünf Jahrhunderten sind Zeugnis des harten Bauernalltags, aber auch Dokumente der Volksarchitektur und Handwerkskunst.
Mit Erlebnisspielplatz u.v.a., geöffnet täglich (außer Mo) von 9–18Uhr.

Sommerrodelbahn Hochlenzer
Am Obersalzberg, Scharitzkehlstr. 6, Fam. Maltan, D-83471 Berchtesgaden, Tel. 08652/21 05, Fax 08652/661 64, 600 m Länge, 1.4.–31.10. täglich von 10–19 Uhr (außer bei Regenwetter).

Thumsee
Westlich von Bad Reichenhall gelegen, knapp 1 km lang, Freibad. Der Seeabfluss bildet einen unter Naturschutz stehenden Moorweiher (Seemösl, üppiger Seerosenwuchs), oberhalb des Sees das Barockkirchlein St. Pankraz und die Burgruine Karlstein.

Watzmanntherme in Berchtesgaden
Badespaß auf 900 m², 80-Meter-Rutsche, Solebecken und sämtliche Bade- und Heileinrichtungen, geöffnet täglich 10–22 Uhr; Tel. 08652/946 40.

Im Salzburger Freilichtmuseum Großgmain

1

Über den Reitsteig zur Gotzenalm, 1685 m

Der kürzeste Weg zum beliebten Aussichtsort

Ausgangspunkt: Königssee/Schiffshaltestelle Kessel
Gehzeiten: Kessel bis Gotzenalm 3½ Std., weiter zum Feuerpalfen ¼ Std., Rückweg nach Kessel etwa 2½ Std., nach Königssee ca. 3 Std.
Charakter: Reitsteig teilweise steiler, aber gut angelegter Waldpfad, sonst bequeme Wirtschaftswege mit steilen Serpentinen. Kürzester und schnellster Zugang zur Aussichtsplattform Gotzenalm
Einkehr: Gotzenalm, evtl. Königsbachalm
Karte: KOMPASS Nr. 14 (1:50000)
Reiseatlas: Seite 18

Die Verbindung von Wasser und Bergen hat einen eigentümlichen Reiz, besonders wenn man mit dem Schiff zur Bergtour aufbricht. Der Königssee bietet Alpinisten aller Schattierungen Möglichkeiten, diese Kombination zu nutzen: von der Spazierwegwanderung am Obersee über klettersteigähnliche Bergpfade bis hin zu den schwierigen und nur den Könnern vorbehaltenen Kletterrouten in der Watzmann-Ostwand.

Der Reitsteig ist der kürzeste und schnellste Zugang zu der wunderschönen Aussichtsplattform der Gotzenalm, die einem das Watzmannmassiv wie auf dem Präsentierteller bietet, vor allem, wenn man sich den kurzen (ca. ¼ Std.) Abstecher zum Aussichtspunkt Feuerpalfen gönnt. Hier wartet ein atemberaubender Tiefblick auf den Königssee und die Halbinsel St. Bartholomä.

Ausgangspunkt unserer Wanderung ist die Bedarfsanlegestelle »Kessel«, der erste Haltepunkt der Königsseeschiffe. Zuerst in südlicher Richtung parallel zum Ufer und dann in weiten, teilweise steilen Kehren durch den Wald hinauf. Nach etwa 1½ Std. trifft man bei der Gotzentalalm (1115 m) auf den breiten Weg, der über die Königs-

Schöner Tiefblick vom Feuerpalfen nach St. Bartholomä hinab

bachalm und die Mittelstation des Jenner nach Hinterbrand führt. Nicht selten wird man ab hier von Mountainbikern begleitet. Wir halten uns rechts und steigen die steilen Serpentinen zur Seeaualm und nach einem flacheren Zwischenstück den letzten steilen Abschnitt zur Hochfläche der Gotzenalm hoch. Direkt am Rand des Plateaus leitet nach rechts ein kleiner Pfad über die Wiesen zum Feuerpalfen hinüber, zuerst ansteigend zum Warteckkamm, 1741 m, dann etwas fallend zu einem mit einem Geländer versehenen Aussichtspunkt.

Wer die Wanderung mit einer Bootsfahrt ausklingen lassen will, sollte sich um die Abfahrtszeiten der Schiffe kümmern und denselben Weg als Abstieg wählen. Es lässt sich aber auch bequem – mit einer zusätzlichen ½ Std. – nach Königssee zurückwandern.

▼ Eine **Tourvariante zur Gotzenalm** führt über den **Kaunersteig** zum »Aussichtsbalkon» hoch über dem Königssee. Nach der viertelstündigen Bootsfahrt folgt man in Salet dem Schild nach links (Kaunersteig – Regenalm – Gotzenalm, Nr. 492), der zuerst am Seeufer entlang, dann auf schattigem Waldpfad in steilen Serpentinen (z. T. mit Drahtseilen versehen) zur Regenalm führt, 2 Std. Auf dem fast ebenen Höhenweg (Nr. 493) gelangt man zur Gotzenalm mit grandioser Aussicht, gesamt 3½ Std.

Blick vom Kaunersteig auf das Steinerne Meer

2

Zur Kührointhütte über Rinnkendlsteig

Knackiger Felssteig mit Seeblick

Ausgangspunkt: Königssee/ St.Bartholomä-Schiffsanlegestelle, 604 m
Gehzeit: Bis Archenkanzel 2½ Std., plus ½ Std. zur Kührointhütte; Weiterweg über Klingeralm nach Königssee gute 2 Std.
Charakter: Der Rinnkendlsteig ist teilweise steil und felsig, aber gut gestuft und an den entscheidenden Stellen mit Drahtseilen gesichert.
Einkehr: Kührointhütte, 1403 m evtl. Grünsteinhütte, 1200 m
Karte: KOMPASS Nr. 14 (1:50 000)
Reiseatlas: Seite 8, 18

Tiefblick vom Rinnkendlsteig auf den Köngissee und St. Bartholomä

Auch wenn der Rinnkendlsteig oft als sehr schwer eingestuft wird und nur für Geübte ausgeschildert ist, darf sich meines Erachtens jeder trittsichere und schwindelfreie Berggeher an diesen aussichtsreichen Steig heranwagen. Trotz steiler Passagen bietet der gut gestufte Fels, der überall dort, wo es notwendig ist, mit Drahtseil gesichert ist, keine unüberwindlichen Hindernisse. Um den anstrengendsten Teil mit frischen Kräften angehen zu können, nehmen wir den Steig im Aufstieg. So kann man sich auch bereits bei der Bootsanfahrt einen Eindruck vom Aufstiegsweg verschaffen. Im unteren Teil ist gut zu erkennen, wie er über die meist baumlose Flanke in Serpentinen nach oben führt.

Hinter der Kirche folgen wir dem Schild, das uns nach rechts den Weg zur Kührointhütte weist. Vorbei am Holzgebäude der Ostwand-Bergsteiger, passieren wir am Seeufer entlang den Gedenkstein für die »edle Prinzessin Marie Gabriele« und halten uns weiter rechts. Kurz darauf beginnt der felsige Steig mit einer Drahtseilpassage. Etliche Stellen sind mit Eisenstiften und Drahtseilen versichert. Hin und wieder erleichtern lange Holztreppen das Höhersteigen. Nach etwa 2 Std. folgt man einer Querung, die nach rechts, leicht fallend, durch Wald führt, bis von rechts unten eine Schlucht hochzieht. Hier verliert man den Seeblick und trifft wenig später auf eine Verzweigung, die rechts zur Archenkanzel weist. In wenigen Minuten hat man den vielleicht imposantesten Königsseeblick wieder. Bis zur Verzweigung zurück und dem Schild zur Kührointhütte folgen. Auf breitem Fahrweg erreicht man ½ Std. später die willkommene Raststation.

Von der Kührointhütte nehmen wir als Weiterweg den mit Nr.443 ausgeschilderten Pfad Richtung Schönau, Herrenroint, Klingeralm. Meist durch dichten Fichtenwald folgen wir etwa 1½ Std. dem ständig abwärts führenden Weg zur Klingeralm und gelangen schließlich nach weiteren 30 Min. entlang der Bob- und Rodelbahn zum Ausgangspunkt und dem Parkplatz in Königssee.

▼ Als **Rückweg-Variante** bietet sich von der Kührointhütte auch der Weg über die **Grünsteinhütte** an: zuerst auf breitem Fahrweg, dann links abbiegend auf schönem markierten und leicht abfallenden Waldpfad zur Hütte und östlich steil hinunter zum Parkplatz in Königssee.

Ein beliebtes Wanderziel: die Grünsteinhütte

Toni-Lenz-Hütte, 1551 m und Schellenberger Eishöhle

Zur größten erschlossenen Eishöhle Deutschlands

Ausgangspunkt: Marktschellenberg/Paßthurm (großer Parkplatz)
Gehzeit: Bis zur Toni-Lenz-Hütte 2½ Std., plus ¼ Std. zur Eishöhle; Rückweg gut 2 Std.
Charakter: Gute Wege und Pfade; warme Kleidung für die Eishöhle mitnehmen
Einkehr: Toni-Lenz-Hütte, 1551 m
Karte: KOMPASS Nr. 14 (1:50000)
Reiseatlas: Seite 8

«Arnoweg«, «Toni-Lenz-Hütte«, »Eishöhle« – die Beschilderung an der Bushaltestelle (rechts an der Straße von Grödig nach Marktschellenberg) ist üppig. Für Statistiker gibt das Hinweisschild »Herz-Kreislauf-Testwanderung zur Toni-Lenz-Hütte/Eishöhle» noch zusätzliche Informationen: Gesamtlänge 6012 m, 970 Höhenmeter, 16,2 Prozent durchschnittliche Steigung.

Wir starten auf Asphalt, dann – gleich ziemlich steil – auf Kies, folgen den Hinweisschildern und dem schattigen Waldpfad, bis man nach etwa 1½ Std. wieder freie Sicht gewinnt. Der jetzt sonnige Pfad ist felsiger und steiler, aber auch erheblich aussichtsreicher und führt uns zur (laut Schild 1450 m hohen) Toni-Lenz-Hütte, dem stark frequentierten Ausgangspunkt für Eishöhlenbesucher (20 Minuten zum Sammelplatz, jede volle Stunde Führung

Die Toni-Lenz-Hütte, 1551 m

bis gegen 17 Uhr). Auf dem Weg zum Sammelplatz passiert man bei der Verzweigung mit dem Weiterweg zur Mittagscharte links, bei einem kleinen Eisenkreuz, einen wunderschönen Aussichtspunkt.

Wem der Eishöhlenbesuch zu wenig, der Weiterweg über den Salzburger Hochthron bis zum Geiereck (Talfahrt mit der Untersbergbahn möglich) aber zu weit ist, sollte sich wenigstens einen kleinen Ausflug über den Thomas-Eder-Steig zur Mittagscharte leisten. Ein sehr gut angelegter, mit Drahtseilen und Holztreppen versicherter Steig führt teilweise am Fels entlang und teilweise im Berg steil nach oben. Es ist immer ausreichend hell, manchmal etwas feucht und eng, vor allem bei häufigem Gegenverkehr. Dieser von der Eishöhle aus etwa dreiviertelstündige Abstecher lohnt in jedem Fall.

Der Rückweg verläuft über den Anstiegsweg.

Die Schellenberger Eishöhle

Höhlenforscher bezeichnen die Schellenberger Eishöhle als statisch bewetterte Sackhöhle. Sie ist luftdicht nach unten abgeschlossen und hat den Eingang oben. Die kalte Luft sinkt nach unten und bleibt als Kaltluftsee stehen. Mit jedem Schritt abwärts wird es kälter, bis man unten bei 0° C auf einer 30 cm dicken Eisschicht steht. Eindrucksvolle Eishallen und bizarre Eisgebilde sind zu bestaunen.

Besichtigung eine gute ½ Std. (warme Kleidung!), stündliche Führungen von Pfingsten bis Oktober von 10–16 Uhr. Informationen: Dr. Berkmann-Str. 13, D-83487 Marktschellenberg, ☎ 08650/375

Aschauer Klamm

Schöner Familienwanderweg

Ausgangspunkt: Schneizlreuth/ Oberjettenberg, 600 m
Gehzeit: Bis zum Haiderhof ¼ Std., und weiter bis zur Aschauer Klause gut 1 Std.; Rückweg 1 Std.
Charakter: Leichte Wanderwege und Pfade
Einkehr: Haiderhof, evtl. Gasthäuser in Reith bzw. Unken
Karte: KOMPASS Nr. 14 (1:50000)
Reiseatlas: Seite 8, 18

Klamm-Wandern: Erfrischung an heißen Sommertagen

Klammen sind eine Attraktion vieler Gebirgsgruppen, und natürlich hat auch das Berchtesgadener Land eine Vielzahl aufzuweisen. Neben den bekannteren Namen der Wimbachklamm und der Almbachklamm (siehe unter Sehenswürdigkeiten, S. 19) gibt es eine weitere leicht zu begehende, auch für Kinder geeignete Klammwanderung. Diese verläuft entlang des Aschauer Baches, auf dem in früheren Zeiten, als der Salzbergbau noch erheblichen Holzbedarf hatte, eben diese Hölzer transportiert – getriftet – wurden.

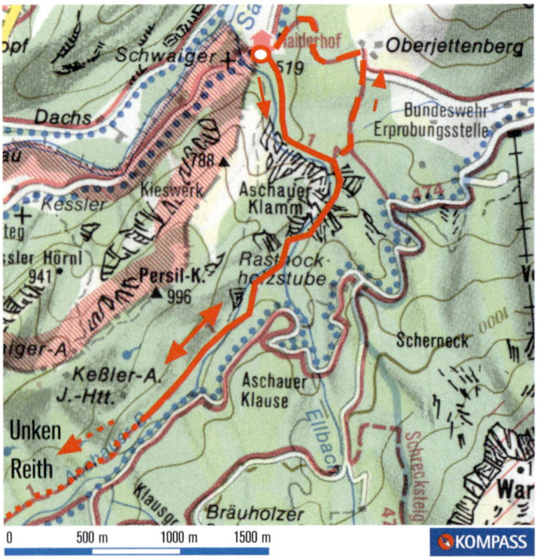

Ausgangspunkt dieser beschaulichen und leichten Wasserwanderung ist Oberjettenberg bzw. der in nur wenigen Minuten erreichbare Haiderhof. Nach Oberjettenberg gelangen wir mit dem Auto, indem wir kurz nach Unterjettenberg die Deutsche Alpenstraße an bezeichneter Stelle nach rechts verlassen.

Bergtouren an Wasserläufen entlang gehören zu den angenehmsten Formen des Wanderns

☛ Alternativ – vor allem, wenn man eine Verlängerung der Wanderung ins österreichische Reith oder Unken ins Auge gefasst hat – kann man mit dem Bus nach Schneizlreuth fahren (wohin man später wieder mit dem Bus zurückkehren kann) und von dort in 1 Std. zum Haiderhof, unserem Ausgangspunkt wandern.

Auf einem bequemen Fußweg marschieren wir am Bach entlang zum Schluchteingang, wo wir die Klamm auf einem gut abgesicherten Steig problemlos begehen können. Imposant sind die steilen und glatten Felswände, die sich links und rechts des Bachverlaufs in den Himmel recken. Ein rauschendes Vergnügen bis zur Aschauer Klause, wo sich der schmale Pfad wieder zum Fahrweg weitet. Vor allem im Hochsommer ist dieser Weg dank seines schattigen und kühlen Verlaufs besonders empfehlenswert.

▼ Wem nach mehr zumute ist, kann die Wanderung durchaus verlängern. Über die Reither Mähder lässt sich die Tour bis nach Reith, ja über die **Innersbachklamm** sogar bis Unken verlängern. Rückkehr wie oben erwähnt mit dem Bus.

Weißes Gold

Früher, als man für den Salzbergbau noch viel Nutz- und Brennholz benötigte, wurde es auf dem Aschauer Bach mittels Holztrift „angeliefert“. Damals war Berchtesgaden noch Fürstpropstei und nur Auserwählte durften das Salzbergwerk in Berchtesgaden besichtigen. Seit 1517 in Betrieb, steht es heute jedem offen, der etwas über das „Weiße Gold“ erfahren möchte. Die Grubenbahn bringt Sie ins Innere des Berges. Durch dunkle Stollen führt der Weg zu einem geheimnisvoll funkelnden Salzsee.

Salzbergwerk Berchtesgaden,
Bergwerkstr. 83 · D-83471 Berchtesgaden, ☎ 08652/6002-0,
Fax 08652/6002-60,
☎ infoline: 08652/6002-20;
info@geheimnisvolle-salzwelt.de

Watzmannhaus, 1930 m
Ein berühmter Stützpunkt

Ausgangspunkt: Ramsau, Wimbachbrücke (Parkplatz), 624 m
Gehzeit: Aufstieg über Klamm rund 4 Std., Abstieg 2¾ Std.; Rückweg über Kührointhütte 3½ Std.
Charakter: Unschwierige Berg- und Almpfade; Abstieg zur Kührointhütte verlangt Trittsicherheit (stellenweise gesicherter Steig)
Einkehr: Watzmannhaus, 1930 m eventuell Kührointhütte, 1403 m
Karte: KOMPASS Nr. 14 (1:50000)
Reiseatlas: Seite 8, 18

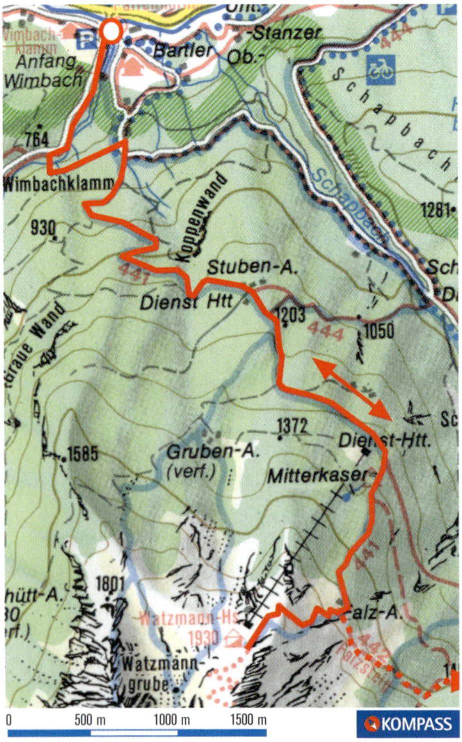

Der Watzmann ist das herausragende und sicherlich bekannteste Wahrzeichen der Berchtesgadener Berge, ein Topziel für alle Bergsteiger. Aber auch der normale Wanderer hat seine Chance, diesem Koloss nahe zu kommen: das Watzmannhaus am Fuße dieses imposanten Massivs ist ein relativ einfach zu erreichendes Wanderziel. Nicht zuletzt deshalb sollte man nicht annehmen, dass der Hüttenanstieg zum Watzmannhaus eine einsame Angelegenheit ist. Wer übernachten will, sollte sich anmelden und sich rechtzeitig auf den Weg machen.

Gleich zu Beginn der Wanderung erleben wir in der Wimbachklamm den ersten Höhepunkt; der (gebührenpflichtige) kleine Umweg lohnt sich. Anschließend wandern wir leicht ansteigend in großen Kehren auf dem Weg Nr. 441 zur Stubenalm hinauf. Weiter führt der Weg über die Mitterkaseralm und jetzt zunehmend steiler werdend zur Falzalm. Über teilweise freie Hänge schlängelt sich der gut angelegte Steig deutlich steiler zum schon länger sichtbaren Watzmannhaus hoch. Das auf dem Falzköpfl platzierte Alpenvereinshaus ist ein äußerst aussichtsreicher Logenplatz.

Das Watzmannhaus am Fuß des Hocheck und dessen breiter Rücken

Wer nicht übernachten will und auch nicht den gleichen Weg zurückgehen möchte, hat die Möglichkeit, ab der Falzalm eine Alternative zu wählen. Über den steilen, aber gut gesicherten Falzsteig (Markierung Nr. 442) erreichen wir in 1½ Std. die Kührointhütte, 1403 m.

Bereits kurz vor den Almgebäuden zweigt ein Pfad links ab, quert zuerst den Fahrweg, der zur Kührointhütte führt, und verläuft dann auf diesem gemächlich fallend zur Schapbachalm. Dort folgen wir der Fahrstraße, halten uns links und gelangen so wieder zur Wimbachbrücke und zum Ausgangspunkt beim Parkplatz zurück.

Aufbruch vom Watzmannhaus

▼ **Der Aufstieg zur Watzmann-Mittelspitze, 2713 m,** sollte nur von erfahrenen, trittsicheren und absolut schwindelfreien Berggehern unternommen werden.

Auf einem gut markierten Weg geht es in weiten Spitzkehren nach oben. Wo sich der Bergrücken verengt, wird der Weg schmaler und steiler und bringt uns über Schrofen zur ersten drahtseilversicherten Stelle. Beeindruckend sind die Tiefblicke ins Watzmannkar. Wir folgen dem Gratverlauf und erreichen nach rund 2 Std. die offene Unterstandshütte am Hocheck.

Jetzt geht es zuerst über eine schmale Stelle hinab, dann folgt man den Markierungen auf der Grathöhe oder etwas unterhalb in der Westseite des Gratkammes. Mehrere ausgesetzte, aber durchwegs gut gesicherte Auf- und Abstiege bringen uns dem 2713 m hohen Mittelgipfel des Watzmann näher. Das Gipfelkreuz erreichen wir über ein steiler ansteigendes, mit künstlichen Stufen versehenes Plattenband.

Die Rundsicht vom höchsten Berchtesgadener Aussichtspunkt ist faszinierend. Hochkalter, Hochkönig, Zugspitze und die Gletscher des Alpenhauptkammes präsentieren sich unseren Blicken.

Gehzeit: Watzmannhaus – Watzmann-Mittelspitze und zurück, 5 Stunden.

CHIEMGAU

Blick von der Hörndlwand nach Ruhpolding und ins Chiemgauer Vorland

Das Gebiet

Im Norden durch den größten bayerischen See, den Chiemsee, begrenzt, zeigt der Chiemgau nach Süden einen fließenden Übergang von lieblicher Tallage über bewaldete Höhenrücken bis zu schroffen Felsgebirgen auf. Im Westen reichen die Chiemgauer Berge bis zum bayerischen Inntal mit dem Hochries als Eckpfeiler und krönendem Abschluss, im Osten zieht das Tal der Roten Traun die Grenze zu den Berchtesgadener Alpen und im Süden gibt die heute nicht mehr so spürbare deutsch-österreichische Landesgrenze mit den markanten Erhebungen von Sonntagshorn, Fellhorn und Spitzsteinhorn die Linie vor. Das Priental bis Sachrang, das Tal der Tiroler Achen bis Kössen sowie die Rote Traun und das Weißbachtal sind die Einfallstore, die sich von Norden nach Süden durch die Chiemgauer Alpen ziehen und beste Ausgangspunkte für jede Form alpiner Freizeitbetätigung bieten.

Über die Autobahn München – Salzburg sind die zentralen Orte im Chiemgau leicht und schnell zu erreichen, und deren Verbindungsstraßen untereinander bescheren dem Besucher bereits in vielen Fällen schon erste beeindruckende Aus- bzw. Einblicke.

Erholungsgebiet Chiemsee

Auch wenn wir uns bei diesem Wanderatlas auf die Chiemgauer Berge beschränken, soll dennoch nicht unerwähnt bleiben, dass das Chiemgauer Voralpenland mit der Chiemgauer Seenplatte ein Wander- und Erholungsgebiet ersten Ranges ist. Nicht umsonst ist der 84 km² große Chiemsee zu einem der beliebtesten Ferienziele deutscher Urlauber geworden, und gemeinsam mit den vielen kleinen »Anhängseln« der Eggstätter und der Seeoner Seenplatte stehen dem Urlauber über 30 Seen und Moorweiher zur Verfügung, viele auch für sportliche Aktivitäten wie Schwimmen und Tauchen, Surfen und Segeln.

Besonders geeignet ist die Chiemseelandschaft für Radfahrer. Der etwa 60 km lange Radweg, der fast immer direkt am Ufer des »Bayerischen Meeres« entlang um den See herumführt, ist jedes Jahr Ziel Tausender von Radfahrern und besonders in der Hauptsaison entsprechend stark befahren. Aber auch weitere gut ausgeschilderte Radwanderwege lassen den Chiemgau auf sportliche Art und Weise erforschen.

Das Urlaubs- und Wandergebiet Chiemgauer Alpen

Es ist nur ein Sprung von der Chiemgauer Seenlandschaft und den bequemen, kaum Höhenmeter aufweisenden Spaziergängen zu den Bergwanderzielen verschiedenster Schwierigkeitsgrade in den Chiemgauer Alpen.

Viele der bekanntesten Gipfelziele sind mit Seilbahnen erschlossen und können somit leicht erreicht werden. Aber auch für größere Unternehmungen leisten diese Auf- oder Abstiegshilfen gute Dienste. Die gut markierten Wege der Chiemgauer Alpen verbindet eine Vielzahl von Hütten, Almen und Berggasthöfen und gestattet so eine abwechslungsreiche Tourengestaltung. Auch an Klammen, Seen, Hochalmen und Mooren haben die Chiemgauer Berge einiges zu bieten, und der ambitionierte Bergwanderer findet vielfältige Varianten von durchaus schweißtreibendem Niveau.

Naturschutz im Chiemgau

Viele Bereiche des Chiemgaus sind zu Naturschutz- bzw. Landschaftsschutzgebieten erklärt worden, so z.B. die Mündung der Tiroler Achen (zwischen Grabenstätt und Übersee), die Seeoner Seen, die Eggstätter Seenplatte, das Durchbruchstal der Tiroler Achen bei Schleching, der Chiemsee und seine Ufergebiete, das Obere Alztal, der Tüttensee bei Grabenstätt, der Bärensee bei Aschau, der Geigelstein (»Blumenberg«) und weitere Regionen um Inzell, Ruhpolding und Reit im Winkl.

Besonders geschützt sind auch die Hochmoore, bayerisch: Filze; z.B. das Kendlmühlfilz bei Grassau, die Hacken- und Rottauer Filze bei Rottau/Bernau, das Sossauer Filz und das Wildmoos zwischen Grabenstätt und Bergen, das Süssener und Lanzinger Moos bei Marquartstein und das Kühwampenmoos bei Bernau.

Auf dem Hochfellngipfel wurde ein geologisch-botanischer Lehrpfad eingerichtet, am Rauschberg ein Alpenlehrpfad, und in Aschau gibt es einen rollstuhlgerechten Naturlehrpfad.

In Überwies-Feldwies steht im Zellerpark ein Natur-Pavillon, der vom Bund für Vogelschutz betrieben wird.

Die botanische Ausstellung mit thematischen Sonderschauen zur Flora des Chiemsees und der Alpen und Kräuterausstellungen ist von Mittwoch bis Sonntag (13.30–17.30 Uhr) geöffnet.

CHIEMGAU

Die Orte

Aschau (Hohenaschau)
615 m–1808 m, Luftkurort, Schloss Hohenaschau (12. Jh.), Talstation der Kampenwandbahn.
Kurverwaltung Aschau i.Ch., Kampenwandstraße 38, D-83229 Aschau i.Chiemgau, Tel. 08052/90 49 37, Fax 90 49 45; e-mail: info@aschau.de www.aschau.de

Frasdorf
598 m, ländlicher Urlaubsort, zwischen München und Salzburg gelegen, 8 km vom Chiemsee entfernt;
Verkehrsbüro Frasdorf, Schulstraße 7, D-83112 Frasdorf, Tel. 08052/17 96 25, Fax 17 96 28; e-mail: info@frasdorf.com www.frasdorf.com

Marquartstein
545 m–1320 m, Luftkurort zwischen Hochplatte und Hochgern, Märchen- und Erlebnispark, Sommerrodelbahn in Niedernfels; Talstation der Hochplatten-Sesselbahn;
Verkehrsamt Bahnhofstraße 3, D-83250 Marquartstein, Tel. 08641/82 36, Fax 617 01; www.marquartstein.de

Reit im Winkl
695 m, bekannter Luftkur- und Wintersportort, urkundlich erstmals erwähnt um 1160; Mitte des 19. Jhs. symbolisierte ein Besuch des bayerischen Königs Max II. den Aufschwung des Fremdenverkehrs im Ort; ein vielbesuchtes Ausflugsziel ist die Winklmoosalm;

Schloss Hohenaschau, 12. Jh.

Verkehrsamt Reit im Winkl, Rathauspl. 1, Postfach 1161, D-83242 Reit im Winkl, Tel. 08640/800 20 und 800 21, Fax 800 29; Verkehrsamt-Pavillon, Dorfstraße 38, Tel. 800 27; e-mail: verkehrsamtreit@t-online.de www.reit-im-winkl.de

Ruhpolding
690 m, viel besuchter Luftkurort, Windbeutel-Gräfin, historische Hammerschmiede, Holzknechtmuseum, Talstation der Unternbergbahn;
Kurverwaltung, Postfach 1460, D-83324 Ruhpolding, Tel. 08663/880 60, Fax 88 06 20; www.ruhpolding.de

Sachrang
735 m, Gemeindeteil von Aschau im Chiemgau und anerkannter Erholungsort.

Samerberg (Grainbach)
700–1000 m, weit verstreute, ländliche Gemeinde, Talstation der Hochriesbahn
Verkehrsverein Samerberg, Dorfplatz 3 (Törwang), D-83120 Samerberg, Tel. 08032/8606, Fax 8887; email: info@samerberg.de (www.samerberg.de)

Schleching
570 m, Luftkurort; hist. Streichenkapelle aus dem 14. Jh., Klobenstein-Kirche, hist. Hammerschmiede aus dem Jahre 1697; Naturschutzgebiet Geigelstein (Blumenberg);
Verkehrsamt Schleching,
Haus des Gastes, Schulstraße 4,
D-83259 Schleching, Tel. 08649/220,
Fax 1330; www.schleching.de

Sehenswürdigkeiten und Ausflugsziele in der näheren Umgebung

Automuseum
(EFA-Museum für Deutsche Automobilgeschichte)
Wasserburger Str. 38, D-83123 Amerang,
Tel. 08075/81 41, Fax 154 92 20
Geöffnet täglich (außer Mo) 10–18 Uhr.
Auf einer Ausstellungsfläche von 6000 m^2 werden deutsche Fahrzeuge von 1886 bis heute präsentiert; außerdem die weltgrößte Anlage der Modelleisenbahn Spur 2 sowie eine Sonderausstellung mit rund 1200 Eisenbahnmodellen.

Bauernhausmuseum Amerang
Im Hopfengarten 2, D-83123 Amerang,
Tel. 08075/91 50 90, Fax 915 09 30;
www.bezirk-oberbayern.de
Mitte März bis Anfang November, täglich (außer Montag) 9.00–18.00 Uhr (Einlass 17.00 Uhr); Oster-, Pfingst- und Kirchweih-Montag geöffnet.
Kulturgeschichtliches Museum für ländliches Bauen, Wohnen und Wirtschaften. Bauernhöfe und Handwerksgebäude aus fünf Jahrhunderten sind zu besichtigen.

Kleine Kapelle am Gipfel des Geigelsteins

Chiemseeschifffahrt
Ludwig Feßler, Seestraße 108, D-83209 Prien am Chiemsee, Tel. 08051/60 90,
Fax 629 43;
e-mail: Info@Schiffahrt.chiemsee.de
www.schiffahrt.chiemsee.de
Ganzjährige Fahrten zur Frauen- und Herreninsel, Rundfahrten auf dem Chiemsee. Zu einem Erlebnistag am »Bayerischen Meer« zählt eine Schifffahrt. Zur Flotte gehört auch ein nostalgischer Raddampfer. Sonderfahrten (Tanzen, Disco, Märchen, Silvester). Von Prien zum Hafen führt die weltbekannte Dampflokalbahn von 1887.

Frauenchiemsee, Torhalle
D-83209 Frauenchiemsee,
Tel. 08054/72 56,
geöffnet Pfingsten bis September mit verschiedenen Ausstellungen, täglich von 11.00–18.00 Uhr.
Bummeln Sie durch das Dorf mit der mächtigen Klosteranlage auf der autofreien Fraueninsel. Die Torhalle ist der älteste Hochbau Süddeutschlands. Im Agilolfinger- und Karolingermuseum sind Wandmalereien zu besichtigen.

CHIEMGAU

Holzknecht-Museum
D-83324 Laubau 12, Ruhpolding, Tel. 08663/639, Fax 80 08 29, geöffnet 1.5.–30.9. täglich 10.00–17.00 Uhr, 1.10.–30.4. täglich 13.00–17.00 Uhr (Montags geschlossen), 1.11.–24.12. geschlossen;
Holz in jeder Art, als Energiequelle, Werkstoff und Werkzeug; Freigelände und Museum.

Holzknecht-Museum in Laubau

Moorlehrpfad Kendlmühlfilze und Torfbahnhof Rottau
Infos: Verkehrsamt D-83224 Rottau, Tel. 08641/27 73, Fax 14 19.
Beschilderte Wege und eine Beobachtungsplattform ermöglichen Einblick in die Welt der Hochmoore; der Torfbahnhof informiert über Torfwirtschaft und Feldbahnweg.
Geführte Besichtigungen des Torfbahnhofes von Mitte Mai bis Mitte Oktober jeden Samstag um 14.00 und 15.30 Uhr.

Naturschutzpavillon und Beobachtungsturm Zellerpark
Hochfellnweg 1, D-83236 Übersee, Tel. 08642/15 51.
Wechselnde Ausstellungen zum Thema Natur sowie Informationen zum Naturraum Chiemgau.
Öffnungszeiten: 10.5.–25.10. täglich außer Mo/Di von 13.30–17.30 Uhr.

Römermuseum Bedaium
Römerstr.3, D-83358 Seebruck, Tel. 08667/75 03.
Zeugnisse der norisch-keltischen Dorfgemeinschaft und des Lebens in der römischen Benefiziarierstation an der Römerstraße.
Öffnungszeiten: Dienstag–Samstag 10.00–12.00 Uhr und 15.00–17.00 Uhr, Sonntag nur 15.00–17.00 Uhr; vom 3.7.–2.10. Samstag 10.00–17.00 Uhr, Sonntag nur 13.00–17.00 Uhr.

Schloss Herrenchiemsee
Neues Schloss Herrenchiemsee mit der Spiegelgalerie, dem Prunkschlafzimmer und dem König-Ludwig-II.-Museum im Südflügel.
Tel. 08051/688 70; www.herren-chiemsee.de
Fußweg zum Neuen Schloss 15–20 Min. Besichtigung des König-Ludwig-II.-Museums frei, die Prunkräume des Neuen Schlosses nur mit Führung (ca. 30 Min.), Öffnungszeiten: 1.4.–26.5. täglich 9.00–17.45 Uhr; 27.5.–4,10. täglich 9.00–18.00 Uhr, 4.10.–31.3. täglich 9.45–16.00 Uhr.

Schloss Hohenaschau und Priental-Museum
D-83229 Aschau i. Chiemgau, Tel. 08052/904937, Fax 904945; www.aschau.de/tourismus
Die Burg Hohenaschau bildete früher den Verwaltungsmittelpunkt der mit der hohen Gerichtsbarkeit ausgestatteten Herrschaft Hohenaschau.
Das Prientalmuseum auf Schloss Hohenaschau zeigt auf zwei Etagen die Herrschaftsgeschichte und die Zeit der Eisenindustrie im Chiemgau, ergänzt durch das Burgladerl.
Museum und Burgladerl geöffnet: April–Okt., Sonntag 13.30–17.00 Uhr und bei den Schlossführungen.

Soleleitungsmuseum »Brunnhaus Klaushäusl«
Marktstraße 1, D-83224 Grassau, Tel. 08641/54 67 und 40 08 18
Das Klaushäusl zeigt eine Brunnhausanlage an der Soleleitung Bad Reichenhall - Rosenheim und den historischen Zusammenhang mit der Salinengeschichte; Wanderung in das Kendlmühlfilz;
Öffnungszeiten: 1.5.–31.10., Dienstag–Samstag 14.00–17.00 Uhr, Sonn- und Feiertage 10.00–17.00 Uhr.

Südostbayerisches Naturkunde- und Mammutmuseum
Dorfmitte, D-83313 Siegsdorf, Tel. und Fax 08662/133 16.
Regional bezogenes Erlebnis-Museum, Geologie in höhlenartiger Imitation, Versteinerungen aus den Alpen (mit Haifisch-Modell) und Eiszeit (mit Mammut, Höhlenlöwe, Gletschermodell ...).
Öffnungszeiten: Ostern–Allerheiligen täglich (außer Montag) 10.00–18.00 Uhr; Nebensaison: Mittwoch, Samstag, Sonntag 10.00–17.00 Uhr (ab November–Weihnachten geschlossen).

Wanderzentrum Schönramer Filze
Informationen: Verkehrsamt Petting, D-83367 Petting, Tel. 08686/200 Fax 1328
Die Schönramer Filze laden zu Wanderungen in schöner Heide- und Moorlandschaft mit botanischen Besonderheiten ein.
Geführte Wanderungen ab Mitte Juli bis Ende September, ganzjährig geöffnet, kostenloser Parkplatz.

Winklmoosalm
Informationen: Verkehrsamt Rathauspl. 1, D-83242 Reit i.W., Tel. 08640/800 20, Fax 800 29; www.reit-im-winkl.de
Sehenswertes Hochalmgebiet auf rund 1100 m; mehrere Gaststätten und bewirtschaftete Almen, Rundwanderung durch ein Hochmoor; *von Mai–Oktober ist die Auffahrt ab Seegatterl mit eigenem Pkw auf der Mautstraße möglich, im Winter RVO-Bus.*

Faszination Moorlandschaft

CHIEMGAU

Hochries, 1568 m, über Riesenhütte

Gemütliche Gipfelwanderung mit Abstiegsvariante

Ausgangspunkt: Frasdorf, 598 m, Wanderparkplatz hinter der Lederstube (Ebnater Achen)
Gehzeiten: Bis zur Frasdorfer Hütte ca. 1½ Std., plus 1 Std. zur Riesenhütte, weitere ¾ Std. zum Hochriesgipfel; Rückweg 2½ Std.
Charakter: Wirtschafts- und Almwege (bis zur Riesenhütte auch Mountainbike-strecke)
Einkehr: Frasdorfer Hütte, 945 m, Riesenhütte, 1345 m, Hochrieshaus, 1563 m
Karte: KOMPASS Nr. 10 (1:50000)
Reiseatlas: Seite 7

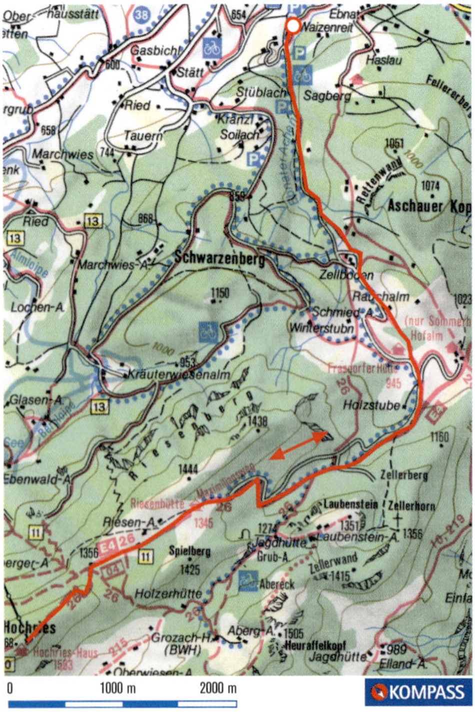

Vom Parkplatz wandern wir der Forststraße folgend in Richtung Süden hinauf zum Zellboden. Zuerst weiter auf dem Fahrweg, dann abkürzend geradeaus hoch, bis man bei der Frasdorfer Hütte, 945 m, wieder auf den Fahrweg trifft. Von links mündet hier auch der Weg von Aschau über die Hofalm ein. Weiter aufwärts der Fahrstraße folgend – oft in Begleitung schwitzender und keuchender Radler –, verlässt man immer wieder den Fahrweg und folgt der gut sichtbaren Markierung Nr. 26. Die folgende Abzweigung nach links Richtung Aberg/Klausen ignorieren wir und halten uns an das Schild, das uns geradeaus zur Riesenhütte weist (eine zusätzliche Informationstafel macht uns darauf aufmerksam, dass wir uns auf dem Europäischen Fernwanderweg 4/Pyrenäen – Balaton befinden. Wir geben uns aber bereits damit zufrieden, dass wir nach einigen Kehren das flache Hochplateau der Riesenalmen erreichen und vor uns die einladende grüne Riesenhütte wahrnehmen. Über das flache Almgelände weiter auf den jetzt sichtbaren, antennenreichen rundlichen Gipfel zu. Durch Latschen auf gutem Wandersteig in etlichen

Blick vom Hochriesgipfelanstieg auf die weite Hochfläche der Riesenalmen

Kehren nach oben. Das schlichte Holzkreuz steht etwas verschämt unterhalb der riesigen Antennenanlagen und der Bergstation, die den Hochriesgipfel dominieren.
Der Abstieg verläuft auf dem Anstiegsweg oder wir wählen die **Abstiegs-Alternative nach Samerberg/Grainbach:**.

▼ Wir gehen zuerst in Richtung Westen über den felsigen Bergsteig, der den Hochriesgipfel mit dem Karkopf, 1496 m, verbindet. Wir folgen dem Grat bis etwa die Hälfte der Wegstrecke zum Karkopf zurückgelegt ist und verlassen dann an bezeichneter Stelle den Verbindungsgrat nach rechts und steigen in die Einsattelung zwischen Hochries und Karkopf ab. Über die großflächigen Hänge weiter hinab zu den Seitenalmen.

In kurzen und recht steilen Kehren geht es nun über den grasigen Bergrücken hinab zur Wimmeralm und in weiteren, stets fallenden Serpentinen gelangt man zur tiefer liegenden Moser-Alm. Hier verlässt man nun den Wiesenpfad und wandert gemütlich auf der Fahrstraße weiter hinab, vorbei an der Mittelstation, 922 m, wo der Sessellift endet und die Kabinenbahn beginnt. Der markierte Wanderweg Nr.11 verlässt kurz die Fahrstraße, verläuft anschließend rechts vom Sessellift nach unten und trifft dann wieder auf den Asphalt. In wenigen Kehren erreichen wir die Talstation und den Ausgangspunkt.

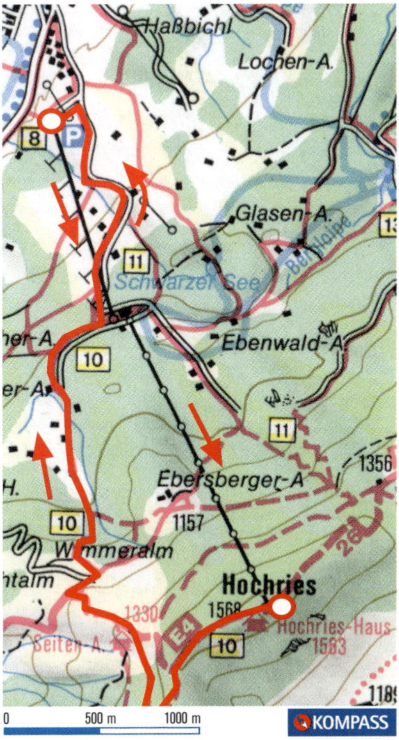

Kampenwand, 1669 m
Abwechslungsreicher Anstieg über den Sulten

Ausgangspunkt: Bernau, Gschwendt (Wanderparkplatz Aigen, ca. 850 m)
Gehzeiten: 2 Std. bis zur Steinlingalm, Abstecher zum Gipfel – nur für Geübte! – hin und zurück ca. 1 Std.
Rückweg von der Steinlingalm 1½ Std.
Charakter: Gute Wege und Pfade, zwischen Gedererwand – Sulten steilere Felsstufen
Einkehr: Gschwendtner Hof, Steinlingalm, 1473 m
Karte: KOMPASS Nr. 10 (1:50000)
Reiseatlas: Seite 7

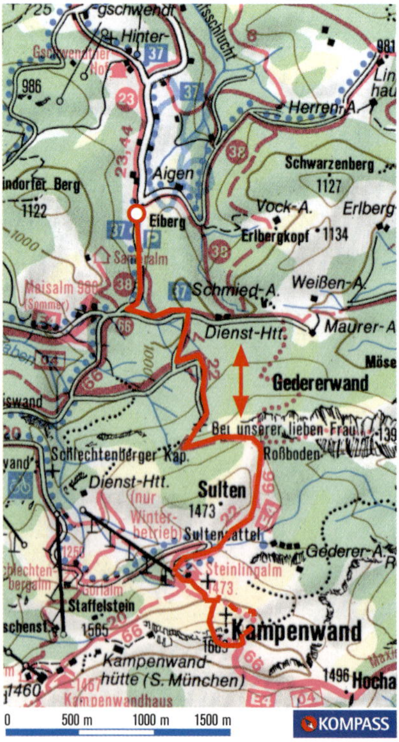

Ein sehr abwechslungsreicher Anstieg auf die beliebte Aussichtswarte der Kampenwand ist der Zugang von Norden. Zum einen kann man mit dem Auto bereits einige Höhenmeter gutmachen, zum anderen ist der Weg an der Gedererwand vorbei mit einer netten Felsstufe gespickt, bevor man den freien und sehr fotogenen Blick auf die Steinlingalm und den Kampenwandgipfel genießen kann.

Auf der Straße von Bernau nach Aschau nimmt man kurz hinter Bernau die ausgeschilderte Abzweigung nach links (Gschwendt, Gschwendtner Hof, Seiseralm). Beim Gasthaus Gschwendtner Hof ist dann der Wanderparkplatz Aigen angezeigt (rund 700 m entfernt).

Vom hinteren Ende des Parkplatzes kann man eine gut sichtbare und ausgetretene Abkürzung durch den Wald benützen, um auf den eigentlichen breiten Weg zu gelangen, den man im weiteren Verlauf mehrmals abkürzt und wieder kreuzt. Nach etwa 1 Std. wird es steiler, und nach einigen engen Kehren, fast Stufen, steht man unterhalb der Gedererwand und imposanten Felstürmen. Man steigt relativ steil und mühsam über Schutt weiter an, sich meist rechts haltend, direkt auf die Felsen zu, bis man zwischen den Felsen hindurch zu einer weiteren Steilstufe gelangt; rechter Hand passiert man den Sulten. Nur wenig später öffnet sich der Blick zum Gipfelkreuz der Kampenwand und man sieht vor sich die schön gelegene Steinlingalm. Auch der Chiemsee präsentiert sich hier im Rückblick schon recht eindrucksvoll. Auf schönem Wanderweg geht es leicht bergan, bis man wieder auf die Fahrstraße stößt und über einen Abkürzungssteig links hoch zur nahen Steinlingalm wandert.

Der Rückweg verläuft über den Anstiegsweg und kann mit einer Einkehr im Gschwendtner Hof auf angenehme Art beschlossen werden.

Nur für Trittsichere: die Gipfelfelsen der Kampenwand

▼ **Der Aufstieg zum Kampenwandgipfel** verlangt nicht nur einen Zeitaufwand von ca. 2 Std., sondern auch etwas Bergerfahrung, Trittsicherheit und Schwindelfreiheit. Das Bild vermittelt einen Eindruck dieses Felssteiges.

Die Kampenwand mit dem Anstiegsweg von der Steinlingalm

Hochgern, 1744 m

Chiemseeblick und Schnappenkirche

Ausgangspunkt: Staudach-Egerndach, 540 m (Wanderparkplatz im Ortsteil Staudach am Holzlagerplatz)
Gehzeiten: Bis Schnappenkirche 1½ Std., plus ¾ Std. zur Staudacher Alm und weitere 1½ Std. zum Gipfel; Rückweg 2 Std.
Charakter: Der erste Teil zur Schnappenkirche ist steil, ebenso der Anstieg von der Staudacher Alm zum Hochgernsattel, sonst angenehme Wirtschaftswege und gute Wanderpfade.
Einkehr: Staudacher Alm, 1142 m
Karte: KOMPASS Nr. 10 (1:50000)
Reiseatlas: Seite 8

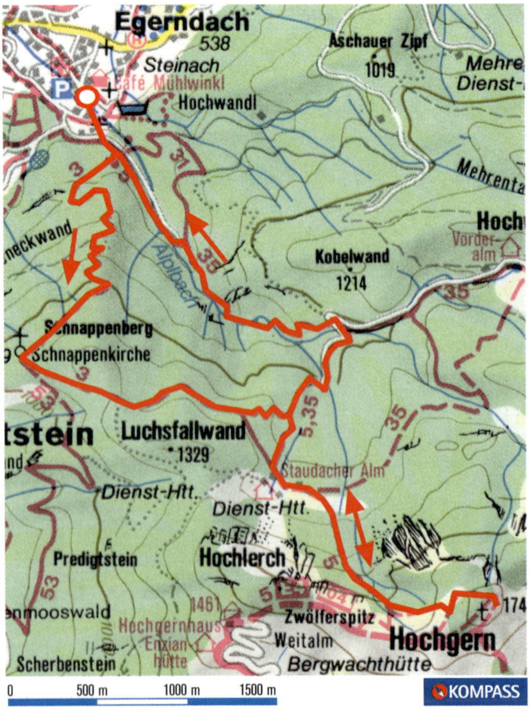

Der Hochgern ist ein berühmter Aussichtsberg und bietet dem Wanderer von allen Seiten gute, aber doch sehr unterschiedliche Zugangsmöglichkeiten. Den Aufstieg von Norden mit dem Schlenker über die Schnappenkirche halte ich für einen der schönsten und abwechslungsreichsten Anstiege in den Chiemgauer Bergen. Ein klassisch angelegter Bergpfad am Anfang, ein wunderschöner Chiemseeblick an der Schnappenkirche, ein sehr bequemer Waldweg zur Staudacher Alm, ein kurzer anstrengender Steilanstieg auf den Hochgernsattel und schließlich der aussichtsreiche Gipfel mit Miniaturkapelle und Gipfelkreuz (und nicht zuletzt ist auch das Hochgernhaus nur eine knappe ½ Std. entfernt) – mehr kann man von einer Bergwanderung wohl kaum verlangen.

Bereits am Wanderparkplatz ist der Weg hervorragend ausgeschildert. Zuerst bleiben wir auf dem Fahrweg, passieren links ein Denkmal und zweigen bei der nächsten Wegteilung nach rechts, Richtung Schnappenkirche ab. Wir folgen stets der Ausschilderung, und bald beginnt ein hervorragend angelegter Steig, der uns steil, aber schattig zur Schnappenkirche hoch bringt.

Schnappenkirche am Hochgern

Oberhalb der Kirche weist uns ein Schild den Weiterweg in Richtung Hochgern und Staudacher Alm. Zuerst wenig ansteigend, dann einem langen, leicht fallenden und bequemen Waldweg folgend, stoßen wir auf den Fahrweg zur Staudacher Alm, den wir nach rechts aufnehmen. Wenige Minuten später stehen wir vor dem bewirtschafteten Almgebäude.

Über das flache Almgelände wandern wir in östlicher Richtung zum Talschluss, wo wir unterhalb der vor uns aufragenden Felsen den Steilabsatz erreichen, über den in engen Kehren der weitere Anstieg verläuft. Im Hochsommer wird hier mancher Schweißtropfen vergossen, nach Regenfällen kann diese Passage schmierig und unangenehm sein. Der Steilaufstieg endet in einem Sattel, der wiederum einen herrlichen Ausblick zum Chiemsee vermittelt. Wir folgen weiter der Beschilderung nach links (rechts geht der Weg zum Hochgernhaus ab). Über den Rücken des Hochgern, auf gut sichtbaren weiten Kehren ansteigend, erreicht man etwa ½ Std. später den Gipfel mit der kleinen Gipfelkapelle.

Beim Abstieg nehmen wir von der Staudacher Alm entweder den Fahrweg oder den direkten Weg nach unten (Markierung ST4) und folgen dem Fahrweg bis zur Wegteilung nach einer Brücke (bei der Stempelstelle Brixental). Wir halten uns links und gelangen über einen herrlichen und schattigen Wanderweg mit Wasserfallstellen und Brücken entlang des Baches zu einer weiteren Wegteilung. Das Schild »Staudach-Parkplatz« bringt uns wieder auf den Anstiegsweg, und am Denkmal-Abzweiger (2 Min.) vorbei erreichen wir kurz darauf wieder den Parkplatz.

Blick vom Hochgern hinunter zum Hochgernhaus

Hochfelln, 1671 m
Abwechslungsreicher Anstieg über Thoraualm

Ausgangspunkt: Ruhpolding, Staudigel (nach dem Schild »Vorderbrand« Parkplatz)
Gehzeiten: Bis Thoraualm 1½ Std., weitere 1½ Std. zum Gipfel; Rückweg über Fellnalm gute 2 Std.
Charakter: Forststraßen und Wald- bzw. Bergpfade; der Anstieg von der Thoraualm zum Gipfel ist stellenweise recht steil und felsig.
Einkehr: Thoraualm, 1200 m, Hochfellnhaus, 1669 m
Karte: KOMPASS Nr. 14 (1:50 000)
Reiseatlas: Seite 8

Weil der Parkplatz bei der Historischen Glockenschmiede für die Besucher reserviert ist, parken wir unterhalb bei der Staudigelhütte. Kurz auf der Teerstraße hoch (Schild), an der Glockenschmiede vorbei und auf einem bequemen, langsam ansteigenden Kiesweg am Bach entlang Richtung Thoraualm. Unmittelbar nach den obersten Gebäuden setzt sich der Kiesweg als Bergpfad fort. Wir folgen hier dem deutlich sichtbaren Pfad, der nach rechts in das Tal hineinführt. Stets auf der rechten Seite haltend beginnt dieser bald anzusteigen, und ein Steig bringt uns in steilen Serpentinen – teilweise über unangenehmen Schotter – schnell hoch. Dieses Steilstück verläuft ungeschützt in der Sonne und hinterlässt im Hochsommer seine Spuren. Man hält direkt auf die Felsen zu und gelangt so zu einem Grat, dem man nach rechts folgt. Hier stößt man

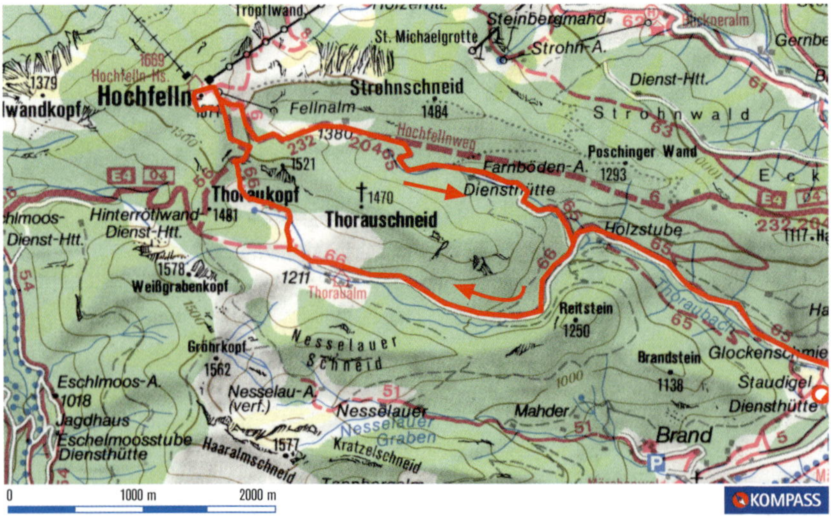

auf den Normalweg, der von links von Eschelmoos heraufführt. Rechts führt der Steig über gut begehbare Felsstufen weiter bis zu einer aussichtsreichen weiteren Wegverzweigung: rechts nach Egg (über Farnbödenalm), links zum Hochfelln. Von hier aus ist der Hochfellngipfel ebenso gut zu sehen wie die Thoraualm und der gesamte Anstiegsweg.

Durch recht steilen Latschenbewuchs, über Felsen und Wurzeln gelangt man wenig später in eine Art Sattel (hier zweigt der Weg mit der gelben Nr. 8 ins Weißachental/Bergen ab) und nur Minuten später hat man den gut erschlossenen Gipfel des Hochfelln erreicht.

Im Abstieg zurück auf dem Anstiegsweg bis zum Sattel und zum Schild Richtung Farnbödenalm. Zuerst links, aber kurz darauf den rechts abweichenden Pfadspuren nach unten folgen. Anfangs blasse, später deutlichere Markierungen. Skilift Bergbahn und Bergstation werden links oben sichtbar, über den Nordosthang zieht auch der Normalweg herab, der unter dem Skilift hindurch auf unseren Abkürzungssteig stößt. Vorbei an der Fellnalm gelangt man auf auf einem schönen Pfad zur nächsten Wegverzweigung. Wir verlassen den E 4, der nach Egg weiterführt, und folgen der Mark.65 rechts Richtung Farnboden/Glockenschmiede. Auf breitem Weg, bei feuchten Verhältnissen etwas sumpfig, passiert man kurz darauf die Farnbodenalm und folgt weiter dem leicht fallenden Fahrweg. Bei markierter Stelle zweigt rechts ein Pfad ab, der auf der linken Seite des Baches hinabführt, bis man bei einem großen unbeschilderten Holzlagerplatz wieder auf den Anstiegsweg stößt. Nach einer guten ¼ Std. hat man dann wieder die Glockenschmiede erreicht, wo man bei wenig Wasserstand kurz oberhalb den Bachlauf überqueren kann und direkt von oben zur interessanten Hammerschmiede-Anlage gelangt.

Von hier auf der Straße in wenigen Minuten zum Parkplatz.

Ein Kreuz für Ludwig I.

Ein mächtiges, von einem Metallgitterzaun eingezäuntes Eisenkreuz, am 25. 8. 1880 zur Centenarfeier Ludwig I. errichtet, ziert den Gipfel. Ebenso eine Kapelle, die mit einer großen, Schatten spendenden Vorhalle beliebtes Ziel vieler Ausflügler ist. Im Gipfelbereich ist ein aussichtsreicher Naturlehrpfad angelegt, der anhand vieler Info-Tafeln zu den unterschiedlichsten Themen, wie z. B. Altersbestimmung von Gesteinen, ausführlich informiert.

Sonntagshornrunde

Eine Herausforderung für Konditionsstarke

Ausgangspunkt: Steinpass/Melleck; Parken beim Motzenwirt (oder beim Wendeplatz in der Straßenkurve hinter der Brücke)
Gehzeiten: Bis zum Roßkarsattel 3 Std., plus 1 Std. zum Sonntagshorngipfel; Abstieg über Schneegrube nach Melleck rund 4 Std.
Charakter: Für Konditionsstarke, trittsichere und schwindelfreie Berggeher; der Abstieg vom Sonntagshorn ist steil und geröllig, es sind mehrere abschüssige Passagen zu queren (bei Altschneeresten heikel; teilweise Drahtseilsicherungen).
Einkehr: Unterwegs keine!
Karte: KOMPASS Nr. 14 (1:50000)
Reiseatlas: Seite 8

Eine sehr abwechslungsreiche, aber nicht zu unterschätzende Rundtour mit dem Sonntagshorn als Kulminationspunkt lässt sich vom Steinpass aus unternehmen.

Wir steigen am Steinbach entlang über den Roßkarsteig zum Roßkarsattel hoch. Angesichts des noch vor uns liegenden Pensums verzichten wir auf die Besteigung des Peitingköpfl und wenden uns direkt nach rechts dem Aufstieg zum Sonntagshorn über dessen kehrenreiche – und bei sonnigem Wetter auch sehr schweißtreibende – Südseite zu. Der Abstiegsweg führt nun nach Norden (das Schild un-

terhalb des Gipfelkreuzes weist nach Weißbach 5 Std., nur für Geübte) sehr steil und über rutschiges Geröll bzw. plattige Felsen hinab. Wegverzweigung in der Scharte, der so genannten Schneegrube; nach links (Markierung 36 Raute) verläuft der Weg Richtung Ruhpolding durch das Kraxenbachtal, geradeaus ist »Weißbach« ausgeschildert. Am Grat entlang weiter, dann steil rechts hinab um einen Zwischengipfel herum. Drahtseile helfen bei den teilweise sehr unangenehmen, gerölligen Rutschpassagen bzw. heiklen Querungen. Der Weg steigt wieder an und verläuft in ständigem Auf und Ab meist in Gratnähe bis zu einem Schild, das nach links hinabweist: »Weißbach« (der am Grat weiterführende Pfad verläuft sich nach wenigen Metern).

Rückblick zum Sonntagshorn und ins Obere Kraxenbachtal

Es geht wieder steil und rutschig und mit heiklen Querungen weiter abwärts (Altschneefelder, Kieshänge). Weit unten rechts öffnet sich ein großer Graben und man hört das immer deutlichere Rauschen des Steinbachs. Man trifft auf eine weitflächige, fast ebene Wiese, verlässt hier das freie und sonnige Gelände und taucht in den schattigen Wald ein. Vorbei an einer riesigen Felshöhle links des Weges überquert man zweimal über drahtseilgesicherte Holzbrücken den Bach und gelangt wenig später bei einem großen Platz zu einer Wegteilung (nach links ist Weißbach ausgeschildert). Wir nehmen aber den unmarkierten breiten Fahrweg, der fast eben nach rechts führt, passieren eine Holzhütte und gelangen so auf einen von rechts unten hochkommenden Fahrweg (Schild: rechts nach Melleck; links zur Sellarnalm, zum Ristfeuchthorn und zur Weißbach-Alpenstraße). Auf dem breiten Weg recht steil hinab, zum Schluss am Bach entlang zum Gasthof Motzenwirt und zurück zum Ausgangspunkt.

Die abweisende, felsige Seite des Peitingköpfl wird rechts auf einem bequemen Pfad umgangen.

TEGERNSEE UND SCHLIERSEE

Ein Balkon vor den Bergen: die Neureuth

Eine Ferienregion in den Bayerischen Voralpen

Keine Frage, die Voralpenregion der Tegernseer und Schlierseer Berge gehört zu den bayerischen Bilderbuchlandschaften; Wald- und Wiesengrün dominieren, da und dort spitzelt ein Kirchturm in den weißblauen Himmel, es »lächelt der See« und aus der Höhe herab grüßen ein paar Felsen.

So ähnlich sah und malte Wilhelm von Kobell vor bald zwei Jahrhunderten diese Gegend. Da fuhr man noch per Kutsche zum Tegernsee, aber auch damals schon selten allein. König Max I. Joseph hatte das säkularisierte Kloster erworben und zur Sommerresidenz umbauen lassen. In seinem Gefolge zog es die Münchner Hautevolée an den lieblichen Voralpensee – das war so etwas wie die Geburtsstunde des Tourismus in Bayern.

Heute ist Tegernsee eine Stadt, das Gewusel vor allem an Wochenenden beträchtlich, der Verkehr staut sich bereits auf den Anfahrtsstrecken. Die Mobilität unserer Zeit macht auch vor der Idylle nicht halt, beschädigt sie manchmal. Das gilt hier allerdings bloß für ein paar Brennpunkte des Tourismus. Es muss ja nicht immer der Wendelstein sein, auch wenn er der populärste aller bayerischen Berge ist. Wandern kann man auf den Höhen rund ums Ursprungtal oder am Großen Riesenkopf genau so schön wie über dem Spitzingsee. Sogar der höchste Gipfel zwischen Lenggries und Kufstein, zwischen Isarwinkel und bayerischem Inntal, das Hintere Sonnwendjoch, 1986 m, hat seine stillen Wege wie den (langen) Aufstieg aus der Valepp.

Oben auf den meisten Gipfeln gibt es dann (bei schönem Wetter) jene Aussicht, die typisch ist für Berge am Alpenrand: hinaus ins flache Land, hinein ins Hochgebirge. Da stehen sie fern im Süden Parade, die vergletscherten Dreitausender der Zillertaler Alpen und der Hohen Tauern, während München und sein Umland unter einer herbstlichen Nebeldecke stecken.

Natur erleben – Natur schützen

Wer wandert, möchte Natur erleben, erfahren, aus dem Alltag eintauchen in die »heile Welt der Berge«. Unberührt soll sie sein, die Kulisse, und die Touristenorte werben auch mächtig mit diesem (falschen) Attribut. Denn gerade die Alpenrandzone ist keineswegs unberührt, ist es seit Jahrhunderten nicht: Intensive Bewirtschaftung hat das Landschaftsbild nachhaltig verändert, Wälder und Almen beweisen es.

Die malerische Almhütte – uraltes Holz, von der Sonne dunkel verfärbt – ist Menschenwerk, und die Kuhtritte auf der Wiese dahinter passen bestenfalls ins Klischee, das so mancher von den Alpen hat. Die meisten Wege, heute mit rotweißen Markierungen versehen und als Wanderpfade gekennzeichnet, sind uralt, dienten den Bauern als Verbindung zwischen Hof und Alm; auf ihnen stieg man ab ins Dorf. Lange vor den Menschen hat vor allem das Eis die Tegernseer und Schlierseer Berge gestaltet, ihre Täler ausgehobelt, Hügel abgerundet, die Seebecken ausgeschürft und Randmoränen im Vorland zurückgelassen. Vor rund 18 000 Jahren, während der Würmeiszeit, lag die Eisobergrenze etwa 1200 Meter über dem Meeresspiegel; zwischen den Gletscherströmen ragten die bizarren Kalkzacken in den Himmel: Roß- und Buchstein, Blankenstein, Rotwand, Wendelstein, Brünnstein.

Bis in 2000 m Höhenlage zu finden: die Türkenbundlilie

Zwischen all diesen »Steinen«, die dem Landschaftsbild um Tegernsee, Schliersee und Bayrischzell einen alpinen Touch verleihen, blüht es im Sommer farbenprächtig. Hier ist der Enzian ebenso heimisch wie das Kohlröschen, kann man Hauswurz und Alpenrose begegnen, leuchtet die Aurikel aus dem grauen Fels. Sogar der sehr seltene Frauenschuh (ein Orchideengewächs) und die Türkenbundlilie haben in den bayerischen Voralpen einige Standorte.

Erst einmal muss man aber hinauf zu den Almen und Felsgraten, und diese Wege führen meist in den Wald. Der spendet zwar angenehm Schatten, was an heißen Sommertagen recht willkommen ist, nimmt einem aber auch (fast) jede Sicht. Auch hier ist so manches nur noch bedingt »natürlich«, sind mancherorts die schönen Mischwälder mit den Buchen, Tannen, Lärchen und dem Bergahorn von Fichten-Monokulturen verdrängt worden.

Die Orte

Bad Feilnbach
521 m, Kurort am Alpenrand, bekannt für seine Moorbäder. In Kutterling steht das Wohnhaus des Malers Wilhelm Leibl (1844–1900).
Kur- und Gästeinformation, Bahnhofstr. 5, D-83075 Bad Feilnbach, Tel. 08066/1444, Fax 90 68 44; e-mail: info@feilnbach.de www.feilnbach.de

Bad Wiessee
749 m, am Westufer des Tegernsees gelegen, ist ein renommierter Thermalkurort. Seine starken Jodschwefelquellen wurden 1909 entdeckt. Bereits 1441 hatten Mönche am Ostufer des Sees austretendes Öl gefunden, das später als St. Quirinusöl verkauft wurde.
Tourist Information, Adrian-Stoop-Str. 20, D-83704 Bad Wiessee, Tel. 08022/86 30-0, Fax 86 03 30; e-mail: info@bad-wiessee.de www.bad-wiessee.de

Bayrischzell
800 m, ein beliebter Ferienort. Im Winter wird oben am Sudelfeld fleißig gewedelt, der weite Talboden eignet sich ideal zum Langlaufen. Bis zum Bau der Bahnlinie (1911) lag der Flecken buchstäblich »am Ende der Welt«. Wahrzeichen des Ortes ist der spitze Turm seiner Pfarrkirche.
Kurverwaltung, Kirchplatz 2, D-83735 Bayrischzell, Tel. 08023/648, Fax 10 34; e-mail: tourist-info@bayrischzell.de www.bayrischzell.de

Brannenburg
509 m, das mit dem benachbarten Degendorf eine Gemeinde bildet, ist Ausgangspunkt der Zahnradbahn auf den Wendelstein.
Betriebszeit im Sommer 9–17 Uhr.
Sehenswert ist die Wallfahrtskirche Schwarzlack, 580 m, die auf eine Einsiedelei aus der Zeit des Dreißigjährigen Krieges zurückgeht.

Fischbachau
771 m, ein kleiner Ferienort im Leitzachtal. Unübersehbar aber ist die stattliche Pfarrkirche St. Martin mit ihrem Zwiebelturm, um 1085 von Benediktinern errichtet, ab 1628 barockisiert.
Tourismusbüro, D-83730 Fischbachau, Tel. 08028/876, Fax 20 40; e-mail: gemeinde-fischbachau@t-online.de www.fischbachau.de

Flintsbach
Nachbarort von Brannenburg mit sehenswerter Rokokokirche. Bedeutsames Wallfahrtskirchlein St. Peter auf der gleichnamigen Felskuppe südlich des Ortes (12. Jh.).

Gmund
740 m, Hauptsehenswürdigkeit ist seine Pfarrkirche St. Ägidius, ein stattlicher Barockbau von Lorenzo Sciasca (1688–93); Hochaltarbild von Hans-Georg-Asam.
Verkehrsamt, Kirchenweg 6, D-83703 Gmund am Tegernsee, Tel. 08022/75 05 27, Fax 75 05 45; e-mail: heidi.mueller@gmund.de www.gmund.de

Kiefersfelden
493 m. Besuchenswert: Die »Ritterspiele« im ältesten Dorftheater Deutschlands und das Blaahaus (Heimatmuseum) von 1696.
Kur- und Verkehrsamt, Dorfstr. 23, D-83088 Kiefersfelden, Tel. 08033/97 65 27, Fax 97 65 44; e-mail: info@kiefersfelden.de www.kiefersfelden.de

Kreuth
783 m. »Zentrum für außergewöhnliche Museen« in Kreuth-Enterbach, mit Schutzengel- und Wolpertingermuseum, *täglich von 13–17 Uhr.*
Kurverwaltung, Postfach 5, D- 83708 Kreuth, Tel. 08029/18 19, Fax 18 28; e-mail: info@kreuth.de www.kreuth.de

Miesbach
696 m, Hauptort des gleichnamigen Landkreises. Miesbacher Heimatmuseum mit schöner Sammlung bemalter Möbel, *geöffnet Mi 15–17 Uhr, Sa, 18–20 Uhr, So 10–12 Uhr.*

Oberaudorf
482 m, Karmelitenkloster in Reisach.
Kur- und Verkehrsamt, Kufsteiner Str. 6, D-83080 Oberaudorf, Tel. 08033/301 20, Fax 301 29; e-mail: Touristinformation-Oberaudorf@t-online.de www.oberaudorf.de

Rottach-Egern
731 m, Kur- und Ferienort mit spätgot. Pfarrkirche, im 17. Jh. barockisiert. Friedhof mit den Gräbern der Künstler Leo Slezak, Ludwig Ganghofer und Ludwig Thoma.
Kuramt, Nördliche Hauptstraße 9, D-83700 Rottach-Egern, Tel. 08022/67 13 41, Fax 67 13 47; e-mail: info@rottach-egern.de www.rottach-egern.de

Schliersee
784 m. barocke Pfarrkirche hl. Sixtus; Heimatmuseum.
Kuramt, Bahnhofstraße 11a, D-83727 Schliersee, Tel. 08026/60 65-0, Fax 60 65 20; e-mail: tourismus@schliersee.de www.schliersee.de

Tegernsee
747 m. Mit seinem Benediktinerkloster war der Ort das historische Zentrum der Region. Im »Museum Tegernseer Tal« (Alter Pfarrhof) sind Dokumente zur Klostergeschichte zu sehen (*geöffnet Juni bis Anfang Oktober, Di–So, 14–17 Uhr).*
Das »Olaf-Gulbransson-Museum« im Kurgarten, *geöffnet Dezember bis Oktober, Di–So 14–18 Uhr.*
Kuramt im »Haus des Gastes«, Postfach 1451, D-83682 Tegernsee, Tel. 08022/18 01 40, Fax 37 58; e-mail: info@tegernsee.de www.tegernsee.de

Das ehemalige Benediktinerkloster von Tegernsee

11

Fockenstein, 1564 m

Aussichtswarte zwischen Isartal und Tegernsee

Ausgangspunkt: Gasthof am Sonnenbichl, 830 m; Zufahrt von Bad Wiessee, 740 m, über den Ortsteil Abwinkl (Parkplatz)
Bus/Bahn: Mit der Bahn von München Hbf bis Gmund, weiter per Bus, RVO 9551; Station Abwinkl
Gehzeiten: Aufstieg 3 Std., Abstieg 2 Std.; gesamt 5 Std.
Charakter: Gipfelwanderung mit steilem Auftakt und leicht felsigem Finale. Nach Regen ist der Anstieg über den Ostgrat unangenehm rutschig!
Einkehr: Aueralm, Januar bis November geöffnet, Mo Ruhetag, ab Kirchweih auch Di; Gasthaus am Sonnenbichl, ganzjährig geöffnet
Variante: Sehr beliebt ist auch die Runde nur bis zur Aueralm, gut 3 Std.
Karte: KOMPASS Nr. 8. (1:50000)
Reiseatlas: Seite 7

Beliebte Vogelmahlzeit: die Mehlbeere

Wenn man auf den Wegen zum Fockenstein nur selten allein ist, dann hat das zwei Gründe. Zum einen gilt der Gipfel, der sich zwischen Bad Wiessee und Lenggries über das Grün bewaldeter Höhenrücken erhebt, als besonders schöner »Guck-ins-Land«, zum anderen

ist die Gastwirtschaft auf der Aueralm eine beliebte Anlaufstelle für jene »Genusswanderer«, die sich die Anstrengung gerne mit einer zünftigen Brotzeit – Bergpanorama inklusive – versüßen lassen.

Die Tour beginnt steil und führt hinter dem Sonnenbichl mit den Skiliften auf teilweise befestigter Spur über den Wiesenhang bergan, dann im Wald weiter ansteigend unter der Kuppe des Zwergelbergs, 1113 m, hindurch und überwiegend schattig zur idyllisch gelegenen Waxelmoosalm, 1185 m. Auf einem Fahrweg leicht abwärts zu der vom Söllbachtal heraufkommenden Sandstraße. Man folgt ihr über die bewirtschaftete Aueralm, 1269 m, hinaus bis zum Beginn des Fockenstein-Ostgrats. Nun rechts (Hinweistafel) auf oft feuchter Wegspur am bewaldeten Grat aufwärts und zuletzt über leichte Felsen zum Gipfel.

Ein paar harmlose Felsen gibt's auch am Abstieg, der, nach Westen ausholend (Abkürzer wegen Bodenerosion gesperrt), zunächst in die kleine Senke am Rücken des Neuhüttenecks, 1408 m, hinunterführt. Nahe bei der Neuhüttenalm, 1328 m, stößt man wieder auf die breite Fahrspur. Auf ihr zurück zur Aueralm. Dahinter links hinunter in den Graben des Zeiselbachs und auf teilweise steilem Weg talauswärts. An einer Brücke wird aus dem Pfad eine Straße, die zum Sonnenbichl zurückleitet.

▼ Noch drei Gipfel!

Südlich vom Fockenstein erheben sich die Kampen, 1607 m, ein lang gestreckter, dreigipfliger Kamm, den man auf markiertem Weg überschreiten kann.

Felsenfenster am Fockenstein

Ausgangspunkt: Bad Wiessee-Abwinkl, Aufstieg durch das Söllbachtal und über den Hirschtalsattel, 1224 m, Abstieg durch den Stinkergraben zum Söllbach und im Tal zurück nach Bad Wiessee, etwa 7½ Std. Ausdauer erforderlich, keine Hütte unterwegs!

12

Zur Königsalm, 1115 m

Des Königs Lieblingsalm

Ausgangspunkt: Parkplatz, 800 m, an der Achenpassstraße, Abzweigung des Fahrwegs nach Siebenhütten, 3 km von Kreuth
Bahn/Bus: Buslinie Tegernsee – Stuben, RVO 9556; Halt Siebenhütten
Gehzeiten: Aufstieg 1½ Std., Abstieg 1½ Std.; gesamt 3 Std.
Charakter: Gemütliche Almwanderung auf den Spuren von König Max I. Joseph
Einkehr: Königsalm, Mitte Juni bis Ende September geöffnet, Di Ruhetag
Karte: KOMPASS Nr. 8 (1:50000)
Reiseatlas: Seite 7, 17

Schönheit am Wegrand: die Kleine Braunelle

TEGERNSEE UND SCHLIERSEE

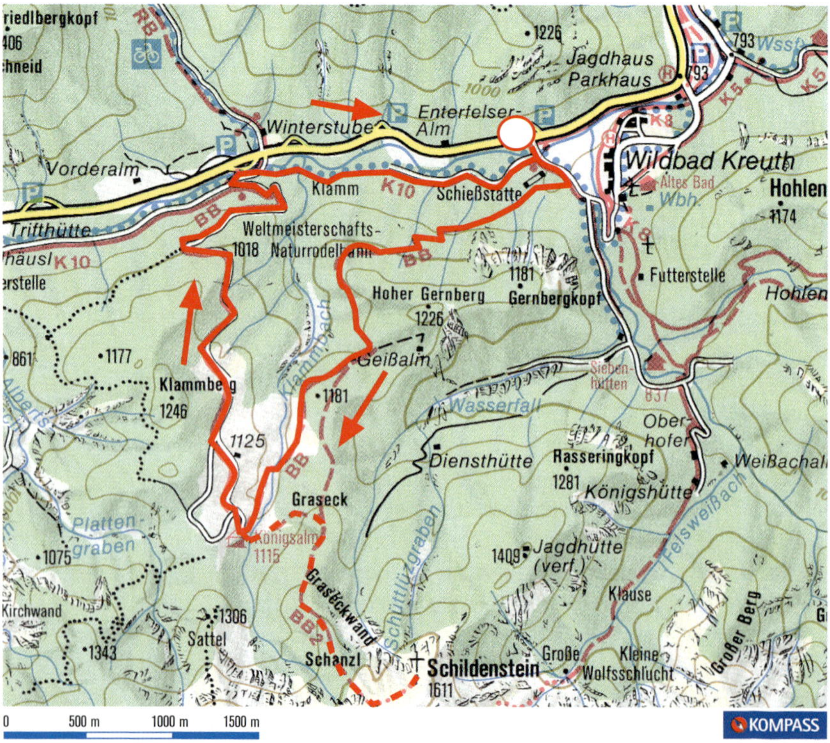

Ein gern besuchtes Wanderziel: die Königsalm

Dass Max I. Joseph, König von Bayern, gerne das höfische Zeremoniell mit gesunder Landluft vertauschte, kann man in jedem Schulbuch nachlesen. Besonders gern soll er sich in den Tegernseer Bergen aufgehalten haben, wo er u. a. das Wildbad Kreuth erbauen ließ und die Königsalm aus klösterlichem Besitz erwarb. Dabei ließ er das so genannte »Kavaliershaus« im Stil eines Schweizer Chalets errichten: unten Käserei, oben Salon mit Blick auf die Berge.

Den aber genießt nun längst auch das ganz gemeine Volk; Adeligen wird man hier oben eher selten begegnen, eher schon einem CSU-Abgeordneten, den es halt immer wieder in die Nähe des Wildbades zieht. Franz Josef (kein König) lässt grüßen ...

Vom Parkplatz geht es zunächst über die Weißach, dann vorbei am Schießstand zur Abzweigung des Almweges (Hinweistafel). Dieser steigt diagonal durch die bewaldete Nordflanke des Gernberges an und führt dann hoch über dem wilden Graben des Klammbachs zur Geißalm, 1115 m.

Nur knapp eine halbe Gehstunde weiter taleinwärts liegt die Königsalm, 1115 m. Die Almhütte wurde 1723 erbaut und um die Mitte des 19. Jh. vergrößert. Der 46 Meter (!) lange Bau steht auf einem Bruchsteinsockel und ist mit Schindeln gedeckt.

Für den Rückweg nimmt man die Almstraße, die erst flach talauswärts führt, dann über ein paar weite Schleifen (im Winter Natur-Rodelbahn!) hinabzieht zur Weißach. Vor dem Bach wenden wir uns nach rechts und gehen auf bequemem Weg zurück zum Ausgangspunkt an der Achenpassstraße.

▼ **Schildenstein**, 1613 m
Von der Königsalm aus besteigt man in gut einer Stunde leicht den Schildenstein, die westliche Randerhebung der Blauberge mit bemerkenswerter Rundschau. Wer die Tour als Runde plant, wählt mit Vorteil den Aufstieg durch die Wolfsschlucht und steigt anschließend nach Nordwesten zum Grasseck bzw. zur Königsalm ab. Gesamtgehzeit 4½ Std.

13

Der Tegernseer Höhenweg

Promenade über dem Voralpensee

Ausgangspunkt: Gmund am Tegernsee, 740 m, Ferienort am Abfluss des Tegernsees. Anfahrt von München via Miesbach (an Wochenenden oft Staus!) – oder mit der Bahn
Bahn/Bus: Gmund erreicht man vom Münchner Hauptbahnhof bequem mit der Bahn; Busverbindungen mit den umliegenden Ortschaften
Gehzeit: 2 Std. bis Rottach-Egern
Charakter: Gemütlicher Spaziergang über dem Ostufer des Tegernsees, überwiegend befestigte Wege. Überall Abstieg zum See möglich.
Einkehr: In Gmund, Tegernsee sowie Rottach-Egern
Karte: KOMPASS Nr. 8 (1:50 000)
Reiseatlas: Seite 7

Tegernsee und Wallberg.

Zum Erlebnis Tegernsee gehört natürlich eine Schifffahrt, am besten nach dem anregenden Spaziergang über dem Ostufer des fast 9 km² großen Voralpengewässers. Dabei genießt man dann Aussicht auf die Bergumrahmung, von der Neureuth über Gindelalmschneid, Wallberg und Hirschberg bis zum Fockenstein (Tour 11) – alles durchwegs lohnende Wanderziele über dem viel besuchten See.

Von der Mangfallbrücke in Gmund, 740 m, zum See, dann am Ufer entlang zum Strandbad. Nun parallel zur B 307 nach St. Quirin, 728 m. Hier links, Straße und Bahn querend, bergan nach Unterbuchberg, 810 m. Bei den Häusern rechts und zunächst mit freier Sicht über den See, dann angenehm schattig nach Tegernsee, 747 m. Unter dem doppeltürmigen Hotel Bayern hindurch und schräg abwärts zum Bahnhof. Auf der Max-Josef-Straße leicht steigend ins Alpbach-Tälchen, über den Bach und hinauf zur Schützenstraße. Oberhalb des Leebergs hindurch und quer durch die bewaldeten Südhänge des Kleinen Tegernseer Berges. Hier gewinnt der Weg mit 900 m seinen höchsten Punkt. Zuletzt bergab zum Wanderparkplatz am Süßbach, ca. 780 m, und durch die Riedersteinstraße hinein nach Rottach-Egern.

Wenn's eine Hitliste der beliebtesten Münchner Ausflugsregionen gäbe, der Tegernsee stünde mit ganz vorne. Er liegt etwa 50 km südlich von München, direkt am Alpenrand, in einem breiten, sonnigen Tal, umgeben von sanften Hügeln und bewaldeten Bergen, etwa 725 m ü.d.M. Auf dem rund 9 km^2 großen Tegernsee (die größte Tiefe des Sees liegt bei 72 m) verkehren ganzjährig, sofern das Gewässer nicht zugefroren ist, sieben Passagierschiffe mit einer Kapazität von 85 bis 150 Plätzen; die große See-Rundfahrt dauert ungefähr 2 Std.

Infos (auch Fahrpläne):
Schifffahrt Tegernsee,
Seestraße 70,
D-83684 Tegernsee,
Tel. 0049 8022 93311,
Fax 0049 8022 93313;
www.seenschifffahrt.de

Über den Ausflugsverkehr hinaus bietet die Bayerische Seenschifffahrt echte Verkehrsverbindungen im Südteil des Sees an. Sie verbindet die Uferorte miteinander. Sechs Schiffe befördern jährlich etwa 200 000 Personen. Sonderfahrten für Gruppen sind immer möglich und sehr beliebt.

Blankensteinsattel, 1692 m

Wanderrunde mit oder ohne (Kletter-) Gipfel

Ausgangspunkt: Bushaltestelle Kistenwinterstube bzw. Wanderparkplatz, 960 m, an der Straße zur Valepp, 7 km von Rottach-Egern
Bahn/Bus: Buslinie Tegernsee – Valepp; ROV 9560
Gehzeiten: Aufstieg 2¼ Std., Abstieg 1½ Std.; gesamt 3¾ Std.
Charakter: Rundwanderung auf überwiegend guten Wegen, teilweise Almstraßen. Die Besteigung des Blankensteins auf dem Normalweg ist eine Kletterroute!
Einkehr: Sieblialm, im Sommer geöffnet.
Karte: KOMPASS Nr. 8 (1:50 000)
Reiseatlas: Seite 7, 17

TEGERNSEE UND SCHLIERSEE

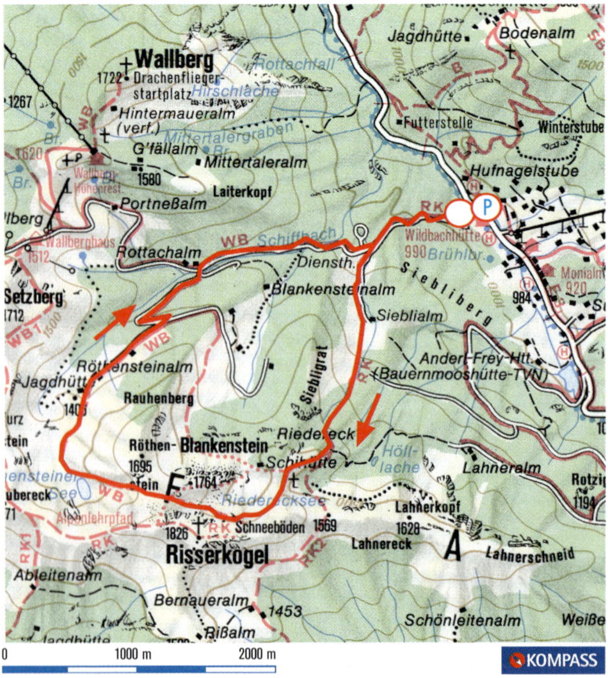

Hauptattraktion auf dieser Wanderrunde in den Tegernseer Bergen ist das schroffe Felsriff des Blankensteins, 1764 m, mit dem Pendant zur Roßsteinnadel an seiner Südseite – beliebtes Trainingsgelände für Kletterer aus dem Umland. Aber Vorsicht! Auch beim leichtesten Anstieg, der aus dem Blankensteinsattel durch eine markante Rinne zum Vorgipfel und zuletzt in einem Kamin zum höchsten Punkt führt, handelt es sich um eine Kletterroute (30 Min., Schwierigkeitsgrad II); dazu ist der Fels von den zahllosen Begehungen unangenehm glatt poliert.

Recht glatt ist auch die Unterlage, auf der man die Runde startet: Asphalt. Die Wegweiser »Risserkogel« leiten mäßig steil hinauf zur Sieblialm (Sieblalm, 1150 m). Dahinter wird aus der Straße ein ziemlich schmaler Pfad, der durch den Siebligraben, teilweise im Wald, zur schön gelegenen Riedereckalm, 1470 m, ansteigt.

Ein schroffes Kalkriff: der Kletterzacken des Blankensteins

Am Riederecksattel, 1534 m, kommt erstmals der Blankenstein mit seinen steil gestellten Felsschichten ins Blickfeld. Der Weg führt über dem Karwinkel des Riederecksees durch die Nordhänge des Risserkogels in den Blankensteinsattel, 1692 m.

Jenseits der Scharte führt die Pfadspur unter dem Röthenstein, 1695 m, hinab in den Wald. Links unterhalb liegen in der Talmulde die beiden winzigen Röthensteiner Seen. An der gleichnamigen Alm, 1385 m, stößt man wieder auf Asphalt. Auf der Straße hinunter zum Schiffbach und zurück zum Ausgangspunkt der Runde.

▼ **Risserkogel,** 1826 m
Höher, aber leichter zu besteigen als der Blankenstein ist der Risserkogel, etwa 40 Minuten vom Weg zum Blankensteinsattel. Abstieg dann über den Westgrat und durch die nordseitigen Schrofen in den Sattel. Trittsicherheit und etwas Bergerfahrung unerlässlich!

15

Aus dem Jenbachtal auf den Wendelstein, 1838 m

Große Gipfelrunde am Alpenrand

Ausgangspunkt: Wanderparkplatz im Jenbachtal, 840 m, Zufahrt von Bad Feilnbach, 521 m, knapp 6 km (November bis April gesperrt)
Bahn/Bus: Nach Bad Feilnbach von München über Bad Aibling (direkte Züge), weiter mit dem RVO-Bus. Im Sommer verkehrt die Wendelstein-Ringlinie zweimal täglich in jede Richtung (Bad Feilnbach – Brannenburg – Sudelfeld – Bayrischzell – Fischbachau – Bad Feilnbach); Infos Tel. 08066/90 63 33
Gehzeiten: Aufstieg 4½ Std., Abstieg 2½ Std.; gesamt 7 Std.
Charakter: Lange, anstrengende Gipfelüberschreitung. Großteils viel begangene Wege, gesicherte Passagen an der Hochsalwand und am Wendelsteingipfel
Einkehr: Schuhbräualm, Mai bis Okt. geöffnet, Mo Ruhetag; Wendelsteinhaus, ganzj. geöffnet; Wirtsalm, Ende April bis Anfang Nov. geöffnet, Di Ruhetag
Karte: KOMPASS Nr. 8 (1:50 000)
Reiseatlas: Seite 7

Gipfelrundweg am Wendelstein, mit Hochsalwand

Der Blick durchs Jenbachtal zeigt es klar: Der Wendelstein ist hier der »Größte«. Sein felsig-markanter Gipfel überragt die bewaldeten Höhen rundum. Entsprechend beliebt ist er als Tourenziel, trotz Zahnrad- und Luftseilbahn. Beim Anstieg von Norden muss das Gipfelglück erst einmal verdient werden; der direkte Anstieg wartet mit ca. 1000 Höhenmetern auf, und wer den Umweg über die Hochsalwand nimmt, kommt mit dem Zwischenabstieg zur Reindleralm auf zusätzliche 200 Steigungsmeter. Die Hochsalwand, 1624 m, ist für sich schon ein lohnendes Gipfelziel, mit Abstieg über die »Weißwand« ins innerste Jenbachtal ergibt sich eine schöne Fünf-Stunden-Runde.

Der Wendelstein ist weit mehr als ein herrlicher Aussichtspunkt am Alpenrand. An ihm verkehrt die älteste Bergbahn Deutschlands (1912); in den vierziger Jahren wurde die Sternwarte erbaut; seit 1949 steht am Gipfel eine Sendeanlage, 1951 wurde die Wetterstation eingerichtet und 1971 ging die Bayrischzeller Seilschwebebahn in Betrieb. Dazugekommen sind das Windrad (15 m Durchmesser) und die Fotovoltaik-Versuchsanlage.

Vom Parkplatz Jenbachtal, 840 m, kurz abwärts zum Großen Jenbach, über die Brücke und an der folgenden Verzweigung links (geradeaus sehr steiler Anstieg zur Antretteralm). Auf zunächst breitem, schottrigem Weg im Wald bergan, dann über Wiesen hinauf zur Hansenalm. Eine Fahrspur leitet östlich in eine namenlose Senke, unter dem Farrenpoint. Nun rechts um den Mitterberg, 1214 m, herum, an der Antretteralm, 1102 m, vorbei zur Schuhbräualm, 1157 m. Über den Wiesenhang bergan zur Rampoldalm und weiter steigend gegen die Rampoldplatte, 1422 m. Der felsige Gipfelkopf bleibt links; die Spur leitet dann über die Lechnerschneid in die Nordflanke der Hochsalwand, 1624 m. Drahtseile helfen über Schrofen hinauf zum Grat; links durch Latschen zum Gipfelkreuz.

Hier bietet sich ein Prachtblick hinüber zum mittlerweile nahe gerückten Wendelstein; gut zu überschauen ist auch der Weiterweg: westlich am Grat entlang abwärts, dann durch die licht bewaldeten Südhänge hinunter zur Reindleralm, 1430 m, und zur Wegkreuzung in der Senke dahinter. Diagonal ansteigend in das von der Zeller Scharte herabziehende Geröllkar, im Zickzack hinauf zur Trasse der Zahnradbahn und rechts zum bequemen Gipfelrundweg. Er führt in die Nordflanke des Wendelsteins und in Kehren hinauf zum höchsten Punkt. Südseitig in Serpentinen bergab zum Wendelsteinhaus, 1740 m. Unter der Seilbahnstation zu einer Weggabelung und rechts im Bogen absteigend um die Westabstürze des Wendelsteins herum. Zwei Abzweigungen bleiben links; an der dritten verlässt man den zur Reindleralm weiterführenden Pfad und steigt parallel zur Weißwand im Zickzack ab ins innerste Jenbachtal. Ein breiter Ziehweg führt abwärts zur Talstraße. Auf ihr zurück zum Ausgangspunkt – allerdings nicht ohne in der Wirtsalm, 889 m, auf die tolle Gipfeltour anzustoßen.

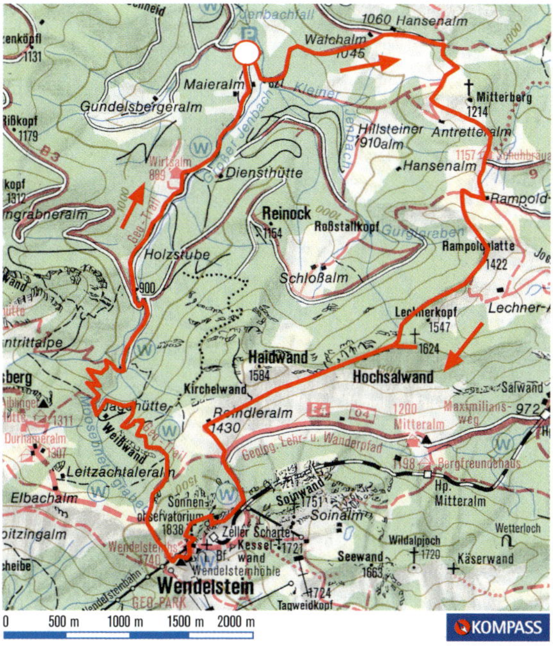

TÖLZER LAND · ISARWINKEL

Die Stadt Bad Tölz vom Spielhahnjäger-Denkmal mit Isar, Kurviertel, Marktviertel und Kalvarienkirche

Die grüne Lunge der Nordalpen

In den Haupttälern des grünen Isarwinkels, also dem zentralen Isartal und dem ins Karwendel ziehenden Rißtal, bestimmen Wildfluss-Auen mit Weidengebüsch und breiten Schotterbetten das Landschaftsbild, im breiten Isartal umrahmt von Bauernwiesen in langen Flurstreifen, die sich auf 800 bis fast 1100 Meter am Sunndraht die Hänge hochziehen. In der zahmen, ebenen Jachenau dagegen herrschen Talwiesen-Rodungen um die verstreuten Weiler vor. Der die niedrigen Höhenlagen des Gebirges dominierende Hangwald besteht zwar überwiegend aus Forstwirtschaftsfreundlicher Fichte; Tannen sind jedoch in regenreichen und tiefgründigen westlichen und nördlichen Staulagen ebenso wenig eine Seltenheit wie Buchenmischwälder. Lärche (im höheren Vorkarwendel), Kiefer (am südlichen Ochsensitzer Kamm) und der meist vereinzelt vorkommende Bergahorn sind dagegen eher selten anzutreffen. Viele der häufig flachen Bergkämme bis 1600 Meter sowie darunter befindliche Hänge und Kessel werden von den Bauern aus dem Isarwinkel und aus dem Oberland als nährstoffreiche und rasch nachwachsende Almweiden fürs Jungvieh verwendet. Die teils wie ein Schwamm vollgesogenen Flächen sind mit Kuhtritten übersät – eine trügerische Idylle für unwissende Wanderer abseits der Wege. Die oberhalb der Waldgrenze bisweilen so lästigen Krummholzgewächse der Latschenkiefern gibt es wegen der niedrigen Höhe des Gebirges erfreulicherweise fast nur in der Benediktenwand-Gruppe und im Vorkarwendel.

Dafür erfreuen während der ganzen Wandersaison vom Spätfrühling bis zum Spätherbst die Farbtupfer der ständig wechselnden Blumengemeinschaften auf Mähwiesen (Mähdern) und Almen das Herz des Bergwanderers. Eher blauen Blumen wie Enzian (Stengelloser, Schwalbenwurz- und Frühlingsenzian), Kreuzkraut, Gemeiner

Eisenhut und Glockenblume folgen die weißen wie Maiglöckchen, Salomonsiegel, Spiräen und Waldvöglein, dann die roten wie Türkenbundlilie, Almrausch, Alpendost und Heckenrose und die gelben wie Gamswurz, Wolfs-Eisenhut und Gelber Enzian („Schnaps"-Enzian). Dies ist nur eine kleine Auswahl der interessantesten Blüten!

Wandern im Tölzer Land und Isarwinkel

Erfreulicherweise kann man hier mit leichtem Gepäck losziehen: Die meisten Gipfelrouten sind Halbtagestouren, und an den populäreren Bergen wartet eine bewirtschaftete Hütte oder Alm auf den nicht allzu erschöpften Wanderer. Die Mehrzahl der Wanderungen und Bergtouren des Isarwinkels ist kürzer und übersichtlicher als die auf die großen Berge der Kalk- und Zentralalpen und ihr Charakter ist weniger ernst. Genau deshalb ist der Isarwinkel ein Wanderparadies, das man vor allem wegen der lieblichen Landschaft unter die Füße nimmt, auch wenn die Wege nicht immer gut erhalten sind. Gut profilierte Trekkingschuhe oder Lederbergstiefel, die zur Stabilisierung über den Knöchel reichen und wasserdicht sein sollten, sind deshalb für jeden ein Muss, der sein Betätigungsfeld nicht auf langweilige geschotterte Fahrwege beschränken will – die sich übrigens für die wachsende Zahl der Bike & Hike-Anhänger bestens eignen. Einige der häufig begangenen Wanderrouten wurden in den letzten Jahren allerdings größtenteils saniert. Dafür sind in diesem Wanderatlas einige Routen beschrieben, die großteils Jägersteige benutzen und meist eine gute Orientierungsfähigkeit verlangen, gelegentlich auch Schwindelfreiheit und in einigen Fällen sogar etwas Kletterfähigkeit. Das Wandergebiet reicht über den eigentlichen Isarwinkel (das Isartal zwischen Bad Tölz und Sylvensteinsee) hinaus ins deutsche Vorkarwendel (Ausnahme Vorderskopf) und im Westen bis zu den Bergen an Walchen- und Kochelsee.

Durch den Isarwinkel zieht sich ein Streckenabschnitt des Europäischen Fernwanderwegs E 4, der vom Bodensee nach Berchtesgaden führt.

Streckenverlauf der Alpin-Variante, auch »Maximiliansweg« genannt (Hütten und Talorte mit Übernachtung): Eschenlohe im Loisachtal – Heimgarten – Herzogstand/Herzogstandhaus – Kesselbergpass/evtl. Urfeld am Walchensee – Jochberg Südseite – Rabenkopf Südseite – Benediktenwand/Tutzinger Hütte – Brauneck/Brauneckhütte – Lenggries im Isartal – Geierstein – Fockenstein – Bad Wiessee am Tegernsee.

Gästeinformation Tölzer Land,
Professor-Max-Lange-Platz 1,
D-83646-Bad Tölz,
Tel. 08041/505-206, Fax -375;
tourismus@toelzer-land.de
www.toelzer-land.de
www.lra-toelz.de

Die Orte

Stadt Bad Tölz

675 m, liegt an der Isar am Schnittpunkt zwischen Isarwinkler Bergen und Alpenvorland. Die 1160 erstmals erwähnte Gemeinde lebte vom Salzhandel zwischen Salzkammergut und Bodensee sowie von der Wein- und später Holzflößerei auf der Isar. 1846 wurden die Jodquellen am Sauersberg entdeckt, 1906 wurde Tölz das Stadtrecht verliehen, kurz nachdem es die Bezeichnung »Bad« erhalten hatte. Es entstand die große Kurzone mit dem Jod- und Erlebnisbad Alpamare. Sehenswert: die barocke Kalvarienkirche hoch über der Isar mit Kreuzweg und Leonhardikapelle, zu der alljährlich am 6. November eine Reiterprozession hinaufführt.

Tourist Information, Ludwigstr. 11, (im Badeteil), D-83646 Bad Tölz, Tel. 08041/786 70; www.bad-toelz.de

Benediktbeuern

640 m, liegt am Ostabfall der Isarwinkler Berge zu Füßen der Benediktenwand. Der Ort verdankt seine Existenz dem 739 gegründeten Benediktinerkloster, dem wohl ältesten Kloster Bayerns. Die jetzige Barockbasilika der Salesianer und die Rokokokapelle Anastasia lassen sich in einer Führung besichtigen. Daneben liegt ein Museum über Josef von Fraunhofer, der hier ein optisches Institut betrieb und die Grundlagen des modernen Linsenschliffs legte.

Gästeinformation Verwaltungsgemeinschaft, Prälatenstr. 7, D-83671 Benediktbeuern, Tel. 08857/248; www.benediktbeuern.de

Bichl

622 m, liegt wie Benediktbeuern auf den fruchtbaren Wiesengründen zwischen den Bergen und dem Kochelmoos. Seinen Namen hat Bichl von einem kleinen Hügel (Bichel oder Bühel), auf dem eine der schönsten dörflichen Rokokokirchen Bayerns steht.

Verkehrsbüro Bichl, Sindelsdorfer Str. 2 (nur Aushang), D-83673 Bichl, Tel. 08857/488; www.benediktbeuern.de

Malerisch: Kochel am See

Kochel

605 m, liegt am Rand der Kuchel (Senke) unterhalb von Jochberg und Herzogstand, die der Kochelsee ausfüllt. Am südlichen Ortsrand befindet sich das

Franz-Marc-Museum, Herzogstandweg 43, Tel. 08851/7114, geöffnet 1.3. bis 15.1. außer 24.12. und 31.12., Di–So 14–18 Uhr, mit Werken hauptsächlich von Franz Marc, dem zeitweise am Kochelsee arbeitenden Maler der Gruppe »Blauer Reiter«.

Großer Beliebtheit erfreut sich das Walchensee-Kraftwerk am Kocheler Altjoch, *Tel. 08851/770, geöffnet täglich von 9–18 Uhr, im Winter 9–16 Uhr.*

In Schlehdorf am westlichen Ufer des Kochelsees steht das Rokoko-Kloster der Missions-Dominikanerinnen, das durch seine klassischen Proportionen heraussticht.

Im Ortsteil Kreut befindet sich die »Glentleiten«, das größte Freilichtmuseum Bayerns und eines der eindrucksvollsten Deutschlands *Tel. 08851/1850, geöffnet 27.3. bis 31.10., 9–18 Uhr, Montag Ruhetag, außer Juli/August.*

Urfeld und Walchensee am 200 Meter oberhalb des Kochelsees gelegenen Walchensee sind beliebte Ausgangspunkte für Bergwanderungen und eignen sich bestens zum Surfen, Boot fahren, Tauchen und Baden.
Tourist-Info Verwaltungsgemeinschaft, Kochel, Kalmbachstr. 11, D-82431 Kochel, Tel. 08851/338; www.kochel.de

Krün
Landkreis Garmisch-Partenkirchen, 875 m, liegt in dem weiten Talkessel von Wallgau im Werdenfelser Land mit eindrucksvollem Rundumblick auf Wetterstein, Estergebirge und Karwendel. Eine landschaftliche Besonderheit sind die Buckelwiesen zwischen Krün, Klais und Mittenwald. Schloss Ellmau ist ein Luxushotel, in dem Kulturveranstaltungen stattfinden.
Verkehrsamt Krün, Schöttlkarspitzstr. 15, D-82494 Krün, Tel. 08825/10 94; www.kruen.de

Lenggries
679 m, liegt am oberen südlichen Ende des breiten Isarwinkler Tals. Die ehemalige Bauerngemeinde war früher ein Zentrum der Flößerei und des Kalkbrennens (für Mörtel). Bekannt war sie für ihre Wilderer, deren Leben in Ganghofers »Jäger von Fall« verewigt wurde. Dem verwinkelten Hauptort mit der abseits gelegenen, typisch oberländischen Pfarrkirche St. Jakob sind diverse Orte und Weiler angegliedert, wie Anger mit dem ehemaligen Schloss Hohenburg, Fleck und Winkl sowie Fall und Vorderriß im Vorkarwendel. Auf dem Sylvenstein-Stausee kann man Boot fahren, baden (eher kalt) – und nach dem »ertrunkenen« alten Ort Fall tauchen, dessen Kirchturm angeblich noch stehen soll.
Verkehrsamt Lenggries, Rathausplatz 1, D-83661 Lenggries, Tel. 08042/50 08 20; www.lenggries.de

Wackersberg
745 m, liegt auf einem lang gestreckten Wiesenhügel hoch über der Isar auf der Westseite des Tals. Attraktionen neben der äußerst reizvollen Berg- und Almwiesenlandschaft sind die übermannshohen Kieselstein-Pyramiden an der Isar (Natur-Kunstwerk) und die außen schlichte Pestkapelle mit Dankessprüchen und einem eindrucksvollen Jesus-Kreuz.
Verkehrsamt Wackersberg, Bachstr. 8, D-83646 Wackersberg, Tel. 08041/79 92 80; www.wackersberg.de

Abwechslungsreiche Isar-Runde

Kultur und Natur light

Ausgangspunkt: Wackersberg, 745 m, viel Parkraum am südlichen unteren Ortsende
Gehzeit: 2 Std.; 70 Hm, 7 km
Charakter: Die leichte Runde von der Wackersberger Wiesenhochfläche über den Isartaler Hangwald zur Isarau ist sehr abwechslungsreich und führt teils auf dem Bad Tölzer »Geokulturlehrpfad«, teils auf einem Waldlehrpfad an zwei ungewöhnlichen Attraktionen vorbei.
Einkehr: In Wackersberg
Karte: KOMPASS Nr. 182 (1:50000)
Reiseatlas: Seite 6

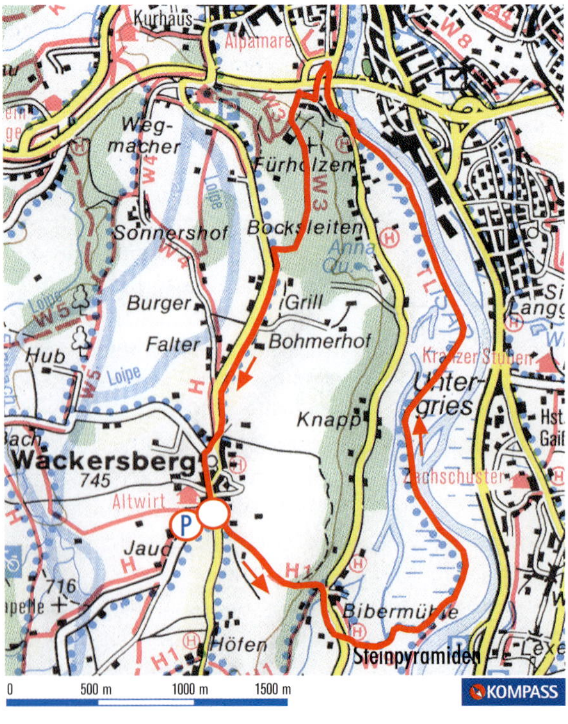

Der Baumeister nennt sich Karl-Heinz (heißt aber sicher anders), sitzt etwas schüchtern abseits und bittet per aufgestellter Sammelbüchse freundlich um eine Spende für sein Werk. Das kann sich sehen lassen: In Reih und Glied stehen seine regional berühmten, übermannshohen Steinpyramiden auf einer Kiesbank neben der Isar, die sie jedes Jahr beim Frühjahrs- und Sommerhochwasser zerstört. Ein moderner Sisyphus ... Die zweite Attraktion der Runde ist das Spielhahnjäger-Denkmal mit einer besseren Aussicht über Bad Tölz als vom Kalvarienberg. Es ist nicht etwa ein Ehrenmal für die berühmten Isarwinkler Wilderer, sondern ein Mahnmal für die in Russland Gefallenen einer Gebirgsjägerdivision.

Hinter dem letzten Haus von Wackersberg geht es links kurz auf einen Fahrweg (Schild Biburg) und halbrechts (südostwärts) über einen Wiesenpfad zu einer Bank am Rand des bewaldeten Isarhangs (Infotafel des »Geokul-

Keine Naturerscheinung, sondern Landschaftskunst sind diese Pyramiden an der Isar.

turlehrpfads«). Diesen auf steilem Weg hinab nach Bibermühle und rechts neben einer viel befahrenen Straße südwärts, bis links der »Isarweg« abzweigt. Ost- und nordostwärts auf einem mäandrierenden Kiesweg durch Auwald und -busch zu einer weiteren Infotafel und rechts von dieser auf einem Stichweg zur Isar mit den Steinpyramiden, 690 m, auf einer Kiesbank. Zurück zur Infotafel und auf dem Kiesweg nordwärts an der Isar entlang talaus nach Bad Tölz. Hier ein Stück auf dem Bürgersteig bis unter die Brücke der Südumfahrung, dahinter einige Meter links auf einer Teerstraße hinauf (Schild Wackersberg), links unter der Brücke zurück und zwischen Häusern auf einem Teerweg steil südwestwärts durch Wald hinauf. Nach Stufen an einer Verzweigung wenden wir uns entweder kurz rechts, südwestwärts auf einem Weg weiter zu einer Straße und links auf dem Radweg neben dieser zwischen Wiesen südwärts nach Wackersberg; oder nach links auf dem Waldlehrpfad mit einem Abstecher zum Spielhahnjäger-Denkmal, 710 m (beste Aussicht über Bad Tölz). Unterhalb der Hangkante gehen wir südlich weiter, bis rechts der Fahrweg nach Wackersdorf abzweigt, der uns zurück zum Ausgangspunkt führt.

Kalvarienkirche in Bad Tölz

17

Benediktenwand, 1800 m

Die schwierigste Tour auf den höchsten Berg

Ausgangspunkt: Von der Arzbacher Kapelle über Untermberg zum Parkplatz am Ende des durchs Längental führenden Teersträßchens, 790 m
Gehzeit: 5½ Std.; 1050 Hm, 14 km
Charakter: Die technisch anspruchsvollste Wanderroute auf die Benediktenwand eignet sich gut als Spätsommer- und Herbsttour. Trittsicherheit und Kondition sind Voraussetzung.
Einkehr: Freisinger Htt. (Hintere Längentalalm), Kirchsteinhütte (mit Übernachtung)
Karte: KOMPASS Nr. 182 (1:50000)
Reiseatlas: Seite 6, 16

Einen kurzen Anstieg zur Benediktenwand gibt es nicht. Der Aufstieg von Arzbach hat zwar den Vorzug, den Knien am wenigsten Höhenmeter abzuverlangen; dafür ist er ab dem oberen Längental eher mühsam zu gehen. Der felsige Rücken zum breiten Gipfelkamm ist sogar teilweise mit Drahtseilen gesichert. Aber nicht nur die Benediktenwand und die vorgelagerten Achselköpfe, sondern auch die Schrofenflanken der Kirchsteine und die über der Längentalalm aufragende Probstwand geben dieser Tour einen alpinen Charakter.

Vom Parkplatz auf einem Fahrweg durch Wald aufwärts; den nach den Serpentinen an einer Lichtung rechts abzweigenden Fahrweg ignorieren wir. Mit nur geringem Höhengewinn (ab der Kirchsteinhütte leicht abfallend) geht es

Wettersturz am gratartigen Ostrücken der Benediktenwand

Blick zum Latschenkopf, 1712 m

weiter zu den Almwiesen des Längentals und über diese zur Hinteren Längentalalm, 1025 m. Südwestwärts über einen Bach zu einem Karrenweg und auf diesem das obere Längental links des Arzbachs talein wandern, bis es rechts über diesen weitergeht. Auf schotterigem Weg aufwärts unter eine Felswand, links an einem Drahtseil wieder über den Bach und auf steinigem Weg links- und rechtsseitig des Baches hinauf zur Probstalm, 1376 m. Von hier geht es auf einem matschigen Weg unter die Nordhänge der Achselköpfe, dann rechts (westwärts) hinüber zu einer schmierigen, steinigen Rinne. Durch diese steigen wir steil hinauf zum Rotöhrsattel, 1615 m (der direkte Weg ist leider gesperrt) und über Wiesen zu einer Schulter nördlich der ersten Felsen der Benediktenwand. Dahinter mühen wir uns südwestwärts auf dem drahtseilgesicherten, felsigen Weg einen steilen, schmalen Rücken hinauf, bis wir schließlich über den mit Latschen bewachsenen Oströcken zum Gipfel, 1800 m, gelangen. Abstieg über die Aufstiegsroute zurück durchs Längental.

Demeljoch, 1923 m

Wuchtiger Block am Ende des Isartals

Ausgangspunkt: Durch das Isartal zur Staumauer und links zum rechtsseitigen Straßenparkplatz (Schild »Demeljoch«) am Ostufer des Sylvensteinsees, 765 m
Gehzeit: 6 Std.; 1200 Hm, 12 km
Charakter: Die anfangs schattseitige Rücken- und Kammtour führt von einer Voralpen-Klamm zu einem sonnigen Karwendelgipfel. Kondition und Trittsicherheit erforderlich
Einkehr: In Winkel
Karten: KOMPASS Nr. 8 und Nr. 182 (1:50000)
Reiseatlas: Seite 16

TÖLZER LAND · ISARWINKEL

Der abwechslungsreichste Weg aufs wilde Demeljoch, das als wuchtiger Block im Süden über dem Isartal aufragt, führt über einen Aussichtskamm zwischen Schrofenflanke und Latschenkiefern zum höchsten Punkt des Drillingsgipfels. Im Gegensatz zum kürzeren Südanstieg kann man hier auch im Sommer unterwegs sein, ohne in der Hitze zu schmoren. Im Herbst lassen sich – wie fast überall im Vorkarwendel – in schwach frequentierten Zeiten mit etwas Glück Rauhfußhühner beobachten.

Vom Parkplatz geht es südwärts durch den Wald kurz hinab zur sehenswerten Walchenklamm, über die Brücke und dahinter auf einem Karrenweg kurz rechts, bis links der Pfad zum Demeljoch abzweigt (Schild). Auf ihm wandern wir südostwärts mit ausgewaschenen Passagen durch zunehmend lichten Wald recht steil aufwärts zum Nordostrücken des Hühnerbergs, 1035 m, dann folgt eine Rechtsquerung zur Umgehung eines Schrofenabsatzes und nach einer Linksschleife geht es am Rücken ent-

Der südliche Demeljoch-Anstieg ist zwar kürzer, aber heiß und eintönig.

lang weiter recht steil und direkt aufwärts zu einer Wiese mit verfallener Alm (Kirchmair-Niederalm, 1330 m). Der Weg folgt südwestwärts dem schmalem Rücken durch lichten Wald aufwärts, führt zur Wiese der Kirchmair-Hochalm, 1550 m, und auf dem Kamm kaum ansteigend weiter zum Schürpfeneck, 1623 m. Den folgenden Fichten- und Latschenkamm teils links umgehend, geht es nun südwärts ansteigend in Richtung des von Fall heraufkommenden Wanderwegs. Kurz davor biegen wir links ab, 1700 m, und gehen südostwärts auf splittrigem Weg zwischen Latschen über einen Rücken aufwärts zum Nebengipfel des Dürrnbergjochs, 1835 m, und leicht abfallend am Kamm hinüber zum Gipfelaufbau. Zuletzt auf dem Wanderweg steil und mühsam gerade hinauf und ostwärts über den freien Westrücken weiter zum höchsten der drei Gipfel des Demeljochs, 1923 m; in östlicher Richtung kann man weglos das Zotenjoch, 1881 m, erreichen).

Abstieg über die Aufstiegsroute.

Wilde Wasser

Neben der nicht allzu anspruchsvollen und auch von Schlauchbooten befahrenen Isar birgt der Isarwinkel mit dem Rißbach für Kajakfahrer ein bekanntes Wildwasserrevier. Die Walchenklamm, über die man beim Zustieg zum Demeljoch spaziert, ist eine selten versuchte Extrempassage.

19

Staffel-Runde

Ein stiller Weg zur Blütenpracht

Ausgangspunkt: In die Jachenau und im Ortsteil Bäcker links auf den Parkplatz vor dem Gasthaus, 742 m
Gehzeit: 4 Std.; 800 Hm, 8,5 km
Charakter: Dieser Waldberg mit südseitiger Alm und freiem Gipfel ist vom Frühjahr bis in den Spätherbst begehbar
Einkehr: In Bäcker
Karten: KOMPASS Nr. 6 und Nr. 182 (1:50 000)
Reiseatlas: Seite 6, 16

Blütenpracht auf der Staffelalm

Der Staffel wird leicht unterschätzt, liegt er doch in dem scheinbar unbedeutenden, bewaldeten Höhenzug zwischen der Jachenau und dem oberen Isartal. Dabei bietet der einem Vulkankegel gleichende Berg eine perfekte Sicht ins Karwendel und auf die Berge des Isarwinkels. Ganz zu schweigen von der Blütenpracht der sonnseitigen Staffelalm, die die gesamte Südwestseite des Berges umfasst.

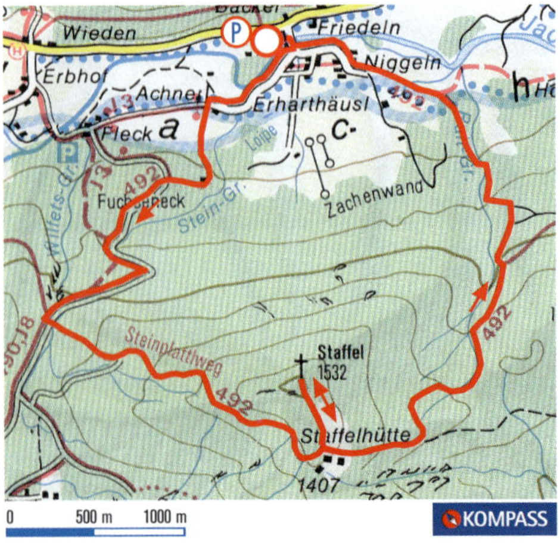

Vom Parkplatz geht es südwärts über eine Brücke zu einer Verzweigung und der Beschilderung »Staffel« folgend rechts auf einem Teersträßchen zum Achner-Hof. Hier gehen wir links (südwärts) auf einem Karrenweg über Wiesen in den Wald zu einem Fahrweg. Links über diesen hinauf in den Wilfetsgraben und links ab auf einen Karrenweg, 1040 m (Schild Staffel.). Wir gehen entweder über diesen südostwärts meist steil hinauf; oder aber über den

Durch lichten Wald zum Staffel

schlecht markierten, etwas mühsamen Abkürzer. Dort, wo dieser Pfad oben wieder kreuzt, geht es rechts über diesen hinauf zu einer Schulter. Dahinter beginnt die anfangs ansteigende Linksquerung durch lichten Wald und steile Almwiesen zur Staffelalm, 1407 m, die auf einem breiten Absatz des Staffel-Südrückens liegt.

Von hier führt ein Weg Richtung Norden über den Rücken durch eine Schneise hinauf zu den einladenden Bänken am freien Gipfel des Staffel, 1532 m.

Abstieg: Wir wandern zurück bis zum Südostrand des Südrückens, gehen aber nicht rechts, sondern gerade an den Almen vorbei und links über einen anfangs wenig ausgeprägten, später spitzen Rücken durch lichten Wald. Der anfangs schlechte Weg führt ostwärts steil hinab. An dessen Ende geht es links in eine Senke, hier rechts über ein Bächlein, durch Wald wieder kurz leicht ansteigend ostwärts. Es folgt eine abfallende Querung mit nicht immer ganz intakten Bachkreuzungen. Links verläuft der Weg steil hinab zu einem Fahrweg, dem wir nordwärts bis zum links abzweigenden Weg nach Niggeln folgen. Wir wandern auf diesem Weg abwärts, dann links über die Raitgraben-Furt auf einen Karrenweg.

Eben geht es aus dem Wald auf einen Fahrweg, links (westwärts) folgen wir diesem nach Niggeln und auf einem Teersträßchen rechts über die Brücke zurück zum Ausgangspunkt.

Der Frauenschuh, eine heimische Orchideenart

Kochelsee-Runde

Über Höhenweg und Felsenweg um den Stein

Ausgangspunkt: In Kochel südwärts Richtung Mittenwald und hinterm Ort rechts ab zum großen Parkplatz des Walchensee-Kraftwerks am Altjoch, 610 m
Gehzeit: 2¼ Std.; 200 Hm, 6 km
Charakter: Die bis auf den Winter (Vereisungsgefahr) immer lohnende, gut ausgeschilderte Spazierrunde führt sonnseitig unter Felswänden aufwärts in den Wald, über Wiesen abwärts zum Kochelsee und an diesem eindrucksvoll zurück zum Wasserkraftwerk
Einkehr: Informationszentrum, Kiosk.
Karte: KOMPASS Nr. 7 (1:50000)
Reiseatlas: Seite 6, 16

Dieser Rundweg für Genießer ist insofern etwas Besonderes, als man hier eindrucksvolle, wenn auch nicht hohe Felswände und alpine Vegetation wie Almrausch bewundern kann, ohne in höhere Regionen vorstoßen oder viele Höhenmeter gehen zu müssen: Besonders der teilweise mit Drahtgeländer gesicherte Felsenweg oberhalb des Kochelsees ist ein Erlebnis. Am Höhenweg dagegen sorgen die leider teils versteckten Kletterwände mit den darin hängenden bunten Gestalten der Kletterer und der Blick hinauf zur wilden Schrofenflanke des Herzogstands für Abwechslung. Beim Abstieg nach Raut kommt man erst an einem kuriosen Häuschen vorbei mit einer »Naturdusche« und vielen Sammelobjekten aus Wald und Fels; dann läuft man entlang der erhöhten Kurven einer Winter-Rodelbahn weiter hinab zu den bunten Bauernwiesen und zum eisigkalten Kochelsee. Sehenswert ist das berühmte Walchenseekraftwerk mit Informationszentrum am Ausgangspunkt.

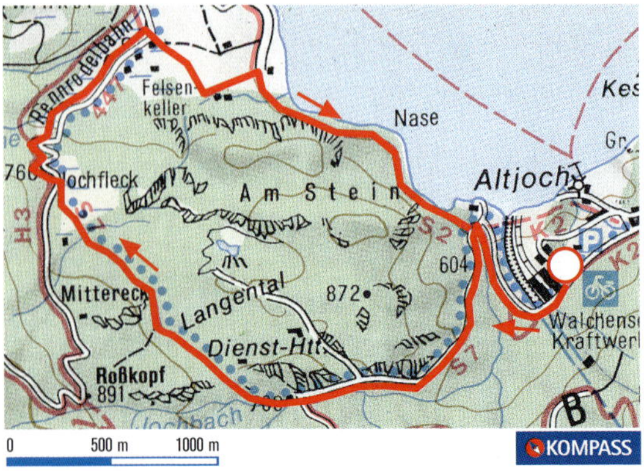

Westlich am Walchenseekraftwerk vorbei zur Brücke über die Druckröhren, auf einem Fahrweg rechts über eine Wiese Richtung Kochelsee und vor diesem links über die häufig trockengefallene Roßfüllaine. An einigen teils im Wald versteckten Kletterfelsen vorbei führt der Weg südlich aufwärts ins Langental und westwärts eben dem idyllischen Bach entlang (nicht zum rechts abzweigenden Fahrweg!).

Bauernhaus in Raut am Kochelsee.

Auf dem fortsetzenden Karrenweg etwas bergan durch den Wald, 795 m, und nordwestwärts abwärts zu einer Wiese und einem Forstweg. Auf diesem durch Wald nordwärts hinab zu den Wiesen von Raut, das man an einer Verzweigung rechts auf einem Fahrweg zum Kochelsee, 600 m, umgeht. Hier rechts auf einen Pfad und an schlammiger Stelle im Wald links auf den teils aus dem Fels gehauenen Felsenweg. Auf diesem teils mit Drahtgeländer gesichert ostwärts zwischen dem See und den kompakten Felswänden des Stein insgesamt eben und mit Aussichtspunkt zur Mündung der Roßfüllaine.

Das letzte Wegstück führt entweder kurz linkshaltend zur inoffiziellen Badewiese am eiskalten See, 599 m, oder rechts zurück zum Ausgangspunkt.

Uferweg m Kochelsee

Walchenseekraftwerk

Das bereits 1924 nach erheblichen Mühen und Menschenverlusten in Betrieb genommene Speicherkraftwerk nutzt 200 Höhenmeter Gefälle zwischen Walchensee und Kochelsee. Es liefert Strom für Spitzenlasten und Einphasenstrom für die Deutsche Bahn.

ZUGSPITZE · WERDENFELSER LAND

Blick vom Gartner Berg zum Zugspitzmassiv

Das Werdenfelser Land mit Zugspitze

Das Werdenfelser Land ist das herrliche Voralpengebiet um Garmisch-Partenkirchen, Mittenwald, Oberammergau und Murnau vor der prächtigen Kulisse des Wettersteingebirges. Von Bergtouren mit Bahnunterstützung bis zur anspruchsvollen Zugspitzbesteigung ist für jeden etwas geboten.

Neben den Bergen ringsum sorgen die drei Flüsse Isar, Loisach und Ammer sowie mehr als 15 Seen das ganze Jahr über für viele Freizeitmöglichkeiten: Wandern, Bergsteigen, Klettern, Raften, Sommerrodeln, Schwimmen, Segeln, Mountainbiken, Gleitschirmfliegen, Skifahren, Langlaufen, Eislaufen und und und ...

Mit den Ammergauer Alpen, dem Murnauer Moos (größtes noch lebendes Moor am Alpenrand), dem Gebiet um Schachen und Reintal, der Arnspitze und dem Karwendelgebirge grenzen fünf Naturschutzgebiete an das Werdenfelser Land. Zusätzlich sorgen die vielen Orte der Region mit ihrem kulturellen Angebot und der Infrastruktur für zahllose weitere Möglichkeiten, die Freizeit zu genießen. 16 von den 22 Gemeinden des Landkreises sind als Erholungsort, Luftkurort, heilklimatischer Kurort oder als Heilbad anerkannt.

Zentrum und Verkehrsknotenpunkt des Werdenfelser Landes ist der berühmte ehemalige Olympiaort Garmisch-Partenkirchen am Fuße des Wettersteingebirges. Die grandiose Bergwelt lässt sich bequem mit 12 Bergbahnen oder mit erlebnisreichen Aufstiegen erklimmen, die vielen Almen und Hütten garantieren zünftige Einkehren.

Darüber hinaus werden aber auch Tourenziele im Estergebirge und in den Ammergauer Alpen vorgestellt, einfach schon aus dem Grund, weil sie von Garmisch-Partenkirchen aus sehr gut zu erreichen sind. Und natürlich ergibt sich so noch mehr Abwechslung! Das hier vorgestellte Gebiet ist durch Wege, Hütten und Bergbahnen ausgezeichnet erschlossen. Auch die Anfahrt mit Bahn und Bus ist bei den meisten Tourenvorschlägen problemlos möglich und wird vor allem an den Wochenenden und in der Urlaubszeit sehr empfohlen, sonst bleibt man allzu leicht im Stau stecken.

Natürlich muss man sich das Gipfelerlebnis bei Anziehungspunkten wie der Alpspitze oder der Zugspitze mit vielen anderen teilen (im letzten Falle vor allem mit Scharen von Seilbahntouristen), doch Sie finden hier auch Tourenvorschläge, wo Sie zwar vielleicht nicht allein, doch zumindest nicht in der Masse unterwegs sind.

Die Zugspitze spiegelt sich im Eibsee

Deutschlands höchster Punkt, 2962 m

Die Zugspitze wurde 1820 das erste Mal bestiegen, 1851 wurde ein Gipfelkreuz auf dem Westgipfel errichtet und 1897 wurde das Münchner Haus, die höchstgelegene Alpenvereinshütte Deutschlands, eröffnet. Drei Bahnen führen mittlerweile auf die Zugspitze hinauf:

- die Zahnradbahn von Garmisch-Partenkirchen
- die Gondelbahn vom Eibsee und
- die Gondelbahn von Ehrwald

und auf dem Platt warten von November bis Mai neun Schlepplifte und ein Sessellift auf die Skifahrer.

Die Zugspitze trägt nicht nur den höchsten Gipfel Deutschlands, sondern leider auch den am meist verbauten. Die gesamte Anlage mutet sehr futuristisch an mit Richtfunkstation, Antennen, Messgeräten usw. Es gibt hier eine Wetterwarte; im neun Meter hohen Wetterturm befindet sich ein Observatorium und im ehemaligen Hotel Schneefernerhaus ist eine Umweltforschungsstation untergebracht. Der ganze Gipfelbereich der Zugspitze hat sich zu einem Hightech-Zentrum entwickelt, mit Internet-Café, Konferenzräumen mit kompletter technischer Ausstattung, Ausstellungsräumen, Kiosk und Selbstbedienungsrestaurant. Sogar heiraten kann man hier oben. Nur das Münchner Haus hat sich noch etwas von der Urtümlichkeit bewahrt, zumindest dann, wenn die letzte Bahn wieder im Tal ist und etwas Ruhe einkehrt. Dann kommt die Zeit des Zusammensitzens und des Ausklingens einer schönen Bergtour.

Infos: www.zugspitze.de

Die Orte

Tiroler Zugspitzarena
nennen sich die sechs Orte Ehrwald, Lermoos, Bichlbach, Biberwier, Heiterwang und Lähn-Wengle. Mehr als 100 Wanderwege und Bergrouten, romantische Spazierwege, Seil- und Sesselbahnen, acht Seen und über 100 Mountainbike-Strecken bietet diese Freizeitregion.

Ehrwald
994 m, liegt am Fuße der Zugspitze in einem weiten, sonnigen Talkessel, umgeben von der Mieminger Kette und dem Wettersteingebirge. Der größte Ort der Zugspitzarena bietet ganzjährig zahlreiche Freizeitmöglichkeiten. Sehenswert: Pfarrkirche Mariä Heimsuchung (1729), Annenkapelle (1734). Zugspitzbahn, eine der großartigsten Seilschwebebahnen.
Tourismusregion Tiroler Zugspitzarena,
Kirchplatz 1, A-6632 Ehrwald,
Tel. 0043/5673/20000;
e-mail: info@zugspitzarena.com
www.zugspitzarena.com

Grainau
750 m, ist ein gemütlicher Ferienort direkt an der Zugspitzbahn. In unmittelbarer Umgebung liegen der Badersee und der bergumsäumte Alpsee. Ein Erlebnis ist die Begehung der Höllentalklamm.
Kurverwaltung Grainau,
Postfach, D-82491 Grainau,
Tel. 0049/8821/981850;
e-mail: info@grainau.de
www.grainau.de

Leutasch
1140–1136 m, das schöne Tiroler Hochtal erstreckt sich auf eine Länge von 16 km. Mit Seefeld bietet es das größte Langlaufzentrum Europas; aber auch mit seinen 450 km markierten Wanderwegen hat sich Leutasch einen guten Namen gemacht.
Tourismusverband Leutasch,
Kirchplatzl 128 a, A-6105 Leutasch/Tirol,
Tel. 0043/5214/6207 oder 6303;
e-mail: info@leutasch.com
www.leutasch.com

Mittenwald
913 m, ist vor allem für seinen Geigenbau und als höchstgelegener Luftkurort der Bayerischen Alpen bekannt. Kleine Gassen, Bauerngärten, Giebel- und Lüftlmalereien und eine malerische Pfarrkirche tragen viel zum Reiz des Kurortes bei. Empfehlenswert ist der Besuch des Geigenbau-Museums.
Kurverwaltung Mittenwald,
Dammkarstraße 3, D-82481 Mittenwald,
Tel. 0049/8823/33981;
e-mail: kurverwaltung@mittenwald.de
www.mittenwald.de

Wallgau
868 m. Schon Goethe und Heine nächtigten hier, bevor 1911 die ersten Sommerfrischler Wallgau entdeckten. Ein Wintererlebnis ist das Wallgauer Schlittenhunderennen.
Verkehrsamt Wallgau,
Rathaus, D-82499 Wallgau,
Tel. 0049/8825/925050;
e-mail: tourist-information@wallgau.de
www.wallgau.de

Farchant
671 m. Schöne Bauernhöfe, die Barockkirche St. Andreas, Lüftlmalereien und aktives Brauchtum bestimmen bis heute das Bild des im Loisachtal gelegenen Ortes.
Verkehrsamt Farchant,
Am Gern 1, Postfach 1167,
D-82490 Farchant,
Tel. 0049/8821/961696;
e-mail: verkehrsamt @farchant.de
www.farchant.de

Elmau
1003 m, ein schöner ruhiger Ort zwischen Garmisch und Mittenwald stellt mit Schloss Elmau den stilvollen Rahmen für bedeutende Kulturveranstaltungen.
Schloss Elmau,
D-82493 Elmau,
Tel. 0049/8823/180;
e-mail: info@schloss-elmau.de
www.schloss-elmau.de

Garmisch-Partenkirchen
708 m, im weltbekannten Wintersport- und Olympia-Ort unter der Zugspitze kommen Wanderer und Sportbegeisterte genauso auf ihre Kosten wie besinnliche Naturgenießer. Kulturell sorgen vor allem die Richard-Strauss-Tage im Frühling und der Theatersommer für großes Interesse
Tourist-Information,
Garmisch-Partenkirchen,
Richard-Strauss-Platz 2,
D-82467 Garmisch-Partenkirchen,
Tel. 0049/8821/180700; e-mail:
tourist-info@garmisch-partenkirchen.de
www.garmisch-partenkirchen.de

Eschenlohe
643 m. Der beliebte Ort bietet Ruhe und Erholung; am Ufer der Loisach ebenso wie an den Sieben Quellen oder bei der St.-Nikolaus-Kapelle am südlichen Ortsende.
Verkehrsamt Eschenlohe,
Murnauer Straße 1, D-82438 Eschenlohe
Tel. 0049/8824/8228 oder 221; e-mail:
verkehrsamt.eschenlohe@gaponline.de
www.eschenlohe.de

Das Kloster Ettal vom Ochsensitz

Ettal
877 m, zieht mit seinem Benediktinerkloster zahlreiche Besucher an. Sehenswert ist auch das Naturschutzgebiet Weidmoos mit seiner reichhaltigen Pflanzenwelt.
Tourist-Information Ettal,
Ammergauer Straße 8, D-82488 Ettal,
Tel. 0049/8822/3534;
e-mail: info@ettal.de
www.ettal.de

Walchensee
804 m. Der klare See beeindruckte Goethe ebenso wie König Ludwig II oder den Maler Lovis Corinth.
Verkehrsamt Walchensee, D-82432
Walchensee, Tel. 0049/8858/411;
e-mail: info@walchensee.net
www.walchensee.de

Zugspitze, 2962 m

Anspruchsvolle Bergtour mit Kletterpartie

ZUGSPITZE · WERDENFELSER LAND

Ausgangspunkt: Hammersbach, 760 m, großer ausgeschilderter Parkplatz ca. ½ km vor Hammersbach oder Bahnhof der Zugspitzbahn
Höhenunterschied: 2200 m
Gehzeiten: Gipfel 7 – 8 Std., Abfahrt mit der Bahn ¼ Std.
Charakter: Sehr abwechslungsreicher Aufstieg durch Klamm, Geröll, Schnee und zuletzt auf drahtseilversichertem Steig. Trittsicherheit, Schwindelfreiheit und beste Kondition sind Voraussetzung. Nur bei sicherem Wetter begehen!
Einkehr: Höllentalangerhütte; Münchner Haus (beide Übernachtung)
Karte: KOMPASS Nr. 5 (1:50 000)
Reiseatlas: Seite 16

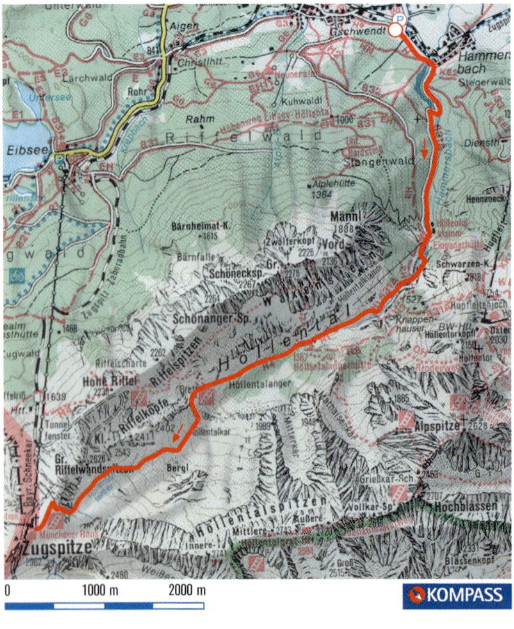

Wer kennt sie nicht, die Zugspitze? Sie steht bei vielen Bergsteigern auf der Wunschliste und es führen mehrere Wege hinauf: der schnellste über die Wiener-Neustädter-Hütte, der bequemste durch das Reintal, der einfachste von Ehrwald über das Gatterl. Einer der schnellsten und wohl auch abwechslungsreichsten Zustiege ist der durch das Höllental.

Wie bei Tour 22 geht es durch die Höllentalklamm zur Höllentalangerhütte. Wer keine kleine Pause für ein zweites Frühstück einlegen möchte, lässt die Hütte links liegen und folgt dem Weg über eine Brücke Richtung Talschluss. Der Weg steigt nun stetig auf der rechten Talseite an und man fragt sich langsam, wo er wohl weitergehen wird. Zuerst ist noch ein guter Steig erkennbar, der später in Schrofengelände übergeht, und zahlreiche Steigspuren führen nach oben. Sie alle kommen bei leiterähnlichen Eisenstiften zusammen. Kurz darauf erreichen wir das »Brett«. Dies ist die erste Schlüsselstelle dieser Tour. Stahlstifte, die in die absolut glatte Wand gebohrt sind, ermöglichen das Weiterkommen. Kurz

Am »Brett« erleichtern Eisenstifte den Aufstieg

nach diesem alpinistischem Erlebnis wird das Gelände wieder etwas flacher und man hat einen Einblick auf das, was einen als nächstes erwartet. Durch Geröll führt uns der Weg nun im Zickzack an den Fuß des Höllentalferners. Um diesen zu überqueren, können je nach Jahres- und Tageszeit Grödel sehr hilfreich sein. In einem leichten Rechtsbogen queren wir das Dauerschneefeld zum Einstieg des Klettersteigs, der letzten Herausforderung in diesem Anstieg. Gerade an sehr belebten Tagen ist ein Helm sehr zu empfehlen. Gut eine Stunde müssen wir über die guten Griffe und Tritte kraxeln, bis der Gipfel zum Greifen nahe ist. Während dieser Kletterpartie laden auch immer wieder die großartigen Tiefblicke Richtung Eibsee zu einer kurzen Verschnaufpause ein. Aber nicht zu lange, der nächste wartet schon hinter uns. Am Ausstieg des Klettersteiges halten wir uns rechts in Richtung Gipfelkreuz. Ab hier sind es nur noch wenige Meter und wir stehen auf dem höchsten Punkt Deutschlands (7 – 8 Std.).

▼ Wer nicht auf dem Anstiegsweg absteigen will, schwebt in ¼ Std. mit der Gondelbahn hinunter zum Eibsee und fährt mit dem Bus zurück nach Hammersbach.

▼ **Eibsee-Umrundung** (1½ Std.)
Eine sehr beliebte, aussichtsreiche Rundwanderung führt um den Eibsee am Fuße der Zugspitze. Von der Bushaltestelle Eibsee (gebührenpflichtiger Parkplatz) geht man der Promenade entlang zum Frillensee. Anschließend geht es steiler werdend in den Wald hinein und über Gräben zum höchsten Punkt, 1020 m. Bald erreicht man wieder das Seeufer; mit herrlichen Ausblicken auf die Nordabstürze der Zugspitze führt der Spazierweg zur Bucht beim Untersee und über eine Brücke zurück zum Eibseehotel.

Blick auf den Eibsee und die Ammergauer Alpen

ZUGSPITZE · WERDENFELSER LAND

Höllentor, 2100 m

Erlebnistour in wilder Landschaft

Ausgangspunkt: Garmisch-Partenkirchen; Talstat. Alpspitzbahn, 761 m; Parkplatz an der Talstat., Haltepunkt der Zugspitzbahn
Höhenunterschied: 1350 m
Gehzeiten: Aufstieg 4¼ Std., Abfahrt mit der Bahn ¼ Std.; gesamt 4½ Std.
Charakter: Sehr abwechslungsreicher Aufstieg mitten in der wilden Landschaft des Höllentals auf zum Teil guten Wegen, zuletzt in Geröll. Regenschutz für die Klamm mitnehmen. Trittsicherheit erforderlich!
Einkehr: Höllentalklamm-Eingangshütte; Höllentalangerhütte (Übernachtung); Bergstation
Karte: KOMPASS Nr. 5 (1:50000)
Reiseatlas: Seite 16

In der Höllentalklamm

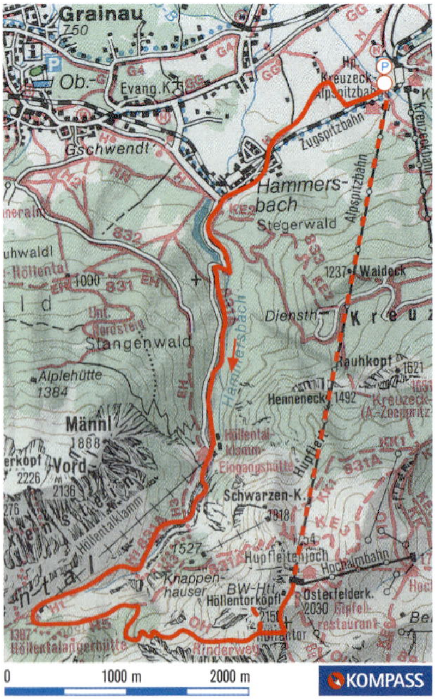

Diese Wanderung führt mitten in das Herz des Wettersteins hinein und verschafft uns die verschiedensten Eindrücke dieser wilden Felslandschaft. Neben der Höllentalklamm sind vor allem die Ausblicke auf die Waxensteine, das Höllental mit der Zugspitze, den Jubiläumsgrat, die Alpspitze und zuletzt hinaus ins Loisachtal die Anziehungspunkte dieser Tour.

Vom Parkplatz nehmen wir zuerst das Flachstück durch die Wiesen Richtung Hammersbach (Südwesten) unter die Füße. Am Ende des Ortes biegen wir links ab und folgen immer der Beschilderung »Höllentalklamm«, zuerst auf der Forststraße entlang des Baches, dann auf einem Wanderweg. Dabei steht

Die Höllentalangerhütte

unserem Weiterkommen erst einmal die Höllentalklamm-Eingangshütte mit dem Kassenhäuschen (Ermäßigung für AV-Mitglieder) am Klammeingang im Weg. Auf künstlichen Stegen, über Brücken und durch Tunnels geht es am tosenden Wasser entlang durch die tief eingeschnittene Klamm. Gerade an heißen Sommertagen sind die kühle Luft und das gelegentlich von oben heruntertropfende Wasser äußerst angenehm.

Nach der Klamm geht es auf gut eingetretenem Wanderweg weiter zur Höllentalangerhütte, 1387 m. Dort nehmen wir den Weg, der unmittelbar hinter der Hütte links abzweigt, wandern fast eben dahin und erreichen bald nach einem Bacheinschnitt eine Abzweigung. Wir nehmen den rechten Weg (links geht es zu den Knappenhäusern), der nun in Serpentinen schnell ansteigt. Mit Blick auf die Waxensteine und vorbei an einigen drahtseilgesicherten Passagen erreichen wir bald das Geröll und mühen uns auf den Steigspuren immer weiter nach oben, nun schon die Kletterwände des Höllentorköpfl im Blick. Bald erreichen wir das Höllentor (Rinderwegscharte) und damit unseren höchsten Punkt.

☛ Der Abstecher zum Höllentorköpfl ist nur absolut trittsicheren Wanderern zu empfehlen (keine Steine lostreten!). Von der Scharte sind es nur einige Minuten hinunter zur Bergstation der Osterfelderbahn, die uns knieschonend zum Ausgangspunkt zurückbringt.

Höllische Enge

Zu den eindrucksvollsten Naturschauspielen zählen die Klammen: schmale Einschnitte in die Felsmassive, deren Wände steil 100 Meter oder mehr aufsteigen und an deren Grund sich das Wasser laut tosend hindurchpresst. Wie durch die Partnach- und die Höllentalklamm bei Garmisch-Partenkirchen.

Angenehm frisch an heißen Sommertagen: die Klamm

Roßberg, 2096 m und Schönberg, 2142 m

Aussichtsreiche Rundtour für Gipfelsammler

Ausgangspunkt: Leutasch, Parkplatz Salzbach im Gaistal, 1210 m
Höhenunterschied: 1100 m (einschließlich Gegenanstiege)
Gehzeiten: Aufstieg 4½ Std., Abstieg 2 Std.; gesamt 6½ Std.
Charakter: Einfache und landschaftlich schöne, doch lange Rundtour. Großartige Aussicht zu den markanten Wettersteinwänden und zur Mieminger Kette. Wegen der sonnseitigen Lage ist die Tour schon im späten Frühjahr (ca. Ende Mai) möglich.
Einkehr: Wettersteinhütte, Rotmoosalm, evtl. Hämmermoosalm (alle Übernachtung); Wangalm
Karte: KOMPASS Nr. 5 (1:50 000)
Reiseatlas: Seite 16

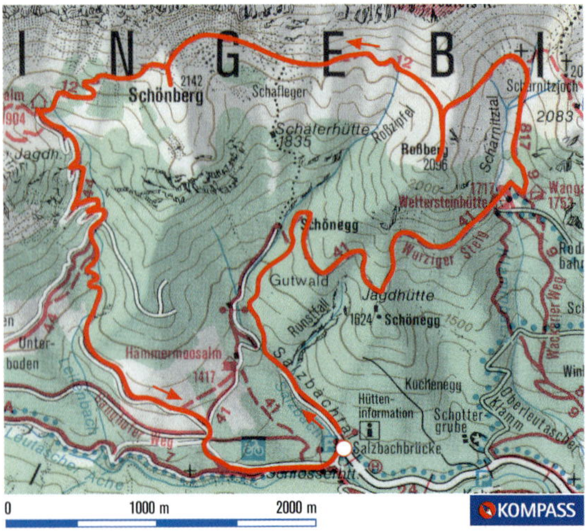

Die lange Rundwanderung führt über zwei unbedeutende Gipfel, die wir nur als Draufgabe sehen sollten, denn sie stellen keine besonderen alpinen Herausforderungen dar. Was zählt ist der Weg. Und dieser ist beeindruckend und bringt uns durch eine Berggegend, wie sie für die Südseite des Wettersteingebirges kennzeichnend ist. Tiefe Wälder und rauschende Bäche prägen die Eindrücke in Talnähe, ein kurzer, freier Almenbereich liegt darüber und der Rest führt durch ein Kar- und Schuttgelände, das von wilden Bach- und Lawinengräben durchschnitten ist, die von steil aufragenden Kalkwänden abfallen.

Vom hintersten Parkplatz an der mautpflichtigen Straße im Gaistal steigt man neben dem Salzbach nach Nordwesten im Wald auf, zweigt rechts ab und folgt dem Bergpfad zur Wettersteinhütte. Er quert den Salzbach, verlässt den Wald und steigt nach Norden an. Auf der Höhe von 1530 m gabelt sich die Route wieder. Dort geht es nun geradeaus zur Wettersteinhütte weiter und bei der nächsten Verzweigung

Hämmermoosalm, 1417 m, und Hohe Munde

des Schönbergs zu einem Wiesensattel an. Aus diesem Sattel sind es zum Schönberg-Gipfel auf einem einfachen Wiesenrücken gegen Süden nur 5 Minuten hinauf.

Der Rückweg bringt uns zu dem grünen Sattel hinab, dann halten wir uns links. Zwischen Latschenbuschwerk

im Gutwald biegt man rechts ab. Das Weglein dreht sich zu einer bewaldeten Gratrippe gegen Osten, schwenkt links ab und steigt deutlich steiler an. Nun quert der Bergweg in geringem Auf und Ab den Waldhang gegen Osten, bis er links abbiegt, wieder deutlich ansteigt und hinter einer Flachetappe die kleine, aber feine Wettersteinhütte, 1717 m, erreicht. Von ihr nun zu einem breiten Bachgraben hinab und am Sträßchen zur Wangalm hinauf. Weiter am Pfad das Scharnitztal hinauf. Zwischen markanten Sturzblöcken gabelt sich der Weg. Dort links halten und den steilen Hang gegen Südwesten zu einem Joch ansteigen. Zum Plattach (oder Roßberg) nach links und gegen Süden auf einer Trittspur zum ersten Gipfelziel. Vom Roßberg entlang der Aufstiegsroute ins Joch zurück, um dem Weglein nach links zu folgen, das zunächst nach Nordwesten, später gegen Westen über mehrere Reißen auf der Höhe von etwas über 2000 m weitgehend eben verläuft. Schließlich steigt es nördlich

und Felsen fällt ein Bergpfad zur Rotmoosalm ab. Unter der Alm muss man auf einem Sträßchen absteigen. Bei der Verzweigung neben dem Leitenbach dreht man rechts ab und verlässt den Fahrweg zwei Gehminuten weiter unten. Deutliche Wegtafeln weisen auf den Wanderweg hin, der nach links in Richtung Hämmermoosalm, 1417 m, abfällt. Hinter einem Steg über den Leitenbach kommen wir wieder zu einem schmalen Fahrweg, auf dem wir etwas abfallend in das Gaistal hinuntergehen. Über die Gaistalstraße erreicht man dann wieder den Ausgangspunkt.

Wettersteinhütte, 1717 m, und Hochwand

24

Notkarspitze, 1889 m

Aussichtstour zum Eckpfeiler der Ammergauer Alpen

Ausgangspunkt: Ettal, Ettaler Mühle an der Straße ins Graswangtal, 870 m
Höhenunterschied: 1050 m
Gehzeiten: Aufstieg 3 Std., Abstieg 3 Std.; gesamt 6 Std.
Charakter: Interessante, etwas anstrengende Runde mit steilem Aufstieg über das Notkar und Abstieg erst über den angenehmen Rücken, dann sehr steil in der Flanke nach Ettal hinunter. Gute Trittsicherheit erforderlich!
Einkehr: Ettaler Mühle am Ausgangspunkt
Karte: KOMPASS Nr. 5 (1:50 000)
Reiseatlas: Seite 6, 16

Bewohner der Sumpflandschaft: die Trollblumen

Die Notkarspitze oberhalb von Ettal bietet einen fast ungehinderten Blick in alle Richtungen. Im Westen erstrecken sich die Ammergauer Alpen, auf der anderen Seite des Graswangtales grüßen Pürschling und Sonnenberg herüber, nordöstlich kann man bei guter Thermik die Gleitschirmflieger über dem Laber zählen, im Osten stehen die steilen Berge des Estergebirges, und im Süden thront das imposante Wettersteingebirge.

Bei der Ettaler Mühle überqueren wir die Straße, halten uns rechts und folgen der Beschilderung zur Notkarspitze. Hier geht es gleich zur Sache: Der Pfad führt recht steil durch Wald empor und überwindet dabei immer wieder größere Stufen. Dann folgt eine längere Querung in der latschenbedeckten Flanke, die uns ins Notkar bringt.

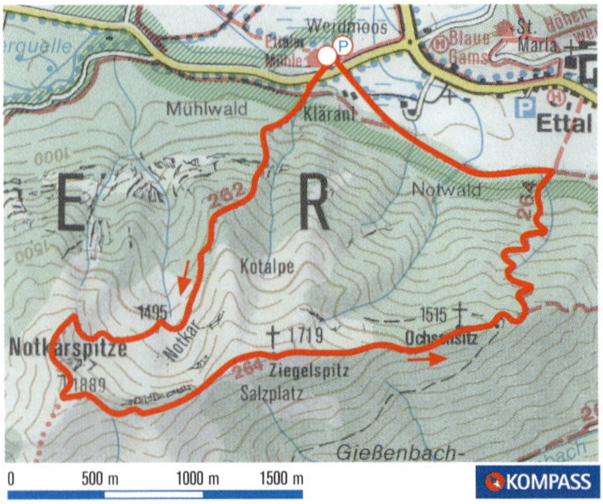

Hier oben gibt es eine recht feuchte schöne Sumpflandschaft, wo im Frühsommer jede Menge Trollblumen blühen.

Wir halten uns ganz rechts und folgen dem Weg über den Nordrücken zum Gipfel hinauf.

Der Abstieg führt anfangs recht bequem in leichtem Auf und Ab über den Ostrücken dahin und wir kommen an zwei unbedeutenden Gipfelchen, Ziegelspitz und Ochsensitz, vorbei. Etwa ¼ Std. nach dem Ochsensitz erreichen wir eine Wegverzweigung mit dem Hinweisschild »Ettal, nur für Geübte« nach links. Der schmale Steig führt uns sehr steil durch einen Buchenmischwald und diverse Windwurfzonen ziemlich in der Direttissima hinunter. Kurz vor Ettal erreichen wir einen breiten Wanderweg mit Rastbänken, auf dem wir links zum Ausgangspunkt zurückhatschen.

Einkehr in Ettal

Die Basilika von Ettal zieht Jahr für Jahr zahlreiche Besucher in ihren Bann. 1330 von Kaiser Ludwig IV, dem Bayern, gegründet, entwickelte sich eines der bedeutendsten Benediktinerklöster des Alpenraums. Herzstück der Abtei ist die prächtige, ursprünglich gotische Klosterkirche (1710–90 barock umgestaltet). Seit 1618 wurde dem Kloster das Recht zu Herstellung und Vertrieb des eigenen Bieres bestätigt. Dass die Ettaler Klosterbiere besondere Spezialitäten sind, belegen Auszeichnungen und Preise im In- und Ausland. *Wissenwertes über Ettal und sein Kloster erfahren Sie im Internet:*
www.ettal.de
www.kloster-ettal.de

Am Gipfelkreuz der Notkarspitze ist man selten allein

25

Zum Krottenkopf, 2086 m

Glanzlicht des Estergebirges

Ausgangspunkt: Farchant – Mühldörfl, Parkplatz beim Bad, 679 m
Höhenunterschied: 1550 m
Gehzeiten: Aufstieg Hoher Fricken 3 Std., Übergang Krottenkopf 2 Std., Abstieg 4 Std., gesamt 9 Std.
Charakter: Lange Rundwanderung, zu der man unbedingt früh aufbrechen sollte. Das hat dann auch den Vorteil, dass man fast bis zum Fricken im Schatten aufsteigen kann. Bei Schnee oder Eis wird die Tour gefährlich (steile Schattenhänge)
Einkehr: Weilheimer Hütte, Esterbergalm (beide Übernachtung)
Karte: KOMPASS Nr. 5 (1:50 000)
Reiseatlas: Seite 6, 16

ZUGSPITZE · WERDENFELSER LAND

Der höchste Gipfel des Estergebirges ist der Krottenkopf, deshalb darf die Tour dort hinauf auch etwas länger sein. Unter dem Gipfel steht die Weilheimer Hütte für eine Übernachtung bereit. Das erleichtert die Bergfahrt. Daher kann man, wenn man die Wanderung auf zwei Tage ausdehnt, locker den Hohen Fricken, den Bischof sowie den Oberen Rißkopf mit ins Programm aufnehmen.

Vom Parkplatz beim Freibad folgt man dem Wanderweg in schütteren Wald hinein, wo rechts die beschilderten Wanderwege zum Hohen Fricken und zur Esterbergalm abzweigen. Wir gehen am Fahr-

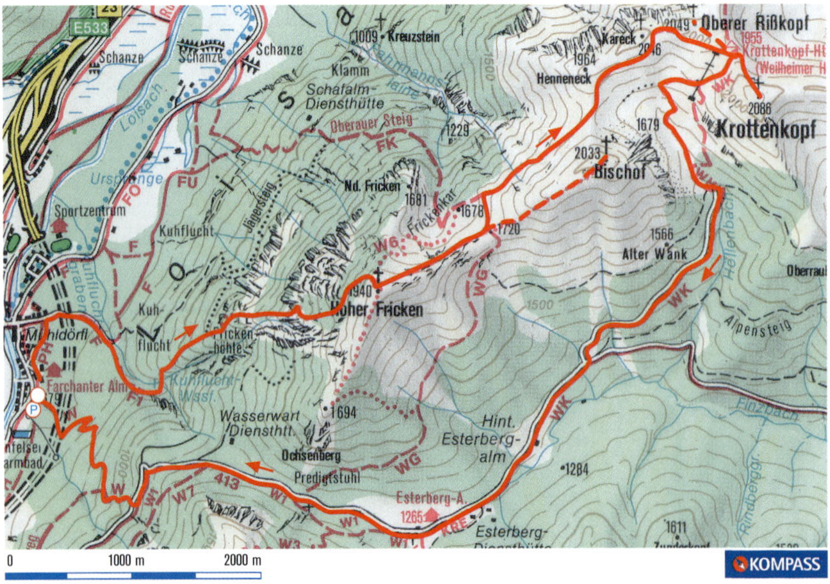

weg nach links. Schon bald endet das Sträßchen. Wir halten uns links und gehen im Hochwald auf einem steilen Pfad zur Klamm der Kuhflucht hinab. Dort erreichen wir einen guten Bergweg, dem wir neben dem tosenden Wasserfall folgen. Auf einem Steg wird das Wildwasser überquert, und ein Steig schlängelt sich über steile Hänge empor. Dann kommt man auf einen Höhenrücken, an einem Unterstand vorbei und wieder in steile Waldhänge. Bei Nässe muss man dort besonders aufpassen, denn ein Ausrutscher könnte fatale Folgen haben. Schließlich tritt das Weglein aus dem Wald heraus, und es öffnen sich eindrucksvolle Ausblicke ins Loisachtal und nach Garmisch-Partenkirchen. Anschließend wird der Rücken über dem Frickenkar erreicht, von dem man das letzte Stück durch Latschenbuschwerk nach Süden zum Hohen Fricken aufsteigt und noch ein paar Meter zum Kreuz weitergeht. Damit haben wir zwar einen Gipfel, aber noch lange nicht das Ziel der Tour erreicht.

Wir steigen nun vom Fricken nach Nordosten ab, gehen an der Abzweigung der Aufstiegsroute vorbei und zum Gratsattel zwischen Hohem Fricken und Bischof. Wer Lust dazu verspürt, kann in einer knappen Stunde über den langen, steilen Südwestgrat zum Bischof aufsteigen. Der Übergang zum Krottenkopf knickt links ab und fällt kurz gegen Norden ab. Von dort kann man wieder ins Tal durch das

Blick vom Fricken zum Wettersteingebirge.

Frickenkar und am Oberauer Steig nach Mühldörfl absteigen. Der Aufstieg zum Krottenkopf aber biegt an der Verzweigung rechts ab, führt mehrmals auf und ab zum breiten Sattel zwischen Bischof und Henneneck. Dort halten wir uns links und gehen über Felsen und durch Krummholz unter Kareck und Oberem Rißkopf zur Weilheimer Hütte. Von der Hütte nach rechts und gegen Süden die letzten 20 Minuten zum Gipfelkreuz am Krottenkopf hinauf.

Vom Gipfel muss man erst einmal am Aufstiegsweg zur Weilheimer Hütte zurück. Von der Hütte kann man den Aufstiegsweg weiter gehen oder links abbiegen und in der Nähe der Materialseilbahn nach Süden absteigen. Unter der Talstation der Materialseilbahn kommt man zu einer schmalen Fahrspur, die zur Hinteren Esterbergalm und zur Esterbergalm führt. Von der Bergwirtschaft geht es noch ein flaches Stück weiter, dann fällt die Straße steil ab, bis rechts der Wanderweg in Richtung Farchant abzweigt. Durch Wald, am Scharfen Eck vorbei, gehen wir zurück nach Mühldörfl.

ALLGÄU · OBERALLGÄU

Rottachsee mit Burgkranzegger Horn

Der Landschafts-Charakter

Die Landkreisgrenzen bestimmen das Ausmaß des Gebietes: von den nördlichen Illerdörfern über die Umgebung der Allgäu-Metropole Kempten und die Vorberge zwischen Weitnau und Oy bis hin zur Front der ersten Alpengipfel mit den beiden Eckpunkten Oberstaufen und der Tiroler Wirtschaftsexklave Jungholz. Das malerische Moränenland beiderseits des Illertals ist ein prachtvolles Werk der Eiszeitgletscher. Vorwiegend von der Viehwirtschaft geprägt, hat sich das Oberallgäu mit seinen verstreuten Dörfern, Weilern und Einöden bis ins Hightech-Zeitalter vielerorts seine berühmte Ländlichkeit bewahren können. Eine Auszeichnung, die zusammen mit der eindrucksvollen Bergwelt verständlicherweise zahlreiche Touristen anzieht. Viele Fluss- und Bachtäler gliedern das Oberallgäu in Einzelbereiche mit unterschiedlichen Gesichtern, die es wert sind, entdeckt zu werden.

Das Oberallgäu für Wanderer

Die Oberallgäuer Landschaft erfreut den Wanderer mit einem nur schwer zu überbietenden Formenreigen. Durststrecken gibt es hier keine. Und dennoch fällt fast überall diese wohltuende, mancherorts fast schon betörende Harmonie ins Auge. Hier passt einfach alles zusammen. Eine Ausstrahlung, die viele Allgäuer dazu veranlasst, den Urlaub zu Hause zu verbringen: in ihren geliebten Bergen, an den energiespendenden Seen und Flüssen, in den schweigenden Wäldern, wo man so herrlich abschalten kann.

Zweifellos stellen die Oberallgäuer Berge das größte zusammenhängende und fesselndste Erlebnisreich des Allgäus dar. Alle diese Berge, bestens mit Alpwegen, Pfaden und Steigen erschlossen, haben als Bindeglieder zwischen dem Hügelland und der höheren Alpenregion eines gemeinsam: sowohl eine schier unermessliche Ausschau über das West-, Ober- und Ostallgäuer Hügelland wie auch vortreffliche Einblicke in die Bergwelt der Kalkalpen.

Aber eigentlich ist es schade, dass viele Wanderer nur ins Gebirge streben und Wochenende für Wochenende an so vielen anderen echten Traumlandschaften der Region vorbeifahren. Denn wer etwa in der Oberallgäuer Nordwestecke auf verborgenen Wegen von Kimratshofen zur Wallfahrtskirche Gschnaidt hinauf wandert oder auch nur auf versteckten Pfaden den winzigen, über der Iller aufragenden Dietmannsrieder Sandberg aufsucht, am idyllischen Eschacher Weiher den Hohenkapf besteigt oder von Heiligkreuz zur Illerschleife spaziert, der wird von diesem anderen, oftmals überraschend einsamen Oberallgäu mehr sehen wollen. Vielleicht das einprägsame Alpenpanorama vom Knollerhag im Kempter Wald, die Feuchtgebiete am Widdumer Weiher bei Ottacker oder den spannenden Oyer Steinlehrpfad, den einzigartigen Kranzegger Witzwanderweg, den Alpsee-Rundwanderweg oder auch das Agathazeller Moor.

Das Angebot an Natur-, aber auch Kultursehenswürdigkeiten wie die schmucken Kirchen und Kapellen, Burgruinen und Grotten ist groß und das Wanderwegenetz allemal ebenso überzeugend wie die Auswahl an heimeligen Wirtshäusern. Und wer gar nicht genug bekommen kann, dem empfiehlt sich der klassische, 230 km lange Oberallgäuer Rundwanderweg.

Lehrpfade im Allgäu

- Naturlehrpfad im Riedbachtal (Altusried)
- Waldlehrpfad im Ostertaler Tobel (Blaichach/Gunzesried)
- Eisenerzlehrpfad am Grünten (Burgberg)
- Geologischer Lehrpfad im Hirschbachtobel (Hindelang)
- Moorlehrpfad im Kematsriedmoos (Hindelang/Oberjoch)
- Naturlehrpfad über Reute (Immenstadt/Knottenried)
- Carl-Hirnbein-Weg nach Weitnau (Missen)
- Naturlehrpfad im Naturpark Rainwald (Oberstaufen)
- Waldlehrpfad über dem Weißachtal (Oberstaufen/Steibis)
- Naturkundlich-geschichtlicher Steinlehrpfad (Oy-Mittelberg)
- Lehrwanderweg im Tobel des Hasengartens (Rettenberg)
- Wasserwirtschaftlicher Lehrpfad an der Iller (Sonthofen)
- Waldlehrpfad zur Ruine Alttrauchburg (Weitnau/Kleinweiler-Hofen)
- Landwirtschaftlicher Lehrpfad an der Ellegghöhe (Wertach)
- Naturerlebnispfad zum Kolpingheim (Wertach)
- Fisch- und Vogellehrpfad am Grüntensee (Wertach)
- Allgäuer Käselehrpfad rund ums Dorf (Wiggensbach)

Die Orte

Blaichach
737 m, mit Bihlerdorf und Gunzesried *(Gästeamt Tel. 08321/846 66)*; Erholungsort im oberen Illertal; Burgruine Ettensberg, Inselsee, Ortwanger See, Schwarzenbachschlucht, Sennerei-Besichtigung mit Käseprobe auf der Sennalp Oberberg, Waldlehrpfad im Ostertaler Tobel.
Gästeamt, D-87544 Blaichach,
Tel. 08321/80 08 36, Fax /264 81;
www.blaichach.de

Buchenberg
895 m, mit Eschach, Kreuzthal und Wirlings; Marktgem. und Höhenluftkurort südwestlich von Kempten; Aheggmühle in Ahegg, Eschacher Weiher bei Eschach, Heimatmuseum, Moorweiher, Naturschutzgebiet Hölzlertobel, Naturschutzgeb. Rohrbachtobel, Römische Felsenstraße, Römischer Burgus (Straßenwachtturm) bei Ahegg.
Verkehrsamt, D-87474 Buchenberg,
Tel. 08378/92 02 22, Fax /92 02 23;
e-mail: markt.buchenberg@allgaeu.org
www.allgaeu.org/buchenberg

Dietmannsried
682 m, mit Probstried, Reicholzried, Schrattenbach und Überbach; Marktgemeinde über dem Illertal, am Nordrand des Oberallgäus gelegen; Haldenmühle an der Iller, Naturschutzgebiet Schorenmoos, Sachsenrieder Weiher.
Verkehrsamt, D-87463 Dietmannsried,
Tel. 08374/58 20 23, Fax /58 20 30,
www.allgaeu.org/dietmannsried

Hindelang
825 m, mit Bad Oberdorf *(Gästeinformation Tel. 08324/351, Fax /14 50), Hinterstein (Gästeinformation Tel. 08324/81 18, Fax /87 83), Oberjoch (Gästeinformation Tel. 08324/77 09, Fax /71 91) und Unterjoch (Gästeinformation Tel. 08324/76 07, Fax /75 49);* Marktgemeinde, heilklimatischer Kurort, Kneippkurort und Schwefel-Moorbad im Ostrachtal; Eisenbreche bei Hinterstein, Erlebnis-Sennerei Kematsried in Oberjoch, Friedenshistorisches Museum, Geologischer Lehrpfad und Wasserfall im Hirschbachtobel, Hammerschmiede bei Bad Oberdorf, Kutschenmuseum bei Hinterstein, Moorlehrpfad im Kematsriedmoos bei Oberjoch, Schaukäserei Obere Mühle, Schleierfall bei Bad Oberdorf, Wildbachtobel, Zipfelsbach-Wasserfall bei Hinterstein, Talstation der Hornbahn, Talstation der Iselerbahn in Oberjoch.
Kurverwaltung, D-87541 Hindelang,
Tel. 08324/892 10, Fax /80 55; e-mail:
info@hindelang.net, www.hindelang.net

Immenstadt
729 m, mit Akams, Bühl am Alpsee *(Gästeinformation Tel. 08323/91 41 78);* Diepolz, Eckarts, Knottenried, Rauhenzell und Stein; »Städtle« und Luftkurort an der Öffnung des oberen Illertals; Allgäuer Bergbauernmuseum mit Schaukäserei in Diepolz, Alpsee bei Bühl, historischer Stadtkern, Kleiner Alpsee, Museum Hofmühle, Naturlehrpfad bei Knottenried, Rauhenzeller See, Ruine Hugofels, Ruine Laubenberg,

Ruine Rauhlaubenberg (Laubenegg) bei Egg, Ruine Rothenfels, Ruine Werdenstein, Steigbachtobel, Talstation der Mittag-Schwebebahn.
Gästeinformation, D-87509 Immenstadt, Tel. 08323/91 41 76, Fax /91 41 95; e-mail: info@immenstadt.de www.immenstadt.de

Kempten
674 m, mit Heiligkreuz, Lenzfried, Leubas und St. Mang; Metropole des Allgäus; Allgäuer Festwoche *(August)*, Allgäu-Museum, Alpenländische Galerie, Alpinmuseum, Archäologischer Park Cambodunum, Bachtelweiher, Burgenmuseum, Burghalde, Engelhalde-Park, Herrenwieser Weiher, Kempter Jazz-Frühling *(Ende April – Anfang Mai)*, Naturkundemuseum, Naturpark Schwabelsberger Weiher, Puppenwelt im Illertor, Residenz mit St. Lorenz-Basilika und Hofgarten, Römisches Museum.
Stadtweiher. Tourist-Information, D-87435 Kempten, Tel. 0831/252 52 37, Fax /252 54 27; e-mail: touristinfo@kempten.de www.kempten.de

Oberstaufen
792 m, mit Aach im Allgäu, Steibis *(Kurverwaltung Tel. 08386/ 81 03)*, Thalkirchdorf *(Kurverw. Tel. 08325/97 60)* und Wiedemannsdorf; Marktgem. und Heilklimatischer Kneipp-Kurort (Schroth-Heilbad) über dem Weißachtal, in der Südwestecke des Oberallgäus; Bauernhausmuseum in Knechtenhofen, Buchenegger Wasserfälle, Eibele-Wasserfall, Heimatmuseum, Naturlehrpfad im Naturpark Rainwald, Waldlehrpfad bei Steibis, Wildpark bei Willis, Talstationen der Imbergbahn und Hochgratbahn bei Steibis, Talstat. der Hündle-Sesselbahn in Hinterstaufen mit Sommerrodelbahn.
Kurverwaltung, D-87534 Oberstaufen, Tel. 08386/930 00, Fax /93 00 20; e-mail: info@oberstaufen.de www.oberstaufen.de

Sonthofen
742 m, mit Altstätten *(Gästeamt Tel. 08321/21 70)* und Hinang; Luftkurort und Zentrum des Oberallgäus im oberen Illertal; Brauerei-Besichtigung, Gebirgsjägermuseum, Heimathaus, Hinanger Wasserfall, Kunstschmiede, Leybachtobel mit Hubertusfall, Ruine Fluhenstein, Sonthofner See, Starzlachklamm, Wasserwirtschaftlicher Lehrpfad an der Iller.
Verkehrsamt, D-87527 Sonthofen, Tel. 08321/61 52 91 und /61 52 92, Fax /61 52 93; e-mail: gaesteinfo@sonthofen.de www.sonthofen.de

Wiggensbach
857 m, mit Ermengerst; hoch gelegener Marktflecken und Erholungsort nordwestl. von Kempten; Allgäuer Käselehrpfad rund ums Dorf, Allgäuer Käsemuseum, Heimatkundliche Sammlung, Herrenwieser Weiher bei Ermengers.
Amt für Kultur und Tourismus, D-87487 Wiggensbach, Tel. 08370/84 35, Fax /379.

ALLGÄU · OBERALLGÄU

Sandberg und Illerparadies

Erlebnis-Spaziergang im unteren Illertal

Ausgangspunkt: Dietmannsried, Bushaltestelle beim Freibad (Parkplatz), 670 m
Gehzeit: Illerparadies ¾ Std., Rückweg 2 Std., gesamt 2¾ Std.
Charakter: Keine nennenswerten Steigungen, aber steiler Treppenabstieg vom Sandberg. Zum Teil beschilderte Wirtschafts- und Wanderwege, mitunter etwas verwachsene Waldpfade, zuletzt verkehrsfreies Sträßchen
Einkehr: In Hinwang, Lauben und Moos
Karte: KOMPASS Nr. 188 (1:50 000)
Reiseatlas: Seite 5

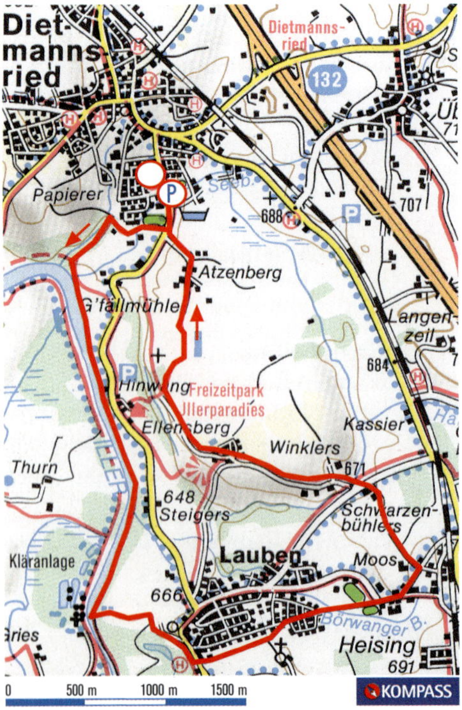

Wandert man auf dem sehr bequemen Iller-Radwanderweg flussabwärts nach Krugzell, ist es nur schwer vorstellbar, dass sich der eindrucksvolle Prallhang an der Dietmannsrieder Schleife auf einem angenehmen Waldpfad und einer hölzernen Riesentreppe überlisten lässt. Auch im dschungelartig anmutenden Uferstreifen zum Freizeitpark Illerparadies liegt ein pfiffiger Individualisten-Schleichweg versteckt.

Vom Freibad in Dietmannsried spazieren wir auf einem Gehsteig am Sportgelände vorbei und zweigen auf den Feldweg Richtung Sandberg ab. Nach einem Bauernhof wechselt der Kurs in einen spannenden Waldpfad. Am abschüssigen Bachtobel entlang wandern wir in leichtem Auf und Ab zum Aussichtspunkt auf dem Sandberg nahe Krugzell. Der schmale Bergsporn an der Illerschleife mit seinem respekteinflößenden Steilhang nennt sich auch Schlossbühl. Besonders schön präsentieren sich von hier Hochvogel und Mädelegabel. Ein Gedenkstein erinnert an den Burgstall Illerberg. Auf einer anregenden Steiltreppe wagen wir uns anschließend hinunter an die Iller. Eine mitunter etwas verwachsene Pfadspur führt durch romantischen Auwald flussaufwärts. Ab dem Freizeitpark Illerparadies in Hinwang mit beliebter Einkehr begleitet ein sandiger Wanderweg weiterhin das Ufer. Auf dem Inselweg gelangen wir schließlich nach Lauben.

Ein Gehsteig leitet am Wirtshaus vorbei zum Dorfrand. Dort biegt man links ab und folgt einem Spazierweg an Pferdekoppeln entlang. Mit einem Links-rechts-Haken geht's ein Stück durch die Siedlung und auf einem Fußgängerweg zum Ortsteil Moos. Der Schwabenweg bringt uns zu den letzten Häusern, wo wir links den Wirtschaftsweg nach Schwarzenbühlers nehmen. Auf einem aussichtsreichen, flachen Bummelsträßchen schließt sich nach den Weilern Winklers, Ellensberg und Atzenberg in Dietmannsried der gemütliche Kreis.

Alpinmuseum

Auch Wanderer sollten sich einen Besuch des größten alpingeschichtlichen Museums Europas keinesfalls entgehen lassen. Das Alpinmuseum in Kempten gibt mit dem Thema »Der Mensch und das Gebirge« einen sachkundigen und ausführlichen Einblick in die Entwicklungsgeschichte der Alpen von der Urzeit bis ins moderne Zeitalter. Ausgestellt werden auf spannende Art und Weise die mühevolle Besiedlung des Alpenraums, die Geschichte des Alpinismus, die Flora und Fauna, der Werdegang des Wintersports mit den Entwicklungsstufen des Skis, der Schneeschuhe und Sportschlitten, Hybridformen des Bergsports sowie Literatur, Poesie und Kunst rund um die Berge.
D-87435 Kempten, ☎ 0831/540 21 20, Fax 252 54 63, Öffnungszeiten: täglich außer Mo 10.00–16.00 Uhr.

Illertal mit Krugzell vom Dietmannsrieder Sandberg

Mariaberg und Hohegg, 915 m

Heitere Höhenwanderung im »Wilden Westen«

Ausgangspunkt: Kempten, Bushaltestelle in der Feichtmayrstraße, beim Stadtweiher am westlichen Ortsrand (Parkplatz), 730m
Gehzeit: Hohegg 1½ Std., Abstieg 1½ Std., gesamt 3 Std.
Charakter: Leichter Aufstieg, teilweise bezeichnete Spazierwege und Pfade, Anliegersträßchen und kurze Wirtschaftswege
Einkehr: In Mariaberg
Karte: KOMPASS Nr. 187 (1:50000)
Reiseatlas: Seite 5

ALLGÄU · OBERALLGÄU

Kempter Stadtweiher Mariaberg

Diese kleine heitere Bergrunde durch die bewegte Landschaft im Westen von Kempten beginnt beim Café »Am Stadtweiher«. Wir begeben uns auf den Uferspazierweg und haben im weiteren Verlauf durch lockeren Auwald den Wildmoosbach als Begleiter. Am Ortsanfang des Stadtteils Rothkreuz queren wir die Staatsstraße und folgen dem Radweg durch das Siedlungsgebiet »Im Rothkreuz«. Nach der Rottachbrücke halten wir uns rechts und wählen an einer Gabelung den Pulvermühlweg.

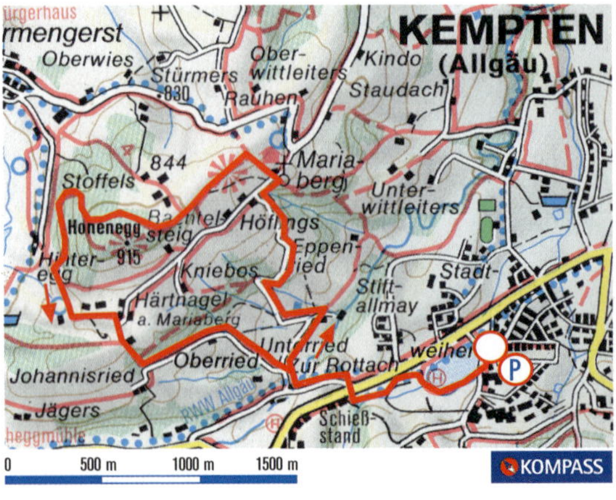

Bald zweigt man auf ein steigendes Anliegersträßchen ab, das zum Anwesen Unterried führt. Eine Wegschleife überwindet nun einen Bachtobel und den ehemaligen Skilifthang. Hinter der Illerstadt fesselt das Alpenpanorama mit dem imposanten Zugspitzmassiv. Vom Einödhof Eppenried klettert die schmale Fahrbahn in engen Windungen, anregende Tiefblicke in zwei weitere Tobel gewährend, empor zu den Häusern von Mariaberg. Am gleichnamigen Landgasthaus mühen wir uns auf einem Waldpfad über Holztreppen zum Aussichtspunkt Mariaberg. Von ein paar Ruhebänken unter einer gedrungenen Kiefer lässt sich sogar noch das untere Illertal sehen. Ein Wiesenpfad folgt danach dem Höhenzug an einer Panoramatafel vorbei.

Der markanteste Blickfang ist neben den Oberstdorfer Bergspitzen der Hochvogel. Stets geradeaus haltend, gelangen wir auf einem Forstweg zum Aussichtspunkt Hohegg (auch Hohenegg geschrieben).

Nun leitet uns der vergnügliche Pfad Richtung Herrenwieser Weiher talwärts. An einer Verzweigung im Fichtenjungwald achte man auf das Rautenzeichen. Später geht es über der prächtigen Senke des Badesees am Zaun entlang zum Weiler Hinteregg. Dort bummeln wir gemächlich auf einem Wirtschaftsweg bergwärts, bis wir bald danach einen erneut mit »Herrenwieser Weiher« beschilderten Feldweg ausfindig machen. An einer Gabelung wählen wir den Fußgängerweg bergab Richtung Pulvermühle und treffen links auf einem schmalen Sträßchen in Oberried ein. Kurz darauf stoßen wir wieder auf die uns bereits bekannte Route, die uns zurück zum Ausgangspunkt in Kempten bringt.

Allgäumuseum

Aktivstationen gestalten das Allgäu-Museum in Kempten zu einer zeitgemäßen, erlebnisorientierten Einrichtung. Gezeigt wird die Geschichte des vormals in eine katholische Stiftsstadt und eine protestantische Reichsstadt geteilten Kemptens und des Allgäus. Neben der Milchwirtschaft ist ein weiteres Hauptthema das Allgäu, als es noch nicht grün, sondern blau war, als die Flachswirtschaft das Bild der Landschaft prägte. Außerdem findet man Ausstellungen über archäologische Funde, Fürstenglanz, Arbeit und Freizeit, Religion, das Handwerk, Wohnen und Kleidung sowie Themen rund ums liebe Geld. Im Kunstgewölbe mit einem alten Maleratelier ist die Allgäuer Kunst bis in die Gegenwart zusammengestellt.

D-87435 Kempten, ☎ 0831/540 21 20, Fax 252 54 63, Öffnungszeiten: täglich außer Mo 10.00–16.00 Uhr.

Herbstlicht am Weiher

Alpsee-Rundwanderweg

Um den größten Natursee des Allgäus

Ausgangspunkt: Bühl (Stadt Immenstadt), Bushaltestelle, 743 m; Parkplatz beim See, zu erreichen von der Abzweigung an der Tankstelle
Gehzeit: Ratholz 1¾ Std., Rückweg 1½ Std., gesamt 3¼ Std.
Charakter: Kleine Steigungen. Vorbildlich beschilderte Wander- und Feldwege, Pfade und Anliegersträßchen
Einkehr: In Ratholz und See
Karte: KOMPASS Nr. 3 (1:50 000)
Reiseatlas: Seite 5, 15

Unser Genießerausflug beginnt an der Bushaltestelle in Bühl auf dem Gehweg der Rieder Steige. Am Ortsende weist das Schild »Ergelweg nach Rieder« zu einem ansprechenden Wanderweg. Dieser begleitet den Dorfrand und steigt in ein paar Windungen über dem Alpsee durch Buchenwald nach Rieder. Dort halten wir uns in Richtung Gschwend und folgen gleich darauf einem flachen Fahrweg. Später zieht sich ein Pfad durch den Mischwald zum Wasserfall, der über zwei hohe Felsstufen in eine Tobelkerbe prasselt. Ein Treppenanstieg bringt uns nach Gschwend.

Das Sträßchen Richtung Hintersee verläuft nun an einer Kapelle vorbei zu einem Einödhof. Dort lenkt die Eisvogel-Markierung des Alpsee-Rundwanderwegs auf einen Feldweg. Beim nächsten Einzelanwesen beginnt ein Waldpfad, der in reizvoller Anlage über zwei Bachstege und Stufen zum Weiler Hintersee am Ende des Alpsees führt (Parkplatz und Kiosk). Etwas oberhalb der Queralpenstraße und des

Alpsee mit Waldschopf-Duo Immenstädter und Gschwender Horn.

Teufelssees (Naturschutzgebiet) wandert man, zwischendurch kurz auf einem Alpweg, nach Ratholz. Beim Gasthof Hornstub'n sind am Fuß des Ratholzer Tobels nochmals zwei Bachquerungen fällig zum Gasthof Jägerhaus, wo es durch die B 308-Unterführung geht.

Teils auf einem bequemen Feldweg, teils auf einem Pfad, gelangen wir über die Konstanzer-Ach-Brücke zum 2,4 km² großen Alpsee und nach Trieblings. Nach dem Bahnübergang spazieren wir auf dem uferbegleitenden Anliegersträßchen an der Einöde Alpseewies vorbei, bis die stimmungsvolle Seepromenade durch eine enge Bahnunterführung nach See leitet. Bald treffen wir auf der Kirchsteige wieder im Ausgangsort Bühl am Alpsee ein.

Versunkene Stadt?

Nahe des Alpsee-Ostufers soll einstmals eine prachtvolle Stadt den Eingang ins Konstanzer Tal geschmückt haben. Die ungewöhnlich fruchtbare Umgebung verwöhnte die Menschen mit einem Überangebot an Milch, Butter und Käse. So griff mit der Zeit die Verschwendungssucht um sich. Doch die Strafe Gottes ließ nicht lange auf sich warten. Die Stadt versank samt der fetten Wiesenauen im Erdboden. Ein riesiger See füllte fortan den Talboden.

Der größte Natursee des Allgäus bietet beste Möglichkeiten zum Angeln, Baden, Surfen, Segeln und Bootfahren.

Verkehrsamt Bühl am Alpsee
Seestraße 5, ☎ 08323/91 41 78,
Fax 08323/89 96; e-mail:
tvb.buehlamalp-see@tourismus-bayern.com

Auf den Stuiben

Peppige Steilhänge und Grate

Ausgangspunkt: Gunzesried/Säge (Gemeinde Blaichach), Bushaltestelle, 930 m; Parkplatz am Ortseingang
Gehzeit: Stuiben 2½ Std., Abstieg 2 Std., gesamt 4½ Std.
Charakter: Ab der Ornachalp anstrengender Aufstieg, der ausgesetzte, drahtseilgesicherte Gipfelabstieg erfordert Trittsicherheit. Meist gut bezeichnete Pfade und Steige, anfangs Alpsträßchen, kurze Pfadspur. Vorsicht bei Nässe!
Karte: KOMPASS Nr. 3 (1:50000)
Reiseatlas: Seite 15

Nebelschwaden verhüllen den Ostabstieg nach Wiesach

Der Auftakt zu der mit allerhand neckischen Einlagen gewürzten Gipfelüberschreitung verläuft verdächtig harmlos. Von der Bushaltestelle im Ortsteil Säge spazieren wir auf dem anfangs steigenden Alpsträßchen ins Aubachtal hinein, zur Rechten Sedererstuiben und Stuiben. Wir passieren die Sennalp Gerstenbrändle und lassen uns nach unwesentlichem Höhenverlust an der Alphütte Vorsäss I vom Schild »Alpe Ornach« den weiteren Kurs zeigen. Es folgt eine kurze Weidespur, dann trägt uns eine Brücke über den Aubach. Ein kräfteschonender Pfad zieht sich an der Schönebuchhütte vorbei durch den Bergwald. In engem Zickzack steigen wir empor zur Ornachalp. Knorrige Ahorne und später teilweise orangefarbene Nagelfluhriegel säumen den anstrengenden Steig über die licht bewaldete Südflanke Richtung Stuiben. In der Alpwanne unter dem Sederer können wir

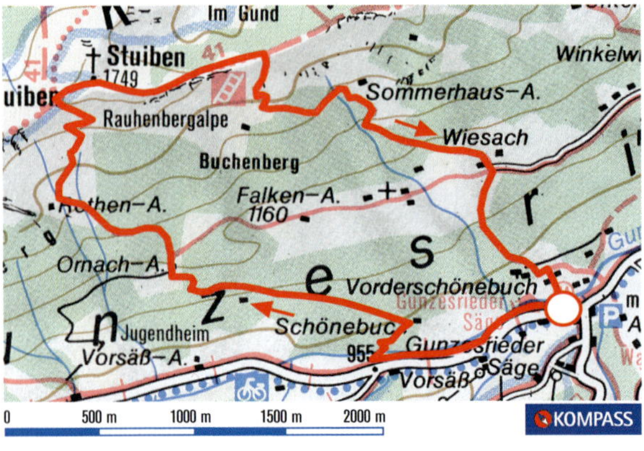

Im Aubachtal beim Gunzesrieder Ortsteil Säge

endlich für ein Weilchen aufatmen. An der verfallenen Rothenalp ist eine Felsmarkierung zu beachten. Der schweißtreibende Aufstieg über steile Weidehänge wird jedoch durch das herrliche Panorama der Hochalpenkette von der Daumengruppe bis zum Ifen belohnt.

Zuletzt strebt man auf einem gut angelegten Höhenweg unmittelbar neben dem Kamm dem Stuiben entgegen. Erhebend ist der schöne Tiefblick über die nordseitigen Abbrüche zu dem reizvollen Feuchtgebiet bei der Gundalp.

Nach dem anspruchsvollen Steilabstieg über einen recht ausgesetzten Felsgrat mit langem Drahtseil beachte man nördlich des Grates die Markierung.

Ahorne säumen den Steig

Der obere Steig ist etwas schwieriger. Die nächste schmale, flache Gratrippe in dieser fesselnden Nagelfluh-Kleinlandschaft ist wiederum mit einem Drahtseil entschärft. Schließlich bringt uns eine Holztreppe hinauf zu einem Sattel.

Richtung Gunzesrieder Tal geht's nochmals steil hinunter in die winzige Alpwanne am Fuß der Rauhen Schlucht. Auf einem Alpsteig an Felssturzblöcken vorbei absteigend, verdichtet sich der Wald zusehends. Von der kleinen Alpsiedlung Wiesach bringt uns ein Pfad zurück zum Ausgangspunkt Ortsteil Säge.

Großer Hirschberg, 1643 m und Spieser, 1649 m

Traum-Blickfänge am Südrand der Voralpen

Ausgangspunkt: Unterjoch/Obergschwend (Gemeinde Hindelang), Bushaltestelle (Parkplatz), 1050 m
Gehzeit: Hirschberg und Spieser 2½ Std., Hirschalp ½ Std., Abstieg 1¼ Std., gesamt 4¼ Std.
Charakter: Meistens nur mäßig anstrengender Aufstieg, kurzer steiler Spieser-Abstieg. Teilweise bezeichnete Pfade und gelegentlich feuchte Steige, kleiner wegloser Abschnitt. Etwas Orientierungssinn ist vorteilhaft
Einkehr: Hirschalp
Karte: KOMPASS Nr. 3 (1:50000)
Reiseatlas: Seite 5, 15

An der Bushaltestelle in Obergschwend zeigt uns der Wegweiser »Spieser« den Auftakt zu der kurzweiligen Zweigipfeltour. Vom Gasthof »Zum Buchel« führt ein Fußweg über die Weißenbachbrücke. Anschließend spazieren wir auf einem Wiesenpfad gemütlich am rechten Schlepplift bergan. Bald verfolgen wir eine deutlich steilere Skiabfahrt. Die eleganten Felsgipfel des Tannheimer Tals rücken ins Blickfeld. Nach wieder flacherem Abschnitt über Weiden betreten wir auf einem mitunter felsdurchsetzten Steig die locker bewaldete Hochwanne zwischen Jochschrofen und dem Hirschberg. Feuchte Stellen sind zum Teil mit Baumscheiben besser begehbar gemacht. Zwischen den letzten Fichten, Buchen, Eschen und Ahornbäumen breitet sich Strauchwerk aus. Über karge Alpweiden erreichen wir den Steinpasssattel.

Auf dem Pfad in Richtung Spieser über einen kleinen Rücken und den eher gemächlichen Südhang des Hirschbergs ansteigend, weitet sich das Blicksegment zur Zugspitze und über den Hochvogel und die Daumengruppe bis zu den Walsertaler Bergen. Von der unscheinbaren Einsattelung am Spieser gewinnt man in Kürze über einen be-

Tourist Info Oberallgäu · Allgäu

Oberallgäu Tourismus Service GmbH
Hindelanger Straße 35,
D-87527 Sonthofen
☎ 01805/987800
www.oberallgaeu.de

Tourismusverband Allgäu/Bayerisch-Schwaben e.V.
Fuggerstraße 9, D-86150 Augsburg
☎ 0821/33335, Fax 0821/38331
www.allgaeu-schwaben.com

quemen Höhenrücken weglos den Gipfelrundling mit Namen Großer Hirschberg. Zurück an der Einsattelung wandern wir auf kurzem Steig ebenfalls ohne Anstrengung an einer Fichtenreihe hinauf zum wenige Meter höheren Spieser.

Nun setzt anfangs in südwestlicher Richtung über harmlose Felsstufen der steile Abstieg über den Nordwestrücken an. Der teilweise mit Latschen gekleidete Berg zeigt hier seine schroffe Seite. Von der Verzweigung auf einem Weideboden zieht sich ein Pfad auf gleichbleibender Höhe um den Spieser herum zur Hirschalp, 1493 m. Kurz vor der beliebten Einkehr bietet sich ein prachtvoller Tiefblick auf den Hintersteiner Talkessel. Zwischen zwei Waldflecken müssen wir noch einen kleinen Gegenanstieg bewältigen, dann nehmen wir auf dem Steinpasssattel den bekannten Kurs nach Obergschwend, 1050 m, auf.

Oberallgäuer Rundwanderweg

In vorschlagsweise neun Tagesetappen kann sich der Naturfreund auf Schusters Rappen dem insgesamt rund 230 km langen Oberallgäuer Rundwanderweg anvertrauen und dabei alle Facetten des Landkreises kennenlernen. Vom anmutigen Hügelland nördlich der Allgäuer Hauptstadt über die liebenswerten Voralpen bis zur faszinierenden Gipfelkulisse um das »oberste Dorf«, gewürzt mit vielen erdgeschichtlichen und kulturhistorischen Zeugnissen.
Routenverlauf: Altusried – Buchenberg – Missen – Steibis – Balderschwang – Oberstdorf – Hindelang – Wertach – Wildpoldsried – Altusried.

Auf dem Fernwanderweg E 4 zum Großen Hirschberg.

RUND UM WIEN

Hohe Wand – Frühlingsstimmung am Anstieg zum Hanselsteig

Wienerwald Gutensteiner Alpen Hohe Wand

Wien schmiegt sich am Rand des Wiener Beckens an die östlichen Ausläufer des Alpenbogens. Vom idealen Aussichtspunkt, dem Kahlenberg, überblickt man an klaren Tagen die Umrahmung Wiens, deren Landschaftsbild die Formungsgeschichte von Jahrmillionen widerspiegelt.

Der **Wienerwald** ist der bewaldete nordöstliche Ausläufer der Alpen. Nach der Art des vorherrschenden Gesteins können wir den Wienerwald in einen nördlichen und in einen südlichen Teil trennen: Der Norden besteht aus Sandstein (»Sandstein-Wienerwald«) und gehört geologisch der Flyschzone an. Sein höchster Gipfel – und auch der des gesamten Wienerwaldes – ist der Schöpfl, 893 m. Dieser Raum ist durch sanfte Kuppen geprägt, die weitgehend durch Rotbuchen- und Buchenmischwälder bewachsen sind. Diese bilden ein dichtes Blätterdach, das die kühle und feuchte Luft darunter speichert und so an heißen Sommertagen ein angenehmes Klima schafft. Eine reiche Bodenflora mit Waldmeister, Bärlauch, Maiglöckchen und Buschwindröschen prägt hier das Bild. Als Nutzholz wird die Buche vor allem als Brennholz (früher auch für die Köhlerei) und als Bauholz geschätzt.

Der südliche Teil, etwa ab der Linie Wien-Mauer – Alland – Altenmarkt an der Triesting, wird durch Kalk und Dolomit gebildet (Peilstein, 716 m). Hier begegnen wir den für die Kalksteinzone typischen schroffen Geländeformen und den verstärkt auftretenden Nadelbäumen wie Fichten, Tannen und Rotföhren. Charakteristisch für den im Einzugsgebiet des kontinentalen Klimas liegenden südöstlichen Teil des Wienerwaldes ist die vom Balkan eingewanderte Schwarzföhre. Typisch für sie ist der markante Schirmwuchs bei den älteren Beständen (»Schirmföhre«). Bereits die Römer nutzten die Föhrenbestände zur Harzgewinnung.

Klimatisch zieht sich eine in Nord-Süd-Richtung verlaufende Trennlinie durch den Wienerwald. Im Westen herrscht das mitteleuropäische, ozeanisch beeinflusste Klima mit milden, wenn auch schneereichen Wintern und kühlen, vergleichsweise kurzen Sommern. Der Herbst ist zumeist trocken und bietet sich als Wanderzeit auch wegen seiner intensiven Laubfärbung an. Im östlichen Teil dominiert hingegen der Einfluss des kontinentalen, pannonischen Klimas. Hier sind die Temperaturunterschiede zwischen Winter und Sommer größer – die Winter sind relativ schneearm, aber oft sehr kalt, während die Sommer mitunter recht heiß sein können. An den Osthängen des Wienerwaldes befinden sich ausgedehnte Weinkulturen.

Lange Zeit war der Wienerwald Bannwald und landesfürstliches Jagdrevier. Als der Wienerwald aufgrund notorischer Geldnöte der Staatskasse verkauft werden sollte, rettete Josef Schöffel (1832–1910), der spätere Bürgermeister von Mödling, mit einer einzigartigen Medienkampagne den Wienerwald vor der Abholzung. Ob Grillparzer, Raimund, Beethoven oder Wolfgang Ambros – der Wienerwald war und ist ein Ort der Inspiration und Erholung. Heute ist der Wienerwald zwar Landschaftsschutzgebiet, aber durch seine Nähe zur Großstadt und als deren Naherholungsgebiet dennoch durch Schadstoffbelastung und fortschreitende Zersiedelung bedroht.

Die **Gutensteiner Alpen** und die **Hohe Wand** sind die östlichen Ausläufer der nördlichen Kalkalpen. In der Geschichte der Region spielen zwei Entwicklungen eine gegenläufige Rolle: zum einen die frühe Industrialisierung und damit verbundene Erschließung durch die Bahnen des Piesting- und Triestingtales. Zum anderen wurde diese Region durch das künstlerische Schaffen einer typisch österreichischen Epoche, des Biedermeiers, in den Blickpunkt des damaligen gesellschaftlichen Lebens gerückt. Das Biedermeier war mehr als eine Lebenshaltung des Vormärz. Es erfasste auch die Literatur, Musik und bildende Kunst, deren Vertreter – etwa Schubert, Raimund, Grillparzer und Waldmüller – hier arbeiteten und zu vielen ihrer Werke inspiriert wurden. Mit den damals aufkommenden »Landpartien« wurde der Grundstein für die touristische Erschließung der Region gelegt.

Der wohl bekannteste Teil der Gutensteiner Alpen ist, neben Piesting- und Triestingtal, die Hohe Wand. Sie wird durch eine Mautstraße sowie von zahlreichen Wanderwegen und Klettersteigen aller Schwierigkeitsgrade erschlossen. Zahlreiche Hütten – von der Selbstversorgerhütte bis zum 4-Stern-Haus – bieten sich als Rast- oder Unterkunftsmöglichkeit an. Der Plackles, 1132 m, bildet die höchste Erhebung des zwischen 900 m und 1100 m hohen Plateaus, das den Kern des Naturparks Hohe Wand darstellt.

WIEN

Der uralte Siedlungsraum am Übergang von Zentraleuropa zum Osten ist heute ein pulsierendes Zentrum kultureller und wirtschaftlicher Aktivitäten. Das historische Erbe, der Aufstieg zur Residenzstadt und die fast 640 Jahre lange Herrschaft der Habsburgerdynastie, prägten die Stadt und ihre Bewohner. Kunst und Kultur finden hier seit Jahrhunderten einen fruchtbaren Boden. Auf Schritt und Tritt begegnet man Spuren berühmter Musiker, Dichter, Maler und Gelehrter, die den Ruf Wiens als unbestrittenes geistiges Zentrum begründen.

Spaziergang Innere Stadt

Nirgendwo finden Sie auf so engem Raum so viele Kunst- und Kulturdenkmäler wie in der Inneren Stadt. Ein Stadtspaziergang, dessen Route nach Laune oder Kondition verändert werden kann, führt Sie zu zahlreichen Sehenswürdigkeiten. Ausgangspunkt ist die **Staatsoper** (erbaut 1861–1869 als erstes Gebäude der Ringstraße).

Von hier geht es gemütlich am berühmten Hotel Sacher vorbei durch die Kärntner Straße zum **Stephansdom**, dem weithin sichtbaren Wahrzeichen der Stadt. Der feierliche Kirchenraum ist großartig ausgestattet: der spätgot. »Fenstergucker« mit dem Porträt des Meister Pilgram, die »Dienstbotenmadonna« (um 1320), der »Wiener Neustädter Altar« (1447), das Hochgrab Kaiser Friedrichs III., aus rotem Marmor .

Wien: Innere Stadt mit Stephansdom

Ein Beispiel moderner Architektur ist ebenfalls am Stephansplatz zu sehen: das **Haas-Haus** von Hans Hollein. Am Graben, vorbei an der Pestsäule, kann die **Peterskirche** besichtigt werden. Die zweitälteste Kirche Wiens besteht seit dem 11. Jh. Der heutige Bau wurde von Lukas von Hildebrandt im barocken Stil errichtet. Über die Bognergasse erreicht man den Platz »Am Hof«. Hier ist ein kurzer Abstecher zu den **Römischen Ruinen** des ehem. Legionslagers Vindobona möglich. Über die Schotten- und Herrengasse gelangt man zum **Minoritenplatz**, einem der schönsten Plätze Wiens. Am Ende der Herrengasse erreicht man den Michaelerplatz mit **Hofburg**, **Nationalbibliothek, Spanischer Hofreitschule** und den **Heldenplatz**.

Ausführliche Information finden Sie im KOMPASS Stadtführer Wien.

Wien Tourismus,
Obere Augartenstraße 40, A-1025 Wien,
Tel. 01/24555, Fax 01/24555-666;
e-mail: info@info.wien.at
www.info.wien.at

Die Orte

Baden bei Wien
220 m, liegt 26 km südlich von Wien am Eingang ins Helenental. Der Luftkurort verdankt seine Bedeutung den heilsamen Schwefelthermalquellen. Sehenswert sind die gotische Stadtpfarrkirche St. Stephan und die ehem. Wasserschlösser Leesdorf und Weikersdorf. Im Schloss Braiten wohnte 1816–1818 Beethoven (Beethovenhaus, Rathausgasse 10).
Stadtgemeinde Baden bei Wien, Hauptplatz 1, A-2500 Baden bei Wien, Tel. 02252/86800 oder 02252/22600, Fax 02252/80733; e-mail: touristinfo.baden@netway.at www.baden.at

Bad Vöslau
255–276 m. Die Kur- und Weinstadt am Rande des südlichen Wienerwaldes liegt 30 km von Wien entfernt an der Thermenlinie. Ihre Akratotherme (24°C) wird als Heil- und Rehabilitationsbad seit Jahrhunderten geschätzt, wie auch der Vöslauer Rotwein.
Stadtgemeinde Bad Vöslau, Schlossplatz 1, A-2540 Bad Vöslau, Tel. 02252/76161, Fax 02252/77190; e-mail: stadtgemeinde@badvoeslau.at www.bad-voeslau.at

Gumpoldskirchen
260 m, bekannter Weinort und beliebtes Ausflugsziel für Liebhaber von Wein und Kultur. Pfarrkirche (15.Jh.) mit ehem. »Kommendehaus« und Renaissance-Rathaus (16. Jh.).
Marktgemeinde Gumpoldskirchen, Schrannenplatz 1, A-2352 Gumpoldskirchen, Tel. 02252/62101 oder 02252/63536, Fax 02252/63495; e-mail: tourismus@gumpoldskirchen.at www.gumpoldskirchen.at

Heiligenkreuz
306 m. Den Mittelpunkt dieses ruhigen Fremdenverkehrsortes bildet das älteste Zisterzienserkloster Niederösterreichs (1133) mit bedeutenden Glasmalereien.
Gemeindeamt Heiligenkreuz, Nr. 15 A-2532 Heiligenkreuz, Tel. 02258/8720, Fax 02252/8721; e-mail: heigem@aon.at www.heiligenkreuz.at

Hinterbrühl
252 m. Ein Erlebnis ist eine Bootsfahrt über den größten unterirdischen See Europas in der Seegrotte *(www.tourist-net.co.at/seegr1.htm).*
Gemeinde Hinterbrühl, Hauptstraße 29A, A-2371 Hinterbrühl, Tel. 02236/26249, Fax 02236/26249-20; e-mail: gemeinde@hinterbruehl.com www.tiscover.at/hinterbruehl

Mödling
228 m. Ludwig van Beethoven komponierte hier seine »Missa solemnis«, und Arnold Schönberg schuf die Grundlagen zur Zwölftonmusik. Sehenswert: Rathaus, Spitalkirche, Wehrkirche St. Othmar, der Karner und Baudenkmäler im Zentrum.
Stadtgemeinde Mödling, Pfarrgasse 9, A-2340 Mödling, Tel. 02236/400, Fax 02236/23373; e-mail: office@moedling-tourist.at www.moedling.at

31

Leopoldsberg, 425 m und Kahlenberg, 484 m

Höhenwanderung auf historischem Boden

RUND UM WIEN

Ausgangspunkt: Wien/Haltestelle Kahlenbergerdorf, S-Bahn
Gehzeit: Hst. Kahlenbergerdorf, 170 m, – Leopoldsberg, 425 m, über »Nasenweg« ¾ Std., weiter zur Josefinenhütte 20 Min. und zum Kahlenberg, 484 m, weitere 20 Min.; Abstieg zum Kahlenbergerdorf (S-Bahn) ¾ Std. oder nach Nußdorf (S-Bahn) 1¼ Std.; gesamt: 2¼ Std. – 2¾ Std. (je nach Abstieg)
Charakter: Steiler Anstieg über den »Nasenweg«, dann jedoch gemütliche Höhenwanderung mit herrlichen Aussichtspunkten
Sonstiges: Für Kinder ab 6 J. geeignet. An- und Rückreise mit öffentl. Verkehrsmitteln empfohlen (Schnellbahn S40).
Einkehr: Restaurant Leopoldsberg, Tel. 01/3701680 (kein Ruhetag), Josefinenhütte, Tel. 01/3203975 (Mo Ruhetag), Café-Restaurant und Heuriger Kahlenberg, Tel. 01/3281500 (kein Ruhetag), zahlreiche Heurige im Kahlenbergerdorf und in Nußdorf
Karte: KOMPASS Nr. 209 (1:35000)
Reiseatlas: Seite 12

Leopoldsberg und Kahlenberg – zwei Berge, die wohl jedem Wiener Schulkind in historischem Zusammenhang ein Begriff sind! Doch was hat sich hier 1683 wirklich zugetragen? Ein Ausflug in einen der spannendsten und an Legenden reichen Abschnitt der Wiener Stadtgeschichte.

Von der Schnellbahn-Haltestelle kommend, unterqueren wir zunächst die vielbefahrene Bundesstraße und finden uns im kleinen Weinort Kahlenbergerdorf am Fuße des Leopoldsberges wieder. Da der Leopoldsberg früher Kahlenberg hieß (und umgekehrt), aber bei der Umbenennung der Berge wohl niemand auf die Idee kam, den Ortsnamen auch zu ändern, liegt das Kahlenbergerdorf heute am Fuße des Leopoldsberges. Doch nun wird es

ernst: Auf dem sogenannten »Nasenweg« überwinden wir mit zahlreichen Kehren und Stufen die 250 Höhenmeter zum Gipfel des Leopoldsberges, 425 m. Schon bisher hatten wir auf zahlreichen Rastplätzen die Möglichkeit, die Aussicht zu genießen, doch vom Platz vor der Kirche bietet sich ein wahrlich einzigartiges Stadtpanorama Wiens!

Beim Weiterweg zum Kahlenberg folgen wir nun dem Fußweg neben der Höhenstraße zur Josefinenhütte an der Elisabethwiese und erreichen auf einem nur leicht ansteigenden Waldweg in Kürze den großen Parkplatz am Kahlenberg. Zunächst an der Josefskirche vorbei, bietet sich auch hier von der Aussichtsterrasse oder der Stefanie-Warte, direkt neben dem Sendemast am Gipfel des Kahlenberges, 484 m, der bekannt einzigartige Blick auf Wien. Wenn wir von hier die Aussicht genießen, können wir Franz Grillparzer nur beipflichten als er meinte: »Nur wer am Kahlenberg war, hat Wien gesehen!« Zurück zur Josefskirche entdecken wir über deren Portal die an die Zeit der Türkenbelagerung und die Befreiung Wiens erinnernde Inschrift: *»Von diesen Anhöhen zogen am Morgen des 12. September 1683 Johann III. Sobieski v. Polen ... mit den Truppen Kaisers Leopold I. ... in eine durch sechzigtägige Belagerung schwer bedrängte Stadt Wien«.* An der Stelle der Kirche wurde – so berichtet die Legende – am Morgen vor Beginn der entscheidenden Schlacht durch den päpstlichen Legat eine Messe zelebriert, bevor die kaiserliche Streitmacht mit ihren Unterstützungstruppen, von den Anhöhen des Leopolds- und Kahlenberges angreifend, die türkischen Heerscharen vor Wien in die Flucht schlug.

Der Leopoldsberg, benannt nach Markgraf Leopold III.

Josefskirche am Kahlenberg

An der Westseite der Aussichtsterrasse beginnt nun unser Abstieg, der uns über einen für den Verkehr gesperrten Fahrweg zurück ins Kahlenbergerdorf oder weiter durch die Weinberge nach Nußdorf zur S-Bahn-Station bringt.

Schöpfl, 893 m

Der höchste Gipfel im Wienerwald

Ausgangspunkt: Ghs. Forsthof an der Landesstraße von Klausen-Leopoldsdorf nach Brand-Laaben, links kleiner Parkplatz
Gehzeit: Ghs. Forsthof, 564 m, über Pensionistensteig zum Schöpfl, 893 m, 1 Std., Abstieg über Heinrich-Gith-Steig zurück zum Ghs. Forsthof ¾ Std., gesamt: 1¾ Std.; auch Abstieg nach St. Corona am Schöpfl (¾ Std.) oder über den Vorderschöpfl nach Schöpflgitter (ca. 1½ Std.) bzw. über die Steinerne Bank zur Klammhöhe (ca. 1½ Std.) möglich (Rückfahrt zum Ausgangspunkt möglichst mit 2. Kfz)
Charakter: Relativ kurzer, aber steiler und bei Nässe rutschiger An- und Abstieg!
Sonstiges: Für Kinder ab 8 Jahren geeignet. Aufgrund des teilweise steilen Anstiegs und der rutschigen Wege vom Ghs. Forsthof aus, ist dieser Weg nur für geübte Mountainbiker empfehlenswert – alle anderen Wege (Forststraßen) bieten für Mountainbiker keine besonderen Schwierigkeiten; besonders beliebt ist die Auffahrt von Schöpflklause über den Salygraben.
Einkehr: Ghs. Forsthof, Tel. 02257/290 (ganzj. bew., Mo, Di Ruhetag); Schöpfl-Schutzhaus, Tel. 02673/8305, (Anfang März – Anfang Jän. geöffnet, Mo Ruhetag, wenn Ft, dann Di Ruhetag, 25.12. und 2.1. geschl., Feb. Sa, So geöffnet; 2. – 4. Juliwoche geschlossen)
Karte: KOMPASS Nr. 209 (1:35 000)
Reiseatlas: Seite 12

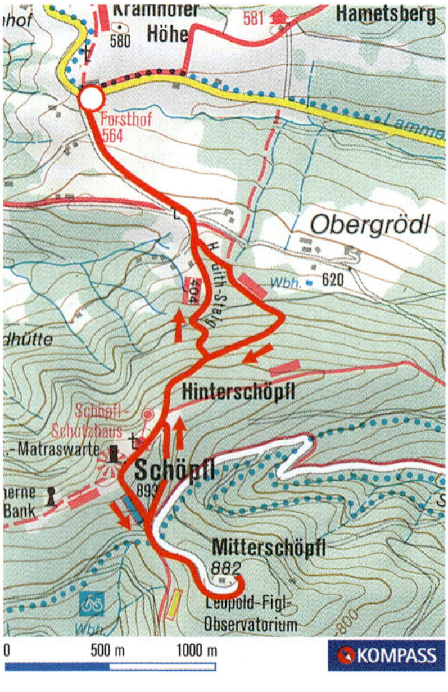

Dieser steilste aller Anstiege auf den Schöpfl bringt uns auf kürzestem Weg auf den höchsten Gipfel des Wienerwaldes. Unsere Mühen werden durch eine nett bewirtschaftete Hütte und einen herrlichen Ausblick belohnt.

Hinter dem Gasthof Forsthof wandern wir in weitem Bogen über eine große Wiese zum »Islandpferdezentrum Forsthof«. Der Blick über die nordwestlichen Ausläufer des Wienerwaldes und das dahinter liegende Tullner Feld ist schon nach wenigen Gehminuten beeindruckend. Hinter dem Reithof folgen wir dem weiß-rot-weiß markierten Pensionistensteig. Über den auch im Sommer teils matschigen

Herrlicher Ausblick vom Schöpfl nach Norden in Richtung Altlengbach und Tullner Feld

Weg über den stetig steiler werdenden Nordhang des Schöpfl gewinnen wir rasch an Höhe. Nach etwa ½ Std. durch dichten Buchenwald erreichen wir bei der Einmündung des Heinrich-Gith-Steiges eine gefasste Quelle mit herrlich kühlem Nass und einer Rastbank. Noch einmal kurz Kraft tanken – und in einer ¼ Std. sind wir bei dem auf einer Wiese unterhalb des Gipfels liegenden Schöpfl-Schutzhaus, 870 m. Nach rund 200 m gelangen wir zur Matraswarte am Gipfel des Schöpfl, 893 m. Diese bereits vor über 100 Jahren errichtete Warte bietet einen ihrem Rang als höchsten Punkt des Wienerwaldes entsprechenden, einmaligen Rundblick über ganz Niederösterreich – vom Weinviertel im Norden bis zum Schneeberg im Süden und vom Ötscher im Westen bis zum Leithagebirge im Osten (zur leichteren Großraum-Orientierung Reiseatlas im Buch heranziehen!).

Ein kurzer Abstecher (¼ Std.) führt uns zum Leopold-Figl-Observatorium am Mitterschöpfl, 882 m. Beim Abstieg vom Schöpfl stehen uns mehrere Varianten offen – allerdings führt uns nur der Abstieg über den Heinrich-Gith-Steig (oder der Anstieg) direkt zum Ausgangspunkt zurück. Bei den anderen drei Möglichkeiten (siehe »Gehzeit«) ist ein zweites Fahrzeug notwendig, um wieder den Ausgangspunkt zu erreichen.

Der Rückweg über den Heinrich-Gith-Steig folgt rund ¼ Std. dem Anstieg und zweigt dann bei der Quelle auf den rot markierten Weg Nr. 04/404 nach links ab. Nach rund ½ Std. teils steilem Abstieg erreichen wir den Gasthof Forsthof, wo wir den Tag im schattigen Gastgarten ausklingen lassen ...

Myrafälle – Almesbrunnberg, 1079 m
Wasserfälle und der schönste Schneebergblick

Ausgangspunkt: Muggendorf, Eingang zu den Myrafällen (Parkplatz)
Gehzeit: Muggendorf, Parkplatz, 500 m, über die Myrafälle zum Karnerwirt, 570 m, ½ Std., weiter zum Ghs. Jagasitz, 760 m, gut ¾ Std.; Rundweg über den Almesbrunnberg, 1079 m, zurück zum Ghs. Jagasitz, ca. 1½ Std.,
Abstieg nach Muggendorf ca. 1 Std., gesamt: 3¾ Std. – 4 Std.
Charakter: Leichte, äußerst abwechslungsreiche Wanderung auf guten Wegen mit schönen Ausblicken. Stege und Felsen entlang der Myrafälle bei Nässe rutschig!
Sonstiges: Für Kinder ab 6 J. geeignet. Erhaltungsgebühr für die Myrafälle. Die Myrafälle führen im Frühjahr und nach Regenfällen am meisten Wasser und sind von Mai-Okt. Sa, So, Ft bis 22.00 Uhr beleuchtet.
Einkehr: Ghs. Myra-Stubn, 0676/772 20 64 (Mai – Okt. durchgehend bew., Nov. – April, Mo-Mi Ruhetag, Jän. geschl.);
Ghs. Karnerwirt, Tel. 02632/743 07 (Juli, Aug. Di Ruhetag, Nov. – Ostern Sa, So bew., sonst Mo ab 14.00 Uhr, Di, Mi Ruhetag); Ghs. Jagasitz, Tel. 02632/743 12 oder 0676/551 77 69, (Fr Ruhetag)
Karte: KOMPASS Nr. 209 (1:35 000)
Reiseatlas: Seite 12

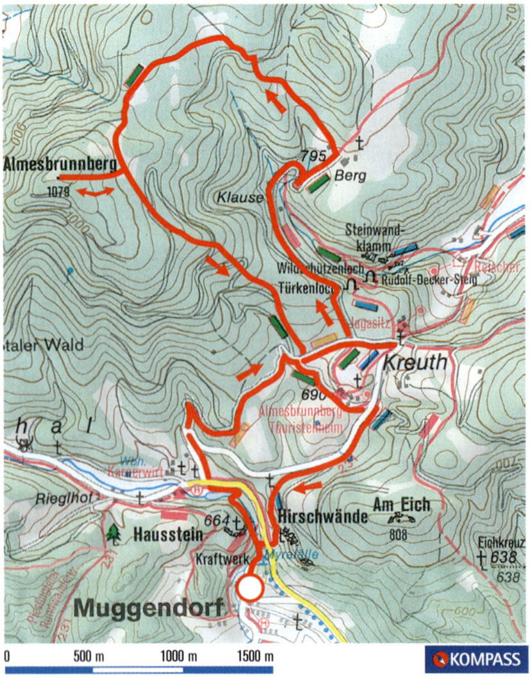

Gleich zu Beginn unserer Wanderung bieten die Myrafälle einen fulminanten Auftakt – das Wasser des Myrabaches stürzt in zahllosen Gefällstufen und kleinen Wasserfällen zu Tal – ein echtes Naturschauspiel! Über zahlreiche Stege und Stufen erklimmt man den gemächlichen Oberlauf des Myrabaches, und vorbei an einem großen Fischteich gelangt man bald darauf zum Gasthaus Karnerwirt. Wir folgen nun ein kurzes Stück der Straße zum Gasthaus Jagasitz, verlassen diese aber in der ersten Kehre

Abwechslungsreiche Klammwanderung Myrafälle

und wandern nun durch Wald und über Wiesen zum Gasthaus Jagasitz mit seiner gemütlichen Stube und sonnigen Terrasse. Nach unserer verdienten Rast überqueren wir die Wiese vor dem Gasthof und wenden uns einem Fahrweg zu, der uns über die verlassenen Häuser der Rotte Klause hinauf zum Weiler Berg bringt, der wunderschön am Rande einer großen Wiese liegt. Hier können wir in Ruhe einen – wie Insider versichern – der schönsten Schneebergblicke der ganzen Umgebung genießen! Weiter wenden wir uns links und wandern auf einem Karrenweg durch dichten Wald bis zu einer Forststraße. Dieser folgen wir nach links etwa 60 m, um sie dort gleich wieder auf einem Karrenweg nach rechts zu verlassen. Auf diesem Weg beschreiben wir einen weiten Linksbogen, bis wir auf eine Abzweigung stoßen. Hier geradeaus bis zu einem kleinen Sattel mit einem schönen Blick auf die Umgebung und »direttissima« über Steigspuren zum Gipfel des Almesbrunnberges, 1079 m.

Am Abstieg folgen wir unseren Spuren bis zum Karrenweg zurück und wandern diesen bergab, bis wir wieder zur Wiese vor dem Gasthaus Jagasitz gelangen – wer will, kann hier nun (gar ein zweites Mal?) einkehren. Wenn nicht, dann führt uns ein Fahrweg geradeaus über die Wiese und vorbei am Touristenheim Almesbrunnberg zu der zum Ghs. Jagasitz führenden Straße. Auf dieser ein kurzes Stückchen bergab und danach unter den Hirschwänden vorbei, die Landesstraße querend zurück zu einem Steg über den Myrabach knapp oberhalb der Fälle. Der letzte Abschnitt unserer Wanderung führt uns über die Myrafälle wieder zurück zum Taleingang. Als Ausklang erwartet uns nun das wunderschön an einem Teich gelegene Gasthaus Myra-Stubn, das sich im stilvoll adaptierten ehemaligen Turbinenhaus des Kraftwerkes Myrafälle befindet.

Hohe Wand-Plateauwanderung

Furioser Auftakt, geruhsamer Ausklang

Ausgangspunkt: Ghs. Almfrieden auf der Hohen Wand, von Stollhof etwa 5 km, Zufahrt über Hohe-Wand-Straße an Wochenenden und Feiertagen mautpflichtig!
Gehzeiten: Ghs. Almfrieden, ca. 850 m, – Ghs. Postl, 892 m, ½ Std. – Bromberg, 1078 m, 1½ Std., Abstieg über Ghs. Postl 1¼ Std. – Ghs. Almfrieden ½ Std.; gesamt 3¾ Std.
Charakteristik: Leichte Wanderung mit nur geringen Höhenunterschieden, meist auf sehr guten Wegen bzw. Forststraßen
Sonstiges: Für Kinder ab 6 Jahren geeignet (Wildgehege, mehrere Spielplätze)
Einkehr: Ghs. Almfrieden, Tel. 02638/88219 (Di Ruhetag, Nov., Jän. tw. geschl.), Ghs. Postl, Tel. 02638/88212 (gj. bew.), Naturparkstüberl, Tel. 02638/88892 (mit Alpin- und Heimatmuseum, ganzj. bew., Mo Ruhetag), Ghs. Jagasitz, Tel. 02638/88232, (ganzj. bew., Fr Ruhetag)
Karte: KOMPASS Nr. 210 (1:35000)
Reiseatlas: Seite 12

Gleich beim Ghs. Almfrieden befindet sich der Startplatz eines Paragleiterzentrums, wo man aus sicherer Entfernung den Mut der Sportler bewundern kann, wenn sie nach kurzem Anlauf »ins Nichts« hinausspringen. Nach diesem Nervenkitzel geht es zunächst an einem alten Kalkofen vorbei zu Aussichtspunkten entlang der Felswände, von denen jener des »Skywalk« kaum zu überbieten ist: eine Aussichtsterrasse in der sogenannten »Sonnenuhrwand«, die einen senkrechten Blick in jene Wände erlaubt, die auch den Klettergarten der Theresianischen Militärakademie in Wiener Neustadt bilden. Es geht noch ein Stück weiter am Rand der Abbrüche, von wo wir vorbei an einem zweiten Paragleiterstartplatz und an der privaten Ortlerhütte zum Parkplatz vor dem Ghs. Postl kommen. Hier zunächst in freiem Gelände zu einem Windsack und

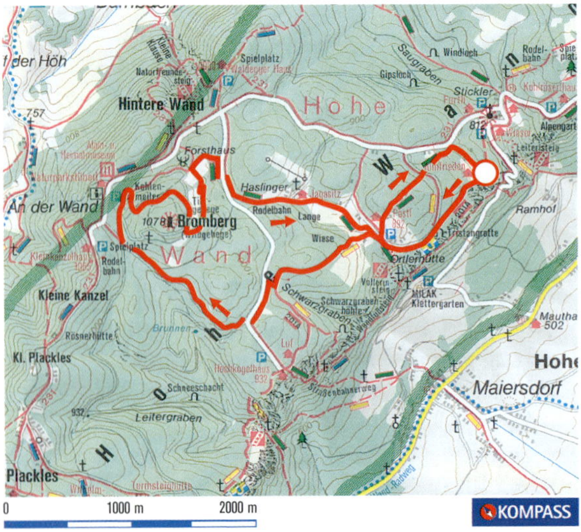

Aussichtsreiche Plateauwanderung – Blick auf Maiersdorf in der Neuen Welt

dort 70 m links, um dann auf den gelb markierten Weg rechts einzuschwenken. Hier geht es zunächst leicht bergauf in schönem Hochwald, später dann eben bis zu einer Straße (die Abzweigung kurz vorher zum Hochkogelhaus beachten wir nicht!). Auf der Straße geht es kurz nach links bis zur Kehre, dort biegen wir auf dem rot markierten Weg rechts ab, erst Richtung »Wiener-Neustädter-Haus« und später Richtung »Kleinkanzelhaus«. Ein bequemer Weg führt uns eben um den Bromberg, und wir erreichen bald den Großparkplatz vor dem Naturparkstüberl im früheren Wiener-Neustädter-Haus, das jetzt ein Alpinmuseum beherbergt.

Vom Parkplatz führt uns rechts der »Gauermannweg« hinauf auf den Bromberg, der von einer 24 m hohen Warte mit weitreichender Rundsicht gekrönt ist. Bergab geht es entlang der Gehege für Mufflons, Steinböcke und Hirsche, wo wir auf dem rot markierten Weg Nr. 231 weiter gehen. Neben einer Straße kurz auf einem Wiesenweg und dann grün markiert steiler hinab zum Ghs. Jagasitz und eben zum Ghs. Postl. Dort beginnt hinter dem Haus ein grün markierter Weg durch herrlichen Wald. Nach Querung einer Straße geht es weiter bis wir die Hohe-Wand-Straße sehen.

Auch Zusehen ist schön ...

Dort gelangen wir zu einem ebenen Fahrweg (unmarkiert), dem wir nach rechts folgen und über den wir in wenigen Minuten wieder beim Gasthaus Almfrieden eintreffen.

Peilstein, 716 m

Beliebter Kletterberg der Wiener

Ausgangspunkt: Maria Raisenmarkt
Gehzeit: Maria Raisenmarkt, 371 m, – Ruine Arnstein, ca. 540 m, ½ Std. und weiter zum Gipfel und Peilsteinhaus, 716 m, 1 Std.; Abstieg über Peilsteinhütte, 640 m, ¼ Std. und nach Schwarzensee nochmals ¼ Std., zurück nach Maria Raisenmarkt ca. 1 Std.; gesamt ca. 3 Std.
Charakter: Abwechslungsreiche Wanderung auf guten Forststraßen und Wegen – nur der Anstieg zur Ruine Arnstein ist steil und mühsam.
Sonstiges: Für Kinder ab 6 Jahren geeignet (Spielplätze und Wiesen bei beiden Hütten, Ruine Arnstein). Achtung: Absturzgefahr entlang der Peilsteinwände und Steinschlaggefahr unter den Wänden!
Einkehr: Peilsteinhaus, Tel. 02674/87333 (ganzj. bew., Di Ruhetag, Nov. bis März auch Mo, letzte 2 Juliwochen und 1. Augustwoche geschl.); Peilsteinhütte, Tel. 0663/9123532 oder 02672/88145, (ganzj. an Sa, So, Ft bew.)
Karte: KOMPASS Nr. 209 (1:35000)
Reiseatlas: Seite 12

Ein beliebter Ausgangspunkt für alle, die den Peilstein nicht mit Seil und Karabiner ersteigen wollen, ist der kleine Wallfahrtsort Maria Raisenmarkt. Von hier aus folgen wir dem rot-weiß-rot markierten Nordalpen-Weitwanderweg (Nr. 401) und gelangen alsbald zur Arnsteinwand, dem nördlichsten Teil des Peilsteins. Hier begegnen wir gleich einer der markantesten Felsformationen der Umgebung – der Arnsteinnadel – beliebtes Ziel zahlreicher Klettertouren. Unweit der Nadel und etwas abseits des Weges liegt die Arnsteinhöhle, die – wenn man die Rußschwärzung richtig deutet – als beliebter Biwakplatz der Kletterer dient. Der Weiterweg führt uns zunächst sehr steil(!) rund 100 Höhenmeter

Der Peilstein: seit Generationen Kletterberg der Wiener

zur Ruine Arnstein empor. Hier sollte man sich etwas Zeit nehmen, um die Reste der - im 12. Jahrhundert auf einer zur Verteidigung bestens geeigneten Stelle - erbauten Burg zu erkunden. Ein Tor, ein romanischer Rundturm, der Bergfried sowie einige Quadermauern geben Zeugnis von der einstigen Größe und Wehrhaftigkeit der Anlage. Nun geht es zügig und immer leicht an Höhe gewinnend über den Rücken des Peilsteins weiter bis zum stets gut besuchten Peilsteinhaus auf seinem Gipfel, 716 m.

Die schöne südseitige Terrasse des Schutzhauses oder die große Gaststube laden zum Verweilen ein, und so mancher Kletterer bricht von hier zu seiner nächsten Unternehmung auf. Wer auch am Treiben der Vertikaltouristen teilhaben will, die hier seit Generationen die Peilsteinwände bevölkern, der sollte nach einer kurzen Rast zum Wandfußsteig aufbrechen. Dieser verläuft zuerst nach Norden bergab, um dann nach einer Kehre unter den Wänden des Klettergartens nach Süden zu queren. Hier kann man an betriebsamen Wochenenden zahlreiche Seilschaften bei ihren Kletterkünsten beobachten (Achtung: Steinschlag!). Der Steig führt dann in einer kleinen Runde wieder zum Schutzhaus zurück.

Der Abstieg verläuft gemütlich auf einer Forststraße und über die auf einer großen Wiese gelegene Peilsteinhütte mit ihrer netten Terrasse. Wer als Rastplatz gerne was Ruhiges bevorzugt, der sollte hier getrost einkehren. Der Rückweg verläuft nun über Schwarzensee (großer Parkplatz und Ausgangspunkt für alle, die auf schnellstem Weg auf den Peilstein wollen) und über den Wexgraben (Weg Nr. 11), danach ein kurzes Stück entlang der Straße, und wieder zurück in den Wallfahrtsort Maria Raisenmarkt.

SALZKAMMERGUT NORD

Schiff ahoi am Wolfgangsee (dahinter die Osterhorngruppe)

Salz und Seen

Kaum eine Alpenlandschaft bietet natur- und bergbegeisterten Menschen so viel wie das Salzkammergut. Vor 200 Millionen Jahren aus tierischen Ablagerungen in einem tropischen Meer entstanden, seit 4500 Jahren als nie versiegende Salzquelle begehrt und inzwischen rund 150 Jahre lang eine der bekanntesten Urlaubsregionen Mitteleuropas – so könnte man eine Kurzbiografie des Landes zwischen Salzburg und Gmunden, Bad Ischl und Bad Aussee skizzieren. Seine Felsberge und Waldhügel spiegeln sich in 80 großen und kleinen Seen, die Kulturschätze von St. Wolfgang oder Hallstatt sind weltberühmt, und auf Schritt und Tritt begegnet man ehrlicher Gastfreundschaft und unverfälschtem Brauchtum.

Wer sich das Salzkammergut per pedes erschließen möchte, hat die Qual der Wahl – von kunstvoll angelegten »Reitwegen« aus Kaisers Zeiten über populäre »Wanderklassiker« bis zu luftigen Klettersteigen.

Von Salzburg zum Traunsee

Ausgehend von Salzburg oder von Wien gibt es mehrere Möglichkeiten, ins Salzkammergut zu kommen. Am bequemsten geht es wohl mit der Westbahn (Linie 1): Im Bahnhof Vöcklamarkt zweigt die schmalspurige Attergau-Lokalbahn (Linie 18) nach Attersee ab und in Attnang-Puchheim die Salzkammergutbahn (Linie 17), die über Gmunden, Bad Ischl und Bad Aussee ins Ennstal führt (dort besteht Anschluss aus Richtung Graz). Genießer steigen vielleicht in Lambach auf die Linien 16 a und 16 b Richtung Vorchdorf bzw. Traunsee um. Unterschiedlich brauchbar ist das Angebot der Busse: Die Strecke zwischen Salzburg und Bad Ischl wird die ganze Woche in kurzen Abständen befahren, auf vielen anderen Abschnitten beschränken sich die (wenigen) Buskurse auf die Werk- oder Schultage.

Mit dem Auto reist man am besten auf der Westautobahn (A 1) an; Ausfahrten Richtung Salzkammergut bestehen bei Regau (Gmunden), Schörfling und Seewalchen am Attersee, St. Georgen im Attergau, Mondsee und Thalgau. Die beiden Hauptverkehrsstraßen von Salzburg bzw. von Gmunden nach Bad Ischl sind gut ausgebaut, bei viel Andrang an schönen Sommerwochenenden kann es am Traunsee jedoch Stau geben. Gleiches gilt für die stellenweise sehr enge Straße rund um den Attersee, während die Verbindung von Unterach nach Scharfling am Mondsee wegen der Gefahr von Felsstürzen für alle Verkehrsteilnehmer gesperrt ist.

Und zum Schluss noch ein guter Tipp für alle Motorisierten: Der (Park) Platz ist knapp in St. Wolfgang - steuern Sie den Touristenmagneten besser per Schiff ab Strobl, Gschwendt oder St. Gilgen an und genießen Sie die friedliche Berglandschaft.

Wanderrast 560 m über dem Attersee

Die wichtigsten »Badewannen«

Attersee
– der Größte: 20 km lang und bis zu 2 km breit, max. Tiefe 171 m.

Mondsee
– der Wärmste: 10 km lang, bis zu 2 km breit, max. Tiefe 68 m.

Irrsee
– der Ursprünglichste: 5 km lang, bis zu 1 km breit, max. Tiefe 32 m.

Wolfgangsee
– der Bekannteste: 10 km lang, bis zu 2 km breit (an der schmalsten Stelle nur 240 m), max. Tiefe 114 m.

Fuschlsee
– der »Salzburger«: 4 km lang, bis zu 800 m breit, max. Tiefe 65,5 m.

Traunsee
– der »lacus felix« der Römer: 12 km lang, bis 3 km breit, max. Tiefe 228 m.

Almsee
– der Alpinste: 1,6 km lang, bis zu 700 m breit, max. Tiefe 9 m.

Hallstätter See
– das Weltkulturerbe: 8 km lang, bis zu 2 km breit, max. Tiefe 125 m.

Altausseer See
– vielleicht der Schönste: 2,5 km lang, bis zu 1 km breit, max. Tiefe 53 m.

Grundlsee
– der Fischreichste: 6 km lang, bis zu 750 m breit, max. Tiefe 64 m.

Toplitzsee
– der Geheimnisvollste: knapp 2 km lang, 300 m breit, max. Tiefe 103 m.

Die Orte

Ebenau bei Salzburg

623 m, liebenswertes Dorf östlich von Salzburg, 3 km von der Straße Richtung Wolfgangsee entfernt. Sehenswert: Museum im Fürstenstöckl, kleine Klamm im Ort, Sieben Mühlen in der Umgebung, Strubklamm und Wiestal-Stausee.

Thalgau

544 m, freundlicher Ort an der Fuschler Ache zwischen Mondsee und Salzburg (Ausfahrt der Westautobahn). Sehenswert: Pfarrkirche, Museum Hundsmarktmühle am Fuschlsee.

Weltberühmt: die Wallfahrtskirche von St. Wolfgang

Hof bei Salzburg

738 m, zwischen Salzburg und dem Fuschlsee gelegen. Sehenswert: Rauchhaus Mühlgrub - ein typischer Einhof (Wohnung, Stall und Bergeräume in einem Mehrzweckgebäude); Schloss Fuschl am Westufer des Sees, Jagdmuseum und Wildgehege beim Jagdhof.

Fuschl am See

670 m, reizvoller Ferienort am Ostufer des Fuschlsees, eingebettet zwischen dem Filbling und dem Schober. Sehenswert: Pfarrkirche, Rumingmühle.

St. Gilgen

546 m, beliebter Tourismusort am Westufer des Wolfgangsees, direkt unter dem Zwölferhorn. Sehenswert: Pfarrkirche, Heimatkundliches Museum u.a. sakrale Volkskunst, Klöppelspitzen, Mozart-Gedenkstätte, Musikinstrumente-Museum der Völker (eine musikalische Weltreise), Schloss Hüttenstein beim Krotensee (Richtung Mondsee).

Strobl

544 m, hübscher Ferienort am Ostufer des Wolfgangsees. Sehenswert: Aberseer Heimathaus (Richtung St. Gilgen).

St. Wolfgang

549 m, am Nordufer des Wolfgangsees in prachtvoller Lage unter dem Schafberg. Im Mittelalter zählte St. Wolfgang neben Rom und Santiago de Compostella zu den wichtigsten Pilgerzielen in Europa; im späten 19. Jh. wurde es zu einem der bekanntesten Tourismusorte Österreichs. Sehenswert: Berühmte Wallfahrtskirche (Pacheraltar, Turmmuseum, Pilgerbrunnen), Hotel Weißes Rössl, Lebzelterhaus, Kulturstudio und Puppenmuseum, Schafbergbahn.

Mondsee
481 m, am Nordufer des Mondsees (Ausfahrt der Westautobahn). Pfahlbaufunde weisen bis in die Jungsteinzeit (»Mondseekultur«) zurück. Im Jahr 748 errichtete der bairische Herzog Odilo hier das älteste oberösterreichische Stift, das zur wirtschaftlichen und kulturellen Keimzelle des Mondseelandes wurde. Nach der Anbindung an die Salzkammergut-Lokalbahn entwickelte sich Mondsee auch zu einem touristischen Zentrum. Sehenswert: barocke Stiftskirche, Heimatmuseum und Pfahlbaumuseum, Freilichtmuseum »Mondseer Rauchhaus«, Maria-Hilf-Kirche, Salzkammergut-Lokalbahn-Museum, Barockkirche in St. Lorenz (Richtung St. Gilgen).

Unterach am Attersee
477 m, beliebter Ferienort im Süden des Attersees, nahe dem Mondsee gelegen. Sehenswert: Edelkastanienwald (siehe Tour 39).

Nussdorf am Attersee
497 m, hübscher Urlaubsort am Westufer des Attersees. Sehenswert: Reiserbauern-Mühle (oberhalb von Stockwinkl), Galerie Gwölb.

Attersee
494 m, der Hauptort am gleichnamigen See (Ausfahrt St. Georgen der Westautobahn, Endstation der Attersee-Lokalbahn mit Erlebnisfahrten). Sehenswert: Wallfahrtskirche Maria Attersee, Heimatmuseum, Atterseehalle, spätgotische Kirche in Abtsdorf.

St. Georgen im Attergau
539 m, im nordwestlichen »Hinterland« des Attersees gelegen (Ausfahrt der Westautobahn, Station der Attergau-Lokalbahn). Sehenswert: Pfarrmuseum, Aignerhaus (Mittertennhof), Kinderweltmuseum im Schloss Walchen (Vöcklamarkt).

Seewalchen
499 m, Ferienort am Nordufer des Attersees (Ausfahrt der Westautobahn). Sehenswert: Freilichtmuseum Moorschmiede und Gerlhammer, Villa Paulik.

Schörfling am Attersee
512 m, ebenfalls am Nordufer, aber östlich der hier abfließenden Ager auf einem Hügel gelegen (Ausfahrt der Westautobahn). Sehenswert: Schloss Kammer am Attersee, Heimathaus in der Gmundnerstraße.

Weyregg am Attersee
480 m, beliebter Ferienort am Ostufer des Attersees. Pfahlbau-Funde aus der Jungsteinzeit und die Reste (u.a. Mosaike) von drei römischen Villen belegen die lange Siedlungskontinuität in dieser sanften Hügellandschaft.

Steinbach am Attersee
510 m, kleines Bergdorf am Ostufer des Attersees, auf den Wiesen unter den Felsabstürzen des Höllengebirges gelegen. Sehenswert: Freilichtmuseum Hausmühle, Gustav Mahlers Komponierhäuschen (beim Gasthof Föttinger in Seefeld), Heimathaus und Holzknecht-Museum.

Ein Boot in der Kirche: die Fischerkanzel in Traunkirchen

Ebensee
427 m, liebenswerter Tourismus- und Industrieort (Saline, Solvaywerke) am einst nur mit dem Boot erreichbaren Südufer des Traunsees, zwischen dem Höllengebirge, dem Erlakogel und dem Toten Gebirge (Station der Salzkammergutbahn). Sehenswert: Pfarrkirche, Kalvarienberg, Heimat- und Widerstandsmuseum, KZ-Gedenkstätte und KZ-Stollen, Langbathseen, Offensee (Abzweigung Richtung Bad Ischl).

Traunkirchen
422 m, reizvoller Ort in traumhafter Lage am Westufer des Traunsees, unter den Felsen des Baalsteins und des Kleinen Sonnsteins (Station der Salzkammergutbahn). Sehenswert: Fischerkanzel in der barocken Pfarrkirche, ehemaliges Kloster mit Handarbeitsmuseum, Johanneskapelle, Kalvarienberg, schöne Villen.

Altmünster
425 m, ausgedehnter Ort über dem Traunsee-Westufer, unter den sanften Hügeln der Voralpen gelegen (Station der Salzkammergutbahn). Sehenswert: Spätgotische Pfarrkirche, Kalvarienbergkirche, Oldtimermuseum »Vom Laufrad zum Automobil«, Schloss Ebenzweier, Heimathaus in Neukirchen.

Gmunden
425 m, Bezirkshauptstadt und historisches Zentrum des oberösterreichischen Salzkammerguts. Gmunden besitzt das Stadtrecht seit mehr als 700 Jahren. 1454 wurde der Kammerhof zum Sitz des kaiserlichen Salzamtes, das bis zum Ende

der Monarchie praktisch alle wirtschaftlichen Belange der Region kontrollierte. Der gesamte Salzhandel lief über die Stadt, die im 19. Jahrhundert auch an die Pferdeeisenbahn über Linz nach Budweis angebunden wurde. In der zweiten Hälfte des 19. Jahrhunderts entwickelte sich die Stadt zu einer beliebten »Sommerfrische« – nicht zuletzt auch für mehrere europäische Fürstenhäuser, die hier prachtvolle Villen und Schlösser errichteten. Heute zeigt sich Gmunden als liebenswerter Ferienort und als verkehrsgünstiges »Tor« zum Salzkammergut (Ausfahrt Regau der Westautobahn, Station der Salzkammergutbahn und der Traunsee-Lokalbahn).

Sehenswert: Schöne Altstadt, Pfarrkirche, Spitalskirche, Rathaus mit Keramik-Glockenspiel, Kammerhofmuseum, Land- und Seeschloss Ort, Villa Toscana, Sanitärmuseum »Klo und so«, Gmundner Keramikfabrik, Galerie im Schloss Weyer.

Auf höchster Ebene: die Gmundner Hütte (Traunstein)

Tourist

Ferienregion Salzkammergut
A-4820 Bad Ischl, ☎ 06132/26909-0
www.tiscover.com/salzkammergut

Urlaubsregion Fuschlsee
A-5330 Fuschl am See, ☎ 06226/8384
www.fuschlseeregion.com

Ferienregion Wolfgangsee
A-5360 St. Wolfgang, ☎ 06138/2239
www.wolfgangsee.at

Ferienregion Mondseeland
A-5310 Mondsee, ☎ 06232/2270
www.mondsee.org

Ferienregion Attersee
A-4864 Attersee, ☎ 07666/7719
www.attersee.at

Ferienregion Attergau
A-4880 St. Georgen im Attergau
☎ 07667/6386
www.oberoesterreich.at/st.georgen

Ferienregion Traunsee
A-4810 Gmunden, ☎ 07612/74451
www.oberoesterreich.at/traunsee

Ferienregion Almtal
A-4645 Grünau im Almtal,
☎ 07616/8268
www.oberoesterreich.at/gruenau

Mit der **Salzkammergut Card**, die in den örtlichen Tourismusbüros erhältlich ist, gibt's Ermäßigung bei mehr als 100 Partnerbetrieben (u.a. Bahn, Schiff, Seilbahnen, Museen, Bäder, Bootsvermietungen).

Rund um den Fuschlsee

Zwischen Wald und Wellen

Ausgangspunkt: Fuschl, 670 m
Gehzeit: Fuschl – Schloss Fuschl 1½ Std., Rückweg 1½–2 Std. (am Nordufer entlang); gesamt 3–3½ Std.
Charakter: Problemlose Wanderung, die auch auf zwei Etappen aufgeteilt werden kann; die einfachen Wege sind außer bei Schneelage ganzjährig begehbar.
Einkehr: Gasthöfe in Fuschl; Holzknechtstüberl, Kiosk Hallbach, Gasthof Jagdhof, Jausenstation Berger
Karte: KOMPASS Nr. 017 (1:35 000)
Reiseatlas: Seite 8

SALZKAMMERGUT NORD

»Es lächelt der See, er ladet zum Bade«, heißt es schon bei Schillers Wilhelm Tell. Und zum Rundherumgehen: Also spazieren wir vom Fuschler Ortszentrum nach der Markierung 804 zum See. Links zur Bundesstraße, der man kurz nach rechts folgt, dann rechts in die Wesenau (Holzknechtstüberl) und dort rechts auf den mit Nr. 4 markierten Güterweg abzweigen. Am Waldrand beginnt der Wanderweg, der oberhalb des steilen Ufers zum Gehöft Fischer weiterleitet. Kurz links auf der Asphaltstraße Richtung Kiosk Hallbach hinauf (Aufstieg zur Bushaltestelle oben an der Straße möglich), dann führt der Pfad wieder zum See hinunter, quert in stetigem Auf und Ab ein paar Gräben, umgeht noch eine Seevilla und schlängelt sich schließ-

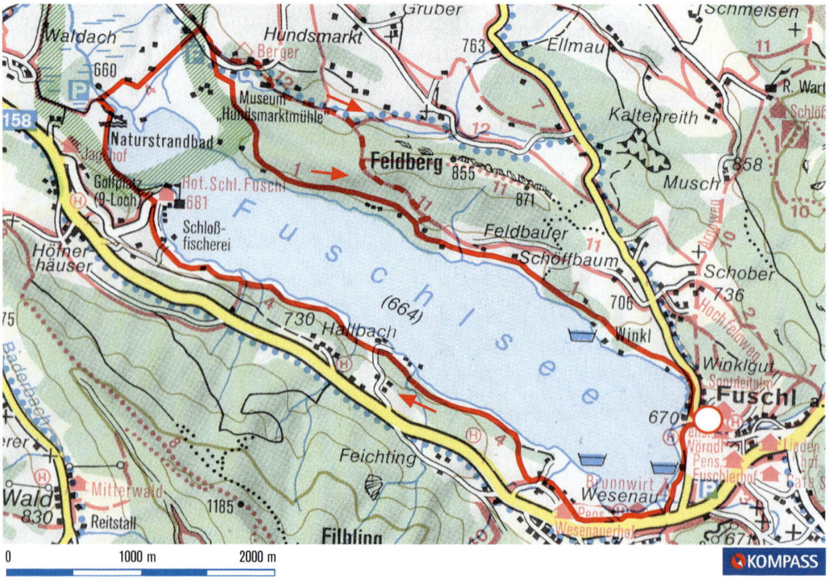

»Ententreffen« am Fuschlsee

lich zur Zufahrtsstraße zum Schlosshotel Fuschl hinauf (auch hier kann man die Tour unterbrechen und vom links oben gelegenen Ghs. Jagdhof per Bus zurückkehren).

Jenseits der Straße wandern wir wieder zum See hinunter und neben dem Golfplatz zu einer Abzweigung (Parkplatz). Rechts ins Strandbad der Gemeinde Hof (das man kostenlos benützen kann) und auf dem ebenen Schotterweg durch das verschilfte Moor beim Abfluss der Fuschler Ache. Neben dem Fußballplatz zu einer Asphaltstraße, auf der man rechts in die Ortschaft Hundsmarkt geht. Vor der Jausenstation Berger weist ein Schild rechts Richtung »Fuschl am See«: Hier beginnt der Norduferweg mit der Markierung 1, der gleich darauf bei einem Kreuz links auf einen Wiesenhügel und dann in den Wald führt. Hinter einer Anhöhe hinunter zum See und dem steilen Ufer entlang. Links hinauf zur großen Wiese unter dem Feldberg, dort nach rechts und unter dem Feldbauern vorbei. Dann geht man wieder durch bewaldete Uferhänge zum Campingplatz in Winkl. Links zur Thalgauer Straße und auf dieser rechts nach Fuschl zurück.

Sanfte Wellen, steile Berge

Kaum eine andere Berglandschaft in den Nordalpen bietet ein so eindrucksvolles Nebeneinander von sanften Seen und steilen Bergen wie das Salzkammergut. Der in einer Seehöhe von 669 m gelegene Fuschlsee hat eine Größe von 3,2 km^2 und eine Tiefe von 65,5 m. Ein Erlebnis ist die Zillenschifffahrt auf dem Fuschlsee von Fuschl zur Schlossfischerei am Westufer. *Betrieb Mai – Okt., täglich bei Schönwetter; Auskunft: ☎ 06546/8452 oder ☎ 06235/7297.*

Urlaubsregion Fuschlsee
Fuschlsee Tourismus GmbH,
Dorfplatz 1, A-5330 Fuschl am See,
☎ 06226/8384, Fax 06226/8384-33;
e-mail: info@fuschlseeregion.com
www.salzburgerland.com/fuschlsee

Steinklüfte unter dem Plombergstein, 830 m

Die steinerne Märchenstadt

SALZKAMMERGUT NORD

Ausgangspunkt: St. Gilgen, 545 m
Gehzeiten: Auf den Plombergstein 1¼ Std. Abstieg zu den Steinklüften ½ Std., weiter nach St. Gilgen ½ Std., insgesamt 2¼ Std.
Charakter: Romantischer Halbtagsausflug in eine spannende Abenteuergegend; unschwierige, aber teilweise steile Pfade (Vorsicht bei Nässe!)
Einkehr: Gasthöfe in St. Gilgen
Karte: KOMPASS Nr. 018 (1:35 000)
Reiseatlas: Seite 9

»Steinklüfte« – schon der faszinierende Name lockt uns vom Wolfgangsee weg! Die Felswildnis unter dem Plombergstein bildet ein einmaliges Wanderziel: Als am Ende der letzen Eiszeit, also vor etwa 10 000 Jahren, die Gletscher abschmolzen und den herausmodellierten Bergen kein Widerlager mehr boten, lösten sich gewaltige Felsmassen und zerborsten in der Tiefe. So entstand ein Bergsturz-Chaos sondergleichen, das in der Zwischenzeit bärtige Moose, Gebüsch und skurrile Baumgestalten überwuchert haben.

Also: Auf zur »Kalten Kuchl«, zum »Franzosenloch« und vor allem zum Durchschlupf durch die 35 m lange, zwischen aalglatten Felsen klaffende »Teufelsschlucht«!

Von St. Gilgen geht man auf der Steinklüftestraße zur Umfahrungsstraße hinauf. Auf der drüberen Seite zweigt ein Güterweg zum Bauernhof Plomberg ab, von dem gleich darauf links zwei Waldsteige abbiegen: Gerade hinauf geht es direkt zu den Steinklüften; wir wählen jedoch die untere Route (Nr. 17), die in den tief eingeschnittenen Staffelgraben hinabführt. Bei der folgenden Wegteilung bleiben wir im Talgrund, bis nach etwa 1 Kilometer rechts der Rundweg, Markierung Nr. 17, abzweigt. Dieser leitet uns – stellenweise über Holzleitern – zu einer neuerlichen Wegteilung: Rechts geht es zur Holzhütte auf einem Felsvorsprung, von dem man einen Tiefblick auf St. Gilgen und über den ganzen Wolfgangsee genießt.

Die märchenhaften Steinklüfte oberhalb von St. Gilgen

Auf der anderen Seite der Hütte führt der Pfad wieder zur Abzweigung zurück. Nun steigen wir jedoch nach rechts durch die Felsflanke ab. Dem Wandfuß entlang und durch einen »Kriechstein« kommen wir zum Beginn der Steinklüfte: Unter der überhängenden Wand des Plombergsteins weisen rote Farbpunkte und hölzerne Wegweiser die Durchschlupfmöglichkeiten. Bei einer kleinen Quelle am unteren Ende des Bergsturzes zweigt rechts ein Pfad zum Kohlbach ab; geradeaus gelangt man – die Kehren des Güterweges Plomberg abkürzend – direkt zur Umfahrungsstraße hinunter.

▼ Wer diese Durchkriechsteine und sagenumwobenen Felsgebilde liebt, dem sei auch die reizvolle Wanderung am nördlichen Seeufer zur **Falkensteinkirche** empfohlen. Von der Pfarrkirche in St. Gilgen geht man über den Streicherplatz und rechts auf die Mondseer Straße zum Wolfgangsee. Nach der Markierung 28 gelangt man in den Ortsteil Brunnwinkl. Dort nach rechts, auf der idyllischen Uferpromenade zum Gasthof Fürberg und weiter dem See entlang. 200 m nach der Einmündung der Zufahrtsstraße teilt sich der Weg: Rechts empfiehlt sich der Abstecher auf dem stellenweise schmalen Rundweg (Nr. 19) zum Hochzeits- und zum Ochsenkreuz, einer Kapelle auf einer Felsinsel. Links beginnt der Kreuzweg, der durch den steilen Waldgraben zur Falkensteinkirche und den sagenumwobenen »Durchkriechstein« hinaufführt (Markierung 28). Rückweg nach St. Gilgen oder weiter nach St. Wolfgang.

Bleckwand, 1541 m

Zum Gipfel mit »Guckloch«

Ausgangspunkt: Niedergadenalm, 1180 m (von Gschwendt zwischen Strobl und St. Gilgen auf einer asphaltierten Mautstraße erreichbar, 7 km)
Gehzeit: Vom Parkplatz bis zur Bleckwandhütte ¾ Std., weiter auf den Gipfel ¾ Std., Abstieg ¾ Std.; gesamt ca. 2¼ Std.
Charakter: Prächtige Halbtagswanderung auf einen herrlichen Aussichtsgipfel; leichte, aber stellenweise etwas rutschige Pfade
Einkehr: Schwarzeneckalm, Illigbauerhütte auf der Niedergadenalm, Bleckwandhütte
Karte: KOMPASS Nr. 018 (1:35 000)
Reiseatlas: Seite 9

Blick von der Bleckwandhütte zum Schafberg

Im Bergpanorama um den Wolfgangsee reckt sich zwischen dem felsigen Sparber und dem viel bekannteren Zwölferhorn ein unscheinbarer, bis hoch hinauf bewaldeter Hügel empor: die Bleckwand, 1541 m. Ihr Name und ein näheres Hinsehen decken aber bald die raueren Seiten des sanften Berges auf: Einige »Plaiken«, schroffe Fels- und Lawinenflanken, durchfurchen ihn zum Wolfgangsee hin. Wir starten daher auf der Südseite, inmitten blumiger Almwiesen und den Hütten der Niedergadenalm, die man auf einer Mautstraße erreicht (Abzweigung von der Bundesstraße gegenüber der Zufahrt zur Schiffsstation Gschwendt).

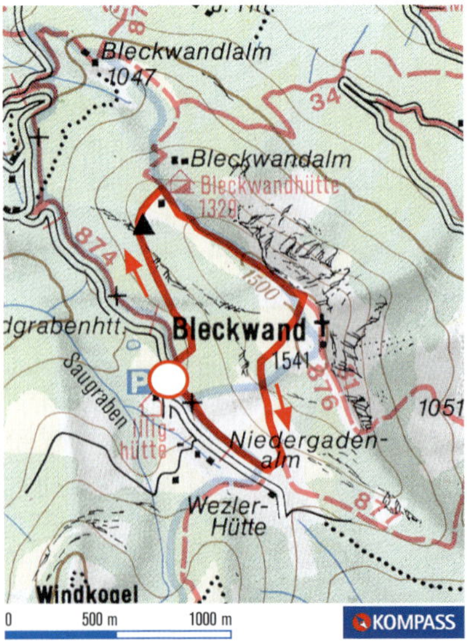

Vom Parkplatz unterhalb der Niedergadenalm (Wegtafel) wandern wir auf dem sanft ansteigenden Wanderweg Nr. 32 quer durch einen steilen Waldhang zur Bleckwandhütte, 1328 m, hinauf. Ab hier zieht der Steig Nr. 876 rechts über

Herrlicher Aussichtsgipfel Bleckwand: im Vordergrund das Wieslerhorn und der Pitschenberg

den grasigen Nordwestkamm hinauf. Knapp vor dem Gipfel gähnt ein ovales Loch in einer Felsbank: Es bildet den ungewöhnlichen Rahmen für einen eindrucksvollen Tiefblick zum Wolfgangsee, über den spielzeugkleine Boote ihre Spuren ziehen. Nun ist es nicht mehr weit bis zum Gipfelkreuz, das 1947 von fünf Einheimischen zum Dank für die Heimkehr aus russischer Kriegsgefangenschaft aufgestellt worden ist. Der höchste Punkt der Bleckwand befindet sich allerdings südöstlich davon zwischen den Bäumen.

Abstieg: Ein kurzes Stück wandern wir auf dem Kamm weiter nach Südosten, bis rechts der markierte Steig Nr. 31 zur Niedergadenalm abzweigt. Dieser führt zunächst durch schütteren Wald, dann über einen steilen Weidehang zu einer Almhütte im Sattel hinunter. Hier halten wir uns wieder nach rechts und schlendern auf der Forststraße der Niedergadenalm unserem Ausgangpunkt entgegen,

Blick über den See nach St. Wolfgang

Edelkastanienwald und Egelsee, 624 m

Edelkastanien nördlich der Alpen

Ausgangspunkt: Unterach am Attersee, 477 m (Rückkehr von Stockwinkl per Schiff oder Bus)
Gehzeiten: Bis zum Egelsee 2 Std., Abstieg nach Stockwinkl ¾ Std., gesamt 2¾ Std.
Charakter: Gemütliche Tageswanderung auf gefahrlosen Wegen; außer bei hoher Schneelage ganzjährig begehbar
Einkehr: In Unterach und Stockwinkl
Karte: KOMPASS Nr. 18 (1:50 000)
Reiseatlas: Seite 9

Alljährlich um die Adventszeit liegt der Duft von heißen Maroni in der Luft. An sich stammen die Edelkastanien ja aus dem sonnigen Süden; an einer einzigen Stelle gedeihen sie aber auch nördlich der Alpen bis zur Reife: in Unterach. Wer es nicht glaubt, lese die Schautafeln im Edelkastanienhain oberhalb des Ortes.

So mild war das Klima am Attersee jedoch nicht immer. Einst floss hier ein gewaltiger Arm des eiszeitlichen Traungletschers: Der unter strengem Naturschutz stehende Egelsee ist nach seinem Abschmelzen als »Toteisloch« im Moränenschutt entstanden.

Vom Hotel Zum Goldenen Anker im Ortszentrum von

Unterach gehen wir zum Kirchenplatz und neben dem Friedhof zur Abzweigung beim Kindergarten hinauf. Man folgt dem Wegweiser »Waldlehrpfad, Edelkastanienwald« rechts zur Umfahrungsstraße, die überquert wird. Eine Seitenstraße führt zum Edelkastanienhain hinauf, dann wandern wir auf dem Naturlehrweg rechts durch den Wald auf eine Anhöhe. Abstieg zu einem kleinen Bach und an einem Haus vorbei zur Bundesstraße, der man nach links über die Brücke folgt. Danach weist die Markierung des Attersee-Westwanderweges links hinauf: Rechts über eine Wiese und neben einem Bach zu einem Güterweg, der links zum Bauernhof Menerweg hinaufleitet. Oberhalb davon wandert man rechts über die Kohlbauerwiese zu einem Forstweg, der links in den Wald zu einer Liftwiese und zum nahen Gasthof Druckerhof führt (wundervolle Sicht zum Höllengebirge). Auf Feldwegen geht man über eine Anhöhe zum Bauernhof Holzberg und von dort links auf der Schotterstraße zum Egelsee. Ein Holzsteg führt rechts zum Wasser, ansonsten darf das Ufergebiet nicht betreten werden.

Vom Nordufer gelangt man über eine Wiese zu einer Straße (Parkplatz) und rechts zum Gehöft Hausmann hinunter. Man geht auf der Straße nun immer weiter bergab, bis man nach einem Graben links auf den Wanderweg Nr. 3 abzweigt. Dieser führt zu einer weiteren Wegteilung, von der wir links zum Urfangbach absteigen. Durch den Waldgraben gelangt man schließlich nach Stockwinkl.

Wissenswertes über Edelkastanien: Unterach am Attersee

Winter ade: Der Leonsberg spiegelt sich im Egelsee

Rund um den Traunstein

Ein Wanderklassiker mit Klettersteigeinlage

Ausgangspunkt: Gasthof Hois'n an der Traunsteinstraße, 440 m (5 km südlich von Gmunden)
Gehzeit: Hoisn – Ramsauer Alm 1½ Std., zur Mairalm 1 Std., zum Gasthof Hoisn 1 Std., gesamt 3½ Std.
Charakter: Abwechslungsreiche Wanderung auf problemlosen Wegen, dazwischen aber auch über einen steilen und ausgesetzten, jedoch gut gesicherten Pfad, der Trittsicherheit und Schwindelfreiheit erfordert.
Einkehr: Gasthof Hois'n, Ramsauer Alm, Mairalm, Jausenstation Moaristidl
Karte: KOMPASS Nr. 18 (1:50000)
Reiseatlas: Seite 9

An klaren Tagen zeigt sich der Traunstein weit ins Alpenvorland hinaus. Noch imposanter gibt er sich natürlich aus der Nähe: Die Umrundung des gewaltigen Berges zählt zu den beliebtesten Touren weit und breit, bietet sie doch einen Zwischenstopp am Laudachsee, gut bewirtschaftete Einkehrstationen und sogar ein wenig Klettersteig-Atmosphäre.

Vom Gasthof Hois'n folgt man dem markierten Wanderweg Richtung Kaltenbachwildnis in den vermurten Gschliefgraben (Lidringbach), wo man links abzweigt. Auf einem steilen Karrenweg steigt man zum bewaldeten Dürrenberg an und geht dann wahlweise auf dem Wanderweg oder auf der Forststraße über den sanfter ansteigenden Waldrücken zu einer weiteren Forststraße, die rechts zur nahen Kreuzung am Radmoos führt. Geradeaus gelangt man auf dem Waldlehrweg zur Ramsauer Alm am Laudachsee.

Nun auf dem Gassnersteig (Nr. 410) nach Süden und in steilen

Auf höchster Ebene: die Gmundner Hütte am Traunstein

Serpentinen - exponierte Passagen sind mit einer Leiter und Stahlseilen entschärft - in die Hohe Scharte. Jenseits führt der Weg in Kehren durch den Waldhang ins Lainautal und zur Mairalm, 789 m, hinab.

Schließlich wandert man auf der Forststraße entlang des Lainaubaches zum Traunsee hinunter. Durch die Tunnels oder - bedeutend schöner - links über dem Miesweg gelangt man zur Jausenstation Moaristidl und zum Parkplatz am Ende der Traunsteinstraße, auf der man 1 Kilometer zum Ausgangspunkt zurückwandert.

▼ Abstecher zum **Katzenstein:** Wer den Gassnersteig schafft, wird auch beim Abstecher von der Hohen Scharte auf den 1349 m hohen Katzenstein keine Probleme haben. Der stellenweise exponierte, an einer Stelle gesicherte Anstieg, führt durch die Südseite und an einem Felsfenster vorbei, das einen eindrucksvollen Tiefblick zum Laudachsee ermöglicht (Gehzeit hin und retour 1½ Stunden).

Der Traunstein in der exklusiven Perspektive vom Katzenstein

KAISERGEBIRGE

Der östliche Teil des Wilden Kaisers

Wander- und Kletterparadies Kaisergebirge

»Der Khayser, ein sehr hoches Gepürg, ist einer kaiserlichen Cron gleich ...« schrieb einst Matthias Burglehner, und tatsächlich regen die wilden Zacken und Türme die Phantasie des Betrachters an. Zwei Gebirgszüge, die in Ost-West-Richtung verlaufen, dominieren das im Verhältnis zu anderen Gebirgsgruppen eher kleine Kaisergebirge. Im Norden ist es der sanfte Gipfelkamm des »Zahmen« Kaisers, der sich von der Naunspitze bis zum Roßkaiser erstreckt und mit der Vorderen Kesselschneid gerade noch die 2000-Meter-Grenze erreicht, im Süden ist es der zwar nicht wesentlich höhere, aber ungleich schroffere und mit imposanten Gipfelzacken ausgestattete »Wilde« Kaiser, der eine Vielzahl berühmter Kletterberge aufzuweisen hat. Fast in der Mitte der Hauptkette erhebt sich mit der Ellmauer Halt, 2344 m, der höchste Punkt des gesamten Kaisergebirges.

Das rund 1500 m hoch gelegene Stripsenjoch stellt die Verbindung zwischen diesen beiden Gebirgskämmen dar, und trennt gleichzeitig das Richtung Kufstein ziehende Kaisertal im Westen vom Kaiserbachtal im Osten. Das an dieser zentralen Stelle bereits im Jahre 1902 errichtete Stripsenjochhaus ist deshalb nicht nur ein grandioser Aussichtsplatz, sondern für Bergwanderer und Kletterer auch ein idealer Ausgangsort. Dies umso mehr, da die Schutzhütte dank einer Mautstraße von Griesenau bis zur Griesneralm mit einer Gehzeit von 1½ Std. relativ schnell und leicht zu erreichen ist.

Generell ist die touristische Infrastruktur hervorragend und es stehen für sämtliche bergsteigerischen Aktivitäten in allen Teilen des Kaisergebirges und seiner angrenzenden Berggebiete genügend Stützpunkte und Einkehrmöglichkeiten zur Verfügung. Auch hoch gelegene Ausgangspunkte, die mit dem Auto erreichbar sind, ermöglichen für weniger geübte Geher das Erreichen aussichtsreicher Hütten und einfacher Gipfelziele und sind andererseits eine willkommene Unterstützung bei ambitionierteren Unternehmungen. Dass man dennoch auf keinem Kaisergipfel von Halbschuhtouristen umlagert ist, ist die erfreuliche Folge einer äußerst sparsamen Lift- und Bergbahnerschließung, die mit der Ausweisung des 10200 ha umfassenden »Naturschutzgebietes Kaisergebirge« bereits im Jahre 1963 seine gesetzliche Form fand.

Obwohl das Kaisergebirge vor allem als Klettergebiet weithin bekannt ist, ist es doch Jahr für Jahr auch das Ziel von Scharen von Bergwanderern – und das zu Recht, denn dieser kleine und kompakte Gebirgsstock hat weit mehr als Kletterwände zu bieten. Hier kommen die Ausflügler, die nur schauen und staunen wollen ebenso auf ihre Kosten wie die gemäßigten und die ambitionierten Berggeher. Von gemütlichen Hüttenwanderungen bis zu schweißtreibenden Überschreitungen, von leichten Aussichtstouren bis zu drahtseilgesicherten Klettersteigen bietet der Kaiser auf engstem Raum alles, was das Bergsteigerherz begehrt.

Und wen die schroffen Felswände und steilen Kare des Wilden Kaisers abschrecken, der wandert im Zahmen Kaiser oder besteigt die angrenzenden Berge, stets mit eindrucksvollem Ausblick auf die gewaltigen Gipfelzacken der berühmten Kletterberge. Das steinerne Herz des Kaisers ist von einer sehr

Eine hervorragende Aussichtskanzel: die Gruttenhütte

abwechslungsreichen und wanderfreundlichen Gebirgslandschaft umrahmt: idyllisch gelegene Seen und weite Almen, einladende Hütten und freundliche Dörfer heißen Sie willkommen, so dass jeder den Kaiser auf seine Art erleben und genießen kann.

Der Kaiserwinkl

Die zu Füßen der »zahmen« und »wilden« Gipfel der beiden Kaisermassive liegende, um die Orte Kössen, Walchsee und Schwendt gruppierte Landschaft, wird als Tiroler Kaiserwinkl bezeichnet. Diese herrliche Wander- und Radlergegend ist mehr als eine schöne Aussichtswarte zu den Kaiserbergen, denn die Mischung aus Gipfelzielen und herrlichen Bergseen hat einen besonderen Charme. Erwähnenswert ist auch der 120 km lange Erlebnis-Wanderweg zwischen dem Tiroler Kaisergebirge und dem Bayerischen Chiemsee, der unter dem Motto »Grenzenlos Wandern« in neun Tagesetappen durch eine reizvolle Landschaft führt.

Die Orte

Ebbs
473 m, barocke Pfarrkirche »Zur Lieben Frau zu Ebbs«, St.-Nikolaus-Kirchlein, Raritätenzoo.
Tourismusverband Ebbs,
A-6341 Ebbs, Wildbichlerstraße 29,
Tel. 05373/42326, Fax 05373/42960;
e-mail: info@ebbs.at
www.ebbs.at/tourismus

Ellmau
820 m, Pfarrkirche St. Michael,
Tourismusverband Ellmau,
A-6352 Ellmau, Tel. 05358/2301,
Fax 05358/3443; e-mail: info@ellmau.at
www.tiscover.at/ellmau

Going
800 m, am Fuße des Wilden Kaiser. Pfarrk. zum hl. Kreuz mit Marienstatue (16. Jh.).
Tourismusverband Going,
A-6353 Going, Tel. 05358/2438,
Fax 05358/3501; e-mail: going@netway.at

Hinterthiersee
860 m, liegt auf dem Hochplateau des Thierseetales.
Tourismusbüro Hinterthiersee,
A-6335 Hinterthiersee,
Tel. 05376/5597, Fax 05376/43212;
e-mail: www.thiersee.com/hinterthiersee
www. tiscover.at/thiersee

Kiefersfelden
522 m, Wachtl-Express.
Kur- und Verkehrsamt Kiefersfelden,
D-83088 Kiefersfelden, Dorfstraße 23,
Tel. 08033/9765-27, Fax 08033/9765-44;
e-mail: info@kiefersfelden.de

Kirchdorf
640 m, Pfarrkirche zum hl. Stephan, Wintersteller-Denkmal.
Tourismusverband Kirchdorf,
A-6382, Litzlfeldner Str. 2, Postfach 9,
Tel. 05352/6933, Fax 05352/6520-8;
e-mail:
tvb.kirchdorf@tourismus-tirol.com

Kössen
600 m, barocke Pfarrkirche St. Peter, Wallfahrtskapelle Klobenstein.
Tourismusverband Kössen-Schwendt,
A-6345 Kössen, Dorf 15,
Tel. 05375/6287, Fax 05375/6989;
e-mail: info@koessen.at
www.koessen.at

Kufstein
503 m. Festungsstadt nahe dem Kaisergebirge, Stadtrecht seit 1339, in der Festung Heimatmuseum; Heldenorgel (größte Freiorgel der Welt); Planetarium.
Tourismusverband Kufstein,
A-6330 Kufstein, Unterer Stadtplatz 8,
Tel. 05372/62207, Fax 05372/61455;
e-mail: kufstein@netway.at
www.tiscover.at/kufstein

Langkampfen
500 m, nahe an der Grenze zu Bayern.
Tourismusverband Langkampfen,
A-6322 Unterlangkampfen 286,
Tel. 05332/87393, Fax 05332/873934;
e-mail: langkampfen.tvb@netway.at
www.tiscover.at/langkampfen

Rettenschöß
600 m, Antoniuskapelle.
Tourismusverband Rettenschöß,

A-6342 Rettenschöß 66,
Tel. 05373/61812, Fax 05373/618124;
e-mail: info@rettenschoess.at
www.tiscover.at/rettenschoess

Scheffau
752 m, Pfarrkirche des hl. Johannes d.T., St.-Leonhard-Kapelle in Bärnstatt (Wallfahrtskirchlein).
Tourismusverband Scheffau,
A-6351 Scheffau, Tel. 05358/7373,
Fax 05358/73737; e-mail:
tvb-scheffau@tourismus-tirol.com
www.tiscover.at/scheffau

Schwendt
697 m, Pfarrkirche zum hl. Ägidius.
Tourismusverband Kössen-Schwendt,
Infobüro Schwendt: Dorfstraße 22,
A-6345 Schwendt, Tel. 05375/6816,
Fax 05375/6846; e-mail: info@koessen.at
www.tiscover.at/schwendt

Söll
698 m, Pfarrkirche hll. Petrus und Paulus, Stampfangerkapelle, Gondelbahn, Sessellift.
Tourismusverband Söll,
A-6306, Dorf 84, Tel. 05333/5216,
Fax 05333/6180; e-mail: info@soell.com
www.tiscover.at/soell

St. Johann
700 m, bekannter Wintersportort. Ehem. Spitalskirche St. Nikolaus in der Weitau, Glasmalereien aus dem 15. Jh. Gewölbefresken 1744/45.
Tourismusverband St. Johann,
A-6380 St. Johann in Tirol, Poststraße 2,
Tel. 05352/633350, Fax 05352/65200;
e-mail: info@st.johann.tirol.at
www.tiscover.at/st.johann-tirol

Auf der Südseite des Kaisers: die Wochenbrunner Alm

Thierseetal mit Landl
790 m. Passionsspiele im Festspielhaus (alle 10 Jahre), Pfarrkirche Mariahilf in Landl.
Tourismusverband Thierseetal,
Vorderthiersee 38, A-6335 Thiersee,
Tel. 05376/5230, Fax 05376/4333;
e-mail: thierseetal@tirol.com
www.thiersee.com/thiersee

Walchsee
668 m, Pfarrkirche St.Johannes d.T., Badesee Schwemm.
Tourismusverband Walchsee,
A-6344 Walchsee,
Tel. 05374/5223, Fax 05374/5135;
e-mail: info@walchsee.at
www.walchsee.at

Wörgl-Angerberg-Mariastein
513 m, berühmte Wallfahrtskirche Mariastein, Buchacker-Eishöhle – Tirols einzige Eis- und Tropfsteinhöhle !
Tourismusverband Wörgl-Angerberg-Mariastein,
A-6300 Wörgl, Bahnhofstraße 4a,
Tel. 05332/76007, Fax 5332/71680;
e-mail: tvb@woergl.at
www.tiscover.at/woergl

Zahmer-Kaiser-Rundtour aus dem Kaisertal

Kombination von Höhenweg und Talwanderung

Ausgangspunkt: Kufstein/Eichelwang, 500 m (gebührenpflichtiger Parkplatz direkt beim Eingang zum Kaisertalweg oder 5 Min. entfernt bei der Talstation der Sesselbahn Wilder Kaiser)
Gehzeit: 2¼ Std. zur Vorderkaiserfeldenhütte; plus 2 Std. zur Pyramidenspitze, Abstieg nach Hinterbärenbad 2 Std., Rückweg nach Kufstein 2 Std., gesamt 8¼ Std.
Charakter: Sehr lange, aber technisch unschwierige Tour, die bei Bedarf in der Vorderkaiserfeldenhütte oder in Hinterbärenbad unterbrochen werden kann.
Einkehr: Rietzaualm, Vorderkaiserfeldenhütte, Anton-Karg-Haus
Karten: KOMPASS Nr. 9 (1:50 000), Nr. 09 (1:30 000)
Reiseatlas: Seite 7, 17

Die bei vielen Bergfreunden geschätzte Plateauwanderung entlang des Gipfelkamms des Zahmen Kaiser lässt sich noch verlängern, wenn man den Abstieg über Hinterbärenbad wählt und durch das Kaisertal zurück nach Kufstein wandert. Ein langer Weg, der aber unterwegs zwei Hütten zur Übernachtung anbietet und dem Wanderer alle Möglichkeiten offen lässt. Vom Stadtteil Sparchen in Kufstein wandern wir zuerst über Stufen, dann auf breitem Weg ins Kaiser-

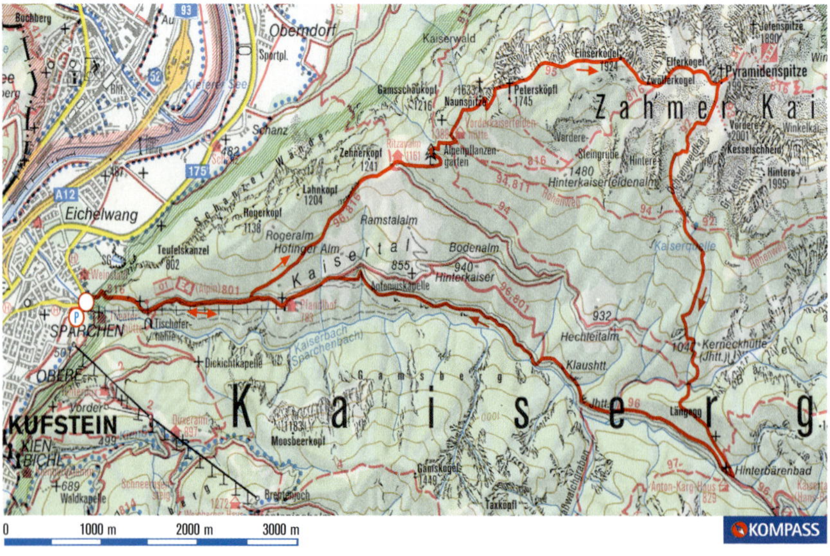

tal. Bald nach dem Veitenhof zweigt links der Bergweg 816 zur Vorderkaiserfeldenhütte ab, 1388 m. Von dort folgen wir der Beschilderung auf das Petersköpfl, 1745 m, und dann in leichtem Auf und Ab dem aussichtsreichen Plateauweg bis zur Pyramidenspitze, 1997 m, dem Kulminationspunkt dreier Anstiegswege, wo uns eine eindrucksvolle Panoramasicht erwartet.

Hinterbärenbad: Blick auf Halt-Gipfel

Beim Abstieg halten wir uns an den markierten Pfad Richtung Süden in eine Senke hinab. Von hier aus können ganz Unentwegte noch einen kurzen Abstecher zum höchsten Punkt des Zahmen Kaisers unternehmen, zur Vorderen Kesselschneid, 2001 m. Unser Abstiegsweg führt uns recht steil hinab ins Ochsenweidkar, vorbei an den Wegabzweigungen des Höhenwegs 811, dem Verbindungsweg zwischen Vorderkaiserfeldenhütte und Stripsenjochhaus, und gelangt schließlich zur Abzweigung via Hinterbärenbad/Hans-Berger-Haus. Der Steig führt nun relativ steil und schmal durch den Wald hinab (bei Nässe unangenehm) zu einer Brücke, und mit einer kleinen Gegensteigung gelangt man hinab nach Hinterbärenbad. Über den Kaisertalweg wandert man gemütlich – wenn man noch Zeit und Lust hat mit einem Abstecher über die Antoniuskapelle – zum Ausgangspunkt zurück.

Blick vom Brentenjoch auf die Südseite des Zahmen Kaiser, über die unsere große Rundtour verläuft

Stripsenkopf, 1807 m und Feldberg, 1813 m

Aussichtsreiche Höhenwanderung zwischen dem Wilden und Zahmen Kaiser

Ausgangspunkt: Griesner Alm, 1006 m (großer Parkplatz), auf Mautstraße (ab Griesenau, ca. 5 km) erreichbar
Gehzeit: 2¼ Std. zum Stripsenkopf, plus weitere 1¼ Std. zum Feldberg; Abstieg 2¼ Std.; gesamt 5¾ Std.
Charakter: Sehr schöne Aussichtswanderung auf gut begehbaren, teils steinigen Bergpfaden. Zum Stripsenkopf und zum Feldberggipfel sind einige schrofige und steilere, mit Drahtseilen gesicherte Stellen zu passieren.
Einkehr: Griesener Alm, Stripsenjochhaus,
Karten: KOMPASS Nr. 9 (1:50 000), Nr. 09 (1:30 000).
Reiseatlas: Seite 7, 17

Für Bergsteiger und Kletterer ist das Stripsenjochhaus ein strategisch äußerst günstiger Ausgangspunkt für viele Kaiserunternehmungen, für Ausflügler ein begehrtes und relativ einfach zu erreichendes Tagesziel und für Bergwanderer die Zwischenstation für eine aussichtsreiche Höhenwanderung zwischen dem Wilden und dem Zahmen Kaiser.

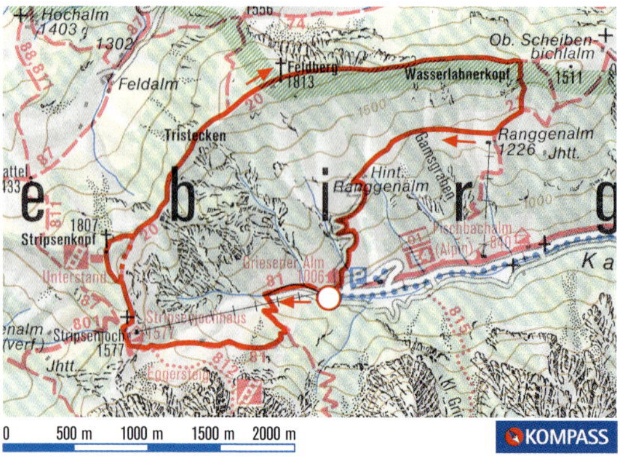

Der Anstiegsweg zum Stripsenjochhaus führt zuerst über weite Kehren in den Wald hinein, wo es steiler bergan geht, bis man wieder leicht steigend am Fuß der mächtigen Kaiserfelsen der schon von weitem sichtbaren Hütte zustrebt. Hat man links die Abzweigung zur Steinernen Rinne passiert, windet sich der Weg nochmals in engen und steilen Serpentinen zum Stripsenjoch hinauf. Hinter dem auf dem Joch thronenden Stripsenjochhaus steigt man am Tavonaro-Kreuz vorbei über den zuerst grasigen, dann zunehmend schrofigen Hang hinauf bis zur Verzweigung. Links ist der Weg zum Stripsenkopf ausgeschildert (¼ Std.), rechts quert der bequemere Weg (anfangs

Anstieg zum Stripsenkopf

ein Drahtseil) unterhalb der Felsen Richtung Feldberg den Hang. Der steile Pfad zum Stripsenkopf hinauf ist mit Drahtseilen, Metall- und Holzstufen gesichert. Vom breiten Gipfelplateau aus präsentiert sich der Wilde ebenso wie der Zahme Kaiser äußerst eindrucksvoll. Unterhalb der Ackerlspitze schimmert die Fritz-Pflaum-Hütte im Griesner Kar herüber.

Der Weiterweg führt wieder abwärts und über drei kleinere Zwischenerhebungen in teilweise felsigem Gelände – zwischendurch am Tristecken nochmals Drahtseilsicherungen – am Grat entlang zum Feldberg. Originell ist die so genannte Frankenländernadel, ein bizarrer Felsturm rechts des Weges kurz vor dem Tristecken. Das kümmerliche Holzkreuz am breiten Feldberggipfel lädt zu einer aussichtsreichen Rast ein. Im Norden ist neben dem Gipfelzug des Zahmen Kaisers rechts der Walchsee und in der Ferne auch ein Teil des Chiemsees zu sehen. Ein Schild weist uns den Abstiegsweg über den latschenbewachsenen Ostgrat hinab. Eine erste Verzweigungsmöglichkeit mit einem deutlichen »STOP-Schild« nach rechts passierend, gelangen wir zu einem zur Rast einladenden grasigen Sattel.

Hier weist uns die Beschilderung nach rechts hinunter zur Ranggenalm sowie zur Griesner Alm und Fischbachalm. Beim Materiallift der Ranggenalm halten wir uns rechts, folgen dem Schild »Griesner-Alm-Parkplätze« und queren am Hang entlang nach Westen (zwischendurch nochmals leicht ansteigend) zur neu renovierten Ranggen-Hochalm, 1360 m, hinüber. Nun geht es auf breitem Weg in ausholenden Serpentinen rasch hinab zum Ausgangspunkt, dem längst sichtbaren – und meist gut gefüllten – Parkplatz bei der Griesner Alm.

Auf dem Höhenweg zur Scheibenbichlalm

Stripsenjochhaus, 1577 m

Zur Schaukanzel im Kaisergebirge

Ausgangspunkt: Kufstein/Eichelwang, 501 m (gebührenpflichtiger Parkplatz gegenüber dem Einstieg zum Kaisertalweg bzw. bei der Talstation der Sesselbahn Wilder Kaiser)
Gehzeit: 2 Std. nach Hinterbärenbad, plus 2 Std. zum Stripsenjochhaus, gesamt 4 Std.
Charakter: Anfangs steiler Treppenaufschwung, dann bequemer und breiter Wanderweg, ab dem Hans-Berger-Haus wieder steiler, teils über schön angelegte Stufen
Einkehr: Veitenhof, Pfandlhof, Anton-Karg-Haus, Hans-Berger-Haus, Stripsenjochhaus.
Karte: KOMPASS Nr. 9 (1:50 000), Nr. 09 (1:30 000)
Reiseatlas: Seite 7, 17

Das Stripsenjochhaus ist einer der beliebtesten Treffpunkte im Wilden Kaiser und Ausgangspunkt für viele Unternehmungen. Neben dem mautpflichtigen Schnellzugang über die Griesneralm bietet sich der zwar erheblich längere, aber beeindruckende Anmarsch auf dem Kaisertalweg an. Langsam nähert man sich dem Felspanorama der Kaiserberge, findet stets neue Fotomotive und braucht sich auch um das leibliche Wohl keine Sorgen zu machen – am Eingang des Kaisertalweges informiert uns eine große Tafel über sämtliche Wanderwege und Einkehrmöglichkeiten der Umgebung. Die ersten Höhenmeter bringt man auf breiten Stufen recht steil und flott hinter sich, dann wandert man auf einem breiten Fahrweg gemütlich und fast eben dahin. Vorbei am Veitenhof, der Abzweigung zur Vorderkaiserfeldenhütte und dem Pfandlhof kann man sich entscheiden, ob man auf dem

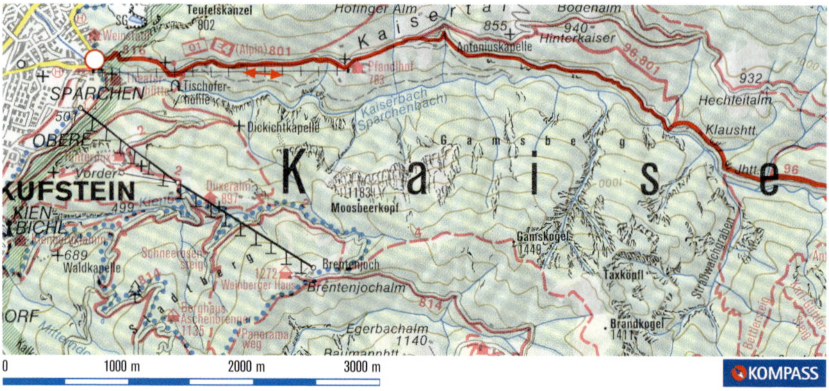

Einer der wohl aussichtsreichsten und zentralsten Punkte im Kaiser: das Stripsenjochhaus

KAISERGEBIRGE

neuen Kaisertalweg bleibt oder ob man die nur unerheblich längere Variante über die als Aussichtsplatz sehr beliebte Antoniuskapelle (Schild links hoch) nimmt. Bei der Klaushütte treffen die beiden Wege wieder aufeinander und am Karggartl vorbei erreicht man bald darauf das sehr schön gelegene Anton-Karg-Haus in Hinterbärenbad. Besonders die Kleine Halt ist von hier aus ein ausgezeichnetes Fotomotiv.

Nur 20 Minuten später gelangen wir auf leicht ansteigendem Weg zum Hans-Berger-Haus (auch Kaisertalhütte bezeichnet) mit der berühmten Bergsteigerschule Wilder Kaiser.

Der Weg führt hinter dem Haus hoch in den Wald (Mark. 801 Richtung Stripsenjoch), überquert den Fahrweg und wird steiler. Über viele künstlich angelegte Stufen gewinnt man rasch an Höhe, passiert das Jagerbrünndl (links am Weg) und die Abzweigung zur Gruttenhütte (rechts), gelangt zu einem weiteren Schild (Stripsenjoch) und umrundet einen Graskopf. Hier wird zum ersten Mal das Stripsenjochhaus sichtbar. Die letzten Kehren werden wieder etwas steiler, dann ist unser Ziel, das aussichtsreiche Stripsenjochhaus, erreicht.

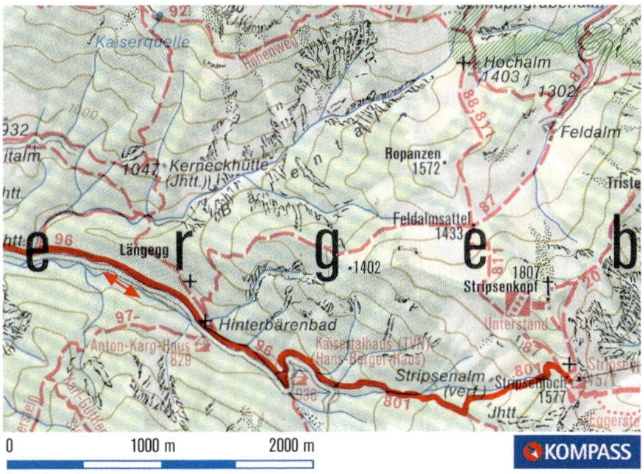

Hintere Goinger Halt, 2192 m

Auf den leichtesten Wilden-Kaiser-Gipfel

Ausgangspunkt: Wochenbrunner Alm, 1084 m
Gehzeit: 2¼ Std. zum Ellmauer Tor, plus ½ Std. zum Gipfel, Rückweg 2 Std., gesamt 4¾ Std.
Charakter: Leichter Wanderweg zur Gaudeamushütte, problemloser Steig (Schuttkar) zum Ellmauer Tor und kurze drahtseilgesicherte, felsige Stellen zum Gipfel
Einkehr: Gaudeamushütte, 1263 m

Karte: KOMPASS Nr. 9 (1:50 000), Nr. 09 (1:30 000)
Reiseatlas: Seite 17

Wesentlich einfacher als aus dem Kaiserbachtal über die Steinerne Rinne ist der Anstieg von Süden auf den wohl leichtesten höheren Gipfel im Wilden Kaiser. Deshalb wird man bei dieser Wanderung selten alleine unterwegs sein, denn die Hintere Goinger Halt bzw. das Ellmauer Tor bieten nicht nur eine leicht zugängliche, sondern auch eine fantastische Aussicht. Berücksichtigen sollte man aber den südseitigen Anstieg, der an heißen Tagen recht schweißtreibend sein kann und eine ausreichende Trinkverpflegung erforderlich macht.

Vom großen Parkplatz bei der Wochenbrunner Alm folgt man in nördlicher Richtung dem breiten, markierten Wanderweg über das Almgelände zur herrlich inmitten von Wiesen gelegenen Gaudeamushütte. Die riesige und nicht zu übersehende Felskerbe des Ellmauer Tors gibt auf der gesamten Wanderung das Ziel vor.

Über Wiesen und durch latschenbewachsenes Gelände gelangt man auf gutem Pfad an den Fuß des Geröll- und Schuttkars, das sich vom Ellmauer Tor herunterzieht. Man trifft auf die Wegverzweigung, die links – über den Jubiläumssteig

– zur Gruttenhütte weist. Wir halten uns rechts und steigen durch mühsame, drahtseilgesicherte Passagen, über die Schuttfelder hinauf zum Ellmauer Tor, 1995 m.

Wir genießen die prächtige Aussicht ins Kaiserbachtal bis hinüber zum Zahmen Kaiser und bewundern bei einer ausgiebigen Rast die senkrecht abstürzenden Wände von Fleischbank, 2186 m, und Predigtstuhl, 2116 m.

Der Weiterweg zum Gipfel ist gut einzusehen. Zuerst über einige Felsen, dann eine Schutthalde nach links querend wird es zunehmend steiler. Eine mit einer Kette gesicherte Rinne bringt uns schließlich steil hinauf zum felsigen Grat. Auf ihm hält man sich links, übersteigt einige Felsstufen und erreicht bald das bereits sichtbare – und meist gut besuchte – Gipfelkreuz, 2192 m.

Anstieg zum Ellmauer Tor von Süden

Ein wunderbarer Tiefblick ins Griesener Kar und ein beeindruckendes Panorama belohnen uns für unsere Aufstiegsmühen.
Beim Abstieg halten wir uns an den Aufstiegsweg.

Von Going aus zeigt sich der Kaiserkamm vom Ellmauer Tor (links) bis zur Ackerl- und Maukspitze.

Ellmauer Halt, 2344 m

Die höchste Spitze im Wilden Kaiser

Ausgangspunkt: Wochenbrunner Alm, 1087 m (gebührenpflichtige Zufahrtsstraße, Parkplätze)
Gehzeit: 1½ Std. zur Gruttenhütte, plus 2¾ Std. zur Ellmauer Halt, Rückweg 3½ Std., gesamt 8 Std.
Charakter: Der Klettersteig zur Ellmauer Halt verlangt Trittsicherheit, Schwindelfreiheit und Bergerfahrung. Entsprechende Ausrüstung ist Voraussetzung, trockenes Wetter Bedingung.
Einkehr: Wochenbrunner Alm, 1084 m, Gruttenhütte, 1620 m
Karte: KOMPASS Nr. 9 (1:50 000), Nr. 09 (1:30 000)
Reiseatlas: Seite 17

Das Ellmauer Tor von der Steinernen Rinne aus.

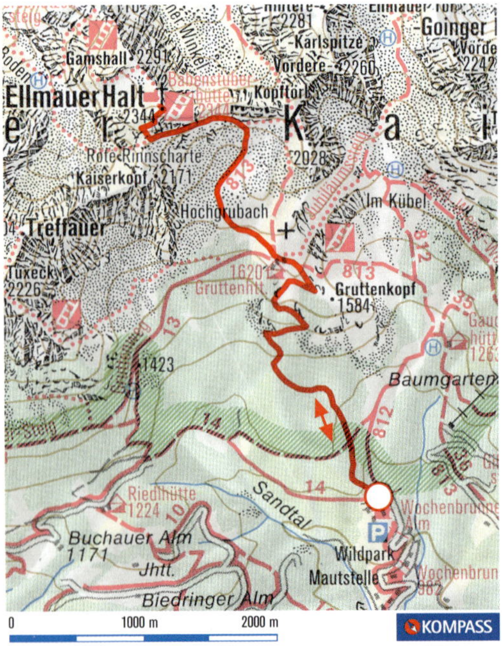

Natürlich darf der höchste Punkt des Kaisergebirges in unserer Tourensammlung nicht fehlen, auch wenn die Besteigung der Ellmauer Halt kein ausgesprochener Wandergipfel ist, sondern durchaus den erfahrenen Berggeher verlangt.

Denn dieser Gipfel bietet neben tollen Ausblicken auch sehr spannende, teils luftige und ausgesetzte Klettersteigpassagen.

Von der Wochenbrunner Alm steigt man zum Wald hoch und weiter auf bequemem Weg zu einer mächtigen Geröllhalde. Diese wird nach rechts aufwärts gequert, und in weiten Serpentinen gelangt man schließlich auf einen Wiesensattel, von wo aus man in wenigen Minuten die bereits sichtbare Gruttenhütte erreicht.

Hinter der Hütte steigt der Weg erst allmählich an, man hält sich links und gelangt zu einem Kessel, in den die Schutt- und Schneefelder vom Kopftörl und von der Ellmauer Halt hinabreichen. Zunehmend steiler geht es über die Grashänge hinauf (oft über Altschneefelder) bis zu den Felsen (Marterl), wo bald die ersten Drahtseilsicherungen angebracht sind und dabei helfen, steile Stufen zu überwinden. Man quert in der latschendurchsetzten Wand nach links oben, bis man wieder auf eine Steilstufe stößt, die nach rechts oben weiter führt (von hier herrlicher Tiefblick zur Gruttenhütte). Über Eisenstifte und an Drahtseilen geht es weiter steil aufwärts und über eine kleine Scharte rechts um einen Felsturm herum. Man passiert eine glatte Felswand (Eisentritte), steigt eine schmale Rinne hinauf und steht vor der Entscheidung links oder rechts. Die linke Variante führt am Drahtseil und über eine Leiter hoch; etwas ausgesetzter und luftiger bietet sich der rechte Weg an (Eisenstifte). Links haltend gelangen wir zur kleinen Babenstuberhütte, eine immer offen stehende holzverschindelte Notunterkunftshütte. Rechts oben ist das nahe Gipfelkreuz bereits zu sehen, das man über plattigen Fels schnell erreicht.

Bergbahnen

Bergbahnen Kössen
A-6345 Kössen, Thurnbichl 47,
☎ 05375/6226, Fax 05375/6992-30;
e-mail: koessen@skisport.com
www.bergbahnen-koessen.at

Liftanlagen Zahmer Kaiser
A-6344 Walchsee, Durchholzen 70,
☎ 05374/5286, Fax 05374/52035-09;
e-mail: info@zahmerkaiser.com
www.zahmerkaiser.com

Hartkaiser/Astberg
A-6352 Ellmau, ☎ 05358/2320,
Fax 05358/2251-31; e-mail:
bergbahnen.ellmau@skiwelt.at

Bergbahn Söll
A-6306 Söll, ☎ 05333/5260,
Fax 5333/5260-10; e-mail:
bergbahnen.soell@skiwelt.at
www.soell.at

Kaiserlift Kufstein
A-6330 Kufstein, Obere Sparchen 17,
☎ 05372/62364, Fax 05372/6236-41;
e-mail: simon@simon-huber.com
www.simon-huber.com

Gipfelblick von der Babenstuberhütte aus.

ROFAN

Blick vom Zireiner See zur Rofanspitze, im Hintergrund die Hochiss

Das Rofangebirge

Zu Feurpüchsn
Sonnwendt Jocher Niern
Thuet man in weytte Land
verfüern.

Leicht ist dieser Vers nicht zu verstehen. Er stammt aus dem Tiroler Landreim des Georg Rösch von Geroldshausen, wurde im Jahr 1558 »gedichtet« und bezieht sich auf die nierenförmigen Hornsteinknollen aus Jurakalk und Brekzien, die am Sonnwendjoch abgebaut und als Feuersteine für Handfeuerwaffen weit verbreitet waren.

Ansonsten sind kaum Bodenschätze vorhanden, dafür sind die Brandenberger Alpen mit dem Rofan, das Karwendel-Vorgebirge und die Randgebiete im Norden erstklassige Wandergebirge. Markante Felsen in den Gipfelbereichen und große, wildreiche Wälder in den tieferen Lagen kennzeichnen diesen Alpenteil. Allerdings ist der Kernbereich des Rofans, der zwischen zwei Seilbahnen liegt, recht stark dem Besucherdruck ausgesetzt – vor allem in der Ferienzeit. Rofanspitze, Vorderes Sonnwendjoch und Zireinsee lassen sich dank dieser Bergbahnen mit wenig Aufwand erreichen. Deshalb ist es mit der Bergeinsamkeit auf den unmittelbaren Routen zu diesen Zielen in der Hochsaison nicht weit her ...

Vermutlich geht der Name des Rofangebirges auf das romanische Wort »Rov-aneu monte« (Berg mit Mure bzw. Erdrutsch) zurück. Im 15. und 16. Jh. ist es auch erwähnt worden als »in den Rafan« und »in den Ravent«.

Von den meisten Höhen des Rofans und des Karwendel-Vorgebirges sieht man zum Achensee, der wie ein Fjord das Karwendel und das Rofan trennt. Das enge Achental ist erst in der letzten Eiszeit durch einen Seitenarm des Inngletschers geräumt worden. Vorher war es – aus früheren Eiszeiten – mit Schotter und Geschiebe gefüllt.

Am Nordrand des Rofans finden wir am Schneidjoch eine besondere Rarität. Ein Innsbrucker Doktor und ein Ehrwalder Hauptschullehrer haben bei einem Pfingstausflug im Jahr 1957 eine Abkürzung vom Schneidjoch herunter gesucht und sind auf eine kleine Sensation gestoßen. Sie haben in einer einsamen Gegend Felsinschriften aus der La-Tène-Zeit (zweiter Abschnitt der europäischen Eisenzeit) wieder entdeckt. Die alten Schriftzeichen haben sich inzwischen als Dank- und Weihinschriften in subalpinem, nordetruskischem Alphabet entpuppt, die man teilweise übersetzen konnte. In einem senkrechten Felsenspalt neben den Inschriften ist eine dauerhafte Quelle mit frischem, kühlem Wasser freigelegt worden. In der näheren Umgebung, die von sumpfigen Matten und feuchten Wäldern gekennzeichnet ist, gibt es kein besseres Wasser. Kein Wunder also, dass dort oben ein Quellheiligtum entstanden ist. Auch heute noch bietet der reine Quell am Nordhang des Schneidjochs dem Wanderer Erfrischung, wenn er bei der Kultstätte rastet. Die Felsinschriften sind zu einem Europäischen Kulturdenkmal deklariert worden, und mit einem Gitter abgesperrt.

Zur Geologie des Rofan

von Dr. Ulrich Lagally

1. Geographischer Überblick

Unter dem Begriff Rofan wird hier nicht nur der gleichnamige Gebirgsstock, sondern die gesamte östliche Fortsetzung des Karwendelgebirges nach Osten bis Kufstein behandelt. Es umfasst also die Brandenberger Alpen mit Rofan, das auch Sonnwendgebirge genannt wird.

Das Rofangebirge im eigentlichen Sinn liegt direkt östlich des Achensees und wird im Süden vom Inntal, im Osten von der Brandenberger Ache und im Norden von den Blaubergen begrenzt. Seine höchste Erhebung erreicht es in der Hochiss mit 2299 m. Von Achental im Westen durchschneidet es ein ausgeprägter Talzug, der über Steinberg weiter nach Osten zur Brandenberger Ache verläuft.

Die östlich an das Rofan anschließenden Berge im Bereich des Brandenberger Tales weisen nur in beschränktem Maße den Hochgebirgscharakter auf, wie wir ihn aus vielen Bereichen der Nördlichen Kalkalpen kennen. Sie sind von mehreren Talbereichen durchzogen. Ihre Gipfelhöhen liegen meist bei 1600 bis 1700 m.

Das Seilegg, links die Seekarlspitze

Die Orte

Steinberg

1010 m. Eingebettet zwischen Rofan, Unnutz und Guffert liegt das Erholungsdorf Steinberg am Rofan. Sehenswert: Pfarrkirche, 1188 erstmals urkundlich erwähnt, 1434 spätgotisch neu gebaut und im 18. Jh. barockisiert. Beachtung verdienen die im 17. Jh. aus Zirbenholz geschnitzte Personifizierung der heiligen Dreifaltigkeit und das Secco aus dem 16. Jh., das Moses mit den Israeliten darstellt.

Informationsbüro Achenkirch,
Im Rathaus, A-6215 Achenkirch,
Tel. 05246/5321, Fax 5246/5333;
e-mail: achenkirch@achensee.tirol.at
www.achensee.com/steinberg

Das Achental (Achental, Achenkirch, Buchau, Pertisau, Maurach, Jenbach, Eben) ist geprägt vom größten See Tirols. Das Annakircherl gegenüber der Pfarrkirche, 1670 erbaut, birgt als besonderen Schatz ein Altarbild aus der Mitte des 18. Jh. Eine weitere Attraktion in Achenkirch ist das Heimatmuseum Sixenhof. Am Südwestrand des malerischen Sees liegt der traditionsreiche Fremdenverkehrsort **Pertisau**, der einst Kaiser, Könige und Fürsten mit Jagd und Fischerei in den Ort lockte; Jagdhaus der Tiroler Landesfürsten, 15. Jh.).

Information:
A-6213 Pertisau am Achensee 53d,
Tel. 05243/4307, Fax 05243/5939;
e-mail: pertisau@aon.at
www.achensee.com/pertisau

Am Südrand des Achentals liegen die Touristenorte **Buchau und Maurach** Der Besuch der Notburga-Kirche in Maurach ist zu empfehlen. Sie zählt heute zu den eindrucksvollsten Barockwerken Tirols – hier werden die Reliquien der Heiligen Notburga aufbewahrt. Ein kleiner Ausflug mit der Zahnradbahn nach Jenbach und ins Museum der Achensee-Zahnradbahn lohnt sich, besonders an Schlechtwettertagen.

Information: Maurach 82,
A-6212 Maurach am Achensee,
Tel. 05243/5355, Fax 05243/5297;
e-mail: maurach@aon.at
www.achensee.com/maurach

Wiesing

566 m. Am Südrand des Rofans liegt nahe dem Inn der Ort Wiesing. Die Wiesinger lebten lange Zeit vom Bergbau in Schwaz und Umgebung, später von Viehzucht, Kohlenbrennerei und dem Flachsbau. Pfarrk. hll. Martin und Nikolaus.

Information:
Gemeindehaus, A-6200 Wiesing,
Tel. 05244/62510, Fax 5244/65245;
e-mail: tvb@wiesing.at
www.tiscover.at/wiesing

Münster

534 m. Es ist schon erstaunlich, dass die ersten Spuren menschlicher Anwesenheit zum sagenumwobenen Zireinsee, mitten im Rofangebirge führen. Die Jagdwerkzeuge, die ein Hobbyarchäologe dort gefunden hat, gehen auf die Mittelsteinzeit (8000–5500 v. Chr.) zurück.

Tourismusverband Münster, Hauptstraße 420, A-6232 Münster, Tel. 05337/8249, Fax 05337/8766; e-mail: tourismusverband.muenster@aon.at www.tiscover.at/muenster

Kramsach
520 m. Wo die Brandenberger Ache in den Inn mündet, liegt auf der Nordseite des Inns die Streusiedlung Kramsach. Wer Abkühlung nach dem Wandern sucht, findet in den idyllischen Reintalerseen eine alternative Freizeitmöglichkeit. Besonders sehenswert:
Museum Tiroler Bauernhöfe
Tel. 05337/62636, Fax 5337/63578; e-mail: office@museum-tb.at
Beachtung verdient auch die barocke Wallfahrts- und Pfarrkirche Mariatal mit ihren Altären, der Kanzel und der Orgel. Daneben befindet sich die bekannte Glasfachschule. Auf keinem Tiroler Friedhof fehlen die kunstgerechten Grabkreuze der Sagzahn-Kunstschmiede in Hagau. Im Musterfriedhof (ohne Gräber) regt so manche Grabinschrift zum Schmunzeln an.

Die Kirche Mariatal nahe der Brandenberger Ache

Tourismusverband Kramsach, Zentrum 1, A-6233 Kramsach, Tel. 05337/62209, Fax 05337/64788; e-mail: kramsach@tirol-pur.at www.tiscover.at/kramsach

Brandenberg
919 m. Brandenberg ist bekannt für die Holztrift an der Brandenberger Ache. Sie wurde um das Jahr 1415 eingeführt und dauerte bis 1966. Wanderungen durch die gut ausgebaute Schlucht sind bei jedem Wetter lohnend. Eine kulinarische Spezialität Brandenbergs ist die »Prügeltorte«. *Information: A-6234 Brandenberg 20, Tel. 05331/5203, Fax 05331/5610; e-mail: brandenberg@tirol-pur.at www.tiscover.at/brandenberg*

Thierseetal mit Landl
Seinen Namen verdankt das Tal natürlich dem Thiersee. Unter dem Eindruck des Krieges zwischen Frankreich und Tirol gelobten Thierseer Bauern in der Fastenzeit die Passion Christi aufzuführen. Dieses Gelöbnis wird noch heute mit den Passionsspielen im Festspielhaus mit über 200 Mitwirkenden eingehalten.
Tourismusverband Thierseetal, Vorderthiersee 38, A-6335 Thiersee, Tel. 05376/5230, Fax 05376/4333; e-mail: thierseetal@tirol.com www.thiersee.com/thiersee

A-6335 Hinterthiersee 89, Tel. 05376/5597, Fax 05376/5997; e-mail: hinterthierseeinfo@aon.at www.thiersee.com/hinterthiersee

Juifen, 1987 m

Beliebte Aussichtswarte ins Rofan

Ausgangspunkt: Achenkirch-Tiefental, ca. 950 m
Höhenunterschied: 1050 m
Gehzeiten: Aufstieg 3 Std., Abstieg 2½ Std., gesamt 5½ Std.
Charakter: Leichte und beliebte Wanderung. Zum großen Teil auf Forstwegen, gut für größere Kinder geeignet
Einkehr: Falkenmoosalm, 1331 m
Karte: KOMPASS Nr. 8, 182 (1:50 000), Nr. 027 (1:35 000)
Reiseatlas: Seite 17

Blick von der Schulterbergalm zum Juifen

Wenn auch etliche Almerschließungswege die Ost- und Westhänge des Juifen queren und beliebte Mountainbike-Strecken sind, so ist der Gipfel für Wanderer recht interessant, vor allem wegen der beeindruckenden Karwendelschau, die ihresgleichen sucht. Man kann schon in Achenwald losgehen und auf Wiesenwegen nach Tiefental hinaufspazieren. Oder man startet erst bei der Wegverzweigung am Ende der Asphaltstraße in Tiefental. Von dort am Forstweg gegen Südwesten in geringer Steigung dahinwandern, bis sich das Bergsträßchen nach 10 Minuten verzweigt. Dort gehen wir zuerst ge-

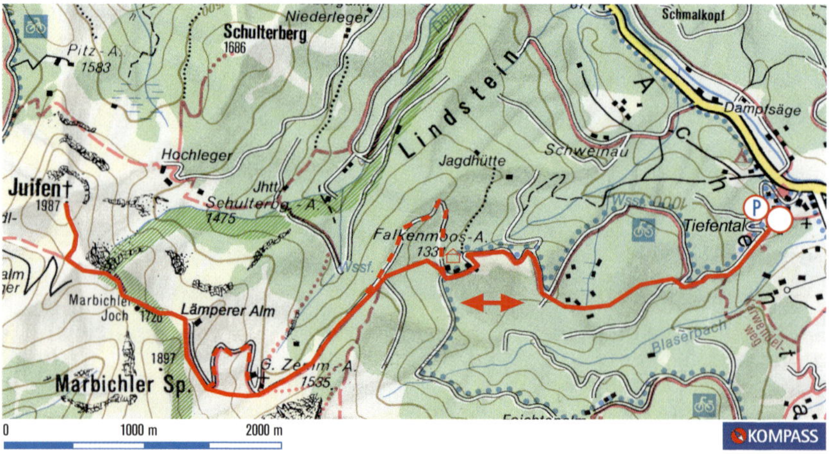

Die Marbichler Spitze, 1897 m

radeaus und dann in den Wald hinein. Gleich darauf biegt nach rechts ein Wanderweg ab, der wieder zu einem Fahrweg führt. Auf ihm wandern wir kurz weiter über die freie Wiese direkt zur Falkenmoosalm, 1331 m, hinauf. Man kann den Aufstieg abkürzen, wenn man oberhalb der Alm den Fahrweg nach links verlässt und über einen steilen Hang, der nach oben hin abflacht, gegen Westen aufsteigt. Es ist aber auch möglich, auf der Straße weiter zu gehen, die nach einem recht weiten Bogen zur Aufstiegsvariante stößt. In einem kurzen Waldgürtel fällt die Straße etwas ab und führt unter die Nordwesthänge der Hochplatte, wo sie auf die Großzemmalm, 1535 m, stößt. Hinter der Alm steigt man noch kurz am schmalen Fahrweg aufwärts, muss diesen aber in einer ausholenden Linkskehre verlassen, um auf einem Viehweg zur Gratschulter unter der Marbichler Spitze, 1897 m, und weiter zur Lämpereralm aufzusteigen.

Nun geht es auf schmaler Fahrspur zum Marbichler Joch hinüber und den roten Markierungspunkten folgend steil nach Nordwesten auf eine breite Gratschulter. Von dort steigen wir neben dem Weidezaun zum aussichtsreichen Gipfel des Juifen, 1987 m, hinauf.
Abstieg: wie Aufstiegsroute.

Im Abstieg von der Hochplatte haben wir den Juifen im Blick

Hochplatte, 1815 m

Karwendelblick aus dem Bilderbuch

Ausgangspunkt: Achenkirch-Tiefental, 950 m
Höhenunterschied: 870 m
Gehzeiten: Aufstieg 2½ Std., Abstieg 1½ Std., gesamt 4 Std.
Charakter: Nette Bergtour mit grandioser Karwendelschau und steilem Gipfelgrat
Einkehr: Falkenmoosalm, 1331 m
Karte: KOMPASS Nr. 8, 182 (1:50000), Nr. 027 (1:35000)
Reiseatlas: Seite 17

Diese Bergtour muss man nicht in jedem Fall bis zum Gipfel durchstehen – auch die Falkenmoosalm ist ein schönes und beliebtes Ziel, das sich besonders wegen der guten Einkehr lohnt. Schöner ist es natürlich am Gipfel droben, denn der wartet bei gutem Wetter mit einer Karwendelschau auf, die wie aus dem Bilderbuch ist.

Vom kleinen Wanderparkplatz in Tiefental muss man erst einmal dem Sträßchen gegen Südwesten folgen. Bei der Verzweigung halten wir uns links, gehen in den Wald hinein und kurz auf der Straße Richtung Falkenmoosalm weiter. An beschilderter und markierter Stelle zweigt ein breiter, grob-steiniger Waldweg rechts ab und steigt gegen Westen an, bis er am Waldrand wieder auf die Straße stößt. Sie führt in weit ausholenden Kehren über einen Wiesenhang zur Falken-

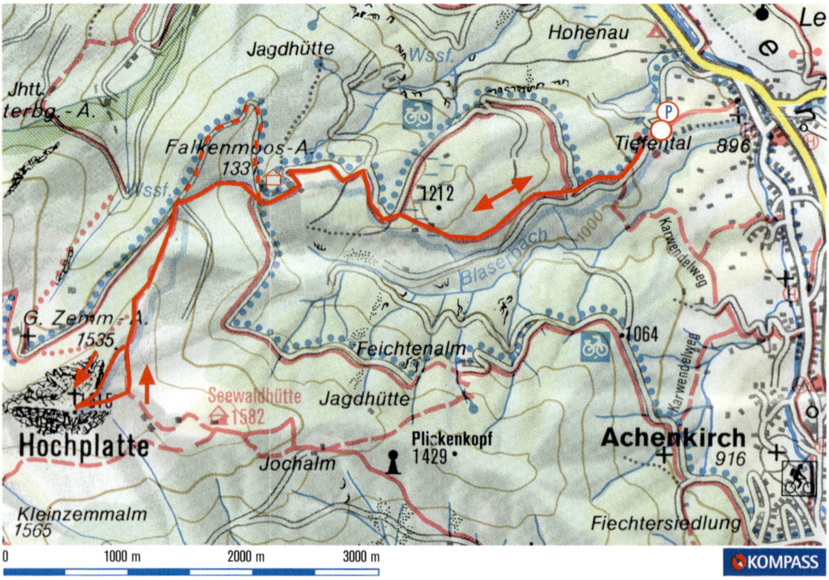

moosalm hinauf. Von den Almgebäuden muss man nur noch ein kurzes Stück auf der Straße weiter, denn man kann ab der Rechtskehre über einen schmalen Pfad abkürzen. Er führt weiter oben, im Wald, wieder auf die Straße. Bei einer Höhe von rund 1480 m zweigt nach links ein schmaler, beschilderter und markierter Bergpfad ab. Er zieht sich recht steil nach Süden zu einem Höhenrücken hinauf und aus dem Wald heraus. Zwischendurch wird es flacher, und aus dem freien Rücken kommt man in Latschenbuschwerk hinein. Und dann wird es ein wenig pfiffig. Die anschließenden 70 Höhenmeter geht es sehr steil und auch etwas felsig zu, bis dann schließlich der Rücken wieder abflacht, über den bequem das Gipfelkreuz erreicht wird.

Schwalbenwurz-Enzian

Abstieg: Vom Gipfel kann man auf einer anderen Route absteigen. Sie führt zunächst nach Osten, in Richtung Seewaldhütte über Wiesenhänge hinab. Schon beim ersten Hütterl muss man links abbiegen und einen freien Hang queren, bis unter dem Steilaufschwung die Aufstiegsroute erreicht wird, auf der man bis zum Ausgangspunkt absteigt.

Blick von der Hochplatte über den Gröbner Hals ins Karwendel, links der Zunterkopf

Vorderes Sonnwendjoch, 2224 m

Aussichtsreiche Bergtour im Herzen des Rofans

Ausgangspunkt: Münster-Höllenstein, 650 m
Höhenunterschied: 1620 m
Gehzeiten: Aufstieg 4 Std., Abstieg 3¼ Std., gesamt 7¼ Std.
Charakter: Lange, teilweise steile Bergtour für konditionsstarke und trittsichere Bergwanderer
Einkehr: Bayreuther Hütte (Übernachtung), 1576 m; Berglalm
Karte: KOMPASS Nr. 28 (1:50 000), Nr. 027 (1:35 000)
Reiseatlas: Seite 17

Schon in Münster finden sich zahlreiche Wegweiser zur Bayreuther Hütte. Wir folgen ihnen nach Höllenstein hinauf und biegen unmittelbar vor dem letzten Hof rechts ab. Ein Weglein führt in den Wald hinein, quert auf Stegen zwei Bäche und steigt in wechselnder Steigung gegen Nordosten an. Bereits jetzt ist unsere Aufmerksamkeit gefordert, denn der Hang ist so steil, dass es zum Hinunterfallen reichen könnte, vor allem wenn das lange Gras nass ist. Der Bergpfad beschreibt nach langer Hangquerung ein paar Kehren und steigt dann wieder steil gegen Norden durch schütteren Kiefernwald an, bis er abflacht und gleich darauf das

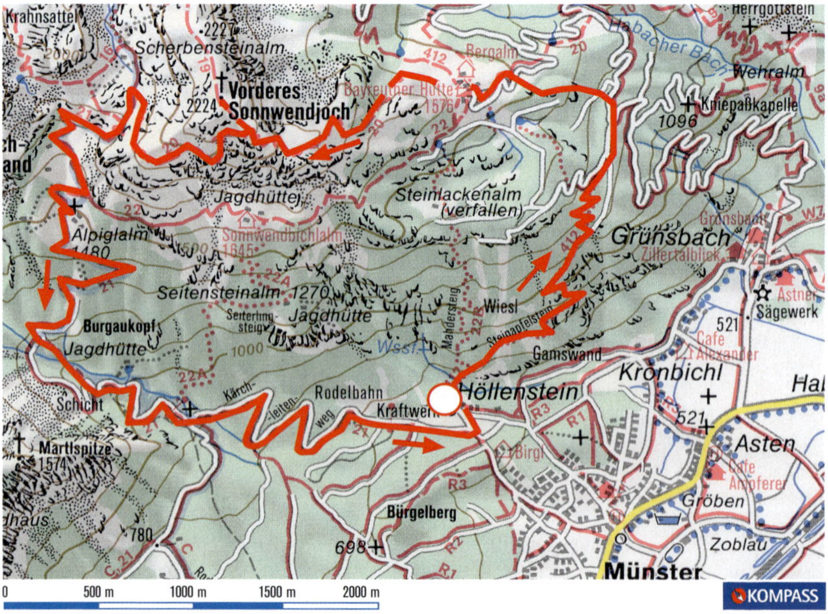

Ende eines Fahrwegs erreicht. Von dort folgt man der markierten Route - spürbar flacher - durch Buchenhochwald hinauf, bis abermals ein Sträßchen erreicht ist. Dort links abdrehen und in etlichen Kehren der Forststraße folgen. In einer Linkskehre wird diese Straße den Wegtafeln folgend verlassen. Bald kommt man in Nadeljungwald hinein, wo es wieder flacher dahingeht. In einer Lichtung wird nun abermals die Straße erreicht, der man bis zur Bayreuther Hütte folgt. Von der Hütte geht es nun am markierten Wanderweg gegen Norden, bald in einem Linksbogen gegen Westen weiter hinauf. Der Steig führt am Berglkopf nördlich vorbei und auf den Gratsattel westlich des Berglkopfes. Wir folgen von dort dem Sonnenhang gegen Westen durch relativ steile, steinige Bergwiesen und erreichen einen Wiesenrücken. Dort rechts abdrehen

Blick über die Alpiglalm in das Inntal

Die Bayreuther Hütte vor dem Berglkopf

und an den enorm steilen, felsigen Gipfelaufschwung heran. In den Felsen beherzt hinauf, zuletzt wieder über grüne Wiesen und zum Gipfelkreuz.

Abstieg: Bis zum grünen Rücken entlang der Aufstiegsroute. An der Wegabzweigung aber rechts abdrehen und dem schmalen Pfad durch steile Wiesenhänge gegen Westen folgen. Die Wegspur dreht rechts ab und stößt nach einem kurzen Gegenanstieg knapp unter der Scherbensteinalm auf eine schmale Fahrstraße. Auf dieser Straße gegen Süden hinab, im labilen Hang durch etliche scharfe Kehren, bei der Abzweigung zur Bayreuther Hütte nach rechts (talwärts) weiter, und nach dem Geröllhang (Schicht) an einer Jagdhütte vorbei. Schließlich erreicht sie die Abzweigung zur Sonnwendbichlalm. Dort geradeaus und gleich darunter nach links auf den Kalchleitenweg (Richtung Münster) abbiegen. Auf ihm nun lange gegen Osten durch den Wald hinab, bis schließlich der Ausgangspunkt wieder erreicht wird.

49

Schinder (Trausnitzberg), 1808 m

Ohne Schinderei über die Erzherzog-Johann-Klause

Ausgangspunkt: Kaiserhaus bei Brandenberg, 711 m
Höhenunterschied: 1150 m
Gehzeiten: Aufstieg 4¼ Std., Abstieg 3½ Std., gesamt 7¾ Std. (mit dem Rad etwa 2¼ Std. weniger)
Charakter: Unschwierige, aber lange Wanderung, die man sich mit einem Fahrrad erleichtern kann
Einkehr: Erzherzog-Johann-Klause (Übernachtung), 814 m
Karte: KOMPASS Nr. 8, 28 (1:50 000), Nr. 027 (1:35 000)
Reiseatlas: Seite 17

Die wildromantische Brandenberger Ache

Der Schinder ist vielen Wanderern und Skitourengehern ein Begriff. Doch wird er fast immer von der Valepp aus über die Trausnitzalm oder durch das Schinderkar bestiegen. Unsere Route hier aus dem Tal der Brandenberger Ache ist hingegen fast unbekannt und sehr reizvoll, aber sehr weit.

Vom Parkplatz beim Kaiserhaus entweder zu Fuß durch die Kaiserklamm und am Fußweg bis zur Straße dahin oder gleich mit dem Mountainbike fast 100 Höhenmeter hinauf und dann flott auf der Straße hinab – den Wegweisern bei allen Abzweigungen folgend – über die Triftklause und zuletzt am Wanderweg steil zur Erzherzog-Johann-Klause (7,8 km).

Vom privaten Unterkunftshaus dem beschilderten Wanderweg Richtung Valepp – Schinder ein paar Minuten folgen und dann an markierter Stelle links abbiegen (Vorsicht, leicht zu übersehen!). Anfangs über den sehr lehmigen Waldpfad, dann in lichtem Wald auf der deutlich markierten, aber als Weg schlecht erkennbaren Route hinauf. Eine Forststraße queren und steil zu einem Rücken hinauf. Immer rechts haltend steigt man steil nach Nordwesten weiter hinauf. Wieder wird eine Straße erreicht, die an der Verzweigung gequert wird, um weiter den roten Markierungs-

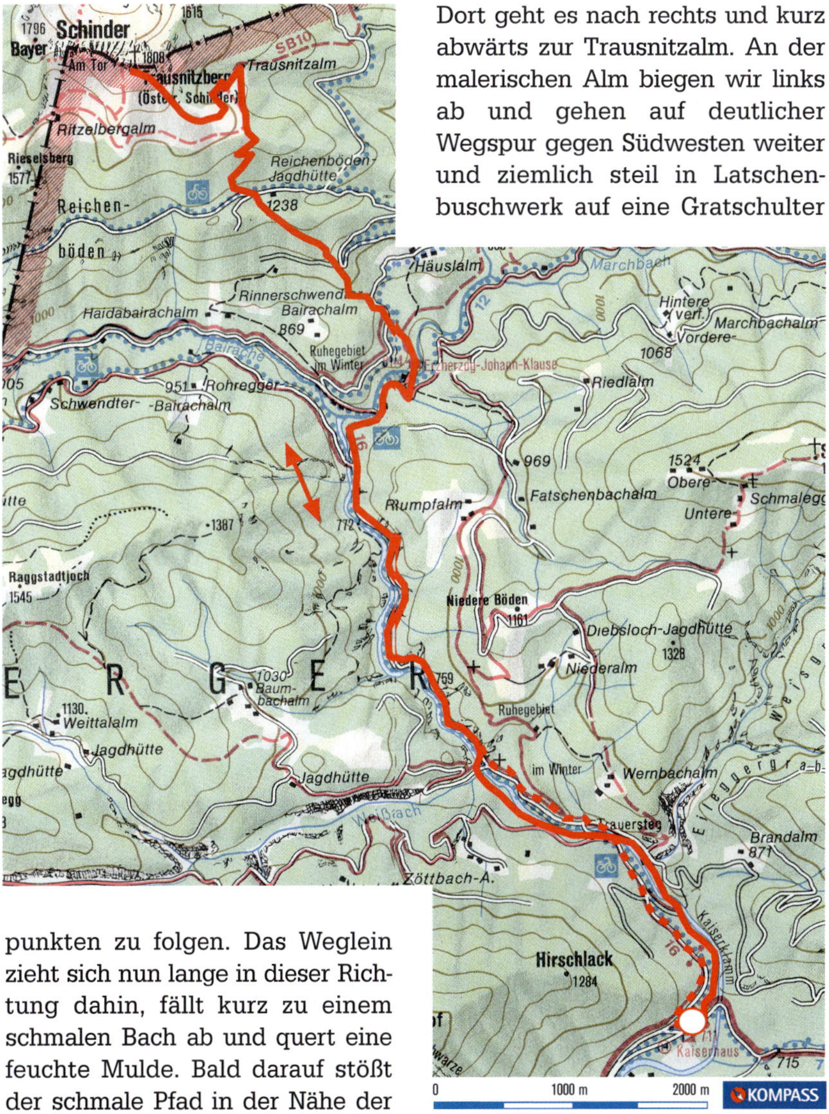

punkten zu folgen. Das Weglein zieht sich nun lange in dieser Richtung dahin, fällt kurz zu einem schmalen Bach ab und quert eine feuchte Mulde. Bald darauf stößt der schmale Pfad in der Nähe der Reichenböden-Jagdhütte zu einem Fahrweg. Wir gehen auf dem breiten Weg kurz links weiter, biegen dann wieder nach rechts in den Wald ab und folgen dem Weg bis zur Routenverzweigung neben dem Wegkreuz auf rund 1440 m hinauf. Dort geht es nach rechts und kurz abwärts zur Trausnitzalm. An der malerischen Alm biegen wir links ab und gehen auf deutlicher Wegspur gegen Südwesten weiter und ziemlich steil in Latschenbuschwerk auf eine Gratschulter hinauf. Dort rechts abbiegend auf den Gipfelrücken zu, der sich gegen Nordwesten aufschwingt, bis das Gipfelkreuz erreicht ist.

Abstieg: Entlang der Aufstiegsroute.

Köglhörndl, 1645 m
Hundsalmjoch und Eishöhle
Gipfel-, Grat- und Höhlentour für Ausdauernde

Ausgangspunkt: Ortsmitte von Hinterthiersee, 866 m
Höhenunterschied: rund 1000 m
Gehzeiten: Aufstieg 3 Std., Abstieg 4½ Std., gesamt 7½ Std.
Charakter: Bis auf ein kurzes Stück am Gratweg zwischen Köglhörndl und Hundsalmjoch (Drahtseilsicherung) ist die Wanderung sehr leicht, aber arg lang.
Einkehr: Höhlensteinhaus, 1230 m
Karte: KOMPASS Nr. 8, 9 (1:50 000), Nr. 09 (1:30 000)
Reiseatlas: Seite 17

Neben der eindrucksvollen Schau vom langen Gipfelkamm in das tiefe Inntal, finden wir auf der langen Route eine weitere Attraktion: die 47 m unter der Erde liegende Hundsalm-Eishöhle.

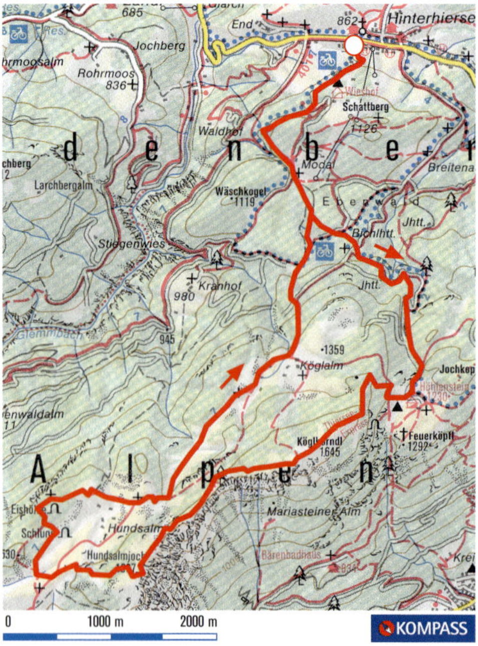

Unsere Tour beginnt in Hinterthiersee, und wir gehen zuerst entlang der Asphaltstraße in Richtung Wieshof. Bei der Straßenabzweigung halten wir uns rechts und wandern leicht ansteigend auf dem Schottersträßchen am Schranken vorbei. Dann fällt der Fahrweg etwas ab, um zu einer weiteren Verzweigung anzusteigen. Dort geradeaus, Richtung Modal und bei der nächsten Gabelung links abschwenken. Auf schmaler Fahrspur in dichten Wald hinein. Bei zwei Routenverzweigungen links und am Fahrweg (mit Abkürzern) in Richtung Höhlenstein. An einem Gletscherschliff vorbei und in die weiten Wiesen unter dem Höhlenstein. Mitten drin steht die Jausenstation Höhlensteinhaus. Wir verlassen die Straße noch vor der Wirtschaft und gehen am Waldrand ein paar Meter abwärts zu einem mar-

Blick vom Hundsalmjoch zum Köglhörndl

kierten Bergpfad, der nach rechts abdreht und im Wald steil gegen Westen zu einem Rücken ansteigt. Dort links ab und über den langen Grat nach Südwesten bis zum Kreuz am Köglhörndl.

Abstieg: Zur Aufstiegsroute zurück und dann links über den langen Bergrücken mehrmals auf und ab. An scharf eingeschnittene Rinnen heran und an einem Kreuz vorbei. Kurz vor dem Sattel unter dem Hundsalmjoch wird es am Rande steiler Felsenwände etwas pfiffig. Die Route fällt im Felsenbereich enorm ab. Sie ist aber mit einem festen Drahtseil gut gesichert. Anschließend zum Hundsalmjoch hinauf. Vom Kreuz etwas abseits des höchsten Punktes ist die Aussicht besonders schön. Nun westlich ins Latschenbuschwerk und weiter gegen Südwesten hinab. Zwischen dem Alpengasthof Buchacker und der Hundsalm in einen feuchten Talgrund. Weglos hinüber und jenseits des Talbodens zu einem Wanderweg. Auf ihm nach rechts (gegen Nordosten) zum »Peppi-Kruckenhauser-Steig«, dem wir zur Eingangshütte der Hundsalm-Eishöhle folgen. Von hier folgen wir dem Wanderweg zur Hundsalm und gegen Nordosten in leichtem Auf und Ab zur Köglalm. Von dort fällt die Route in der gleichen Richtung ab und stößt zu einem Fahrweg, der sich weiter unten mit der Aufstiegsroute vereint, der man zum Ausgangspunkt in Hinterthiersee folgt.

Hundsalm-Eishöhle

Die einzige Eishöhle Tirols, die als zusätzliche Rarität noch Tropfsteinbildungen aufzuweisen hat, kann zwischen dem 15.5.–1.10. jeweils an Samstagen, Sonn- und Feiertagen im Rahmen von Führungen besichtigt werden. Da die Temperaturen in der Höhle um Null Grad liegen, sollte eine entsprechende Kleidung mitgenommen werden. Die Führung durch die fünf unterirdischen Räume dauert ca. 20 Minuten und der Weg verläuft über steile Metallleitern und Stufen.

Kalter Hauch an heißen Sommertagen

KARWENDELGEBIRGE

In der Pfeis, rechts die Kaskarspitze, 2580 m

Das Karwendelgebirge

Mit rund 900 km^2 ist das Karwendelgebirge ein recht umfangreicher Alpenbezirk. Nördlich des Inntals steigt es zwischen Zirl und Jenbach recht zackig auf und grenzt im Norden, nachdem es im so genannten Karwendel-Vorgebirge milde ausläuft, an Isarwinkel und Achenpass. Im Westen ist das Karwendel in Seefeld zu Ende und im Osten am Achensee.

Für Bergsteiger und Wanderer ist das Karwendel ein Dorado. Da es sich wegen seiner Schroffheit für Skipisten kaum eignet, ist es – bis auf wenige Ausnahmen – von Liftanlagen verschont geblieben. Den Naturfreund mag dies freuen, Wanderer der »bequemeren Art« werden bedauern, dass dadurch viele Routen relativ anspruchsvoll und lang sind, aber das liegt in der Natur dieses wilden Gebirges.

Das gesamte Karwendel ist als »Alpenpark« ausgewiesen. Weite Bereiche stehen unter Naturschutz bzw. Landschaftsschutz und sind als Ruhegebiet deklariert. Deshalb sollten wir Bergfreunde einige Grundregeln beachten. Dazu zählt, dass wir keine Pflanzen mitnehmen oder beschädigen, wild lebende Tiere in Frieden lassen, nicht lärmen, kein Feuer machen und selbstverständlich unseren Abfall wieder ins Tal mitnehmen. In Hinterriss und Scharnitz gibt es Informationszentren.

Woher das Karwendel seinen Namen hat, steht nicht eindeutig fest. Die einen meinen, dass er vom Venetischen Wort »karwant« kommt, das »felsig/steinig« bedeutet. Andere glauben, dass er auf den altdeutschen Personennamen »Kerwentil« zurückgeht.

Wegen seiner großen Abgeschiedenheit war das Karwendel lange Zeit menschenleer. Für einige Bereiche gilt das heute noch. Wegen undurchdringlicher Wälder und steiler Felsen war es als Siedlungsgebiet uninteressant. Umso mehr war das Gebirge für die Jagd attraktiv. Viele Jagdhütten und Schlösser gehen bis auf das Mittelalter zurück und belegen die große Jagdleidenschaft selbst in den abgelegensten Karwendeltälern. Zu den prominentesten Wilderern zählte der Tiroler Freiheitskämpfer Josef Speckbacher.

Der alpine Erschließer war der Alleingeher Hermann Freiherr von Barth zu Harmating (1845–1876). Er hat es auf stattliche 88 Karwendelgipfel gebracht. Über ein Dutzend davon waren Erstbesteigungen. Dazu gehören die Birkkarspitze und die Kaltwasserkarspitze. Am Kleinen Ahornboden ist ihm ein Denkmal gesetzt. Bedenkt man, dass dieser Alpinist zu Zeiten, in denen die großen Alpengipfel längst bestiegen waren, allein und einsam im Karwendel unterwegs war, dann kann man auf die wilde Abgeschiedenheit schließen, die selbst zu dieser Zeit noch herrschte. Bis heute gibt es, abgesehen von der (im Winter gesperrten) Straße in die Eng, kaum Fahrstraßen in das Karwendel hinein. Weidewirtschaft wurde im Karwendel schon im Altertum betrieben. Die Namen »Ladiz«, »Laliders«, »Bins«, »Gramai« und »Plums« lassen darauf schließen, dass auch zu römischer Zeit Weidevieh in den Tälern des Karwendels gesömmert wurde.

Im Mittelalter begann die Ausbeute verschiedener Mineralien (Eisen in Hinterriss, Zink im Karwendeltal, Silber im Gleirschtal, Ichthyol in Seefeld, Ölschiefer in Pertisau). Der wichtigste Bodenschatz aber war das Salz, das im Halltal abgebaut wurde.

Großblütiger Enzian

Die mächtigen Gebirgsketten des Karwendelgebirges beeindrucken nicht nur Naturfreunde und Wanderer; auch für den botanisch interessierten Bergfreund bietet dieses gewaltige Bergmassiv eine schier unüberschaubare Artenfülle. Viele Wege führen innerhalb weniger Stunden von den Blumenwiesen der Talgründe über schattig-feuchte Bergnadelwälder, vorbei an tosenden Wildwassern oder über grasige Felsrippen, bis hinauf zum Latschengürtel durch äußerst vielfältige Lebensräume unserer Pflanzenwelt. Der Hochalpinist findet schließlich an den hell leuchtenden Kalk- und Dolomitfelsen ebenso wie in den ausgedehnten Geröllhalden der Hochlagen eine bemerkenswerte Anzahl hoch spezialisierter Fels- und Schuttpflanzen.

Nicht wenige botanische Kostbarkeiten des Karwendelgebirges wachsen dabei nicht unbedingt in großen Höhen, sondern sogar am Fuß der Bergketten, wo der warme Föhnwind die winterlichen Fröste mildert und kleine Inseln eines fast submediterranen Klimas entstehen lässt.

Die Orte

Seefeld in Tirol

1180 m. In einer Grenzbeschreibung werden 1022 erstmals die »Steine auf dem Seefeld« erwähnt, aber erst 1428 lässt sich eine Ortschaft Seefeld urkundlich nachweisen. 1964 und 1976 fanden dort die Nordischen Wettbewerbe der Olympischen Winterspiele statt und Seefeld gründete seinen Weltruf als Wintersportzentrum, den es bis heute behalten hat.

Tourismusverband Seefeld,
Klosterstraße 43, A-6100 Seefeld,
Tel. 05212/2313 oder Tel. 05212/2316,
Fax 05212/3355;
e-mail: info@seefeld.tirol.at
www.seefeld-tirol.com

Scharnitz

964 m. Scharnitz, das »Tor zum Karwendel«, hat zwar als Grenzort an Bedeutung eingebüßt, ist aber ein wichtiger Ausgangspunkt für Touren ins Karwendel. Auch in der Geschichte war Scharnitz bedeutsam Die Sperrfeste Porta Claudia (1633) mit ihren 6 Meter hohen Mauern und den Vorgräben, die aus der Wasserstube mit Isarwasser geflutet werden konnten, beweist dies. Teile der 1809 zerstörten Grenzfestung sind ausgegraben und renoviert worden.

Tourismusverband Scharnitz,
Innsbrucker Str. 282, A-6108 Scharnitz
Postfach, Tel. 05213/5270,
Fax 5213/5557;
e-mail: info@scharnitz.tirol.at
www.tiscover.at/scharnitz

Mittenwald

913 m. Der schöne Markt hat sich als Ausgangspunkt für zahlreiche Wanderungen und Bergtouren einen Namen gemacht. Viele Routen führen in das Karwendel hinein, aber auch in das benachbarte Wettersteingebirge mit seinen »lieblichen« Vorbergen. Mittenwald hat sich nicht nur als Bergsteigerort einen Namen gemacht: Matthias Klotz begründete den guten Ruf des Geigenbaus in Mittenwald. Der Ferienort besitzt eine Geigenbauschule und ein bemerkenswertes Geigenbaumuseum.

Kurverwaltung Mittenwald,
Dammkarstraße 3, D-82481 Mittenwald
Tel: 08823/33981, Fax 08823/2701;
e-mail: kurverwaltung@mittenwald.de
www.mittenwald.de

Krün

874 m. Die Gemeinde Krün ist erst im Jahr 1811 aus dem Zusammenschluss der Ortschaften Einöden, Krün, Barmsee, Klais, Gerold und Elmau entstanden. Schon seit mehr als 140 Jahren spielt der Fremdenverkehr in Krün eine wesentliche Rolle. Einer der ersten Sommerfrischler war kein geringerer als der Bayerische Märchenkönig Ludwig II., der sich gerne auf den Soiernhäusern oberhalb von Krün und bei den »allerliebsten smaragdgrünen Seen« unterhalb der Hütte aufhielt.

Verkehrsamt Krün,
Rathaus, D-82494 Krün
Tel: 08825/1094, Fax 08825/2244;
email: tourist-info@kruen.de
www.kruen.de

Hall in Tirol
560 m. Die Geschichte der Stadt Hall ist seit dem 13. Jh. eng mit dem Salz verbunden, und natürlich zeigt das Wappen ein Salzfass. Die landesfürstliche Münzstätte wurde von Erzherzog Sigmund dem Münzreichen im Jahre 1477 nach Hall verlegt. Bis 1809 hat es den begehrten Haller Taler gegeben, und Touristen können ihn auch heute in der Alten Münze eigenhändig prägen. Die mittelalterlichen Fassaden, die giebelreichen und vieltürmigen Bauwerke, die malerischen Gassen, alles wirkt auf den Besucher. Darüber erhebt sich mächtig der Große Bettelwurf, dem wir ebenfalls einen Besuch abstatten können.
Tourismusverband Hall-Thaur-Gnadenwald,
Wallpachgasse 5, A-6060 Hall,
Tel. 05223/56269, Fax 05223/56269-20;
e-mail: hall.tirol@netway.at
www.tiscover.at/hall

Fall, 770 m, und **Vorderriss**, 800 m. Der zu Lenggries gehörende Ort Fall wurde bei der Erbauung des Sylvensteinsees neu errichtet. Folgt man von Fall der Deutschen Bundesstraße 307 nach Westen, kommt man nach Vorderriss. Direkt an der Isar steht die Post, heute ein Wirtshaus, in dem einst der berühmte Dichter Ludwig Thoma lebte.
Gästeinformation der Gemeinde Lenggries,
Rathausplatz 1, D-83661 Lenggries,
Postfach, Tel. 08042/5008-20,
Fax 08042/5008-40;
e-mail: info@Lenggries.de
www.lenggries.de

Hinterriss, 928 m, und **Eng**, 1218 m. Hinterriss ist der einzige, ganzjährig bewohnte Ort im Risstal. Politisch gehört er zur Gemeinde Vomp im Inntal, von wo er nur auf einem weiten Umweg über Jenbach, Achensee, Fall und Vorderriss erreichbar ist. Sieht man davon ab, dass an schönen Sommer-Wochenenden die Besucher zu Tausenden in die Eng kommen, ist es zu den »normalen Zeiten« eher ruhig. Berühmt ist der Große Ahornboden im Enger Grund.
Tourismusverband Vomp,
Dorf 69, A-6134 Vomp,
Tel. 05242/62616, Fax 05242/626165;
e-mail: info@vomp.tirol.at
www.vomp.info

Achensee mit Pertisau
950 m. Der Achensee ist der größte und eigentümlichste See Tirols und liegt zwischen dem Rofangebirge und dem Karwendel. Am Südwestrand des malerischen Sees liegt der Ferienort Pertisau. Dort zieht sich nach Westen ein breiter Talgrund hin, von dem nach Nordwesten das Gerntal bis zur Gernalm, 1172 m (Gasthaus) ansteigt. Gegen Südwesten zieht sich kilometerweit das Falzturntal zur Gramaialm, 1261 m (Gasthaus) hin, wo eine ganze Reihe lohnender, aber ebenfalls relativ anspruchsvoller Bergtouren beginnt.
Gästeinformation,
A-6213 Pertisau am Achensee 53d,
Tel. 05243/4307, Fax 05243/5939;
e-mail: pertisau@aon.at
www.achensee.com/pertisau

51

Gleirschklamm und Zunterkopf, 1661 m

Ruhige Tour mit interessantem Klammdurchstieg

Ausgangspunkt: Wanderparkplatz in Scharnitz, 964 m
Höhenunterschied: 750 m
Gehzeit: Aufstieg 3¾ Std., Abstieg 1½ Std., gesamt 5¼ Std.
Charakter: Spannender Klammweg (Schwierigkeit je nach Zustand der Steige) und einfache, aber lange Gipfelwanderung
Einkehr: Oberbrunnalm, 1523 m
Karte: KOMPASS Nr. 5, 26 (1:50000), Nr. 026 (1:25000)
Reiseatlas: Seite 16

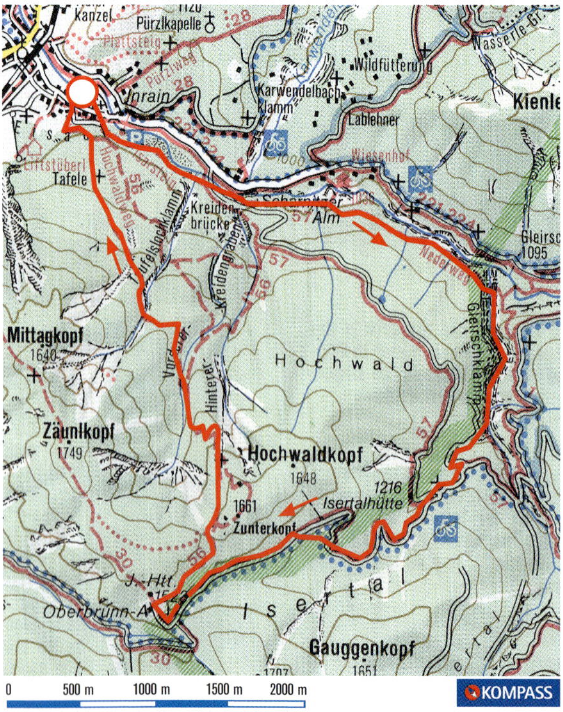

Lange Routen auf Fahrwegen und ein imposanter Klammdurchstieg kontrastieren mit einem eher bescheidenen Gipfelerlebnis.

Vom gebührenpflichtigen Wanderparkplatz geht man neben der Isar aufwärts und dann auf einem Sträßchen zur Brücke. Der Zustieg führt am Isarsteig südlich der Isar oder in Gehrichtung links der Isar auf der Straße dahin, dreht vor dem Schotterwerk rechts ab, quert die Isar und führt am Nederweg weiter, zuletzt 50 Höhenmeter bergab und zur Gleirschklamm. Ein mit Drahtseil gesicherter Pfad zwängt sich durch die Klamm, dem wilden Gleirschbach entlang, bis er rechts aus der Klamm heraussteigt und gegen Südwesten zu einem markierten Pfad stößt. Weiter ansteigend bis zu einem breiten Forstweg, der ins Isertal hinaufführt. Dort biegt man rechts ab und geht am Forstweg weiter, bis das Isertal auf der Höhe von 1355 m nach links in einem weiten, grünen Grund ansteigt. Anfangs führen dort Fahrspuren hinauf, später nur noch ein Pfad, bis wieder die Straße erreicht wird. Die Route knickt links ab und führt zu einer Verzweigung, von der es - rechts haltend - nur noch 2 Min. zur Oberbrunnalm, 1523 m, sind. Anschließend verläuft der Pfad über einen steilen Weidehang und führt bei der Routenverzweigung rechts weiter. Er steigt gegen Nordosten an, dreht links ab und in die weite Kreidensenke. Dort wird der Bergpfad nach rechts verlassen und weglos, aber leicht über den schütter bewaldeten Rücken gegen Nordosten zum unscheinbaren Waldgipfel aufgestiegen.

Abstieg: Der Rückweg vom Gipfel verläuft zunächst entlang der Aufstiegsroute. Von der Kreidensenke fällt das Weglein moderat gegen Nordwesten, später in weit ausholenden Kehren zu einer kleinen Hütte ab und gleich darauf in den Vorderen Kreidengraben. Die Markierungszeichen queren ein Sträßchen und weisen auf der linken Seite des Grabens in den Wald hinein. Nach kurzem Gegenanstieg stoßen sie am Holzplatz zu einem schmalen Fahrweg, queren auch dieses Sträßchen und nehmen den Weg zur Teufelslochklamm. Am oberen Rand der Klamm müssen wir einen schmalen Bach queren und lange durch schönen Mischwald zu einem Sträßchen absteigen. Auf ihm drehen wir links ab, beim Gries wieder rechts, und kommen nach Scharnitz zurück.

Die Gleirschklamm bei Scharnitz

KOMPASS Alpin Info

Alpine Auskunftstellen
DAV - Deutscher Alpenverein
☎ +49/89 29/49 40
ÖAV - Österreichischer Alpenverein
☎ +43/512/58 78 28

KOMPASS-Karten GmbH:
www.kompass.at

Alpiner Wetterdienst
☎ Deutschland: 0190/11 60 11
☎ Österreich: 0900/91 15 66-80

Alpenwetter (persönliche Beratung):
☎ Österreich +43/512/29 16 00

Alpenwetter (im Internet):
www.alpenverein.at/wetter

Alpiner Notruf
☎ Europäischer Notruf 112
☎ Bayern: 192 22, ☎ Österreich 140

Alpines Notsignal: *Hilfeanforderung*
6 Signale/Minute (alle 10 Sekunden),
dann 1 Minute Pause, wieder 6 Signale...
Antwort: 3 Signale/Minute (alle 20 Sek.),
dann 1 Minute Pause, wieder 3 Signale...

Vordere Brandjochspitze, 2559 m
Zu Besuch bei der versteinerten Frau Hitt

Ausgangspunkt: Scharnitz, 964 m
Höhenunterschied: 1670 m
Gehzeit: Aufstieg 4½ Std. (ohne Rad ca. 6½ Std.), Abstieg 4 Std. (ohne Rad ca. 5½ Std.), gesamt 8½ Std. (ohne Rad rund 12 Std.); Abstiegsvariante: zur Seegrube (2 Std.), weiter zur Hungerburg (1½ – 2 Std.) und mit dem Bus zum Hauptbahnhof Innsbruck
Charakter: Lange, im Gipfelbereich anspruchsvolle Bergtour. Trittsicherheit und Schwindelfreiheit sind erforderlich! Den Anstiegsweg mit Fahrrad vereinfachen!
Einkehr: Möslalm, 1252 m
Karte: KOMPASS Nr. 5, 26 (1:50 000), Nr. 026 (1:25 000)
Reiseatlas: Seite 16

Frau Hitt thront noch immer hoch über Innsbruck

Die Brandjochspitzen liegen in der Nordkette, die nördlich von Innsbruck die Begrenzung des Karwendels zum Inntal bildet. Von der Bergstation der Nordkettenbahn an der Hafelekarspitze wäre es nicht sehr weit hinüber. Hier ist die lange und spannende Variante von Scharnitz herauf vorgestellt.

Von Scharnitz strampeln wir mit dem Rad auf der Teerstraße neben der Isar hinauf, bis kurz vor der Abzweigung zum Wiesenhof die Forststraße zur Gleirschhöhe abbiegt. Auf der Gleirschhöhe halten wir uns rechts und lassen das Bike zur Isar hinuntersausen. Hinter der Isarbrücke dreht die Straße rechts ab und steigt gegen Südwesten an, bis sie oberhalb der Gleirschklamm abflacht. Fußgänger gehen von Scharnitz am südlichen Isarufer über Isarsteig und Nederweg herauf und erreichen oberhalb der Gleirschklamm den Fahrweg. Auf ihm nun lange nach Süden fast eben dahin, an den Jagdhäusern vorbei bis zum Gasthaus Möslalm. Dort muss man rechts abdrehen und am Fahrweg mit dem Rad bis zu dessen Ende in das Klein-Kristental hinein fahren oder zu Fuß gehen. Der Aufstieg führt über einen weiten, grünen Talboden und dann steil in Latschengebüsch aufwärts. Später kommt man in Schutt und Geröll durch das Frau-Hitt-Kar, bis der Pfad bei etwa 2100 m nach links

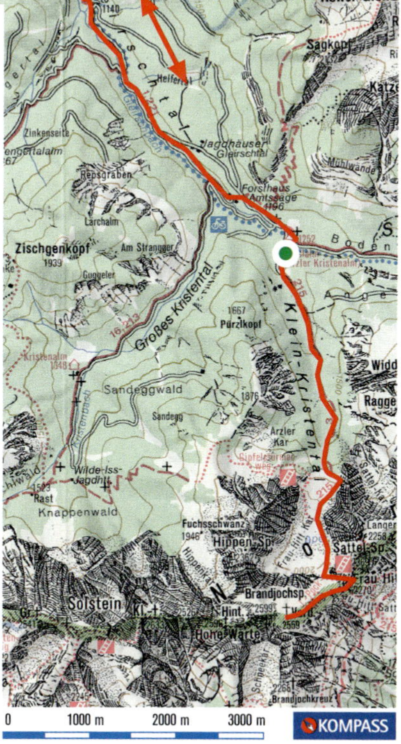

Aufstieg vom Klein-Kristental durch das Frau-Hitt-Kar

Am Klettersteig zur Vorderen Brandjochspitze

schwenkt und enorm steil in den Frau-Hitt-Sattel ansteigt. Vor der markanten Felsnadel (das ist die versteinerte Frau Hitt, die noch immer ihr Unwesen treibt) rechts abdrehen, kurz am Drahtseil weiter und auf einem guten Weg weiter gegen Südwesten hinauf. Der anfangs breite Rücken schnürt sich zusammen und endet als scharfer Grat am Gipfel.
Abstieg: Entlang der Aufstiegsroute oder zur Seegrube und weiter zur Hungerburg und nach Innsbruck.

Torscharte, 1793 m

Die Tortal-Rohntal-Rundwanderung

Ausgangspunkt: Parkplatz P 1 im Risstal, ca. 300 m östlich von Hinterriss, 928 m
Höhenunterschied: 870 m
Gehzeit: Aufstieg 3 Std., Abstieg 2 Std., gesamt 5 Std.
Charakter: Schöne, unschwierige Rundwanderung ohne Gipfel-Höhepunkt
Einkehr: Rohntalalm, 1266 m, Gasthof zur Post in Hinterriss
Karte: KOMPASS Nr. 6, 26, 182, (1:50 000), Nr. 027 (1:35 000)
Reiseatlas: Seite 16

Das Tortal hinaufgehen, einen steilen, aber unschwierigen Anstieg in die breite, von Felsenwänden eingesäumte Torscharte absolvieren und gemütlich nach einem steilen Abstieg in der Rohntalalm einkehren, das ist ein Programm, wie es von weniger gipfelbesessenen Alpinisten geschätzt wird. Die Tour ist eine runde Sache, denn trotz zweier völlig verschiedener Talwege bei Auf- und Abstieg gelangt man ohne Umwege genau zum Ausgangspunkt zurück.

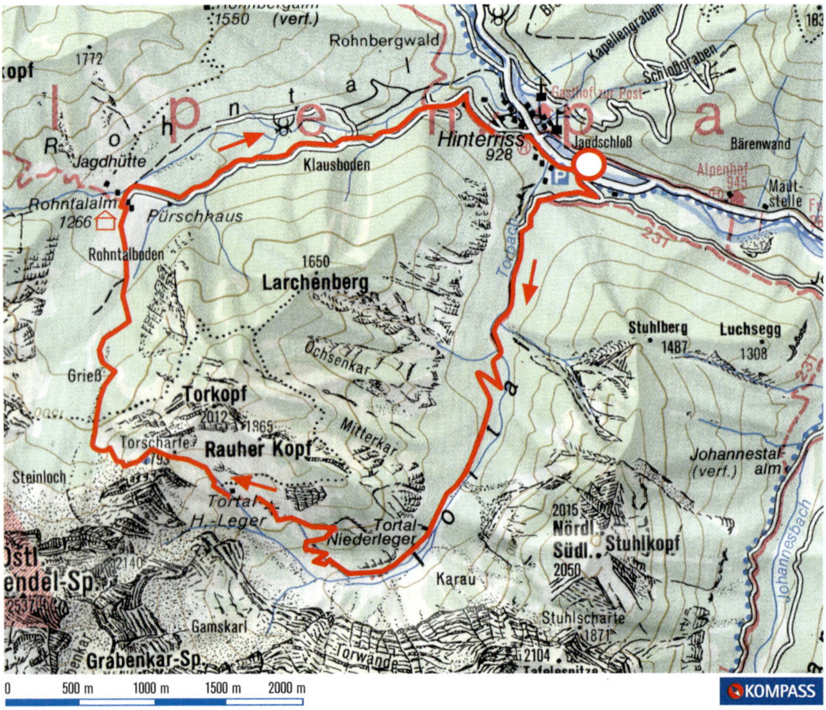

Frühlingsstimmung im Tortal

Man geht am Sträßchen vom Parkplatz in das Tortal hinein und bei der ersten Wegverzweigung im Wald rechts (gegen Süden) dahin. Ein Fahrweg zieht sich lange durch das stille Tal hinauf und verengt sich erst beim Tortal-Niederleger zu einem schmalen Bergpfad. Eindrucksvoll ragen die markanten Torwände auf, und hinter der Alm dreht die Route mit dem Tal nach rechts und steigt nach Nordwesten an. Nun wird es spürbar steiler, und der felsige Pfad windet sich an glatten, steil ansteigenden Felsenflächen vorbei in einen Gratsattel, 1500 m, hinein.

Dort ist die Torscharte noch lange nicht erreicht. Vom Sattel muss man kurz zum kleinen Tortal-Hochleger hinab, der im strengen Winter 2000/2001 arg beschädigt worden ist. Gut 200 Höhenmeter steigt man anschließend auf steilen Weidehängen entlang der Wegspur an. Bei nassem Wetter ist der Bergpfad sehr glitschig, und man muss gut aufpassen, dass man nicht ausrutscht, bis schließlich der höchste Punkt der Wanderung erreicht wird. Die mit Kraut überwucherte Scharte ist nicht besonders einladend. Es lohnt sich, gegen Norden zum felsigen Grat hinaufzugehen. Dort sind die Rastplätze weitaus gemütlicher und auch die Aussicht ist schöner.

Abstieg: Von der Torscharte auf lehmiger Pfadspur gegen Westen steil hinab ins Geröll. Dort etwas rechts schwenken, durch das Grieß hinab und über den Rohntalboden mit seinen bizarren, alten Ahornbäumen zur Rohntalalm hinaus. Nach der Einkehr am Fahrweg gemütlich weiter nach Hinterriss und am Straßenrand zum Ausgangspunkt zurück.

Herbstlicht im Rohntal

Kleiner Ahornboden, 1403 m

Für Bergbummler und Spaziergänger

Ausgangspunkt: Rissbachbrücke in der Karwendelau, östlich von Hinterriss, 958 m
Höhenunterschied: 520 m
Gehzeit: Aufstieg 2½ Std., Abstieg 2 Std., gesamt 4½ Std.
Charakter: Sehr einfache, aber recht lange Wanderung auf Forststraßen. Eignet sich für Mountainbiker
Einkehr: Evtl. Alpenhof (zwischen Ausgangspunkt und Hinterriss)
Karte: KOMPASS Nr. 6, 26, 182, (1:50 000), Nr. 027 (1:35 000)
Reiseatlas: Seite 16

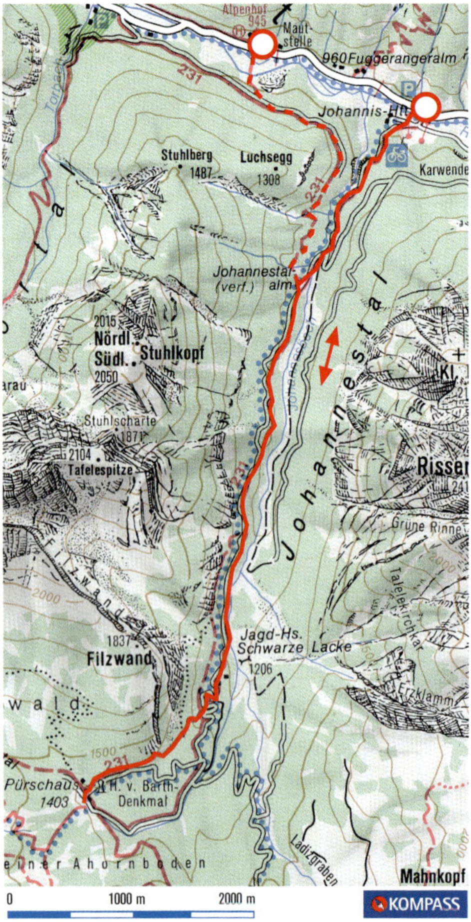

Das Pendant zum Großen Ahornboden, der vornehmlich im Herbst von Menschenmassen überlaufen wird, ist der kleine Ahornboden. Auch er wurde – wie übrigens an vielen Stellen im Alpenbereich – dereinst angelegt, um dem Weidevieh unter den Schatten spendenden Ahornbäumen Schutz vor der Sonne zu gewähren. Im Oktober, zum Höhepunkt der Laubfärbung, ist es dort besonders schön, und es ist weitaus ruhiger als in der Eng hinten. Dafür muss man sich mit etwas bescheideneren Landschaftseindrücken zufriedengeben.

Wer mag, kann schon beim Alpenhof weggehen und sich durch den längeren Zuweg die Maut für die Fahrstraße ersparen. Ansonsten geht man von der Rissbachbrücke am Sträßchen über eine Wiese gegen Westen dahin, in den Wald und in das Johannestal hinein. Nach einem etwas steileren

Blick über den kleinen Ahornboden zur Birkkarspitze

Aufschwung führt der Fahrweg an den oberen Rand einer tiefen Klamm, durch die der Johannesbach rauscht. Nach den eindrucksvollen Tiefblicken geht es mehrmals auf und ab, und unterhalb der Filzwand wird die Straße dann doch noch mächtig steil. Nach einem längeren, lichten Waldstück führt sie ziemlich eben zum Denkmal des großen und bekannten Karwendelerschließers Hermann von Barth zu Harmating. Damit ist auch der Kleine Ahornboden erreicht.
Wer gar nicht genug kriegen kann, geht weiter zur Falkenhütte oder zum Karwendelhaus und hat dann ideale Ausgangspunkte für viele Gipfeltouren erreicht.
Abstieg: wie Aufstiegsroute.

Alpenpark Karwendel

Der Alpenpark Karwendel ist eines der ältesten zusammenhängenden grenzüberschreitenden Naturschutzgebiete der Welt.
Im Besucherzentrum erfahren Sie vieles über Höhlen im Karwendel, alte Bergbaubetriebe, Bodenschätze, Jagd, Holznutzung und über die heimischen Baumarten im Hochgebirge.
Infozentrum Karwendel in Scharnitz
& Tourismusbüro Scharnitz
A-6108 Scharnitz
☎ 05213/5270, Fax: 05213/5557
e-mail: info@karwendel.tirol.com
www.karwendel.com

Neben vielen Darstellungen in Wort und Bild können Sie sich auch mittels Multivision über den Alpenpark informieren.
Infozentrum Karwendel in Hinterriss
A-6215 Hinterriss
☎ 05245/250, Fax 5245/250
e-mail: info@karwendel.tirol.com
www.karwendel.com

Sonnjoch, 2457 m
Wanderung mit großartiger Gipfelaussicht

Ausgangspunkt: Gramaialm, 1261 m
Höhenunterschied: 1200 m
Gehzeit: Aufstieg 3 Std., Abstieg 2 Std., gesamt 5 Std.
Charakter: Unschwierige Wanderung, für die Trittsicherheit von Vorteil ist
Einkehr: Gramaialm (Übernachtung), Gramaialm-Hochleger
Karte: KOMPASS Nr. 6, 26, 182, (1:50000), Nr. 027 (1:35000)
Reiseatlas: Seite 16

Wenn das Wetter umschlägt ...

Das Sonnjoch zählt zu den Paradegipfeln oberhalb der Gramaialm. Wegen seiner rundum großartigen Gipfelaussicht ist es sehr beliebt. Wer spannende Steige lieber mag als ausgetretene Wege, kann aus dem Falzthurntal auch auf einem luftigen Steig über den Bärenlahner aufsteigen.

Hinter dem Wirtshaus Gramaialm muss man hinter den Almgebäuden links über den Bach und in den Gramaier Grund hinein. Unter dem steilen Kar, das sich von Osten aus dem Lunstsattel, 1918 m, herabzieht, zweigt man rechts ab und folgt dem breiten Wanderweg nach Nordwesten. Er quert einen Bachgraben und steigt forsch auf der Nordseite eines Taleinschnitts an. Der viel begangene Bergweg verlässt das Buschwerk und führt in ein steiles Tälchen, bis er schließlich unter der

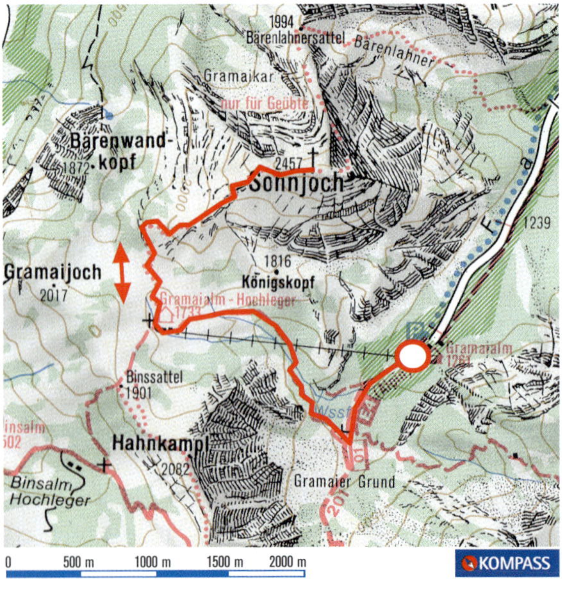

Am Sonnjoch-Gipfel, 2457 m

Materialseilbahn zum Gramaialm-Hochleger, 1733 m, stößt. Ausgehend vom Hochleger folgt man nur ein paar Meter dem Weg gegen Westen, dreht an der Abzweigung rechts ab, um nach Norden auf einer Pfadspur über freie Hänge weiter aufzusteigen. Über dem breiten Sattel zwischen Bärenwandkopf , 1872 m, und Sonnjoch, 2457 m, schwenkt der Bergweg nach rechts ab und führt auf den Oströcken des Sonnjochs zu. Er verläuft über eine Gratschneide, die nach beiden Seiten steil abbricht, steigt in einem steilen Hang über Fels und Geröll weiter an, schwenkt ein wenig nach rechts und flacht etwas ab. Nun geht es gegen Osten über den langen Gipfelrücken hinauf, über einen unbedeutenden Vorgipfel und das letzte Stück zum Gipfelkreuz des Sonnjochs hinüber.
Abstieg: Entlang der Aufstiegsroute.

KOMPASS Tourentipp

Man kann mit einiger Übung und Aufmerksamkeit Anzeichen von heranziehendem Schlechtwetter erkennen und sich rechtzeitig darauf einstellen:

- Intensives Morgenrot
- Wenn anfangs fernes Donnergrollen schnell näher kommt.
- Durchzug von Schleierwolken und Schichtbewölkung
- Plötzlich auffrischende Winde
- Ständig abnehmender Luftdruck
- Wenn sich bei schwüler, feuchtwarmer Luft, große zerfaserte Wolkentürme aufbauen.

Alpiner Wetterdienst
☎ Deutschland: 0190/116011
☎ Österreich: 0900/91156 6-80
Alpenwetter (persönliche Beratung):
☎ Österreich +43/512/291600
Alpenwetter (im Internet):
www.alpenverein.at/wetter

ZILLERTAL

Im verschwiegenen Sundergrund

Das Gebiet

Das Zillertal gilt wegen der Geselligkeit und besonderen Musikalität seiner Bewohner als das berühmteste Tal Tirols. Der Ziller bildet nicht nur die Grenze zwischen den Tuxer Alpen und den Kitzbüheler Alpen, er trennt auch die Bistümer Salzburg und Innsbruck. Früher war der Fluss die Trennlinie zwischen den römischen Provinzen Rätien und Norikum.

Die Region Zillertal lässt sich nicht streng abgrenzen, abgesehen vom Inn im Norden und der Staatsgrenze im Süden entlang des Zillertaler Hauptkamms. Im Osten reicht die Reichenspitzgruppe bis ins Bundesland Salzburg. Bedingt durch den einstmals ungeheuerlich massigen Eiszeitgletscher weist das lange Zillertal, das bedeutendste Seitental des Inns, keine einzige Talstufe auf. Das in Zell als erstes bedeutendes Seitental einmündende Gerlostal schließt die Kitzbüheler Berge nach Süden hin ab. Wenig später fächert sich das geräumige und deshalb besonders sonnenverwöhnte Haupttal bei Mayrhofen in vier Trogtäler, die bis in die Gletscherwelt eindringenden Hauptgründe. Es sind dies das Tuxer Tal, das Zemmtal, der Stillupgrund und der Zillergrund. Vom Zemmtal zweigen wiederum der Floitengrund, der Zemmgrund und der Zamser Grund ab.

Das Tuxer Tal scheidet die gleichnamigen Alpen, auch Tuxer Voralpen genannt, von den Zillertaler Alpen. Die vorwiegend vom Schmirntal aus von illyrischen Bauern besiedelte Talfurche – der immer schon wichtigste und einzige stärker bewohnte Grund – galt vor dem Zeitalter des modernen Fremdenverkehrs als eines der ärmsten Tiroler Täler. Bis 1923 gehörte Hintertux zur Gemeinde Schmirn, und die Toten mussten übers Tuxer Joch bis zur Kirche nach Matrei getragen werden. Den Winter über, wenn das Joch unpassierbar war, bahrte man die steif gefrorenen Angehörigen in der Scheune auf und bestattete sie erst im Frühjahr.

Heute besitzt das Dorf nicht nur das angeblich höchstgelegene Thermalbad der Alpen, sondern zudem unter dem stolzen Olperer ein leistungsfähiges Sommerskigebiet. Auch mit der Herstellung individueller Kleidung hat sich das Tal einen Namen gemacht. Die berühmte Lederhose und der »Tuxer«, eine nach wie vor in den Bauerntälern gerne getragene graue Lodenjacke für den Alltag, haben von hier aus ihren Eroberungszug in die benachbarten Alpenregionen genommen.

Das Zillertal für Wanderer

Wandern ist wieder »in«, behaupten die Zillertaler Tourismus-Fachleute. Recht haben sie. Wer am Wochenende in einen der romantischen Gründe hinein spaziert, kann dies nur bestätigen. Dies heißt aber noch lange nicht, dass nun auf allen Zillertaler Wanderrouten der große Rummel los ist. Ganz im Gegenteil: Dank des großflächigen und reichhaltigen Wegenetzes verteilt sich die Schar der Naturverbundenen weitgehend.

Auf vielen Touren genießt man sogar völlige Einsamkeit und dazu braucht man gewiss nicht bis in die hintersten Winkel vorzudringen. Beglückende und überraschenderweise manchmal recht anspruchsvolle Wald- und Wiesenrunden auf spannenden Pfaden zu Aussichtspunkten und Wasserfällen, Kapellen und Berggasthöfen entdeckt man bereits in den vordersten Gemeinden.

Die **Tuxer und Kitzbüheler Alpen** sind gletscherfreie Schiefergebirge. Sturzbäche, versteckte Almkessel und meist nur wenig eingesenkte Jöcher gliedern diese Bergreviere mit ihren dichten Wegenetzen, Schutzhütten und Berggasthöfen.

Hier ergeben sich ideale Betätigungsfelder für Halbtageswanderungen und leichtere Gipfeltouren. Sogar dem höchsten Gipfel der Kitzbüheler, dem 2558 m hohen Kreuzjoch, lässt sich relativ unproblematisch »aufs Dach« steigen. Der Lizumer Reckner dagegen, mit 2884 m der Beherrscher der Tuxer, richtet schon deutlich höhere Ansprüche an seine Bewerber. In den Tuxer Alpen finden sich im Übrigen auch einige idyllische Karseen.

Hochgebirgs-Naturpark Zillertaler Alpen

Der Naturpark Zillertaler Alpen (372 km^2) bildet mit seinen Nachbarn den größten Schutzgebietsverbund der Alpen (2500 km^2): Im Süden schließt der Südtiroler Naturpark Rieserferner-Ahrn an, im Westen das Naturschutzgebiet Valser Tal und im Osten der Salzburger Teil des Nationalparks Hohe Tauern. In Mayrhofen teilt sich das Zillertal; drei der vier Täler führen in den Naturpark: Zillergrund, Stillupgrund und Zemmtal. Die Almen in den Tälern sind mit Forststraßen und Wegen gut erschlossen, Wanderwege und Steige führen zu den Berghütten und schönsten Gipfeln.

Kontaktadresse:
Mag. Gudrun Wallentin
Hochgebirgs-Naturpark Zillertaler Alpen,
A-6290 Mayrhofen 307,
☎/Fax 05285/63601; e-mail:
naturpark.zillertal@alpenverein.at
www.alpenverein.at/naturpark_zillertal.htm

Die Orte

Aschau im Zillertal
567 m, kleines Dorf im Zentrum des Zillertals, Einsiedlerhöhle, Zillertaler Höhenstraße.
Tourismusverband, A-6272 Zillertal-Mitte,
Tel. 05282/2923, Fax 29234;
e-mail: tourist-info@zillertal-mitte.at
www.tiscover.com/kaltenbach

Brandberg
1082 m, Erholungsort über dem äußeren Zillergrund, Alte Mühle, Bergmähderweg, Brandbergkapelle.
Gemeindeamt, A-6290 Brandberg,
Tel. 05285/63185, Fax 63844

Bruck am Ziller
579 m, kleines Dorf am Taleingang, Fiechterkapelle.
Tourismusverband, 6262 Bruck am Ziller,
Tel. 05288/72500, Fax 72500

Finkenberg
839 m, zweitgrößte Gemeinde des Zillertals; Dornaubergklamm, Kristallmuseum, Moorlehrpfad Penken, Naturerlebnisweg Glocke, Schlegeisspeicher, Teufelsbrücke, Talstation der Finkenberger Almbahnen.
Tourismusverband, A-6292 Finkenberg,
Tel. 05285/62673, Fax 62962;
e-mail: info@finkenberg.at
www.finkenberg.at

Fügen
545 m, mit Gagering und Kapfing Hauptort des vorderen Zillertals, Heimatmuseum, Knappenkapelle und Naturlehrpfad Marienberg, Talstation der Spieljochbahn.
Tourismusverband, A-6263 Fügen,
Tel. 05288/62262, Fax 63070;
e-mail: tvb.fuegen@tirol.com
www.tiscover.com/fuegen

Fügenberg
681 m, mit Pankrazberg; Streusiedlung über dem vorderen Zillertal, Pankrazbergkirche, Schaustollen.
Tourismusverband, A-6263 Fügen,
Tel. 05288/62262, Fax 63070;
e-mail: tvb.fuegen@tirol.com
www.tiscover.com/fuegen

Gerlos
1245 m, Streugemeinde im Gerlostal, Stausee Durlaßboden, Talstationen der Fürstalmbahn, Isskogelbahn und des Königsleitenlifts.
Tourismusverband Gerlos,
A-6281 Gerlos 141; Tel. 5284/52440,
Fax 05284/524424;e-mail: info@gerlos.at
www.tiscover.at/gerlos

Wilde Krimml mit Torhelm

Hainzenberg
944 m, Streusiedlung über dem äußeren Gerlostal, Bergwerkkapelle (mit Mineraliensammlung), Gold-Schaubergwerk, Schaukäserei mit Tierpark, Wallfahrtskirche Ma. Rast, Talstation der Gerlossteinbahn.
Tourismusverband, A-6280 Hainzenberg,
Tel. 05282/2518, Fax 251818

Hart im Zillertal
666 m, kleines Dorf am Hang über dem vorderen Tal, Marienkapelle, Schleierwasserfall (mit 91 m höchster Wasserfall des Zillertals), Vogellehrpfad.
Ferienregion Fügen-Hochfügen-Zillertal, Infobüro Hart, Niederhart
A-6263 Hart im Zillertal, Tel. 05288/623 09, Fax 05288/630 70;
e-mail: tvb.hart@aon.at
www.tiscover.at/hart

Hippach
608 m, ansehnliches Dorf im hinteren Zillertal, Baumlehrpfad, Strasserhäusl-Museum, Talbach-Wasserfall, Zillertaler Höhenstraße.
Tourismusverband, A-6283 Hippach, Tel. 05282/25 93 und 36 30, Fax 25 93 10;
e-mail: hippach@netway.at
www.tiscover.com/hippach

Kaltenbach
577 m, kleines Dorf im Zentrum des Zillertals, Alpenblumenweg, Kaltenbach-Wasserfall, Zillertaler Höhenstraße.
Tourismusverband, A-6272 Zillertal-Mitte, Tel. 05283/22 18, Fax 28 85;
e-mail: tourist-info@zillertal-mitte.at
www.tiscover.com/kaltenbach

Mayrhofen
633 m, mit Hollenzen und Ginzling im Talschluss des Zillertals gelegene Marktgemeinde. Alpenrelief im Europahaus, Dornaubergklamm (Zemmschlucht), Kraftwerk, Speicher Stillup, Stillupklamm, Waldlehrpfad, Talstation der Ahornbahn und Penkenbahn.

Malerischer Stillupgrund

Tourismusverband, A-6290 Mayrhofen, Tel. 05285/67 60, Fax 76 60 33;
e-mail: mayrhofen@zillertal.tirol.at
www.mayrhofen.com

Ramsau im Zillertal
604 m, stattliches Dorf im hinteren Zillertal, Alte Mühle des Wurzenmax (Holzschnitzerei, Mineraliensammlung), Talstation des Ramsberglifts.
Tourismusverband, A-6283 Hippach, Tel. 05282/25 93 sowie 36 30, Fax 259310; e-mail: hippach@netway.at
www.tiscover.com/hippach

Ried im Zillertal
573 m, kleines Dorf im Talzentrum, Pfarrkirche zum hl. Johannes dem Täufer, Kreuzweg zur Riedbergkapelle, Zillertaler Höhenstraße.
Tourismusverband, A-6272 Zillertal-Mitte, Tel. 05283/23 07, Fax 230 74;
e-mail: tourist-info@zillertal-mitte.at
www.tiscover.com/kaltenbach

Schlitters
548 m, ansehnliches Dorf im vorderen Zillertal, Badesee, Schlitterer Wasserfall, Sennerei-Besichtigung.
Tourismusverband, A-6262 Schlitters,
Tel. 05288/72404, Fax 72404;
e-mail: tvb-schlitters@netway.at
www.schlitters.at

Schwendau
620 m, mit Burgstall, kleines Dorf im hinteren Zillertal, Burgschrofenkapelle, Keilkeller-Wasserfall.
Tourismusverband, A-6283 Hippach,
Tel. 05282/2593 und 3630, Fax 259310;
e-mail: hippach@netway.at
www.tiscover.com/hippach

Strass im Zillertal
523 m, am Taleingang; Wallfahrtskirchlein Maria Brettfall.
Information:
A-6261 Strass im Zillertal 68,
Tel. 05244/63040, Fax 062805;
e-mail: tvb-strass@netway.at
www.tiscover.at/strass.zillertal

Stumm
556 m, mit Großmärz, kleines Dorf im Zentrum des Zillertals, Zillertaler Höhenstraße.
Tourismusverband, A-6272 Zillertal-Mitte,
Tel. 05283/2229, Fax 22294;
e-mail: tourist-info@zillertal-mitte.at
www.tiscover.com/kaltenbach

Stummerberg/Gattererberg
858 m, Streusiedlung über dem mittleren Zillertal, Mölggenkapelle.
TVB Stummerberg/Gattererberg,
A-6272 Stummerberg/Gattererberg,
Tel. 05283/2704, Fax 05283/22854;
e-mail: info@stummerberg.at
www.tiscover.at/stummerberg-gattererberg

Tux
1281 m, Hauptort Lanersbach, mit Vorderlanersbach, Juns, Madseit und Hintertux; hinterste Zillertal-Gemeinde im Tuxer Tal; Bauernhofsiedlung Gemais, Bergkäserei Stoankasern (Besichtigung), Höllensteinhütte (bäuerl. Museum), Sommerskigebiet (3250 m), Spannagelhöhle (Klettergarten und Eisbruch), Tuxer Mühle, Talstationen der Eggalmbahnen und Zillertaler Gletscherbahnen.
Tourismusverband Tux, Lanersbach 472,
A-6293 Tux, Österreich, Tel. 05287/8506,
Fax 05287/8508; e-mail info@tux.at
www.hintertux.com

Uderns
547 m, mit Finsing, in einer Weitung des vorderen Zillertals.
Ferienregion Fügen-Hochfügen Zillertal,
Infobüro Uderns, A-6271 Uderns 1,
Tel. 05288/62384, Fax 05288/62166;
e-mail: tourist.info.uderns@netway.at
www.tiscover.at/uderns-tis

Zell am Ziller
575 m, Marktgemeinde und Hauptort des Zillertals an der Einmündung des Gerlostals ins hintere Tal, Gold-Schaubergwerk, Schaukäserei mit Tierpark, Talbach-Wasserfall, Zillertaler Höhenstraße, Talstation der Kreuzjochbahnen.
Tourismusverband, A-6280 Zell im Zillertal,
Tel. 05282/2281, Fax 228180; e-mail:
tourist.info.zell@netway.at
www.tiscover.com/zell

Sehenswürdigkeiten Ausflugsziele

Erlebnis-Sennerei

Seit 2001 dürfen Zillertal-Besucher in der ersten Tiroler Erlebnis-Sennerei (6000 m²) die Welt der Milch- und Käseproduktion nicht nur hautnah, sondern auch geschmacksnah erleben.
Mayrhofen-Hollenzen,
Tel. 05285/627 13, Fax 637 12;
e-mail: erlebnis@sennerei-zillertal
www.sennerei-zillertal.at
Öffnungszeiten: täglich 9.30–16.00 Uhr

Heimatmuseum Fügen

Neben Abteilungen zu Volkskultur und Brauchtum berichtet die Stille-Nacht-Ecke über die Entstehung des weltweit bedeutendsten Weihnachtsliedes und seine Verbreitung durch die Fügener Rainer-Familie. *Fügen, Tel. 05288/622 62. Öffnungszeiten: Montag (Juli, August) 20.00–22.00 Uhr, Dienstag u. Freitag 16.00–22.00 Uhr.*

Hochzeller Käsealm

In der Hochzeller Schaukäserei in Hainzenberg werden nach traditionellen Rezepten und Methoden naturreine Käsespezialitäten hergestellt. *Hainzenberg bei Zell, Tel. 05282/48 20, Fax 32 72, ganztägig geöffnet*

Zillertaler Gold-Schaubergwerk

Mit dem Gratis-Shuttlebus zum Gold-Schaubergwerk bei der Schaukäserei Hainzenberg mit Tierpark. *Hainzenberg bei Zell, Tel. 05282/230 10 u. 48 20, Fax 230 14; www.zillertal.com/goldreisen*

Privates Kristallmuseum

Funkelnde Edelsteine aus den Zillertaler Alpen zeigt das private Kristallmuseum der Familie Mitterer in Finkenberg. *Finkenberg,*
Tel. 05285/620 89, Öffnungszeiten: auf Anfrage und bei schlechter Witterung.

Spannagelhöhle

Beim Spannagelhaus am Fuß des Tuxer Ferners liegt die über 10 km lange Spannagelhöhle, die größte Höhle der gesamten Zentralalpen. Das Höhlenmuseum präsentiert als besonderes Schaustück einen echten Bärenschädel.
Tux, Tel. 05287/877 07 u. 872 51,
Fax 862 61, Öffnungszeiten: ganzjährig, stündliche Führungen (1 Std.).

Die Zillertalbahn dampft von Jenbach nach Mayrhofen

Zillertalbahn

Die 32 km lange, im Jahre 1902 nach zweijähriger Bauzeit fertiggestellte Schmalspurbahn ist eine Attraktion. Triebwagen verkehren ganzjährig im Stundentakt und halten in jedem Dorf (mit Fahrradtransport). Der fotogene Dampfzug fährt ab 1. Mai täglich um 12.47 Uhr von Mayrhofen nach Jenbach.
Jenbach, Tel. 05244/60 60, Fax 606 39;
e-mail: zillertalbahn@netway.at

Unterbergalm-Hochleger, 2035 m

Erlebnis Hochschwendberg-Rundwanderweg

Ausgangspunkt: Hippach/ Hochschwendberg, Bushaltestelle beim Gasthof Mösl (Parkplatz am Gasthof Roswitha), an der Zillertaler Höhenstraße, 1387 m
Gehzeit: Sandeggalm-Hochleger 1¼ Std., plus ¾ Std. zum Unterbergalm-Hochleger, Abstieg 2¼ Std., gesamt 4¼ Std.
Charakter: Längerer Steilaufstieg zum Sandeggalm-Hochleger. Beispielhaft bezeichnete Almwege und Steige, ruhige Sträßchen
Einkehr: Gasthof Mösl, Gasthof Roswitha, Sunnalm, Gasthaus Goldbründl
Karte: KOMPASS Nr. 28, 37 (1:50 000), Nr. 037 (1:25 000)
Reiseatlas: Seite 17

Man muss der Gemeinde Hippach für die akribische Markierung dieser zwar kaum begangenen, aber überaus begeisternden Tour, einer der schönsten Rundwanderungen des gesamten Zillertals, ein dickes Lob aussprechen. So wird das Bergwandern zu einem angenehmen, ungetrübten Erlebnis, das den Wunsch nach einer Wiederholung dieses fesselnden Entdeckungsganges weckt.

Der Wegweiser »Rundwanderweg« dirigiert uns beim Gasthof Mösl in Hochschwendberg auf ein Anliegersträßchen. Nach der Brücke über den Sidanbach leiten bei zwei Bauernhöfen Ziehwegkehren über immer dürftigere Viehweiden bergan. Dabei öffnen sich Blicke ins Gerlosgebiet, ein Bach muss auf natürlichem Weg gequert werden. Nach dem Sandeggalm-Niederleger ist wieder ein beherztes Furten fällig. Bald darauf zweigt der Steig Richtung Sunnalm ab, auf dem wir noch einmal den nun deutlich schmäleren Bergbach überschreiten. Anschließend überwindet man den anstrengenden, anhaltend steilen Weidehang zum Sandeggalm-Hochleger, in ungefähr 1700 m Höhe.

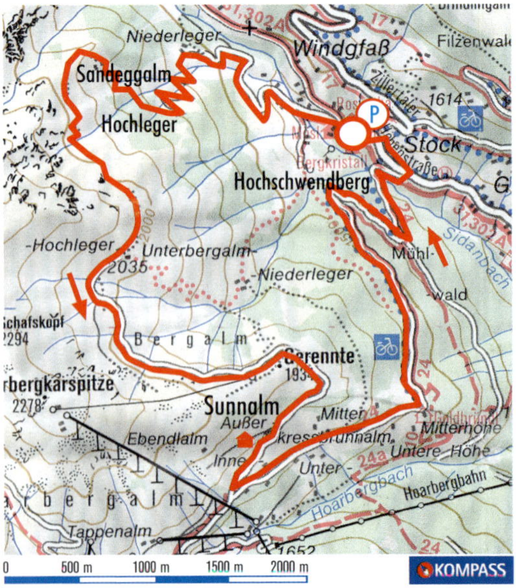

Wenig später ist bei einigen gedrungenen Zirbelkiefern der zum Pangert verlaufende Bergrücken erreicht. Taleinwärts dehnen sich die Almmatten der Schafleitenalm aus. Zwischen Alpenrosen, Heidelbeeren und Zwergwacholdern steigt die spannende Route unter wilden Felszacken nur noch leicht an. Ein Minikar mit mächtigen Felsblöcken setzt einen urigen Akzent während einer längeren Hangquerung in berauschender Einsamkeit. Bis hier herauf kommt das Weidevieh. Vom höchsten Punkt weitet sich das Hochalpen-Panorama. In wenigen Minuten gelangen wir zum Untergalm-Hochleger.

Auf einem Almweg geht's jetzt sanft bergab zur Sunnalm bei einem Skigebiet, wo endlich eine verdiente Einkehr fällig wird. Ab der folgenden Gabelung bummeln wir auf einem kaum befahrenen Waldsträßchen am Gasthaus Goldbründl vorbei und kehren dann nach der Brücke über den Sidanbach auf der Höhenstraße in Kürze zurück nach Hochschwendberg.

Zillertaler Hauptkamm vom Almweg aus

Das Weidegebiet der Sandeggalm über dem Sidantal

Kultur Geschichte

Das am Fuße des Schwendbergs angesiedelte Dorf Hippach, Mittelpunkt des westseitigen oberen Zillertals, erlangte bereits gegen Ende des 17. Jh. wegen seiner Heilquelle als »Badl« Bekanntheit.
In jenen Zeitraum fällt auch ein für den Alpenraum recht ungewöhnliches Naturereignis: das Erdbeben von 1699. Ein alter Brauch ist der Hippacher Hexenritt. Im Ortsteil Laimach mit der barocken Dreifaltigkeitskapelle wurde im Jahr 2000 das Strasserhäusl-Museum eröffnet. In diesem Haus, das den Besucher über die Dorfkultur unterrichtet, lebten einst die Strasserkinder, die im Jahre 1832 das Lied »Stille Nacht, heilige Nacht« in die ganze Welt brachten.

Eiskarsee, 2360 m

Juwel im Zentrum der Tuxer Alpen

Ausgangspunkt: Tux/Vorderlanersbach, Parkplatz an der Verzweigung kurz vor den Geiselhöfen, 1600 m; zu erreichen von der Ortsmitte auf schmaler, Richtung »Gasthaus Geislerhof« beschilderter Bergstraße
Gehzeit: Vallruckalm 2¼ Std., Eiskarsee ¾ Std., Abstieg 2 Std., gesamt 5 Std.
Charakter: Steilstücke im Aufstieg zum Eiskarsee. Ausreichend bezeichnete Alm- und Wanderwege, zuletzt Steig.
Einkehr: Vallruckalm, 2132 m
Karte: KOMPASS Nr. 28, 37 (1:50000), Nr. 037 (1:25000)
Reiseatlas: Seite 17

Im Herzen der Tuxer Alpen versteckt sich in einem Geröllkar am Fuß der Eiskarspitze, knapp innerhalb des militärischen Sperrgebietes Wattener Lizum gelegen, der klare Eiskarsee. Eine schön anzuschauende Oase der Stille.

Kurz bevor die Bergstraße von Vorderlanersbach die Geiselhöfe erreicht, folgen wir an einer Verzweigung dem kurvigen, geteerten Almweg Richtung Geiselalm. Dieser windet sich mit prächtigen Einblicken in das Tuxer Gipfelreich über Bergwiesen empor. Von der Gabelung auf einer Geländestufe wandern wir kurz hinunter zur Hobalm in der vom Hobarbach, auch Geiselbach genannt, durchströmten Almwanne.

Wieder geht's bergwärts, nun auf einer Naturfahrbahn. Anspruchsloses Strauchgewächs mischt sich in die Grasdecke. Im Nordwesten steht die Hippoldspitze. An der Gabelung nach zwei weiten Schleifen nehmen wir den rechten Wegast und schwenken am Ende der Steigung unter dem Almkogel auf den

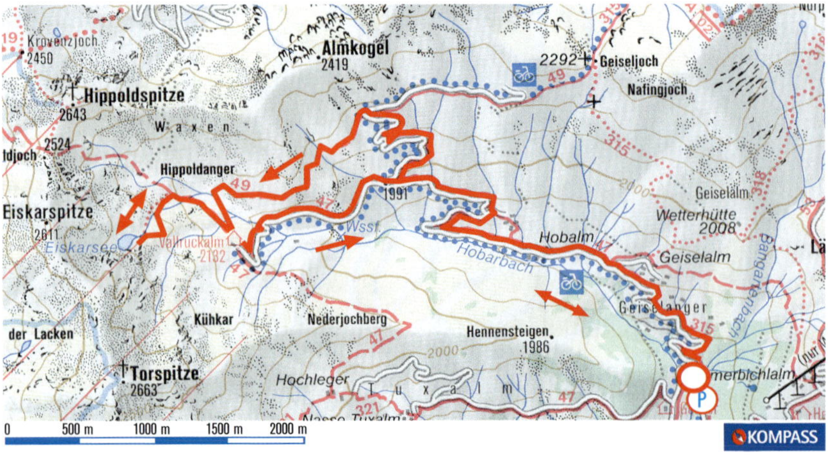

Ausblick von der Vallruckalm

westwärts führenden Wanderweg ein. Flach am Hang entlang schlendernd kommen wir an einem mächtigen Felsblock vorbei, queren auf natürliche Art den Oberlauf des Hobarbachs und treffen wenig später im stillen Talschluss unter der Torspitze bei der Vallruckalm ein. Fein säuberlich von Steinen geräumt, bietet ein kleiner Weideflecken dem gesömmerten Vieh das gesunde Almfutter.

Kurz vor der Alm weist die Bezeichnung »Eiskarsee« auf einen markierten Steig. Bei einer Stangenmarkierung geht es links über einen Schrofenhang steil bergauf. An der Wegkreuzung im Kar unter der Hippoldspitze zeigt uns der Wegweiser »Eissee« den weiteren Aufstieg über das Schrofengelände. Später mühen wir uns über einen abschließenden Steilhang unter einem Felskopf vorbei zur erkennbaren Karschwelle am Eiskarsee.

Zurück an der Vallruckalm wechselt ein erholsamer Almweg nach einer Kehre erneut das Ufer des Hobarbachs. Nach einem Wasserfall schließt sich die kleine Teilrunde. Der Anstiegsweg bringt uns an der Hobalm vorbei zurück zum Parkplatz nahe der Geiselhöfe.

Altes Anwesen in Lanersbach

Frauenwand, 2541 m und Weiße Wand, 2518 m

Die leichtesten Wände der Tuxer Alpen

Ausgangspunkt: Tux/Hintertux, Bushaltestelle bei den Zillertaler Gletscherbahnen (Parkplatz), 1500 m
Gehzeit: Frauenwand 1¾ Std., Weiße Wand ¼ Std., Abstieg 1¼ Std.; gesamt 3¼ Std.
Charakter: Mittelteil zum Kaserer Schartl kurzzeitig steil. Für den Gipfel der Frauenwand Trittsicherheit erforderlich, bei Nässe nicht empfehlenswert! Bis auf die Überschreitung der Weißen Wand bestens bezeichnete Pfade, Steige und Almwege.
Einkehr: Sommerbergalm, 1986 m, Tuxer-Joch-Haus, 2310 m
Karte: KOMPASS Nr. 36, 37 (1:50000), Nr. 037 (1:25000)
Reiseatlas: Seite 16

Wegen einer Besteigung des nach Expedition klingenden Gipfelduos braucht man zuvor keineswegs schlaflose Nächte verbringen. Wände sind auf dieser Tour keine zu bezwingen, und die höchsten Punkte der beiden »Wandziele« entpuppen sich zum Schluss als überraschend harmlose Grasbuckel – fast ein Gelände zum Fußballspielen. Dennoch sind die anregenden Abbrüche im Schlussaufstieg mit großer Vorsicht zu genießen!

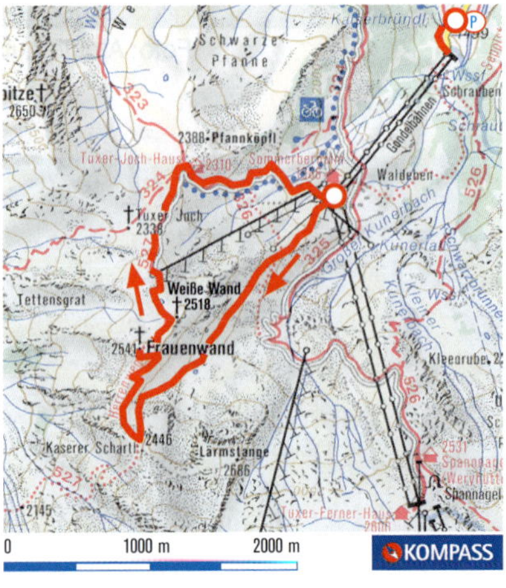

Die Sektion I der Zillertaler Gletscherbahnen befördert uns von Hintertux zur Sommerbergalm. Wir orientieren uns am Wegweiser »Tuxerjoch« und verlassen den Almweg sogleich auf dem mit »Kasererscharte« beschilderten Pfad. Zwischen Alpenrosen spazieren wir mit Ausblick zu Riffler und Gefrorene-Wand-Spitzen leicht bergan über ein Skigebiet.

Unter der Weißen Wand quert ein anfangs spürbarer Steig länger eine blumenreiche Steilflanke, wobei wir uns, allein mit dem possierlichen Murmeltiervolk, an einer Gabelung weiter an das Schild »Kasererscharte« halten. Steinige Rasenhänge leiten durch die Ramsen-Hochwanne. Im Kaserer Schartl stehen wir plötzlich vor der Firnzackenkette der Stubaier Alpen.

Am Schlussaufstieg zur Frauenwand

Jetzt erst kommt die gewonnene Höhe so richtig zum Ausdruck. Über respekteinflößenden Abbrüchen ist eine letzte Hangquerung fällig. Ohne Probleme und Anstrengung gelangen wir rechts des Südwestgrates an einem Felsturm vorbei und in einer kaum auffallenden Einsenkung in Kürze zum wenig ausgeprägten Grasgipfel der Frauenwand.

An der Verzweigung geht's auf einem Pfad über einen flachen Rücken zum ebenso unscheinbaren Nachbargipfel Weiße Wand mit kleinem Kreuz. Ebenfalls ein gemütlicher Pfad führt uns nun über die wesentlich harmlosere Seite hinab zur Bergstation eines Sessellifts. Auf einem Fahrweg trifft man beim Tuxer-Joch-Haus ein. Zurück zur Sommerbergalm kürzt ein Steig die oberen Wegschleifen ab. Dann lassen wir uns zufrieden hinunter nach Hintertux gondeln.

Gründe und Keese

Die von den Gletschern ausgeschürften trogförmigen Täler werden im Zillertal »Gründe« genannt. Grund genug, diese faszinierende Hochgebirgslandschaft wandernd zu erleben. Bäche schlängeln sich durch flache Almwiesen, bevor sie über steile Steilstufen und durch enge Felsschluchten in die Haupttäler münden. Die bekanntesten Gründe sind der Zillergrund mit dem Speicher Zillergründl, Schlegeisgrund mit dem Schlegeisspeicher, Stillupgrund mit dem Speicher Stillup, Floitengrund, Zemmgrund, Bodengrund, Gunggl und Hundskehlgrund.

Die 85 Gletscher des Naturparks Zillertaler Alpen bedecken eine Fläche von mehr als 40 km^2. Im Zillertal werden die Gletscher »Keese« genannt; die größten sind: das Schlegeiskees (5,39 km^2), Floitenkees (4,97 km^2), Schwarzensteinkees (4,63 km^2), Waxeggkees (3,88 km^2) und das Hornkees (5,39 km^2).

Friesenbergscharte, 2910 m und Olpererhütte, 2388 m

Fesselnder Berliner Höhenweg

Ausgangspunkt: Finkenberg/Friesenberghaus, 2477 m (Übernachtung), Tel. 0664/2338332)
Gehzeit: Aufstieg Parkplatz Schlegeisspeicher zum Friesenberghaus 1½ Std., Friesenbergscharte 1½ Std. plus 2½ Std. zur Olpererhütte, Abstieg 1¾ Std., insgesamt 7¼ Std.
Charakter: Der zuletzt gesicherte, lange Steilaufstieg vom Friesenbergsee zur Friesenbergscharte setzt Trittsicherheit voraus! Gut markierte, mitunter unbequeme Steige, zum Schluss Sträßchen. Nur bei zuverlässigem Wetter!
Einkehr: Olpererhütte, 2388 m, Bergrestaurant Schlegeis, Dominikushütte,1805 m
Karte: KOMPASS Nr. 36, 37 (1:50 000), Nr. 037 (1:25 000)
Reiseatlas: Seite 17

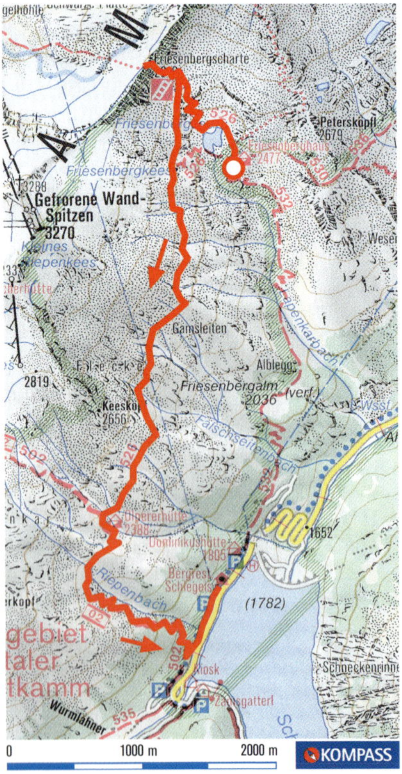

Die hochalpine Traum-Panoramaroute vom Schlegeisspeicher über die Friesenbergscharte zum Olpererhaus ist unbedingt zwei Tourentage mit Übernachtung auf dem Friesenberghaus wert.

Der Steig zur Friesenbergscharte schlägt vom Friesenberghaus einen Bogen um den gleichnamigen, hübschen See, in dem sich die Gefrorene-Wand-Spitzen und der majestätische Hochfeiler spiegeln. Weiter geht's über eine Schutthalde und im weiteren Verlauf eine wadenschindende Schrofenflanke empor. Nochmals schieben sich Rasenhänge dazwischen, dann stehen wir am Rand einer wüsten Hochgebirgs-Moränenlandschaft.

An einer Verzweigung leitet der gewohnte Wegweiser wieder eine angenehmere Steigung über ein Geröllfeld ein. Sicherungen erleichtern das Überwinden eines anspruchsvollen Felsriegels. Im Zickzack geht's über einen steilen Schrofenhang hinauf zur Friesenbergscharte mit Tiefblick in den Hintertuxer Talschluss. Den hektisch-schrillen Sommer-Skizirkus trennt das Friesenbergkees von unserem einsamen Zwischenziel.

Am Friesenbergsee

Zurück an der Verzweigung, beginnt eine Höhenwanderung zum Schwärmen. Unter der Station der Gletscherbahnen sind ausgedehnte Geröll- und Blockhalden zu überschreiten. Damit es nicht zu einfach wird, legt sich eine Reihe von Bachrinnen quer. An einer Wegteilung mündet unsere Route zur Olpererhütte in den Berliner Höhenweg vom Friesenberghaus. Hinunter zur Gamsleiten beginnt der Steig leicht zu fallen. Grasflecken mischen sich wieder in das Ödland. Über dem Schlegeissee erkennt man die scharfen Grate des Großen Möselers. Der Kurs zieht sich wegen der oftmals erforderlichen Turnerei über Felsplatten in die Länge. Endlich taucht die ersehnte kleine Olpererhütte auf, die zur verdienten Rast einlädt.

Anschließend windet sich ein angenehmer Hüttensteig talwärts. Bald nehmen uns Latschen auf. Der rauschende Riepenbach begleitet den Bergwanderer hinunter zum Stausee. Zum Schluss geht's auf einem Sträßchen zurück zum Restaurant Schlegeis.

Die Olpererhütte, 2388 m, über dem Zamser Grund

Ahornspitze, 2973 m

Die stolzeste Berggestalt des Zillertals

Ausgangspunkt: Mayrhofen, Bushaltestelle an der Ahornbahn (Parkplatz), 670 m
Gehzeit: Edelhütte 1 Std., Ahornspitze 2¼ Std., Abstieg 2¾ Std. insgesamt 6 Std.
Charakter: Der steile Schlussaufstieg erfordert Trittsicherheit, Achtsamkeit (Steinschlag!) und zuverlässiges Wetter.
Gut markierter Pfad und Steig
Einkehr: Restaurant Filzenrast, Edelhütte
Karte: KOMPASS Nr. 37 (1:50 000), Nr. 037 (1:25 000)
Reiseatlas: Seite 17

Die pyramidenförmige Ahornspitze ist der Zillertaler Rang-und-Namen-Berg schlechthin. Dementsprechend drängen sich an schönen Wochenenden auch unzählige Bewerber an ihrer anstrengenden Felsflanke. Den grandiosen Rundblick auflisten zu wollen, wäre müßig. Die »unverbaute« Umgebung dieses Fast-Dreitausenders, dessen Gipfel die Mayrhofener Talsohle um mehr als 2300 m überragt, spricht für sich.

Über Mayrhofen erhebt sich die Ahornspitze

Die Ahornbahn bringt uns von Mayrhofen zur Bergstation mit dem Restaurant Filzenrast. Der Panoramaweg, ein gemütlicher Pfad, führt bergan zu der mit Krummholz bewachsenen Erhebung Hahnpfalz. Von der anschließenden Routenkreuzung geht's flach durch das Filzenkar und zwischen ein paar Fichten hindurch. Nur unmerklich steigend quert man die Steilflanken unter dem Filzenkogel und der Filzenschneide zu der am Fuß der Ahornspitze stehenden Edelhütte, 2238 m, der AV-Sektion Würzburg.

Ein breit ausgetretener Steig leitet uns mäßig steil über die welligen Moränen-Grasböden des Fellenbergkars. Im weiteren Verlauf ziehen sich viele enge Kehren deutlich steiler über einen Geröllhang empor zum Ansatz der schon etwas einschüchternden Gipfelpyramide. Doch das Ganze ist weniger wild als es aussieht.

Das Finale erweist sich aber dann dennoch als ziemlich sportliche Aktion. Der westgerichtete Schrofenrücken steilt sich zunehmend anstrengender zur Gipfelflanke auf. Je mehr Vorausgeher unterwegs sind, umso mehr sollte man auf eventuellen Steinschlag achten.

Zuletzt haben wir noch ein paar blockige aber leichte Felspartien mit abschüssigen Passagen zu überwinden, fortwährend zuverlässig markiert, bevor wir das Gipfelkreuz der Ahornspitze erreichen. In ein paar Minuten gewinnt man ebenfalls problemlos den Steinmann auf dem wenige Meter höheren Hauptgipfel. Auf keinem anderen Zillertaler Wanderberg hat man mehr Luft unter den Sohlen.

Die Ahornspitze vom Penkengebiet aus betrachtet

Beschauliche Fahrt mit der Stubaitalbahn; im Hintergrund die Serles

Wipptal – Stubaital

Das Wipptal umfasst die Talschaft südlich von Innsbruck bis zum Brenner, sowie, auf Südtiroler Boden übergreifend, das obere Eisacktal. Der Talverlauf ist durch eine geologisch vorgezeichnete Senke festgelegt, welche seit Jahrtausenden Siedlungsraum am niedrigsten Alpenübergang, dem Brenner, ist. Nicht umsonst wird die Brenner-Autobahn zu den Traumstraßen der Alpen gezählt. Welcher eilig nach Süden fahrende Urlauber hat sich nicht schon an den Ausblicken in die vielen Seitentäler erfreut?

Seit 1973, als die Stubaier Gletscherbahn den Betrieb aufgenommen hat, ist das Stubaital als Urlaubs-, Erholungs- und Wandergebiet zum festen Begriff geworden. Verlässt man in Schönberg die Brennerautobahn, so wird unser Blick von den Gletscherflächen des Sulzenauferners im Talschluss und vom Zuckerhütl, 3507 m, magisch angezogen. Zahlreiche alte Orte wie Mieders, Fulpmes und Medraz reihen sich nach Schönberg aneinander, ehe man nach Neustift, der flächenmäßig größten Gemeinde des Stubaitals gelangt.

Von den etwa 250 Quadratkilometern Gemeindegebiet entfallen über 80 Prozent auf alpines Grünland und Gletscherregionen. Sowohl unberührte als auch durch Seil- und Sesselbahnen erschlossene Höhen und Almen bieten im gesamten Talverlauf zahllose Spaziergänge, Wanderungen und Bergtouren inmitten einer eindrucksvollen Gebirgslandschaft.

Wendet man sich den westlichen Ästen des Wipptales zu, so zweigt von Steinach das Gschnitztal ab, das durch den Habicht-Serles-Kamm vom Stubaital getrennt ist. Neben dem Habicht, 3277 m, sind der Gschnitzer, Obernberger und Pflerscher Tribulaun die markantesten Gipfel der östlichen Stubaier Alpen. Im Kontrast dazu steht die sanfte Formenwelt um das Obernbergtal, in dem der reizvolle Obernberger See als beliebtes Familien-Ausflugsziel gilt.

Ein Ziel zu jeder Jahreszeit

Zieht sich nach heftigen Föhnstürmen der Schnee aus dem ohnehin trockenen Wipptal zurück, so dauert es nicht lange, bis an windgeschützten Orten die Flora erwacht und die Frühlingsblumen zu bewundern sind. Dies ist auch die Zeit, wenn der Firn den Skiläufer lockt, wenn in der Schlick die Buckelpisten zum Firngleiten einladen. Dann werden auch die Langlaufloipen im Mittelgebirge und im Stubai aper und die Zeit der Talwanderungen bricht an. Für die geübten Hochtourenfahrer beginnt die Saison, denn die Dreitausender im Stubai bieten Abfahrten vom Pulverschnee über Firn bis ins Tal.

Wenn die Sommerurlaubslawine über den Brenner nach Süden rollt, sollte man einige Tage in einem stillen Seitental des Wipptals verweilen. Eine Fahrt mit der Bergbahn und Entspannung auf den Almwiesen unter den hellen Kalkfelsen, eine Speckjause in einer Almwirtschaft, oder eine eindrucksvolle Bergtour lassen den Alltag leicht vergessen.

Die schönste Zeit in den Bergen ist wohl der Herbst. In dieser Zeit ist die Wetterlage meist stabil und auch für Hochtouren gut geeignet. Dann sieht man vom Zuckerhütl bis weit in die Dolomiten, vom Venediger bis zur Bernina. Bei leichten Klettertouren liegt der warme Fels griffbereit und das Gipfelglück ist sicher. Tiefblauer Himmel überragt die hellgelben Lärchenwälder, die letzten Heidelbeeren werden gepflückt, die Zeit der Preiselbeeren ist angebrochen.

Wer exzellente Wintersportbedingungen sucht, der findet am Stubaier Gletscher das ganze Jahr über attraktive Angebote. 24 moderne Anlagen bringen die Schneehungrigen in das größte Gletscherskigebiet Österreichs (1750-3200 m). Winterwanderwege und Pferdeschlittenfahrten im Tal sowie die Nähe zu Innsbruck bieten auch in der kalten Jahreszeit reichlich Abwechslung.

Historisches

Der erstmals um 1000 n. Chr. erwähnte Name »stupeia« leitet sich möglicherweise vom indogermanischen Wort »tiefes Gestein« ab.

Bis zur Entwicklung des Fremdenverkehrs bildeten die Landwirtschaft und der Bergbau die Einkommensquellen der Bevölkerung. Seit dem 14. Jh. wurde nach Eisen- und Silbererzen gesucht. 1675 gab es 45 Schmiede und Hammerwerke, die in Fulpmes und Neustift Sensen und andere Qualitätsprodukte herstellten. Heute sind es vor allem Werkzeuge, Pickel und Steigeisen, die das Ansehen des Stubais in die Welt tragen. Ursprünglich diente die Stubaitalbahn als Transportmittel für die in Fulpmes hergestellten Waren. In unserer Zeit ist sie vor allem bei den Sommergästen sehr beliebt, da sie durch die reizvolle Lärchenlandschaft der Telfeser Wiesen nach Innsbruck führt.

Die Orte

Gries am Brenner
1164 m. Idyllisches Bergdorf im Wipptal, 5 km von der italienischen Grenze entfernt. Idealer Ausgangsort für Wanderungen, Mountainbiken und Ausflüge. Sehenswert: Kirche am Lueg, ehemalige Zollstätte, 1449; Kirche zum hl. Jakob in Nösslach oberhalb Gries, um 1350.
Touristenverband Wipptal,
Ortsstelle Gries am Brenner,
A-6156 Gries am Brenner,
Tel. 05274/872 54, Fax 05274/872 54;
e-mail: info.gries@wippregio.at
www.tiscover.at/gries-am-brenner

Matrei am Brenner,
Mühlbachl, Pfons
Die 3 Orte liegen auf 980–1043 m Seehöhe, 20 km von Innsbruck und dem Brenner entfernt. Matrei, keltischen Ursprungs, ist die älteste Gemeinde des Wipptals. Sehenswert: Burg Trautson in Mühlbachl (13./16. Jh.), die Johanneskirche, 1509–21, in Pfons und die Nikolauskapelle in Schöfens. Viele lohnenswerte Wanderziele wie z.B. Maria Waldrast, die höchstgelegene Wallfahrtstätte Tirols. Ausgangspunkt für leichte Bergwanderungen und anspruchsvolle Bergtouren. Winter: 30 km Höhenlanglaufloipen und 5 km beleuchtete Naturrodelbahn.
Tourismusverband Wipptal-Matrei,
Brennerstraße 104,
A-6143 Matrei-Mühlbachl-Pfons,
Tel. 05273/62 78, Fax 05273/71 26;
e-mail: info.matrei@wippregio.at
www.tiscover.at/matrei-muehlbachl-pfons

Maria Waldrast, beliebter Wallfahrts- und Ausflugsort

Steinach am Brenner,
Trins, Gschnitz
1049 m–1242 m. Der 750-jährige Erholungs- und Wintersportort am Eingang des Gschnitztals liegt in einem idealen Wander- und Langlaufgebiet. Sehenswert: Pfarrkirche hl. Erasmus (1763 gebaut, seit 1863 neuromanisch), die Ulrichskirche in Tienzens (16. Jh., 1730 barockisiert). In der Kapelle St. Magdalena oberhalb von Gschnitz sind Fresken aus dem 13. Jh. erhalten.
Tourismusverband Wipptal,
Im Rathaus, Brennerstraße 67,
A-6150 Steinach,
Tel. 05272/62 70, Fax 05272/21 10;
e-mail: tourismus@wippregio.at
www.tiscover.at/steinach-trins-gschnitz

Schönberg im Stubaital
1013 m. Der Ferienort nahe der bekannten Europabrücke liegt am Eingang ins Stubaital nur 10 Autominuten von der Olympiastadt Innsbruck entfernt.
Tourismusverband Stubai, Dorfstraße 10,
A-6141 Schönberg im Stubaital,
Tel. 05225/625 67, Fax 05225/644 50;
e-mail: info@stubai.at
www.tiscover.at/schoenberg

Mieders
952 m. Das kleine und traditonsbewusste Tiroler Bergdorf Mieders, am Anfang des Stubaitals, liegt direkt am Fuße der Serles, dem »Hausberg« von Mieders. Pfarrkirche Mariä Geburt, 1739, von Franz de Paula Penz barockisiert.
Touristenverband Stubai,
Dorfstraße 1c, A-6142 Mieders,
Tel. 05225/62530, Fax 05225/64185;
e-mail: info@stubai.at
www.tiscover.at/mieders

Telfes im Stubai
994 m. Der sonnige Ort im Stubaital liegt inmitten einer wildromantischen Berg- und Naturkulisse, die zusammen mit dem talabschließenden Gletscher eine einzigartige Bilderbuchszenerie garantiert.

Interessant ist auch ein Besuch im Greifvogelpark Telfes: Hier kann man europäische Greifvogelarten beobachten und sich um 15.00 Uhr bei einem geführten Rundgang über deren Lebensweise und Aufgaben in der Natur informieren *(geöffnet ist der Park täglich von 11.00 bis 18.00 Uhr, Tel. 05225/64126).*
Tourismusverband Stubai,
Gemeindehaus, A-6165 Telfes im Stubai,
Tel. 05225/62750, Fax 05225/64171;
e-mail info@stubai.at
www.tiscover.at/telfes-stubai

Fulpmes
937 m. Die 700-jährige Gemeinde im Herzen des Stubaitals wurde durch ihre Schmiede und Kleineisenindustrie bekannt. Bis heute wird hier ausgezeichnetes »Bergsteiger-Werkzeug« wie Steigeisen und Pickel hergestellt *(Schmiedemuseum, Fachschulgasse, A-6166 Fulpmes, Tel. 05225/696024).* Sehenswert sind auch die Pfarrkirche zum hl. Vitus, 1746 von Franz de Paula Penz erbaut; die gotische Sagererkapelle, 14. Jh. Gut erschlossenes Wander- und Skizentrum Schlick 2000.
Tourismusverband Stubai,
Bahnstraße 17, Kirchplatz,
A-6166 Fulpmes, Tel. 05225/62235,
Fax 05225/63843; e-mail: info@stubai.at
www.tiscover.at/fulpmes

Fulpmes, im Hintergrund das Nederjoch

Neustift im Stubaital
Erholungsort mit ungewöhnlich großer Dorfkirche, 1774 von Franz de Paula Penz erbaut, mit frühklassizistischem Deckengemälde

In Österreichs größtem Gletscher-Skigebiet erschließen 24 Seilbahn- und Liftanlagen mehr als 50 Abfahrtskilometer aller Schwierigkeitsgrade *(Stubaier Gletscherbahnen Tel./Fax 05226/2789-20).*
Tourismusverband Neustift,
Dorf 3, A-6167 Neustift im Stubaital,
Tel. 05226/2228, Fax 5226/2529;
e-mail: tv.neustift@neustift.at
www.tiscover.at/neustift

Rund um die Kalkkögel

Großes Panorama und schroffe Felsen

Ausgangspunkt: Fulpmes, 937 m, Parkplatz bei der Talstation Schlick 2000
Gehzeit: Auffahrt mit der Gondelbahn nach Froneben und weiter zum Kreuzjoch, 2100 m (½ Std.); hinunter zur Zirmachalm, 1936 m, mäßig steil zum Schlicker Schartl, 2456 m (2 Std.), gering ansteigend zumSeejöchl, 2518 m (¼ Std.) und nordseitig hinunter zur Adolf-Pichler-Hütte, 1977 m (Übernachtung ist ratsam), 1½ Std. Von der Hütte steiler Anstieg zum Pfad, der in ¾ Std. direkt vom Seejöchl her führt, weiter bis kurz vor dem Hoadlsattel, rechts zum Widdersbergsattel, 2262 m (2 Std. von der Adolf-Pichler-Hütte) und in 1½ Std. hinunter zum Halsl, 1992 m. Rechts hinunter zum Issboden (¼ Std.), dort entweder weiter zur Pfarrachalm, 1740 m, und auf dem Güterweg talwärts oder auf dem steilen Fußweg vom Issboden nach Telfes oder Fulpmes (Gesamtgehzeit 8–9 Std.)
Charakter: Schönste Umrundung der Kalkkögel, gut bezeichnete Wege, mäßig schwierig, aber Ausdauer erforderlich!
Einkehr: Kreuzjoch, 2100 m, Zirmachalm, 1936 m, Adolf-Pichler-Hütte, 1977 m, Hoadl, 2340 m, Pfarrachalm, 1740 m
Karte: KOMPASS Nr. 36, 83 (1:50000)
Reiseatlas: Seite 16

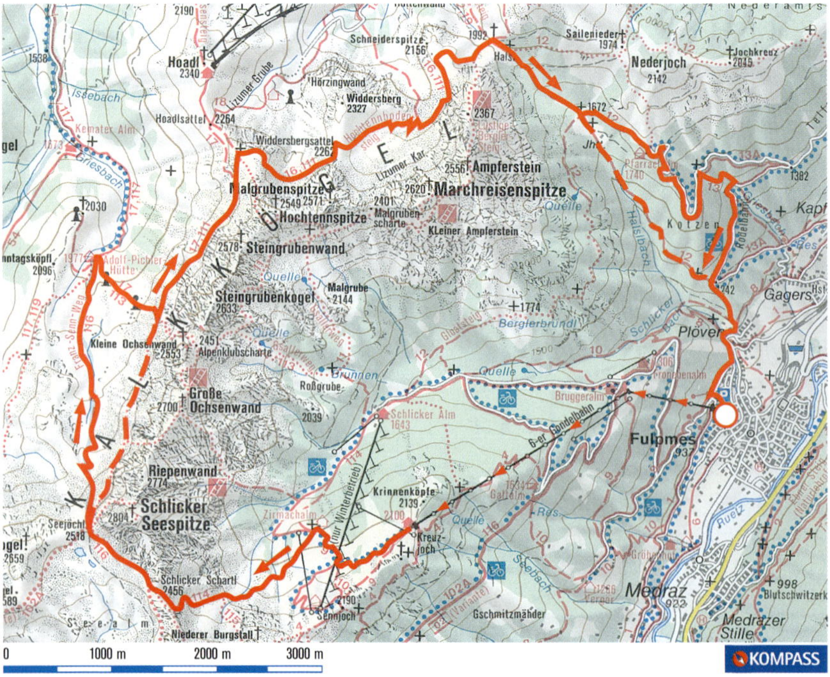

Die Nordseite der Kalkkögel

WIPPTAL · STUBAITAL

Schon die Auffahrt von Fulpmes mit der Gondelbahn »Schlick 2000« eröffnet ab der Zwischenstation Froneben herrliche Ausblicke auf den Serleskamm im Süden und die Kalkkögel im Norden. Vom aussichtsreichen Plateau bei der Kreuzjoch-Bergstation, 2100 m, geht es zunächst leicht bergab zur Zirmachalm, 1936 m. Dort zweigt vom breiten Almweg links der markierte Wanderweg ab, der mäßig ansteigend zuerst auf Almwiesen, dann über zwei Felsplateaus auf schottrigem Steig zum Schlicker Schartl, 2456 m, hinaufführt (2 Std.).

Durch Geröll am Fuß der Schlicker Seespitze zieht der markierte Steig Nr. 116 an zwei kleinen Seen vorbei zum Seejöchl, 2518 m. Nordseitig des Jöchls geht es zuerst auf einem Bergpfad, dann auf breitem Weg über Bergwiesen in 1½ Std. hinunter zur Adolf-Pichler-Hütte, 1977 m. Um mehr Zeit zum Schauen und Fotografieren zu haben oder auch um die Kräfte zu schonen, ist eine Übernachtung zu empfehlen.

Wegweiser am Issboden

Von der Adolf-Pichler-Hütte zieht der Weg 17, 113 über Geröll steil nach oben zur Einmündung in den vom Seejöchl herführenden Pfad, den man wählen kann, wenn kein Hüttenbesuch geplant ist.

Unter den Felswänden des Steingrubenkogels und der Hochtennspitze folgt man dem Steig bis vor den Hoadlsattel, 2264 m. Dort biegt man rechts ab und wandert auf dem Hochtennbodensteig Nr. 16, 111, auf den Widdersbergsattel, 2262 m (2 Std.), und jenseits hinab ins Lizumer Kar. Unter den Abstürzen der Marchreisenspitze und des Ampfersteins geht es auf eine aussichtsreiche, mit Latschen bewachsene Kuppe und absteigend zum Halsl, 1992 m. Hier wenden wir uns nach rechts und gehen zum Issboden, 1672 m, hinunter, wo uns ein Wegweiser die Abstiegsmöglichkeiten zeigt: über die Pfarrachalm, 1740 m, auf dem Forstweg oder auf steilem Fußweg durch den Wald nach Telfes und weiter zur Talstation der Gondelbahn (Gehzeit 8–9 Std.).

Franz-Senn-Hütte, 2149 m
Beliebtes Wanderziel und wichtiger Stützpunkt

Ausgangspunkt: Neustift im Stubaital, 993 m, Parken in Neustift oder am gebührenpfichtigen Parkplatz der Oberisshütte, 1742 m
Gehzeit: Anstieg von Neustift 4½–5 Std., von der Oberisshütte 1½–2 Std.
Charakter: Uferweg der Ruetz entlang bis Milders, kurz auf der Asphaltstraße taleinwärts. Von Bärenbad alter Fußweg mit schönen Ausblicken auf das Hochgebirgstal. Der Anstieg zur Franz-Senn-Hütte ist nicht allzu beschwerlich und sehr abwechslungsreich.
Höhenunterschied: 1120 m (von Neustift), 400 m (von der Oberisshütte)
Einkehr: Neustift, Milders, Alt-Bärenbad, Alpengasthof Bärenbad, Alpenfrieden in Seduck, Stöcklenalm, 1598 m, Oberisshütte, 1742 m, Alpeiner Alm, Franz-Senn-Hütte, 2149 m
Karte: KOMPASS Nr. 36, 83 (1:50000)
Reiseatlas: Seite 16

Beliebter Touren-Stützpunkt: Franz-Senn-Hütte, 2149 m

Von der Brücke am südlichen Ortsende von Neustift folgt man dem Uferweg an der Ruetz nach Milders. Der Fußweg biegt nach rechts in das Dorf, quert die Milderer Straße und führt am Ostrand von Milders durch Laubwald zum Eingang des Oberbergtales.

Bei der einstigen Lodenwalke überquert man den Oberbergbach und folgt 500 m der Fahrstraße ins Oberbergtal. Dann zweigt links der

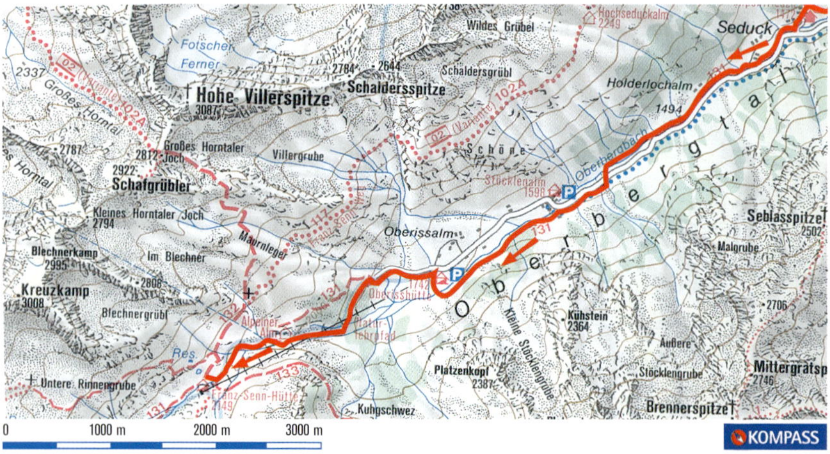

Wanderweg Nr. 2 ab, der südlich des Baches zum Gasthof Alt-Bärenbad führt, 1248 m (ein ehemaliges Bauernbadl, das wegen seines Eisenwassers aufgesucht wurde), 1¼ Std. Am Sonnenhang sieht man schon die Höfe von Seduck mit dem Gasthof Alpenfrieden, 1472 m, der auf aussichtsreichem Fußweg in 1 Std. erreicht wird.

Den Talhintergrund schon in Sichtweite, wandert man abwechselnd auf einem Wiesenweg und dem Fahrweg taleinwärts zur bewirtschafteten Stöcklenalm, 1598 m, 1 Std. Nach Überschreitung des Oberbergbaches geht es auf dem Weg Nr. 131 durch grüne Matten zum Alpengasthof Oberisshütte, 1742 m (3½ Std. von Neustift). Bis hierher auch mit dem eigenen Auto (gebührenpflichtiger Parkplatz) oder während der Saison mit dem Jeep-Zubringerdienst. Von der Oberisshütte kann man schweres Gepäck auch mit der Materialseilbahn zur Franz-Senn-Hütte befördern lassen.

„Der schönste Ziegenbart" auf der Alpeiner Alm

Der breite Weg führt nun in zur latschenbewachsenen Steilstufe (Weg 131), wo sich der Weg teilt: links geht es auf dem Naturlehrpfad nahe des Baches aufwärts und rechts durch Buschwerk in vielen Kehren hinauf zur Alpeiner Höhe. Flacher werdend schlängelt sich nun der Weg über Blockwerk, abwechslungsreich gegliedertes Felsgelände und Moorwiesen zur schön gelegenen Alpeiner Alm (Jausenstation), wo beide Wege sich wieder vereinen (1 Stunde von der Oberisshütte).

An gletschergeschliffenen Felskuppen vorbei windet sich der Weg nahe des Bergbachs in 1 Std. zur Franz-Senn-Hütte, 2149 m, empor, die nach dem berühmten Ötztaler Pfarrer und Erschließer der Ötztaler- und Stubaier Alpen benannt ist. Von dem beliebten Stützpunkt sind Gletscher- und Hochgebirgstouren zu über 30 Dreitausendern möglich! Gehzeit von der Oberisshütte 1½–2 Std., von Neustift 4½–5 Std.

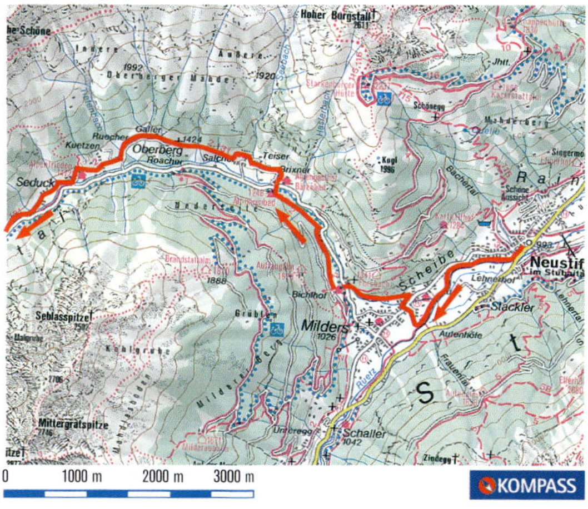

WIPPTAL · STUBAITAL

Panoramaweg ins Pinnistal

Wanderung im Angesicht mächtiger Gipfel

Ausgangspunkt: Neustift, 993 m, Parkplatz Talstation Elferbahn
Gehzeit: 4 – 5 Std. mit Liftbenützung
Charakter: leichte, abwechslungsreiche Wanderung mit großartiger Aussicht und gemütlichen Almwirtschaften
Höhenunterschied: Elferlift-Bergstation 800 m, Elferhütte 1090 m

Einkehr: Agrarrestaurant bei der Elferlift-Bergstation, 1794 m, Elferhütte, 2080 m, Pinnisalm, 1560 m, Karalm, 1747 m, Issenangeralm, 1366 m, Almwirtschaft Herzeben, 1338 m, Gastbetriebe in Neustift/Neder
Karte: KOMPASS Nr. 36, 83 (1:50 000)
Reiseatlas: Seite 16

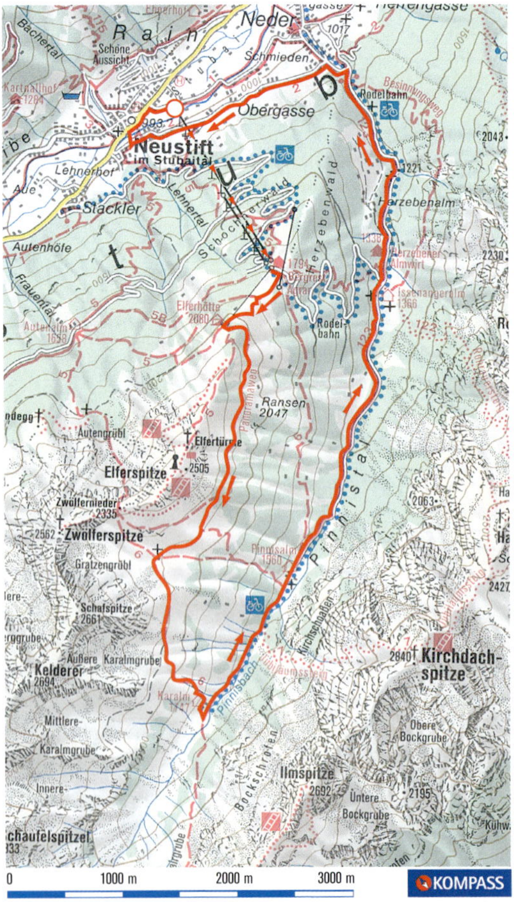

Zu Beginn lassen wir uns bequem vom Elferlift zur Bergstation in 1794 m Seehöhe tragen. Hier lohnt es sich ein wenig zu verweilen, bevor man zur Elferhütte aufsteigt. Im Osten zeigt sich der Serleskamm und das äußere Stubaital bis zum Wipptal, im Norden die Kalkkögel, und im Westen reicht der Blick bis zu den Gletscherbergen des hinteren Stubaitals.

Nahe der Bergstation befindet sich der Startplatz für Paragleiter- und Hängegleiterpiloten. Es ist immer wieder schön anzusehen, wie die Paragleiterpiloten mit ihren bunten Schirmen vor der eindrucksvollen Gebirgskulisse zu Tal schweben.

Der Aufstiegsweg führt von der Bergstation am Rand der Almwiesen zur Elferhütte, 2080 m (½ Std.).

Aussichtsloge über dem Stubaital: die Elferhütte, 2080 m

Der aussichtsreiche Berggasthof ist ein beliebter Ausgangspunkt für Wanderungen und Bergtouren im Elfer-Pinnis-Gebiet:

▼ So kann man z.B. über die Autenalm, 1658 m, zur Elferlift-Bergstation, 1794 m, wandern (1½–2 Std.).

▼ Für geübte, trittsichere Bergwanderer ist eine Gipfelwanderung auf die Elferspitze, 2505 m, von besonderem Reiz (2½ Std.).

Wir aber wandern von der Elferhütte kurz bergauf zu einer Kuppe. Bei einem Wegweiser folgen wir dem Panoramaweg an den Osthängen des Elfers in leichtem Auf und Ab, aber mit herrlichen Ausblicken, bis zum Gratzengrübl (¾ Std.).

Auf steilem Pfad könnte man von hier zur Pinnisalm, 1560 m (½ Std.), absteigen oder zum Zwölfernieder, 2335 m, aufsteigen. Wir aber wandern am Fuß der Zwölferspitze zuerst sanft, dann steil bergab in ¾ Std. zur Karalm, 1747 m (Jausenstation). Umgeben von „Majestäten" wie Habicht, 3277 m, und Kirchdachspitze, 2840 m, lässt es sich angenehm rasten und schauen

Eine Kirche aus Fels: die Elfertürme

▼ Von der Karalm kann man in 1½ Std. zur Innsbrucker Hütte (bevorzugter Stützpunkt für Hochgebirgstouren) aufsteigen.

Der Rückweg nach Neustift führt am Fuß des Serleskammes in einer knappen ½ Std. zur Pinnisalm (Jausenstation), 1560 m. Hier kann der Kleinbus-Zubringerdienst nach Neder benützt werden. Romantischer ist es, entlang des Pinnisbachs talauswärts zu wandern, bis man in ¾ Std. zur Issenangeralm, 1366 m (Jausenstation), oder zur Herzeben-Almwirtschaft, 1338 m, gelangt. Dem Fahrweg nach Neder folgend kommt man nach einer guten ½ Std. zu einer Brücke mit Wegweiser. Bald danach zweigt links die Hangstraße nach Neustift ab, die über Obergasse an den südlichen Ortsrand führt. In der Nähe des Campingplatzes überqueren wir auf einer schmalen Brücke den Ruetzbach in Richtung Ortskern und gehen in östlicher Richtung zurück zur Elferlift-Talstation (¾ Std.). Gesamtgehzeit 4–5 Std.

64

Auf die Serles, 2717 m

Von Maria Waldrast zum schönsten Aussichtsgipfel

Ausgangspunkt: Matrei am Brenner, 993 m, oder Anfahrt von Matrei über Mühlbachl bis Maria Waldrast, 1638 m (gebührenpflichtig)
Höhenunterschied: von Matrei am Brenner, 1727 m, von Maria Waldrast, 1079 m
Gehzeit: 3 Std. von Maria Waldrast, 5–5½ Std. von Matrei am Brenner
Charakter: durch Wald, Latschenfelder und Geröllhalden zum Serlesjöchl, ein kurzer Felsabsatz mit Leiter- und Drahtseilhilfe und über Geröll zum Gipfel – am eindrucksvollsten bei Sonnenaufgang!
Einkehr: Kloster-Gasthof Maria Waldrast
Karte: KOMPASS Nr. 36, 83 (1:50 000)
Reiseatlas: Seite 16

Blick von der Blaserhütte zur Südflanke der Serles

Auf den majestätischen Aussichtsgipfel der Serles, 2717 m, führen mehrere Anstiegswege: der steilste ist wohl der von Kampl über Alpengasthaus Wildeben, 1781 m,

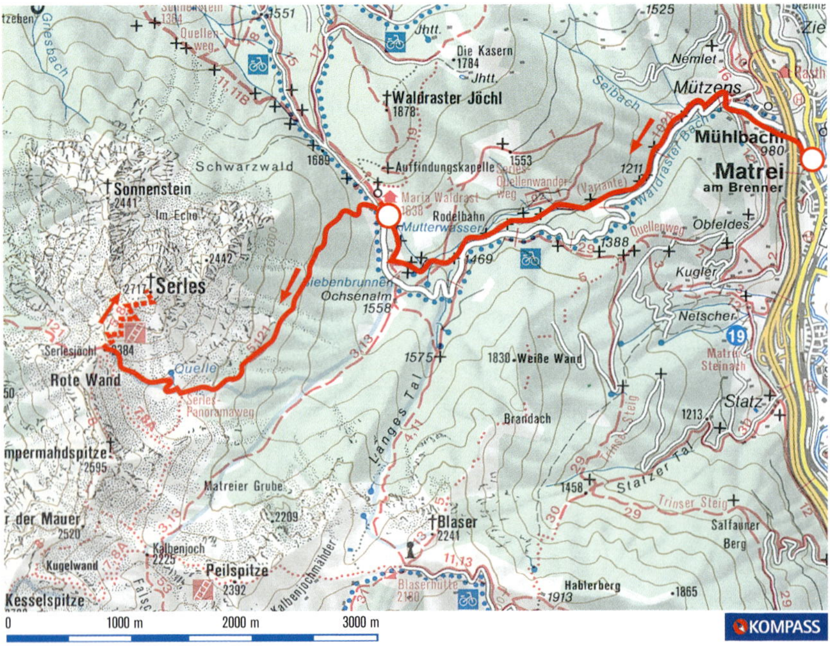

zum Serlesjöchl (4 Std.), – der Wallfahrtsweg von Fulpmes über Berggasthaus Sonnenstein, 1364 m, nach Maria Waldrast (3 Std.) – der mit Hilfe des Sessellifts bequeme Aufstieg von Mieders zur Bergstation Koppeneck und weiter nach Maria Waldrast (1Std.).

Am schnellsten kommt man wohl mit dem Auto zum Ausgangspunkt Maria Waldrast. Von der Bundesstraße in Matrei abzweigend gelangt man über Mühlbachl zur kleinen Mautstelle des Bergsträßchens, das sich in Kehren zur vielbesuchten Wallfahrtsstätte hochwindet. Gegenüber der Kirche folgt man dem markierten Weg Nr. 5, 121 zuerst durch Wald, später durch Latschenfelder und durchquert so den Südosthang der Serles. Man sollte sich zeitlich in der Früh auf den Weg machen, um so der Hitze in den südseitigen Latschen- und Geröllfeldern zu entgehen. Mehrmals sind lange Schuttreisen zu queren, ehe sich in einer weiten Mulde der Geröllpfad zum Serlesjöchl, 2384 m hinauf zieht. Eine kurze Rast im Jöchl nützen wir, um einen Blick ins tief unter uns liegende Stubaital zu werfen und auf seine ringsum aufragenden Kalkzacken.

Nach dieser willkommenen Kurzrast gilt es einen Felsabsatz zu überwinden, was uns allerdings dank Leiter und Drahtseilsicherung keine allzu großen Schwierigkeiten bereiten sollte. Über den Schutt der Kössener Schichten streben wir dem Gipfelkreuz zu, 2717 m. Wer schon so früh zur Tour aufbrach, dass er den Sonnenaufgang auf der Serles verfolgen konnte, wird dieses Gipfelglück so schnell nicht vergessen. Vorsichtig steigt man wieder zum Serlesjöchl hinunter und folgt dem Serles-Panoramaweg nach Maria Waldrast.
Anstiegszeit: 3 Std.
Abstiegszeit: 2 Std.

Blumenparadies Blaser

Im Süden der Serles, durch das Lange Tal getrennt, ragt die sanfte Bergkuppe des Blaser, 2241 m, in die Höhe. Besonders im Frühsommer sind die Almmatten zu seinen Füßen ein wahres Blumenparadies aus verschiedenen Primelarten, Nelken, Enzianen, Alpen-Anemonen, Trollblumen, Silberwurz und Edelweiß. Der geologisch interessante Aufbau aus Trias-Dolomit und Schiefer der Steinacher Decke begünstigt die Vielfalt der Alpenflora und bildet einen wunderschönen Kontrast zu den hellen Felsen. Das »Landschaftsschutzgebiet Serles-Habicht-Zuckerhütl« gehört mit seinen blumenreichen Bergkuppen und den bizarren Kalkgipfeln zu den schönsten Wandergebieten der Stubaier Alpen.

Vom Nösslachjoch zum Lichtsee

Ruhiger Bergsee vor mächtigen Tribulaunen

Ausgangspunkt: Steinach am Brenner, 1049 m, Talstation Bergeralm-Gondelbahn
Höhenunterschied: Aufstieg von der Nösslachjoch-Bergstation auf Weg Nr. 42 zum Lichtsee, 97 m. Kammwanderung über Nösslachjoch, Egger Berg, Leitner Berg, zum Lichtsee, 280 m. Abstieg: nach Obernberg, 662 m; über Trunaalm nach Trins, 975 m
Gehzeit: Aufstieg von der Nösslachjoch-Bergstation auf Weg Nr. 42 zum Lichtsee 2 Std.; Kammwanderung 2½–3 Std. Abstieg: nach Obernberg, 2 Std.; über Trunaalm nach Trins 3 Std.
Charakter: Lichtseeweg Nr. 42 leicht, mit schönen Ausblicken auf Tribulaun und Obernberger See. Der Kammweg ist anstrengender, aber noch aussichtsreicher. Abstieg: der Weg nach Obernberg ist zuerst steil und geht dann in einen Schotterweg über. Die Abstiegsvariante über die Trunaalm nach Trins führt entlang der Bergmähder und durch Wald talwärts.
Einkehr: Nösslachjochhütte, 2022 m, Trunaalm, 1918 m, Trunahütte, 1722 m, sowie in den Talorten Trins und Obernberg.
Karte: KOMPASS Nr. 36, 83 (1:50000)
Reiseatlas: Seite 16

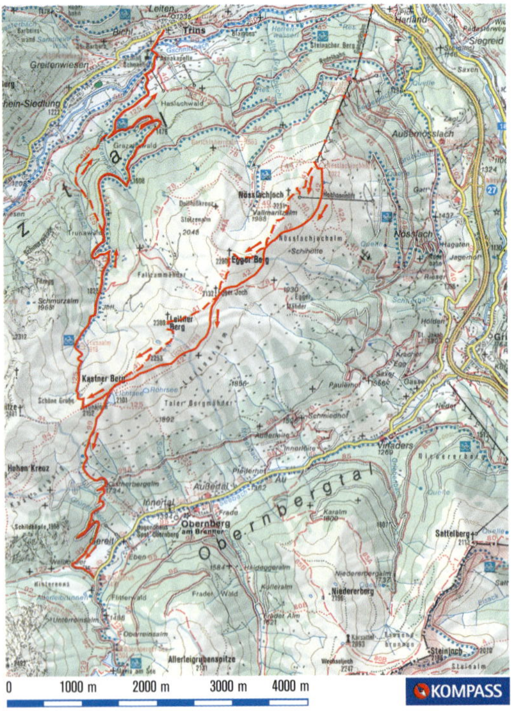

Vom Ortszentrum Steinach am Brenner gelangt man in wenigen Minuten zur Talstation der Bergeralm-Gondelbahn, die uns in kurzer Zeit zur Bergeralm und von dort zur Bergstation Nösslachjoch befördert. Um den bequemen Lichtseeweg zu erreichen, geht man kurz hinunter zur Nösslachjochhütte, 2022 m, wo wir dem markierten Wanderweg Nr. 42 folgen. Umsäumt von blühenden Almwiesen zieht der Weg unterhalb von Nösslachjoch, Egger Berg, Leitner Berg zum kleinen Rohrsee und weiter zum Lichtsee, 2101 m, in dem sich der Obernberger Tribulaun spiegelt (2 Std.)

Lichtsee und Obernberger Tribulaun

Die etwas mühsamere, aber aussichtsreichere Kammwanderung beginnt oberhalb der Nösslachjochhütte, 2022 m, und führt in ¾ Std. zum Gipfel des Nösslachjochs, 2231 m. Auf dem Bergrücken wandern wir in südwestlicher Richtung kurz abwärts in eine Einsenkung, und in gut ¼ Std. zum Egger Berg, 2280 m hinauf. Vom Gipfelkreuz steigen wir hinunter zum Egger Joch, 2132 m, und am Kamm hinauf zum Leitner Berg, 2309 m. Der Weg führt an Tümpeln vorbei und ist in den Monaten Juni/Juli von Blumenwiesen gesäumt. Der Kastner Berg, 2209 m, ist der letzte in der Reihe des Bergkamms, danach senkt sich der Weg hinunter zum Lichtseeweg, der in wenigen Minuten zum schön gelegenen Bergsee führt (2½–3 Std.). Geeignete Windschutz-Bekleidung ist wegen der freien Lage anzuraten!.

Gepunkteter Enzian

Der Lichtsee liegt im Landschaftsschutzgebiet »Nösslachjoch-Obernberger See-Tribulaune« in dem sich die größten Lärchenbestände Tirols befinden und das sich durch großen Blumenreichtum auszeichnet; Primeln, Brunellen, Steinröschen, Anemonen und gepunkteter Enzian erfreuen das Auge des Wanderers.

Vom Lichtsee kann man in 2 Std. nach Obernberg ins Tal wandern. Der Steig führt über Almwiesen und Zwergstrauchheide zur Kastnerbergalm und auf Schotterweg zum Gasthaus Waldesruh.

Der Abstieg nach Trins führt zuerst vom Lichtsee ins Trunajoch hinauf und jenseits über die Almmatten der Trunaalm zur bewirtschafteten Trunahütte, 1722 m, hinunter. Von dort auf dem Forstweg oder auf dem Fußweg Nr. 125 durch den Graben steil nach Trins hinunter (3 Std.).

ÖTZTAL · PITZTAL

Brand über Längenfeld: Im Hintergrund Hahlkogel und Wilde Geige

Ötztal – Pitztal

Viele kurven mit ihrem Pkw durch das Ötztal, meist völlig auf die Straße konzentriert, um rasch die bekannten Berg- und Gletscherregionen im Quellgebiet der Ötztaler Ache zu erreichen oder um über das 2474 m hohe Timmelsjoch nach Meran und in den sonnigen Süden zu fahren. Erst der Neugierige, der unterwegs zu schauen, zu bummeln, zu wandern ... beginnt, lernt den Zauber und die erstaunliche Vielfalt der Region schätzen. Je tiefer er sich »hineinlebt« in diese Landschaft der Berg- und Feriendörfer, des Wassers, der Gletscher, der gewaltigen Gipfel, desto zahlreicher werden seine Wünsche, Pläne usw. Der vorliegende Band möchte bei diesem Kennen- und Liebenlernen ein wenig helfen.

Das Pitztal ist nicht einfach eine verkleinerte Ausgabe des Ötztals. Es zeigt einen ganz eigenen Charakter, ist schärfer eingeschnitten, viel dünner besiedelt und bis auf das neu erschlossene Touren- und Skigebiet im Talschluss noch erfreulich ursprünglich. »Himmelhohe« Steilhänge und Felswände überragen den schmalen Talboden, und so sind die kleinen Steige, etwa zu den eindrucksvollen Bergseen wie dem Moalandlsee, 2526 m, oder dem Wilden See, 2770 m, weit und in vielen Fällen eher einsam.

Berge und Seen, Wildbäche und Dörfer

Das Ötztal trennt die Stubaier von den Ötztaler Alpen, zwei der mächtigsten und höchsten Gebirge der Ostalpen. So wird die Ötztaler Ache, ein auffallend wasserreicher Fluss und größter Nebenarm des Inns, von rund fünfzig Gletschern gespeist, teilweise gewaltige Eisströme wie Vernagt- Hintereis-, Schalf- und Gurgler Ferner, die auch heute noch viele Kilometer lang sind. Das Eis dominiert vor allem im südlichen Teil der Gebirge. Von dort ziehen lange Kämme nach Norden, die oft auffallend wilde Felsgipfel tragen. In den Hochkaren dazwischen leuchten zahllose Bergseen, die rauschenden Wildbäche gehören zu allen Seitentälern, und gewaltige Wasserfälle wie den Stuibenfall findet man sogar unten unmittelbar über dem Ötztal.

Die ausnahmslos kristallinen Gesteine, im Volksmund Urgestein genannt – es handelt sich um Gneise und Glimmerschiefer –, schaffen den Charakter dieser Landschaft und bestimmen natürlich auch die Vegetation. So trifft man hier neben Fichte und Lärche noch häufig auf Zirben, die vor allem an der oberen Waldgrenze (in über 2000 m Höhe) oft malerisch-knorrige Formen zeigen. Ein besonderer Farbschmuck sind die Alpenrosen; im Juli sind oft ganze Hänge, zum Beispiel bei Kühtai, von roten Blüten überzogen.

Selbst in einst so abgelegenen Bergdörfern wie Niederthai oder Köfels sieht man heute fast ausschließlich neu gebaute Häuser, viele sind zu Pensionen erweitert. Das früher so ungemein harte Leben der Bergbauern verschwindet mehr und mehr, allzu steile und schwer zugängliche Regionen werden nicht mehr bewirtschaftet; sie überwuchern dann oft – wenig attraktiv – mit Buschwerk und Knieholz. Vor allem die vier großen Orte des Ötztals werden heute nur noch wenig von der Viehwirtschaft, dafür umso mehr vom Fremdenverkehr geprägt. Zu einem Magneten eigener Art sind die beiden großen Gletscherskigebiete geworden, die im Sommer jedoch mehr Ausflügler als Brettl-Fans anlocken. Ein besonderes Merkmal der Region sind die großen absoluten Höhen. In keinem anderen Gebirge Österreichs findet man auch nur annähernd so viele hohe Gipfel und so weite Gletscherfelder wie in den Ötztaler Alpen. Vent, 1895 m, und Obergurgl, 1907 m, gehören zu den am höchsten gelegenen Orten Europas, auf der »Gletscherstraße« bei Sölden erreicht der Autofahrer 2800 m, mit der Vierer-Gondelbahn bei Mittelberg im Pitztal der Ausflügler sogar 3440 m.

Ötztaler Alpen

Das 395 km^2 große »Ruhegebiet Ötztaler Alpen« bedeckt einen großen Teil des Zentralalpen-Hauptkammes, vom Wurmkogel und Hochfirst im Osten bis zur Weißkugel im Westen. Nach Norden reicht das Ruhegebiet bei Zwieselstein im Ötztal bzw. Mittelberg im Pitztal in die subalpine Waldregion hinunter. Die Ötztaler Alpen sind die größte vergletscherte Massenerhebung der Zentralalpen, deren höchste Gipfel wie Wildspitze, Weißkugel oder Hochwilde im »Ruhegebiet Ötztaler Alpen« liegen. Ein Lehrpfad führt zum Naturdenkmal »Obergurgler Zirbenwald« südlich von Obergurgl. Auch der Mensch hat diesen alpinen Lebensraum seit Jahrtausenden besiedelt. Die berühmteste Entdeckung ist »Der Mann vom Hauslabjoch (Ötzi)«

Archäologischer Freilichtpark
in Umhausen
www.oetzi-dorf.com
Öffnungszeiten Mai – Oktober
täglich von 10.00 – 18.00 Uhr

Die Orte

Sautens,
812 m. Stattlicher Ort mit sehr mildem Klima westlich der Ötztaler Ache. Schöne Wege führen zu den hoch über dem Tal gelegenen Dörfchen Haderlehn und Piburg, 959 m.
Tourismusverband Sautens,
A-6432 Sautens 54,
Tel. 05252/6511, Fax 05252/2103;
e-mail: info@sautens.com
www.tiscover.at/sautens

Oetz
812 m. Der Ort, der dem Tal seinen Namen gab, liegt auf dem ersten, geschützten Talboden, wo das milde Klima sogar Pfirsiche, Marillen und Edelkastanien reifen lässt. Gasthof Stern mit reichem Fresko (1573–1615). Pfarrkirche (1667 und 1744 erweitert); Glockengießerhaus der Familie Graßmayr in Habichen.
Tourismusverband Oetz,
Hauptstraße 66, A-6433 Oetz,
Tel. 05252/6669, Fax 05252/666975,
e-mail: info@oetz.com
www.oetz.com

Umhausen
1031 m. Südlich von Habichen bilden die hohen Felswände eine Art Tor des Ötztals, dahinter liegt Tumpen, 937 m. Eindrucksvolle Felsabbrüche säumen das Tal im Osten. Wo sich das Tal weitet, erstreckt sich Umhausen, die älteste Siedlung des Tales. Pfarrkirche (1330 und 1515); Gasthaus Krone mit Renaissance-Erker. Einer der wenigen noch erhaltenen Waalwege Österreichs führt zum Stuibenfall, dem höchsten Wasserfall Tirols. Wohl einmalig ist die Lage des Weilers Farst, 1482 m (Jausenstation), 500 m über dem Tal.
Tourismusverband Ötztal-Mitte,
A-6441 Umhausen 3, Postfach 61
Tel. 05255/5209, Tel. 05255/5400,
Fax 05255/5209-5;
e-mail: info@oetztal-mitte.com
www.tiscover.at/umhausen

Niederthai
1538 m. Das Bergdorf »sonnt« sich in einem weiten Hochtal 500 m oberhalb von Umhausen. Die außergewöhnliche Landschaft entstand durch einen gewaltigen Bergsturz, der hier das Felsmaterial bis zu 600 m dick(!) auftürmte.
Tourismusverband Ötztal-Mitte,
A-6441 Umhausen 3, Postfach 6441, 61
Tel. 05255/5209, Tel. 05255/5400,
Fax 05255/5209-5

Längenfeld
1180 m, auf der dritten Terrasse des Ötztals, kann mit einer Naturtherme (Schwefelquelle von 30°) aufwarten, deren heilende Wirkung schon im Mittelalter genutzt wurde. In Längenfeld kam 1831 Franz Senn zur Welt. Der spätere Pfarrer wurde berühmt als Bergsteiger, Tourimus-Initiator, Mitbegründer des Deutschen Alpenvereins etc.
Tourismusverband Längenfeld,
Unterlängenfeld 81, A-6444 Längenfeld,
Postfach 10, Tel. 05253/5207,
Tel. 05253/5575, Fax 05253/520716;
e-mail: info@laengenfeld.com
www.laengenfeld.com

Gries im Sulztal
1569 m. Der kleine Ferienort vor großer Bergkulisse (Schrankogel, 3497 m) ist von Längenfeld auf gut ausgebauter Straße zu erreichen.
Tourismusverband Gries,
Gries 34, A-6444 Gries bei Längenfeld,
Tel. 05253/5103, Fax 05253/5031;
e-mail: gries@laengenfeld.com
www.tiscover.at/gries.laengenfeld

Sölden
1368 m. Oberhalb von Huben verliert das Ötztal seinen fast lieblichen Charakter und wandelt sich plötzlich in ein tief eingeschnittenes Tal. Durch seine Gletscherskigebiete wurde Sölden zu einem der aktivsten Fremdenverkehrsorte Tirols. Zur großflächigen Gemeinde Sölden gehören auch die Wintersportorte Hochgurgl und Obergurgl sowie das Bergsteigerdorf Vent und der Ferienort Zwieselstein.
Tourismusverband Ötztal Arena,
Rettenbach 466, A-6450 Sölden/Hochsölden, Postfach 6450, Postfach 90,
Tel. 05254/5100, Fax 05254/510520;
e-mail: info@soelden.com
www.tiscover.at/oetztal-arena

Tourismusverband Obergurgl-Hochgurgl,
Hauptstraße 108, A-6456 Obergurgl,
Tel. 05256/6466, Fax 05256/6353;
e-mail: info@obergurgl.com
www.obergurgl.com

Tourismusverband Vent
A-6458 Vent 36,
Tel. 05254/8193, Fax 05254/8174;
e-mail: info@vent.at
www.tiscover.at/vent

Arzl im Pitztal
880 m, liegt am Eingang ins Pitztal. Eine 137 m lange Hängebrücke überspannt die tiefe Pitzeklamm.
Tourismusverband Pitztal-Arzl,
A-6471 Arzl, Tel. 05414/86999,
Fax 05414/8699988;
e-mail: info@pitztal.com
www.tiscover.at/arzl

Wenns im Pitztal
982 m, erstreckt sich an den sonnigen Osthängen des Venetmassivs. Platzhaus mit reichen Fassadenmalereien (1576).
Tourismusverband Pitztal-Wenns,
Unterdorf 18, A-6473 Wenns,
Tel. 05414/86999, Fax 05414/8699988;
e-mail: info@pitztal.com
www.tiscover.at/wenns-piller

Jerzens im Pitztal
1107 m. Bis in 1450 m Höhe erstreckt sich der beliebte Wintersportort auf den Osthängen hoch über der Pitze
Tourismusverband Pitztal-Jerzens,
A-6474 Jerzens, Tel. 05414/86999,
Fax 05414/8699988;
e-mail: info@pitztal.com
www.tiscover.at/jerzens

St. Leonhard im Pitztal
1366 m. Das mittlere und innere Pitztal gehört zur Gemeinde St. Leonhard. In idyllischer Lage steht das Kirchlein Maria Hilf in Piösmes.
Tourismusverband Pitztal-St. Leonhard,
A-6481 St. Leonhard, Tel. 05414/86999,
Fax 05414/8699988;
e-mai: info@pitztal.com
www.tiscover.at/innerpitztal

Kalvarienberg und Piburger See

Rundwanderung im Süden von Oetz

Ausgangspunkt: Oetz, 812 m, Zentrum des vorderen Ötztals. Von der Ortsmitte 200 m nach Süden, dann links ganz kurz auf der Straße Richtung Kühtai und von dort auf kleinem Sträßchen zum Parkplatz neben dem Schwimmbad, 830 m, hinauf.
Gehzeiten: Bis Habichen ca. ¾ Std., von dort zum See gut ½ Std.
Rückweg: 1¼ bis 2½ Std.
Charakter: Leichte Wanderung in Talnähe, teilweise auf markierten Fußwegen, kurzzeitig auch auf schmalen oder breiteren Fahrwegen
Einkehr: Gasthäuser in Habichen, Piburg und Oetz
Karte: KOMPASS Nr. 35, 43 (1:50 000)
Reiseatlas: Seite 15, 16

Niemand wird glauben, dass man bei einer talnahen Wanderung eine derartige Fülle verschiedener Eindrücke gewinnen kann! Der idyllische, ganz von Wald eingefasste, aber immerhin rund 800 m lange Piburger See ist ein beliebter Badesee. Besondere Schmankerl unterwegs sind die freien Blicke über das Tal und die vielen mit Moosen und Flechten überzogenen Felsblöcke. Ein interessantes Bild geben auch die so genannten Achstürze, Stromschnellen in der wasserreichen Ötztaler Ache, die von gewaltigen Felsblöcken verursacht werden.

Der Piburger See, Tirols höchstgelegener Badesee, lässt sich auf dem Uferweg angenehm umrunden

Die Rundtour: Vom Parkplatz auf einem Waldweg mit drei Serpentinen zum Kalvarienberg mit einer Kapelle hinauf. Nach Süden meistens im Wald schräg aufwärts – wobei man auf dem größeren, unteren Weg bleibt – zum Ebele und zur höchsten Stelle der Route, 1000 m. Dann hinab nach Habichen, 851 m, zwischen den Häusern kurz nach links, unter der Umgehungsstraße hindurch und dann gleich rechts und über Wiesen zum Waldrand. Durch reizvollen Blockwald und hinab zur Ötztaler Ache mit den malerischen »Achstürzen«. Über die Wellerbrücke, 810 m, im Wald ein kurzes Stück empor, gleich darauf nach rechts, dann wieder aufwärts zum Südostzipfel des Piburger Sees, 914 m, mit Badeanstalt und Gasthaus Seehäusl.

Am rechten oder linken Ufer entlang – evtl. Abstecher nach Piburg mit zwei Gasthäusern – zur Abzweigung eines Steiges 150 m östlich der Nordwestspitze des Sees. Hinab zur Straße und auf ihr bis hinter die Brücke über die Ache. Nun auf der ersten Straße rechts in die Ortsmitte von Oetz und zur Kirche hinauf. Nach rechts, dann auf einem Fußweg mit Kreuzwegstationen zur nahen Kühtaier Straße. Wenige Meter tiefer zweigt bei einem Holzschnitzer der obere Teil des Stationenwegs ab; auf ihm wieder zum Kalvarienberg und hinab zum Schwimmbad. Oder – deutlich kürzer – von der Ortsmitte direkt bis zum Schwimmbad.

▶ Variante (weniger Straße): Rund um den Piburger See zurück zum Seehäusl, auf dem linken Weg hinunter zur Forststraße, hier kurz nach links, hinab zur Brandachbrücke über die Ache und in die Ortsmitte von Oetz.

Stuibenfall und Höfle

Große Rundtour am höchsten Wasserfall Tirols

Ausgangspunkt: Von der Umgehungsstraße in die Ortsmitte von Umhausen, 1031, bei der Kirche über den Horlachbach und 500 m zum Parkplatz bei der Tennisanlage
Gehzeiten: Umhausen – Gasthof Stuibenfall 1½ Std., Aufstieg von dort nach Höfle 20 Minuten., Rückweg knapp 1 Std.
Charakter: Zugang auf breiten Feldwegen, bald nach Stuiböbele kräftig steigender Fußpfad, Abstecher nach Höfle und Abstieg wieder auf breiten Wegen
Einkehr: Jausenstation Stuiböbele, Gasthof Stuibenfall, Alt-Höfle-Stüberl
Karte: KOMPASS Nr. 35, 43, 83 (1:50 000)
Reiseatlas: Seite 16

Höfle (Niederthai), 500 m über dem Ötztal gelegen

In zwei Stufen stürzen die Wassermassen des Horlachbaches nicht weniger als 150 Hm in die Tiefe; so gilt der Stuibenfall als der höchste Wasserfall in ganz Tirol. Die Bezeichnung »Stuiben« kommt von »stauben«; schon von weit außerhalb sieht man die entsprechenden weißen Wolken. Niemand sollte sich außerdem einen Abstecher nach Höfle, einem Weiler, der zu Niederthai gehört, entgehen lassen; der Blick von dort ist herrlich! Wer Zeit und Muße hat, kann noch taleinwärts nach Niederthai wandern (Wege von Höfle und vom Gasthaus Stuibenfall, von dort gut ¼ Std.), das verstreut auf einem weiten Wiesenboden liegt.

Aufstieg bis Höfle: Von den Tennisplätzen auf einem Sträßchen über die freien Wiesenflächen taleinwärts. (oder: vom Parkplatz kurz zurück, dann links ab und zur Horlachbachbrücke beim Campingplatz; nun auf schmälerem Weg immer am Bach entlang). Weiter zur Jausenstation Stuiböbele, wo man die Wasser bereits stauben sieht. In dem nun engen Tal bis hinter den Stuibenfall, dann im steilen Wald auf Steinstufen zu den Aussichtskanzeln 150 Hm empor, über eine kleine Brücke und wieder flach zum Gasthof Stuibenfall, 1480 m, neben dem Bach. Sehr empfehlenswert ist der Weiterweg von dort in einer nach Norden ausholenden Schleife nach Höfle, 1570 m, wo in herrlicher Aussichtslage ein Gasthaus zum Verweilen einlädt.

Rückweg: Vom Gasthaus Stuibenfall auf dem unteren, breiten Weg am Horlachbach entlang, dann rechts immer schräg abwärts durch die teilweise sehr steilen Hänge (schöne Ausblicke) zur Abzweigung eines Fußwegs. Auf ihm, an einer Kapelle vorbei, hinab in den Ortsteil Roßlach. Dann nach links und 500 m zurück zum Parkplatz.

Der wieder ins Leben gerufene Waalweg (Bewässerungswaalweg) führt vom Bischoffs-Parkplatz zum Stuibenfall und zählt zu den wenigen erhaltenen und funktionierenden Waalwegen in Österreich.

Waalweg Stuibenfallareal,
A-6441 Umhausen,
Tel. 05255/5209, Fax 05255/5209-5
e-mail: info@oetztal-mitte.com

Natur-Wasserspiele

150 m stürzt der Stuibenfall in zwei Stufen in die Tiefe. Knapp unterhalb der ersten Hangkante hat sich der Horlachbach durch das Gestein »gefräst« und dabei zwei gut geformte Steinbrücken entstehen lassen. An seinem Ursprung strömt das Wasser aus den Gletschertoren, vereint sich mit zahlreichen Rinnsalen zu kleinen, dann mächtigeren Bächen, die sich im Horlachbach vereinen und der Ötztaler Ache zufließen. Wenn das Wasser in den Felskessel donnert und der Wasserstaub durch die Luft wirbelt, dann meint man eine melodische Abwechslung in den Tönen und Geräuschen zu hören.

68

Wildes Mannle, 3023 m

Wander-Dreitausender vor der Wildspitze

Ausgangspunkt: Vent, 1895 m, Parken beim Lift oder am Ortseingang
Gehzeiten: Direkter Aufstieg vom Lift zum Wilden Mannle in knapp 2 Std., vom Gipfel zur Breslauer Hütte in knapp 1 Std., Abstieg von dort über Rofen 2 Std.
Charakter: Hochalpine Bergwanderung auf Steigen; Südroute bei trockenen Verhältnissen einfach, bei der Überschreitung ist Trittsicherheit erforderlich!
Einkehr: Breslauer Hütte, 2844 m, Gasthäuser in Vent
Karte: KOMPASS Nr. 43 (1:50 000), 042 (1:25 000)
Reiseatlas: Seite 16

Die Überquerung dieses mit zwei Steigen erschlossenen Dreitausenders gehört zum reizvollsten überhaupt! Von Anfang an genießt man bei dieser Tour freie Fernblicke, etwa auf die Eisgipfel des Ramolkamms, bis 3549 m hoch, oder auf die Kreuzspitze mit dem Eisferner. Im oberen Teil gibt es dann noch zwei besondere Attraktionen: Gleich gegenüber ragt die Ostwand der 3768 m hohen Wildspitze in den Himmel, und man gelangt fast auf Tuchfühlung mit den blau schillernden, 150 m hohen Gletscherbrüchen des Rofenkarferners. Zudem lässt sich die Tour mit einem Besuch der Breslauer Hütte, 2844 m, und dem Abstieg über Rofen und die Hängebrücke abrunden.

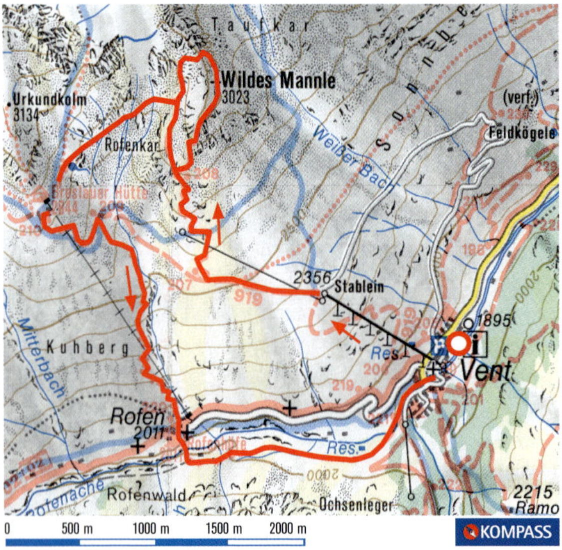

Direkter Aufstieg: Von Vent mit dem Lift zu den Weideflächen von Stablein, 2356 m. Auf breitem Weg Richtung Breslauer Hütte, über die Matten ca. ¾ Std. aufwärts; dort Abzweigung nach oben. Über Hänge und einen weiten Rücken – stets freie Rundsicht – empor auf eine grüne Schulter, 2820 m (Verzweigung, idealer Brotzeitplatz). Gerade auf Gras, Geröll und etwas Blockwerk auf den weiträumigen Gipfel. Auf dem gleichen Weg zurück oder

☛ Überschreitung: Vom Gipfelkreuz über den flachen, blockreichen Kamm, den Steinmännern folgend, nach Norden, dann links abbiegen und über eine interessante Felsstufe (Sicherungen; Blick auf die Eisbrüche des Rofenkarferners, neben der Moräne tiefblauer Bergsee) hinab auf eine ausgeprägte Moräne. Über sie und die folgenden Abdachungen geht es nach Süden zur erwähnten grünen Schulter. Dafür ist ½ Std. mehr Zeit einzuplanen.

Zur Breslauer Hütte, 2844 m: Wie oben auf die »ausgeprägte Moräne« hinab. Von ihrem Ende wandern wir noch ein Stück tiefer zum Gletscherbach, 2760 m, des Rofenkarferners hinab und dann mit nur mäßigem Gegenanstieg zur nahgelegenen Hütte.

Abstieg über Rofen und die Hängebrücke: Von der Hütte auf dem Normalweg in Richtung Vent bis vor den Rofenbach zur Verzweigung. Rechts neben dem tiefen Taleinschnitt gehen wir über die steilen Grashänge des Kuhbergs weit hinab zum Weiler Rofen, 2011 m (Gasthaus), den höchstgelegenen Bergbauernhöfen Österreichs. Nun entweder auf der Straße hinaus nach Vent oder (empfehlenswerter!) unterhalb von Rofen auf der sanft schwankenden Hängebrücke über die Felsschlucht der Rofenache und auf der anderen Seite auf einem angenehmen Fußweg über Almmatten talauswärts.

Abstieg vom Wilden Mannle: Rofenkarferner

KOMPASS Alpin Info

Alpine Auskunftstellen
DAV - Deutscher Alpenverein
☎ +49/89/29 49 40
ÖAV - Österreichischer Alpenverein
☎ +43/512/58 78 28
AVS - Alpenverein Südtirol
☎ +39/0471/41 38 09

KOMPASS-Karten GmbH:
www.kompass.at

Alpiner Wetterdienst
☎ Deutschland: 0190/11 60 11
☎ Österreich: 0900/91 15 66-80

Alpenwetter (persönliche Beratung):
☎ Österreich +43/512/29 16 00

Alpenwetter (im Internet):
www.alpenverein.at/wetter

Alpiner Notruf:
☎ Europäischer Notruf 112
☎ Bayern: 192 22, ☎ Österreich 140
☎ Italien: 118

ÖTZTAL · PITZTAL

Kaunergrathütte, 2817 m

Anspruchsvolle Wanderung nahe der Watzespitze

Ausgangspunkt: Mandarfen,1675 m, im inneren Pitztal, großer Parkplatz bei der Rifflseebahn
Gehzeiten: Vom Rifflsee zur Kaunergrathütte, 2817 m, 3½ Std., Abstieg nach Plangeross knapp 2½ Std.
Charakter: Der Cottbuser Höhenweg erfordert wegen steiler Felsstellen unbedingt Trittsicherheit! Ein Aufstieg von Plangeross wäre dagegen einfach – aber anstrengend.
Einkehr: An der Bergstation der Rifflsee-Gondelbahn und in der Kaunergrathütte.
Karte: KOMPASS Nr. 43 (1:50000), 042 (1:25000)
Reiseatlas: Seite 15, 16

Rifflsee, 2232 m, und Mittagskogel, 3159 m

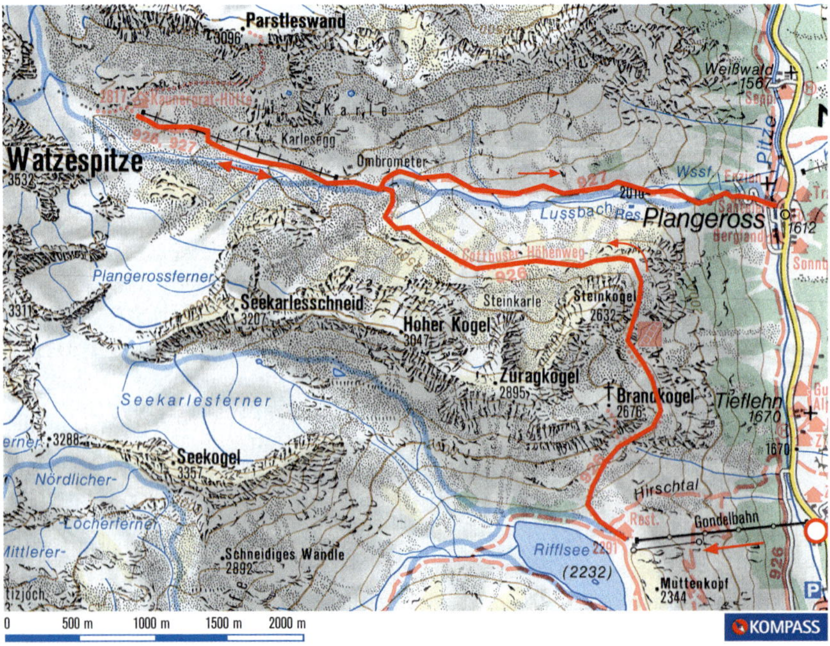

KOMPASS

Blick von der Rüsselsheimer Hütte (Chemnitzer Hütte) zur Watzespitze, 3532 m

Der Kaunergrat ist der mit Abstand eindrucksvollste Kamm der Ötztaler Alpen; hier steht ein gewaltiger Felsgipfel neben dem anderen. Der höchste und markanteste Berg der Region ist die 3532 m hohe, mit einem Hängegletscher verzierte Watzespitze. Beim Zugang zur Hütte hat man diesen Berg stets vor Augen. Um die Tour wirklich spannend zu gestalten, sollte man von der Rifflseebahn aus den Cottbuser Höhenweg gehen, der »himmelhoch« über dem Pitztal Brand- und Steinkogel quert und zwischendurch eindrucksvolles Felsgelände überlistet. Von der Hütte lässt sich ein Dreitausender besteigen: Schräg über weite Schutthänge nach Osten empor zum Grat und auf die Parstleswand, 3096 m, Gehzeit 1 Std..

Cottbuser Höhenweg: Von Mandarfen mit der Gondelbahn zur Bergstation über dem Rifflsee, 2291 m. Hinab in den nahen Grassattel und auf dem Weg erst flach nach Norden, bald jedoch in steilem Gelände über zwei kurze Stufen, dann etwas nach rechts und schließlich zehn Meter hinab zu einer Verzweigung. Hinüber auf einen Rücken, unter der Ostflanke des Brandkogels, 2676 m, in ein kleines Kar und an den Fuß der Steinkogel-Steilhänge. Um den Abbrüchen auszuweichen ein Stück empor, quer über schrofiges Gelände und durch eine tief eingeschnittene Felsschlucht (Sicherungen) hinab auf eine kleine Schulter, Muttler genannt. Nun lange Querung der Nordhänge und etwas aufwärts in den Boden des Plangerosstals. Eindrucksvoller Blick auf die Watzespitze! Nach Westen im schuttreichen Kar aufwärts, nach rechts auf den Kamm einer ausgeprägten Moräne und nochmals etwas nach rechts zur Kaunergrathütte, 2817 m.

Abstieg: Durch das gesamte Plangerosstal hinaus und schließlich im Wald über eine 300-Meter-Steilstufe (Wasserfall) hinab nach Plangeross. Busverbindung nach Mandarfen.

Braunschweiger Hütte, 2758 m

Eindrucksvoller Hütten-Aufstieg in Gletschernähe

Ausgangspunkt: Mittelberg, 1736 m, letzte Ansiedlung mit Gasthaus im Pitztal

Gehzeiten: Aufstieg zur Braunschweiger Hütte 3 Std., Weiterweg ins Pitztaler Jöchl ¾ Std.

Charakter: Zur Braunschweiger Hütte guter Bergweg, jedoch teilweise steiles, felsiges Gelände. Zum Jöchl steiler Pfad

Einkehr: Braunschweiger Hütte, 2758 m, Gletscherstübele.

Karte: KOMPASS Nr. 43 (1:50 000), 042 (1:25 000)

Reiseatlas: Seite 16

Am Pitze-Wasserfall südlich von Mittelberg

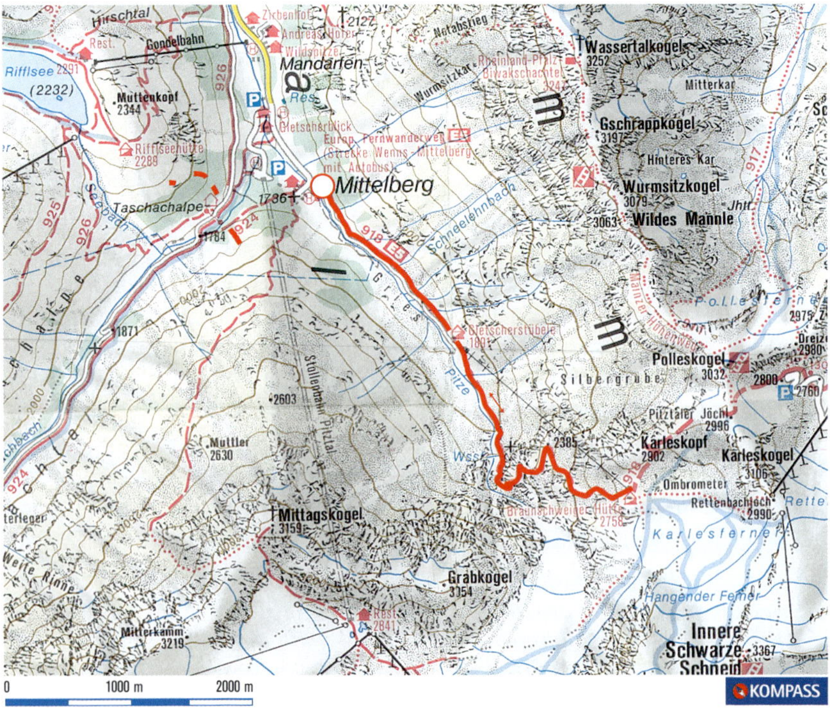

Aufstieg zur Braunschweiger Hütte, 2758 m

Trotz Gletscher-U-Bahn und Pitzexpress sollte man einmal auf seinen eigenen Beinen von Mittelberg zur Braunschweiger Hütte, 2758 m, hinaufsteigen. Man wandert hier durch eine Urgesteins- und Gletscherlandschaft wie aus dem Geologie-Lehrbuch. Felsblöcke jeder Größe, Wandstreifen, Gletscherschliffe, bunte Moose, Alpenrosenfelder, hochalpiner Rasen mit vielen Blumen usw. begleiten den Weg. Man kommt der schmutziggrauen Gletscherzunge des Mittelbergferners sehr nahe, und der Hangende Ferner zeigt Riesenspalten und Eisbrüche. Außerdem wird der Blick auf die Kaunergratberge mit der alles überragenden Watzespitze, 3532 m, immer eindrucksvoller. Man kann von der Hütte aus dann sogar einen Dreitausender besteigen.

Aufstieg zur Hütte: In etwa ½ Std. entlang der Nordseite der Pitze auf einem Fahrweg durch das noch nicht sonderlich attraktive Tal zu der Jausenstation »Gletscherstüble«, 1891 m, und zur Talstation des Materialliftes. Nun auf einem breiten Fußweg erst noch flach, dann stärker steigend zum Beginn des Felsgeländes mit dem Pitze-Wasserfall, der vom Mittelbergferner gespeist wird, über kleine Absätze und Felsbänder nach rechts bis vor die Bachschlucht. Über kurze Steilstufen ein Stück empor in ein kleines Kar – rechts die steile Zunge des Mittelbergferners –, mit einer nach Norden ausholenden Schleife über die nächste Stufe, dann wieder in sehr steilem Gelände zu einem Vorsprung mit schönem Blick auf die großen Gipfel des Kaunergrates. Über Gras- und Schutthänge noch ein gutes Stück zur Hütte empor.

▶ Aufstieg zum Pitztaler Jöchl, 2996 m: Von der Hütte nach Norden und in den steilen Hängen des Karleskopfs in den Sattel rechts daneben. Auf und neben dem Kamm auf Gras und Schutt empor, dann nach rechts über Geröll (oder Schnee) ins Pitztaler Jöchl, das auf der Ostseite vergletschert ist. Ein großartiger Rundblick auf die Dreitausender der Ötztaler Alpen lohnt den Anstieg zum Pitztaler Jöchl.

VINSCHGAU

St. Valentin und Haidersee

Vinschgau – im Schnittpunkt der Kulturen

Der Untervinschgau ist zweifellos durch die mediterranen Einflüsse begünstigt, wie sie besonders deutlich im Pflanzenkleid Merans zum Ausdruck kommen. Das bedeutet einen zeitigen Beginn des Frühjahrs in der Talsohle, der das Land wie ein Blütenmeer erscheinen lässt. Das ist auch die Zeit der Frühjahrsspaziergänge entlang der Waalwege! In den höheren Regionen, wie im Schnalstal und in Sulden, ziehen die Skihochtouristen ihre Spuren in die majestätische Welt der Dreitausender.

Der Sommergast bevorzugt die Verbindung zwischen Ruhe, Entspannung und Kultur. Und gerade daran ist der Vinschgau so reich. Da fällt die Wahl schwer, ob man das bemerkenswerte St.-Prokulus-Kirchlein in Naturns dem Stift Marienberg oder dem Städtchen Glurns vorziehen soll. In jedem Ort sind alte, wertvolle Kulturgüter zu besichtigen.

Der trockene Spätsommer und der farbenprächtige Herbst sind die schönsten Jahreszeiten im inneralpinen Vinschgau. Der Anziehungspunkt Nummer eins ist natürlich der Ortler, aber auch leicht ersteigbare Ziele im Umkreis des Stilfser Jochs oder im Martelltal sind wegen ihrer Aussicht lohnend. Im Oktober, zur Zeit der Obsternte, findet man immer noch sonnenhungrige Wanderer, die mit der Seilbahn hinauf nach St. Martin schweben. Das sportliche Angebot für den Winterurlauber ist reichlich, laden doch außer den bereits genannten Seilbahnen im Ganzjahresskigebiet Schnalstal noch zahlreiche Bergbahnen und Lifte in Langtaufers, Burgeis, St. Valentin, und am Stilfser Joch ein.

Der Vinschgau war im Schnittpunkt verschiedener Sprachen und Kulturen immer ein Land der Begegnung, wo Alt und Neu ganz nahe beieinander liegen und dessen kulturelle Vielfalt und Schönheit bis heute einen besonderen Reiz auf seine Besucher ausüben.

Flora

Der Vinschgau ist in seinen Niederungen sehr fruchtbar. So ist eine Vielzahl an Gewächsen aus dem Süden bis hierher vorgedrungen. Man trifft hier, wie in anderen im klimatischen Grenzbereich liegenden Gegenden Südtirols, auf die Flaumeiche, die Mannaesche, den Zügelbaum, auf wilde Feigenbäume und den Blasenstrauch. Eigenartig ist auch das Vorkommen von Floraarten, die sich sonst hauptsächlich im Rhonetal und in den Seealpen finden. Waldungen mit gutem Fichten- und Lärchenbestand ziehen sich an der obersten Stufe des Vinschgaus sowie an den Hängen der Seitentäler und von der Malser Haide dann längs der Ortler und Marteller Gebirgskämme hin. An Bodenprodukten werden Gerste, Mais, Weizen und Kartoffeln neben verschiedenen Gemüsearten aus dem Süden gezogen. Edelkastanien, Obst und Wein zählen zu den wichtigsten Produkten der Landwirtschaft. Die Bewässerung erfolgt durch jahrhundertealte Wasserkanäle, die sogenannten Waale, und pumpenbetriebene Beregnungsanlagen. Im Frühjahr könnten Nachtfröste die Blüten zerstören. Wenn die Temperatur unter 0,5 °C absinkt, alarmiert der Frostwarndienst die Obstbauern. Dann werden mit der Beregnungsanlage die Bäume besprüht, damit sich eine dünne Eisschicht schützend über die Blüten legt.

Waale – Wasserkultur

Wanderer im Vinschgau und Meraner Land entdecken früher oder später ihre Liebe zu den Waalwegen, die entlang der künstlich angelegten schmalen Wasserkanäle die Berghänge queren und in leichtem Gefälle durch Obstgärten, Wiesen und Wälder führen. Begleitet wird der Wanderer vom Murmeln des Waalwassers, das von den Bergen herab zur Bewässerung in die Obstgärten geleitet wird. Urkundlich nachgewiesen sind die Waale in Südtirol seit dem 13. Jh.
Mit einfachsten Mitteln wurde knapp unterhalb der Gletscher das Wasser gefasst und in Holzrinnen (Kandln) sowie steinbedeckten Gräben in gleichmäßigem Gefälle zu Tal geleitet. In unserer Zeit haben Beregnungsanlagen weitgehend die alten Waale ersetzt – für Wanderer bleiben die noch bestehenden Waale ein bewahrenswertes Kulturdenkmal und romantische Begleiter auf ihren Touren.

Beschauliches Wandern am Waalweg

Die Orte

Vinschgauer Oberland mit Reschen, St. Valentin, Graun, und Langtaufers

Das Vinschgauer Oberland beginnt im Norden am Reschenpass, 1504 m, vom Süden her auf der Malser Haide, dem größten Murenkegel der Alpen. Der noch halb aus dem Wasser ragende Kirchturm – heute ein bekanntes Fotomotiv – ist das einzige Zeugnis des alten Dorfes Graun, das 1950 im Reschen-Stausee versank.

Tourismusverein Vinschgauer Oberland, Landstraße 61, I-39020 Graun im Vinschgau, Tel. 0473/634603, Fax 0473/634713; e-mail: info@reschenpass-suedtirol.it www.reschenpass-suedtirol.com

Glurns

907 m. Glurns wird 1304 erstmals als Stadt erwähnt. Mit seinen vollständig erhaltenen mächtigen Renaissance-Stadtmauern, den Tortürmen und den malerischen Laubengängen aus dem 13.–16. Jh. vermittelt es die Atmosphäre eines mittelalterlichen Städtchens.

Tourismusverein Mals, Schluderns und Glurns, St.-Benedikt-Str. 1, I-39024 Mals, Tel. 0473/831190, Fax 0473/831901; e-mail: mals@suedtirol.com www.vinschgau.suedtirol.com

Latsch, Goldrain

Latsch, 639 m, liegt im mittleren Untervinschgau. Spitalkirche mit großartigem Flügelaltar des schwäbischen Bildschnitzers Jörg Lederer (1524). Schloss Goldrain, eine romanische Burganlage, im 16. Jh. umgebaut. Heute bietet die Schlossanlage den Rahmen für zahlreiche kulturelle und musikalische Veranstaltungen.

Tourismusverein Latsch mit Goldrain, Morter, Tarsch und St. Martin, Hauptstr. 38/A, I-39021 Latsch, Tel. 0473/623109, Fax 0473/622042; e-mail: latsch@suedtirol.com www.latsch.suedtirol.com

Kastelbell-Tschars

600–627 m, besitzt einen der schönsten Waalwege Südtirols. Er führt am Vinschgauer Sonnenberg zum Schloss Juval, dem Sommersitz Reinhold Messners.

Tourismusverein Kastelbell-Tschars, Staatsstr. 5, I-39020 Kastelbell-Tschars, Tel. 0473/624193, Fax 0473/624559; e-mail: kastelbell@suedtirol.com www.kastelbell-tschars.com

Mals im Vinschgau

1051 m. Die Marktgemeinde wird wegen ihrer Kirchtürme auch das »Siebentürmige« genannt. In der Ortsmitte steht die Pfarrkirche St. Martin (12. Jh.).

Tourismusverein Mals, Schluderns und Glurns, St.-Benedikt-Str. 1, I-39024 Mals, Tel. 0473/831190, Fax 0473/831901; e-mail: mals@suedtirol.com www.vinschgau.suedtirol.com

Martell

1220 m. Der Hauptort des Martelltals, einem südlichen Seitental des

Untervinschgaus, liegt weit gestreut im Stilfser Nationalpark. Das Martelltal wird vor allem von Bergwanderern gerne besucht.
Tourismusverein Martell,
Dorf 96, I-39020 Martell,
Tel. 0473/744598, Fax 0473/744698;
e-mail: martell@suedtirol.com
www.martell.suedtirol.com

Ortlergebiet
915–2760 m. Ferienregion mit den Ortschaften, Prad, 915 m, Lichtenberg, Gomagoi, Stilfs, 1310 m, Trafoi, Sulden, 1844 m, und Stilfserjoch, 2757 m. In 48 Kehren führt die berühmte Stilfserjochstraße von Prad in die hochalpinen Bergregionen des Stilfser Nationalparks mit dem höchsten Berg Südtirols, 3905 m.
Tourismusverein Ferienregion Ortlergebiet
im Stilfser Nationalpark,
Hauptstr. 72, I-39020 Stilfs
Tel. 0473/613015, Fax 0473/613182;
e-mail: sulden@suedtirol.com
www.sulden.suedtirol.com

Schlanders, Laas
Schlanders 721 m, ist das Zentrum des Untervinschgaus. Hoch über dem Ort thront die Schlandersburg (1600). Laas, 868 m. Hier wird der berühmte Marmor abgebaut, der wegen seiner Reinheit und Härte von Künstlern für Skulpturen und Bildhauerarbeiten bevorzugt wird.
Tourismusverein Schlanders - Laas
im Stilfserjoch Nationalpark,
Göflanerstr. 27, I-39028 Schlanders,
Tel. 0473/730155, Fax 0473/621615;
e-mail: schlanders@suedtirol.com
www.schlanders.suedtirol.com

Churburg, Wandern mit Kultur verbinden

Schluderns
921 m, am Übergang vom Ober- zum Untervinschgau besitzt mit der Churburg (13. Jh.) den besterhaltene Wehrbau des Landes. Die im 16. Jh. im Stil der Renaissance umgestaltete Anlage mit ihrem Arkadenhof und den wertvollen Rüstungen ist seit 1504 im Besitz der Grafen von Trapp, die sie heute noch als Sommerresidenz bewohnen *(Führungen tägl. von 10.00–12.00 Uhr und von 14.00–16.30 Uhr, Mo. Ruhetag).*
Tourismusverein Mals, Schluderns und
Glurns, St.-Benedikt-Str. 1,
I-39024 Mals, Tel. 0473/831190,
Fax 0473/831901;
e-mail: mals@suedtirol.com
www.vinschgau.suedtirol.com

Taufers im Münstertal
1240 m. Das Tiroler Bergdorf an der Grenze zum schweizerischen Engadin (Kanton Graubünden) gelegen, ist reich an Naturschönheiten Die Kirche des Johanniterhospizes St. Johann ist ein Zeugnis romanischer Kunst.
Tourismusverein Taufers im Münstertal,
St.-Johann-Str. 31, I-39020 Taufers,
Tel. 0473/832168, Fax 0473/831755

Zur höchsten Siedlung Südtirols

Von Reschen nach Rojen, 1968 m

Ausgangspunkt: Reschen, 1525 m, Parken im Ortsgebiet
Zufahrt: Auf der Staatsstraße 40 nach Reschen
Gehzeit: 3½ Std.
Höchster Punkt: 1968 m
Höhenunterschied: 443 m
Charakter: Leichte Wanderung durch Wald und über Almwiesen zu historischen Höfen
Einkehr: Gasthaus in Rojen/Bergkristall, 1968 m
Karte: Kompass Nr. 52, 42 (1:50 000), Nr. 041 (1:35 000)
Reiseatlas: Seite 15

Bandzaun am Bergbauernhof

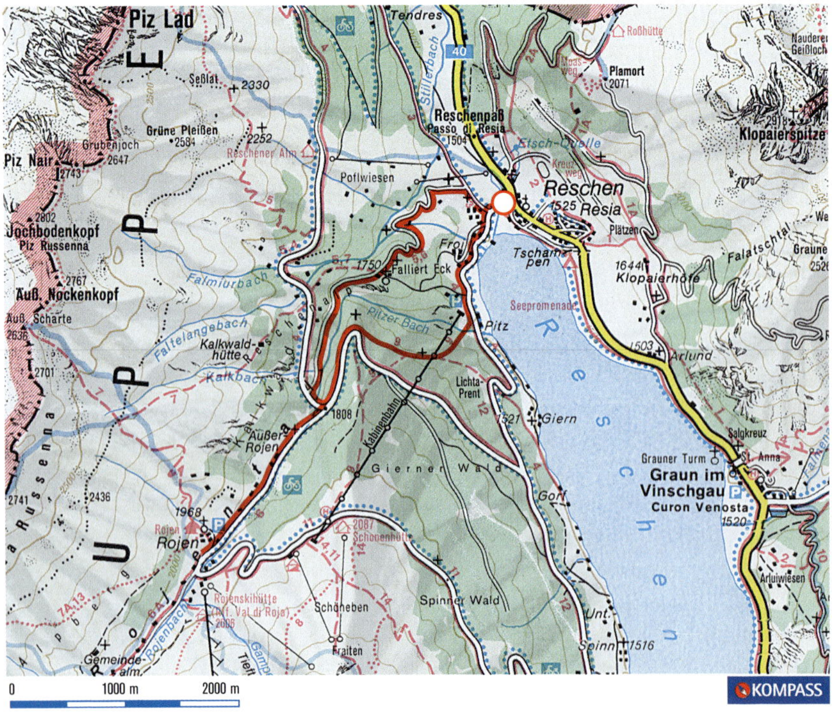

Wir beginnen diese gemütliche Wanderung im alten Ortskern von Reschen, 1497 m, am äußersten Nordende des Reschensees. Zunächst folgen wir dem altbekannten Wallfahrtsweg entlang der 14 Kreuzwegstationen (Markierung 5/6) bis zur Kapelle auf das Falliert-Eck, 1750 m, hinauf, die wir in ungefähr 1 Std. erreichen.

Von dort gehen wir den Weg noch ein Stück aufwärts. An der Weggabelung bei einer Waldlichtung halten wir uns links und folgen nun dem eben taleinwärts führenden Waldweg Nr. 6. Nach etwa ½ Std. treffen wir auf eine von der Rojener Straße abzweigende Militärstraße. Auf dieser überqueren wir den Bach und wandern taleinwärts, bis wir nach ½ Std. den Weiler Rojen erreichen. Dieser Weiler, 1968 m, gilt als die höchstgelegene Dauersiedlung Südtirols.

Es lohnt sich hier zu verweilen und vielleicht daran zu denken, wie schwierig es wohl gewesen sein mag, in dieser Höhenlage das ganze Jahr über zu leben. Das Bergkirchlein St. Nikolaus in Rojen wurde bereits im Jahr 1291 urkundlich erwähnt und 1358 eingeweiht. Im Inneren eine ausdrucksstarke Darstellung der Kreuzigung und Fresken der Meraner Schule aus dem 15. Jh. – den Schlüssel zur Kirche erhält man im Gasthaus Rojen/Bergkristall.

Der Abstieg nach Reschen erfolgt bis zur Abzweigung der Militärstraße am Aufstiegsweg. Von dort folgen wir der Talstraße bis zur ersten großen Kurve und steigen von dort entlang der Markierung Nr. 9 durch dichten Fichtenwald zum Reschensee ab. Gemütlicher, aber länger, ist der Abstieg über die weiten Kehren der Rojener Straße.

Der vom Reschensee umflutete Grauner Turm, im Hintergrund der Piz Lad

Glurnser Köpfl, 2402 m

Aussichtstour über dem Städtchen Glurns

Ausgangspunkt: Glurns, 907 m, Parken am nördlichen Ortsrand
Zufahrt: Vom Reschenpass auf der Staatsstraße 40, von Meran und vom Stilfser Joch auf der Staatsstraße 38
Gehzeit: 6–6½ Std.
Höchster Punkt: Glurnser Köpfl, 2402 m
Höhenunterschied: 1495 m
Charakter: Leichte, aussichtsreiche Wanderung durch Wald und über Almböden
Einkehr: Glurnser Alm, 1978 m
Karte: Kompass Nr. 52, 072 (1:50 000), Nr. 041 (1:35 000)
Reiseatlas: Seite 15

Ausgangspunkt dieser aussichtsreichen Wanderung ist der Stadtplatz von Glurns. Wir wandern durch das Tauferer Tor zur außerhalb der Stadt gelegenen Pfarrkirche und folgen dem an der Prader Straße abzweigenden Feldweg (Trey), der uns in einer halben Stunde über den Glurnser Schuttkegel zum St.-Martins-Kirchlein empor bringt. Von dort folgen wir dem durch das Glurnser Tal aufwärts führenden Forstweg (Markierung Nr. 24), bis dieser das Tal verlässt.

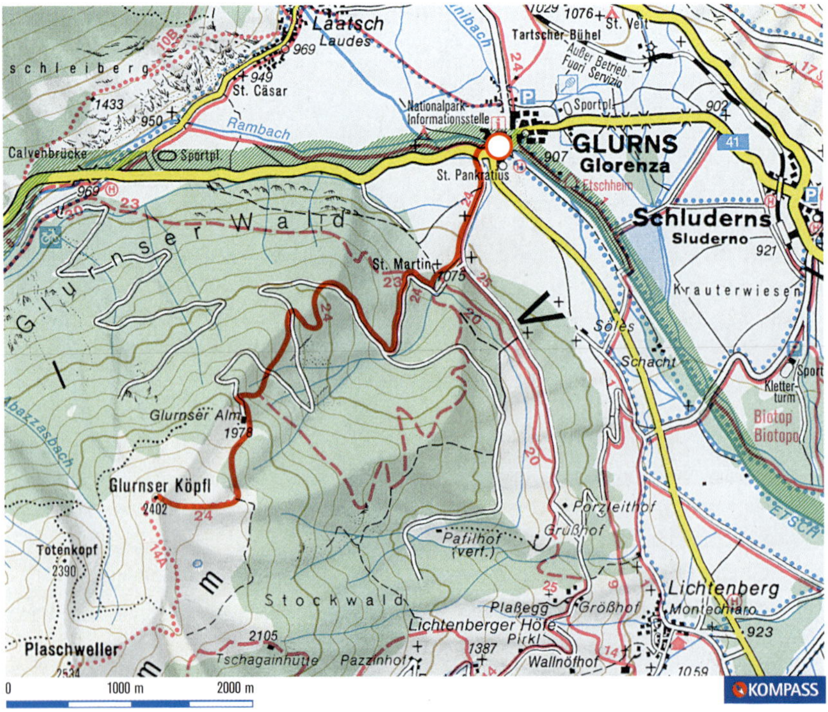

Glurns, das mittelalterliche Städtchen am Eingang ins Engadin

Nun halten wir uns an den links abzweigenden alten Almweg (Schild: zur Köpflalm Nr. 24), der uns etwas steil durch den dichten Glurnser Wald aufwärts führt. Nach etwa 2 Std. (von St. Martin aus) queren wir die zur Glurnser Alm, 1978 m, führende Forststraße. In einer weiteren halben Stunde erreichen wir die schön gelegene Alm am Fuß des Glurnser Köpfls. Von dort aus ist bereits das Gipfelkreuz auf dem Glurnser Köpfl, 2402 m, zu sehen.

Über Almböden steigen wir zum Ostgrat empor und diesem folgen wir in leichtem Anstieg zum Gipfel des Glurnser Köpfls, 2402 m, den wir von der Glurnser Alm aus in einer knappen Stunde erreichen. Der Abstieg erfolgt am Anstiegsweg (Gesamtgehzeit 6–6½ Std.).

Kultur Tipp

Das mittelalterliche Städtchen Glurns ist als einzige Stadt Tirols von einem vollständig erhaltenen Mauerring und drei mächtigen Toren umgeben. Der Tauferer Torturm, auch »Kirchporten« genannt, beherbergt mit seinen vier Ebenen Ausstellungen zu verschiedenen Themen in Deutsch, Italienisch und Rätoromanisch. Seine frühe Bedeutung verdankt Glurns dem Salzhandel; zudem war es Gerichtssitz der Tiroler Grafen. 1499 in der Calvenschlacht gegen die Eidgenossen weitgehend zerstört, wurde Glurns wieder aufgebaut und erhielt das Stadtbild, das es sich bis heute bewahren konnte.
Tourismusverein Mals, Schluderns und Glurns, ☎ +39/0473/831190,
Fax +39/0473/831901

Höhenwanderung nach Martell

Vom Talschluss zu den Bergbauernhöfen

Ausgangspunkt: Enzianhütte, 2051 m. Parken bei der Enzianhütte (Gand)
Zufahrt: Von der Staatsstraße 38 bei Schlanders abzweigen und auf der Marteller Talstraße bis Gand in Martell (11 km)
Gehzeit: 5½–6 Std.
Höchster Punkt: 2165 m
Höhenunterschied: Aufstieg 114 m, Abstieg 615 m
Charakter: Aussichtsreiche Wanderung über satte Almböden. Vor der Schluderalm ist eine drahtseilgesicherte Felspassage zu überwinden (Trittsicherheit gefordert!).
Einkehr: Enzianhütte, 2051 m; Lyfialm, 2165 m; Stallwies, 1931 m; Niederhof, ca. 1700 m; Premstlhof, 1550 m
Karte: KOMPASS Nr. 52, 72, 072 (1:50 000), Nr. 052 (1:40 000), Nr. 069 (1:35 000), Nr. 636 (1:25 000)
Reiseatlas: Seite 15, 25

VINSCHGAU

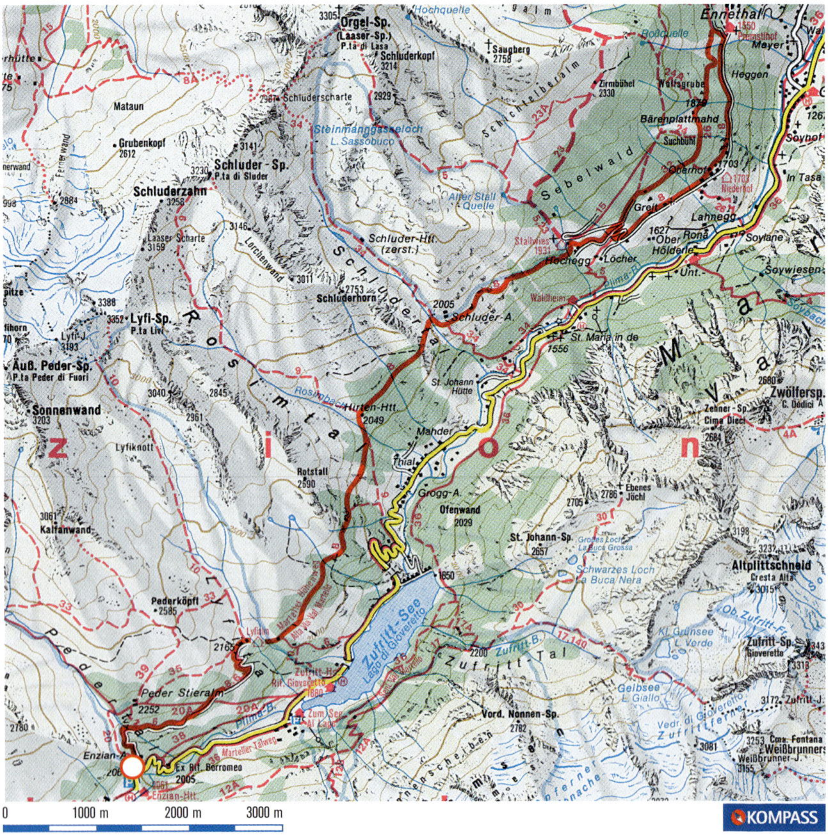

Zufrittsee im Martelltal

Die aussichtsreiche Wanderung führt vom Talschluss zu den Bergbauernhöfen von Martell. Den Ausgangsort Enzianhütte, 2051 m, erreichen wir mit dem Auto über die Marteller Talstraße. Besser aber ist es, das Auto in Gand abzustellen und mit dem Linienbus dorthin zu fahren.

Von der Enzianhütte folgen wir dem nahe der Hütte abzweigenden Forstweg (Markierung Nr. 6), der uns zunächst eben, später in einigen Kurven ansteigend, in einer guten Stunde zur Lyfialm, 2165 m, talauswärts führt. Hier überqueren wir den Bach und gelangen auf eine Lichtung. Wir folgen dem mit Markierung Nr. 8 gekennzeichneten Weg, überqueren die Lichtung und wandern nun eben durch den Wald weiter. Später senkt sich der Weg, überquert einen Bach und führt, stets abwärts verlaufend, unter Felsen hindurch. Wir befinden uns nun oberhalb der Staumauer des Zufrittsees. Der Steig führt weiterhin in zahlreichen Kehren abwärts bis nahe an die Talsohle heran (1 Std. ab Lyfialm). Hier treffen wir auf die von der Straße heraufführende Markierung 9, der wir nun, etwas mühsam ansteigend, bis zu einem Almboden oberhalb einer Hirtenhütte folgen (½ Std.). Dort halten wir uns an den ostwärts abzweigenden Steig (Markierung Nr. 8), der zunächst noch ein Stück bis nahe an die Waldgrenze ansteigt.

Schließlich beginnt der Weg sich zu senken. Er überwindet nun, durch Drahtseile versichert, eine recht ausgesetzte Felswand (Trittsicherheit erforderlich) und erreicht die Schluderalm, 2005 m (Almboden im Rosimtal – Schluderalm, ¾ Std.). Von der Schluderalm wandern wir in einer weiteren ¾ Stunde zum Stallwieshof, 1931 m, wo wir zu einer Rast einkehren.

Der Abstieg nach Martell erfolgt entweder über die Fahrstraße (Einkehr beim Niederhof und Premstlhof möglich) oder aber über einen Steig (Markierung Nr. 32), der in der ersten Kehre des Fahrweges abzweigt, am Hof Greit vorbei zur Bärenplattmahd und von dort (Markierung Nr. 26) zum Gasthaus Premstlhof hinabführt (Gehzeit Stallwies – Martell, ½ Std.).

Entlang des Waals zum Schloss Juval
An Sonnenhängen vom Schnalstal nach Tschars

Ausgangspunkt: Bushaltestelle in Altrateis im Schnalstal, 844 m. Parkplatz Walchhof
Zufahrt: Von der Staatsstraße 38 bei Naturns ins Schnalstal abzweigen
Gehzeit: 2½ Std.
Höchster Punkt: 927 m
Höhenunterschied: 83 m
Charakter: Leichte Wanderung von Altrateis am Schnalser Waalweg talauswärts zum Schloss Juval und an den Sonnenhängen des Vinschgaus nach Tschars
Einkehr: Jausenstation Altrateis, Schlosswirt Juval (Buschenschank), Sonnenhof, Himmelreich, Tschars
Karte: KOMPASS Nr. 52, 72, 072 (1:50000), Nr. 052 (1:40000), Nr. 051, 069 (1:35000)
Reiseatlas: Seite 16

Wir fahren mit Bus oder eigenem Pkw bis zum Walchhof innerhalb von Altrateis (Bushaltestelle). Von dort wandern wir bis zum Ende der Wiesen taleinwärts, wo wir auf den vom Schnalsbach abgeleiteten Schnalser Waalweg (Bewässerungskanal) treffen. Diesen nahezu eben am rechten Talhang auswärts führenden Waal (Markierung Nr. 3) begleiten wir nun auf dem für den Waalaufseher angelegten Steig. Dabei müssen wir öfters Hangrutschungen queren, die etwas Trittsicherheit und Aufmerksamkeit erfordern (Steinschlaggefahr bei Schlechtwetter!). Nach etwa 1½ Std. gelangen wir auf die Wiesen, die

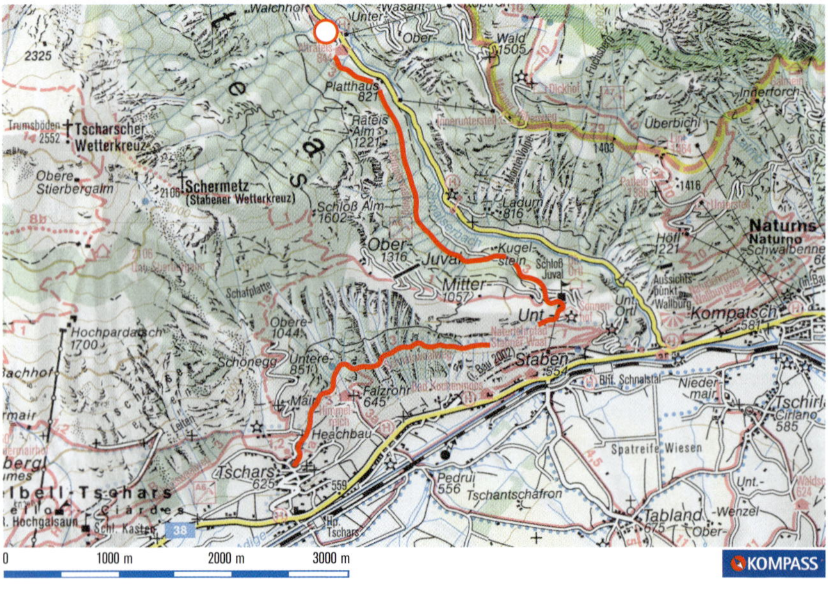

Die über 700 Jahre alte Burganlage Juval, am Eingang ins Schnalstal

zu den Höfen von Schloss Juval gehören. Hier verlassen wir den Waal und steigen dem beschilderten Weg folgend zum nahen Schloss empor, das seit 1983 Sommer-Wohnsitz von Reinhold Messner ist, dessen bemerkenswerte Kunstsammlungen in Führungen hier zu besichtigen sind (siehe auch nebenstehenden Kultur-Tipp).

Der Weiterweg führt zwischen den Gebäuden des Schlosshofes hindurch über einen steilen Pflasterweg zur Jausenstation Sonnenhof. Hier treffen wir wieder auf den Schnalswaalweg (Markierung 3), der nun durch die trockenen Sonnenhänge des Vinschgaus zuerst in westlicher Richtung zu einer kleinen Marienkapelle führt. Einige 100 Meter danach verlassen wir den Waalweg und steigen auf gutem Steig südwestlich durch Kastanienhaine nach Tschars ab (Gesamtgehzeit 2½ Std.).

Kultur Tipp

Hoch über dem Eingang ins Schnalstal thront die über 700 Jahre alte Burganlage Juval, die 1278 von Hugo von Montalban erbaut wurde. Im Laufe der Jahrhunderte wechselten oftmals ihre Besitzer und mit den Jahren drohte das Schloss zu verfallen. Seit 1983 befindet sich das Schloss im Besitz des Südtiroler Bergsteigers und Schriftstellers Reinhold Messner, der die Burg saniert und sehenswerte Kunstsammlungen untergebracht hat:
In den beiden Schlosshöfen Skulpturen aus Indien, Nepal, Tibet – im Spielturm historische Bilder zur Schlossgeschichte – im Ostturm Fresken aus der Zeit Maximilians I. – im Bergfried die Bergbildgalerie, und den Mittelpunkt bildet die Maskensammlung aus vier Kontinenten.
Öffnungszeiten: nur mit Führung ab Palmsonntag–30. 6. und vom 1. 9.–Anfang November von 10.00–16.00 Uhr.
☎ *+39/0335/6939006*

Gipfeltour zum Similaun

Hochtour in die Welt des Mannes vom Hauslabjoch

Ausgangspunkt: Vernagt im Schnalstal, 1700 m. Parken in Vernagt
Zufahrt: Von der Staatsstraße 38 bei Naturns ins Schnalstal abzweigen
Gehzeit: 9 Std.
Höchster Punkt: 3599 m
Höhenunterschied: 1899 m
Charakter: Hochalpine Tour – nur für Geübte! Anstrengender Anstieg von Vernagt durch das Tisental zur Similaunhütte. Gipfelanstieg von der Schutzhütte über den Niederjochferner zum Similaungipfel nur für erfahrene Berggeher!
Einkehr: Similaunhütte, 3017 m; Tisenhof
Karte: KOMPASS Nr. 52, 43 (1:50 000), Nr. 043, 051, 069 (1:35 000)
Reiseatlas: Seite 15, 16

Hochalpine Tour in die Welt des Eises

Von Vernagt steigen wir zunächst zum Tisenhof empor. Von dort aus führt uns Markierung Nr. 2 entlang des Leiterbaches in das Tisental. Nach etwa 3½ Std. anstrengenden Aufstiegs erreichen wir die 3017 m hoch gelegene Similaunhütte auf dem Niederjoch. Von dort steigen wir angeseilt, mit Pickel und Steigeisen, über den Niederjochferner zum bisweilen vereisten Gipfelgrat, der etwas ausgesetzt ist und Schwindelfreiheit erfordert. Der Gipfel des Similauns wird von der Similaunhütte aus in etwa 2 Std. erreicht.

Prachtvoll ist der Ausblick in die Ötztaler Gletscherwelt (nördlich ist die Wildspitze zu sehen) und hinab auf den wild zerklüfteten Marzellferner. Der Abstieg erfolgt über den Aufstiegsweg. Für diese Tour ist Gletscherausrüstung erforderlich! Zur Erleichterung der Tour sollte eine Übernachtung auf der Similaunhütte eingeplant werden.

▶ Von der Similaunhütte gelangt man in 1 Std. zur Fundstelle des »Mannes vom Hauslabjoch«. Sie liegt am Rande des Niederjochferners nahe dem Tisenjoch, 3210 m. In der flachen Felsmulde, die jahrtausendelang vom Eis gefüllt war, blieb der Tote nahezu unversehrt erhalten. Ein Besuch der Fundstelle ist eine hochalpine Tour, die Erfahrung, Kondition und geeignete Ausrüstung voraussetzt (7–8 Std.).

Geführte Bergtouren zur Fundstelle werden angeboten.

Anmeldung: Tourismusverein Schnalstal, Tel. +39/0473/769148

Der Mann aus dem Eis

Späte Rückkehr: 5300 Jahre nach seinem Tod kehrt ein Mann aus der Eisregion unterhalb von Finailspitze und Similaun mit seinen Gerätschaften in unsere Zeit zurück und wird zur Sensation für Wissenschafter, Medien und Politiker. 1991 fanden Alpinisten auf ihrer Gletschertour die teilweise ausgeaperte, mumifizierte Leiche eines knapp 1,60 m großen Mannes.

Das **Südtiroler Archäologiemuseum** in Bozen beherbergt im 1. Stock die Mumie vom Similaungletscher (»Ötzi«) mit seinen Geräten und gewährt Einblicke in die Geschichte Südtirols. Die Ausstellungsfläche beträgt ungefähr 1200 m² und umfasst vier Stockwerke.

Di.–So. 10.00–18.00 Uhr,
Do. 10.00–20.00 Uhr, Mo. geschlossen,
1. Jänner., 1. Mai und 25. Dezember geschlossen

I-39100 Bozen, Museumstraße 43,
Führungen nur nach Anmeldung:
☎ +39/0471/982098;
e-mail: museum@iceman.it
www.iceman.it

MERANER LAND

Palmen und Hochgebirge

Meran-Burggrafenamt – Obst-, Kur- und Wanderland

Meran wird aufgrund seines milden und gesunden Klimas, der üppigen Vegetation und der Schönheit der Landschaft während des ganzen Jahres, insbesondere im Frühjahr und Herbst von Touristen besucht. Mit über 2 Millionen Nächtigungen im Jahr sind Handwerk, Handel und Industrie an den Fremdenverkehr gebunden. Meran ist heute ein beliebter Fremdenverkehrsort mit Thermen, Hippodrom und jedem modernen Komfort.

Die Schönheit der Umgebung Merans begründet den guten Ruf als Paradies sowohl für Wanderer als auch für erfahrene Bergsteiger. Groß ist das Angebot an Promenaden (Kur-, Passer-, Winter-, Sommer- und Gilfpromenande) und Spaziergängen (Tappeinerweg, Tiroler Steig) im Stadtgebiet als auch in den benachbarten Gemeinden mit den beliebten Waalwegen. Über das weit verbreitete Netz an Wanderwegen können Ziele in allen Höhenlagen aufgesucht und auch 3000 m hohe Gipfel im Naturpark Texelgruppe bestiegen werden.

Als weitere Sporteinrichtungen bietet Meran den international bekannten Pferderennplatz in Untermais, im September Austragungsort des »Großen Preises von Meran«; weiters stehen den Gästen öffentliche Schwimmbäder, Kunsteisstadion, Tennisplätze, ein Reitturnierplatz mit Reitschule und Minigolfplätze zur Verfügung. Dazu kommen internationale Kanuwettbewerbe auf der Passer inmitten der Kurstadt zur Austragung.

Die Skigebiete in Südtirol sind in Skiverbundsysteme zusammengefasst: Für das Meraner Land ist es die Ortler-Skiarena, die mit Latsch, Meran 2000, Pfelders, Ulten und dem Ganzjahresskigebiet Schnalstal in 3200 m Höhe für Wintersportvergnügen sorgt.

Das günstige Klima, Heilwasser und Traubensaft tragen das ganze Jahr über zum Wohlbefinden des Gastes bei. Das Blütenmeer der Apfelkulturen im Frühling, das Törggelen im Herbst und der an jedem Freitag stattfindende Markt werden jedem Gast in guter Erinnerung bleiben.

Das Kongresszentrum ist dank seiner großzügigen Einrichtung Schauplatz zahlreicher Tagungen. Neben den von April bis Oktober stattfindenden Kurkonzerten wird das Südtiroler Brauchtum mit dem malerischen Haflinger Bauerngalopprennen und Umzügen am Ostermontag sowie dem großen Traubenfest mit Trachtengruppen und Musikkapellen an jedem zweiten Sonntag im Oktober großgeschrieben. Gemütliche Tiroler Weinstuben, Tanzlokale und Diskotheken in Meran und Umgebung ergänzen das Unterhaltungsprogramm auch für junge Besucher und bieten die passende Unterhaltung für jeden Geschmack.

Die Obst- und Rebenlandschaft, die subtropische Pflanzenwelt mit Palmen und Zypressen, die herrlichen Promenadenwege und die Jugendstilbauten wie Kurhaus oder Stadttheater, zog auch Literaten wie Rilke, Schnitzler oder Kafka magisch an – ein Treffpunkt für nostalgische Künstler, die in Meran Gesundheit und vielleicht auch ein wenig den Flair der südlichen Kurstadt suchten. Zu den Förderern Merans zählte Erzherzog Johann von Österreich. Schloss Schenna wurde ihm zum Heim, das er mit seiner »nicht standesgemäßen« Frau, der Ausseer Postmeisterstochter Anna, teilte. Das Meraner Land hat zu jeder Jahreszeit etwas zu bieten: Der Wanderer wird wohl die Vielfalt der Naturschönheiten und Sehenswürdigkeiten entlang der Wege besonders schätzen – vom nahezu ebenen Waalweg bis zur Hochgebirgstour reicht der weite Bogen der Tourvorschläge zu dieser Wanderregion.

Der Duft reifer Äpfel

Seit dem Mittelalter wird in Südtirol der Apfel angebaut. 1885 wurden jährlich 10 Tonnen Äpfel geerntet, das entspricht 800 Waggons, während es heute jährlich 70000 bis 80000 Waggons sind. Mit rund 18000 ha Obstanbaufläche gehört Südtirol zu den größten Obst-Anbaugebieten Europas.

Im **Südtiroler Obstbaumuseum** in Lana wird auf 2000 m² eine umfassende Dokumentation zur geschichtlichen Entwicklung und heutigen Situation des Obstbaues in Lana dargestellt.

Brandis-Waalweg 4, I-39011 Lana

☎ *+39/0473/564387*

Öffnungszeiten: Mitte März–Ende Oktober, Dienstag bis Samstag 10.00–12.00 und 14.00–17.00 Uhr, an Sonn- und Feiertagen 14.00–18.00 Uhr. Montag geschlossen.

Die Orte – Sehenswürdigkeiten

Meran
325 m, ist einer der bedeutendsten heilklimatischen Kurorte an der Südseite der Ostalpen - eine Stadt mit dem Charme vergangener Tage. Jahrhundertealte Laubengänge laden zum Bummeln ein; angenehme Kuratmosphäre vermitteln herrliche Parks und Promenadenwege - der bekannteste davon ist wohl der Tappeinerweg, der von südlicher Vegetation umsäumt ist. Sehenswert sind: die Landesfürstliche Burg, um 1480 von Herzog Sigmund dem Münzreichen erbaut; die Zenoburg, auf einem Felsen hoch über der Passerschlucht; das Stadtmuseum (Gallileistraße 43) mit ur- und frühgeschichtlichen Funden und dem Modell der ersten Schreibmaschine von Peter Mitterhofer (1822–1892). Die Pfarrkirche St. Nikolaus (Fresken, 15. Jh.) am oberen Ende der Lauben mit Turmvorhalle aus der Hochgotik.

Dorf Tirol
596 m. Der Luftkurort liegt auf einer Sonnenterrasse oberhalb der Kurstadt Meran. Das Wahrzeichen des Burggrafenamtes - das Stammschloss der Grafen von Tirol (12. Jh.) - besitzt romanische Marmorportale mit schönen Steinmetzarbeiten, reizvolle Bogenfenster im Großen Saal, eine Burgkapelle mit frühgotischen Fresken, Kreuzigungsgruppe (14. Jh.) und das älteste Glasgemälde Tirols (14. Jh.).

Tisens/Prissian
631 m. Die Porphyrkuppe von St. Hippolyt ist eine der bedeutendsten ur- und frühgeschichtlichen Siedlungen Südtirols. Die Pfarrkirche Maria Himmelfahrt ist glanzvoller Mittelpunkt des Tisener Mittelgebirges. Ihre gotischen Glasfenster sind die schönsten Glasgemälde Tirols (um 1520).

Vom vielgerühmten Kirchenhügel St. Hippolyt in Prissian hat man einen eindrucksvollen Rundblick auf 20 Ortschaften und 40 Schlösser des Burggrafenamtes.

Naturns
554 m, der klimatisch begünstigte Ort kann mit einem besonderen Schatz für Kunstfreunde aufwarten: Der Freskenzyklus an der Außenwand des St.-Prokulus-Kirchleins stammt von einem Meister aus Meran (um 1400), die Freskomalereien im Inneren stammen aus der irisch-karolingischen Zeit (8. Jh.) - sie zählen zu den ältesten Wandgemälden im deutschen Sprachraum.

Partschins
637 m. Oberhalb des Ortes stürzt der Zielbach als größter Wasserfall Südtirols (97 m) zu Tal. Im Ort warten einige Sehenswürdigkeiten auf ihre Besucher, z.B. das Geburtshaus von Peter Mitterhofer, dem Erfinder der Schreibmaschine, und das Heimatkundliche Museum. Die Pfarrkirch St. Peter und Paul ist ein spätgotischer Bau mit wertvollen Holzfiguren von Jörg Lederer.

Tourist-Info

Tourismusverband Meran, Dorf Tirol, Algund-Die Perle der Alpen,
Freiheitsstraße 45, I-39012 Meran,
☎ 0473/235223, Fax 0473/235524;
e-mail: info@meraninfo.it
www.meran-tirol-algund.com

Tourismusverein Meran (Kurverwaltung),
Freiheitsstraße 45, I-39012 Meran,
☎ 0473/272000, Fax 0473/235524;
e-mail: info@meraninfo.com
www.meraninfo.com

Tourismusverein Dorf Tirol,
Hauptstraße 31, I-39019 Dorf Tirol,
☎ 0473/923314, Fax 0473/923012;
e-mail: info@dorf-tirol.it
www.dorf-tirol.it

Tourismusverein Algund,
Alte Landstraße 33b, I-39022 Algund,
☎ 0473/448600, 0473/448917;
e-mail: info@algund.com
www.algund.com

Tourismusverband Meraner Land,
Gampenstraße 95, I-39012 Meran,
☎ 0473/200443, Fax 0473/200188;
e-mail: info@meranerland.com
www.meranerland.com

Tourismusverein Ultental/Proveis Ges.m.b.H.,
St. Walburg 154, I-39016 Ulten,
☎ 0473/795387, Fax 0473/795049;
e-mail: ultental@rolmail.net
www.ultental.it

Tourismusverein Tisens/Prissian,
Bäcknhaus 54, I-39010 Tisens,
☎ 0473/920822, Fax 0473/921010;
e-mail: tisens-prissian@meranerland.com
www.meranerland/tisens-prissian.com

Tourismusverein St. Martin in Passeier
Jaufenstr. 7, I-39010 St. Martin in Passeier,
☎ 0473/641210, Fax 0473/641596;
e-mail: tv-st.martin@rolmail.net
www.passeiertal.org

Tourismusverein St. Leonhard in Passeier,
Passeierstr. 40, I-39015 St. Leonhard in Passeier,
☎ 0473/656188, Fax: 0473/656624;
e-mail: info@passeiertal.org
www.passeiertal.org

Tourismusverein Schnalstal,
Karthaus 42, I-39020 Schnals,
☎ 0473/679148, Fax 0473/679177;
e-mail: touristinfo@dnet.it
www.schnalstal.org

Tourismusverein Schenna,
Erzh.-Johann-Pl. 1/D, I-39017 Schenna,
☎ 0473/945669, Fax 0473/945581;
e-mail: info@schenna.com
www.schenna.com

Tourismusverein Riffian-Kuens,
Jaufenstr. 50, I-39010 Riffian,
☎ 0473/241076, 0473/241422;
www.meranerland.com/riffian-kuens

Tourismusverein Partschins-Rabland-Töll,
Spaureggstr. 10, I-39020 Partschins,
☎ 0473/967157, Fax 0473/967798;
e-mail: info@partschins.com
www.partschins.com

Tourismusverein Naturns/Plaus,
Rathausstraße 1, I-39025 Naturns,
☎ 0473/666077, Fax 0473/666369;
e-mail: naturns@meranerland.com
www.naturns.it

Tourismusverein Nals,
Dr.-Gregor-Gasser-Str., I-239010 Nals,
☎ 0471/678619, Fax 0471/678141;
e-mail: info@nals.info
www.nals.info

Zu den Schildhöfen von St. Martin

Genuss-Tour zu historischen Höfen

Ausgangspunkt: St. Martin, 595 m
Zufahrt: Auf der Staatsstraße 44 bis St. Martin in Passeier. Parken: Gasthof Jager Hans/Dorfbeginn
Gehzeit: 4 Std.
Höchster Punkt: 1132 m
Höhenunterschied: 537 m
Charakter: Leichte, meist flach verlaufende Wanderung abwechselnd über Wiesen und durch Wald zu den historischen Schildhöfen im Passeiertal
Einkehr: Weiherhof, Gasthaus Christl, Gufler
Karte: Nr. 53 (1:50 000), Nr. 043, 044 (1:35 000)
Reiseatlas: Seite 16

Von Saltaus nach St. Martin in Passeier kommend, gelangt man am Dorfbeginn zu einer Kreuzung. Hier gilt es nach links abzuzweigen. Von der Kreuzung führt eine Straße zu den Ober- und Untergreithöfen, mit der Markierung »Nr. 4: Kalmtal, Saltauserjoch« beschildert. Wir folgen zuerst dieser Straße, dann durch flache Wiesen an den Greit-Schildhöfen vorbei, allmählich durch Wald bergauf, bis wir auf die Schotterstraße gelangen. Dieser folgen wir, bis wir nach einer Kreuzung, bei der wir uns links halten, auf den von Magdfeld kommenden Mera-

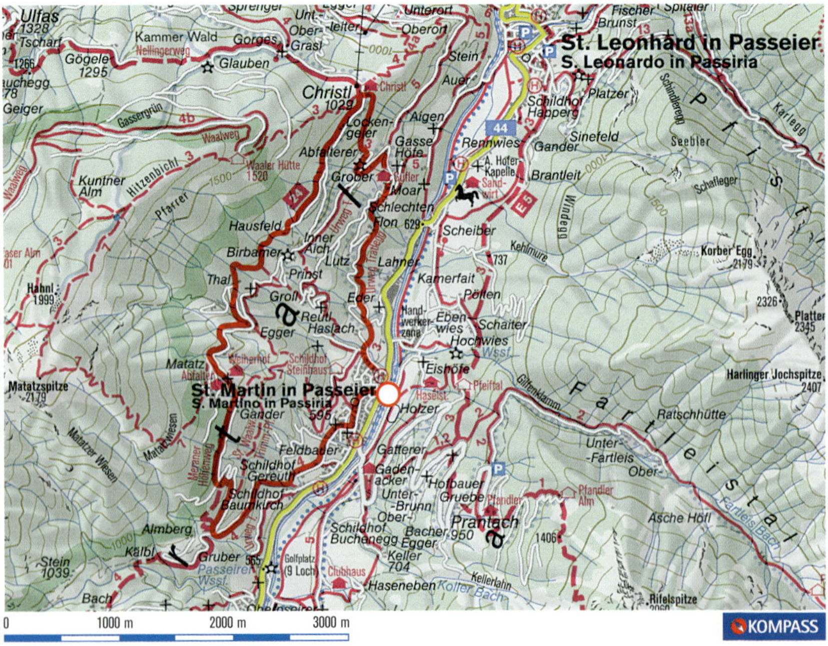

Wandern am Meraner Höhenweg

MERANER LAND

ner Höhenweg treffen. Nun folgen wir diesem Weg mit der Markierung Nr. 24, der abwechselnd durch Wiesen, Wald und an schönen Höfen vorbei, zum Teil leicht ansteigend, nach Matatz zum Gasthof Weiherhof führt.

Weiter Richtung Norden gelangen wir nach zirka 1 Std. nach Christl, 1029 m, wobei der Weg meist flach verläuft. Beim Weiler Christl angelangt, steigen wir der Markierung Nr. 3 folgend auf einem eher steilen Plattenweg zum Gasthof Abfalter ab. Weiter die Straße mehrmals querend wandern wir an Bauernhöfen vorbei, bis wir schließlich auf einem flachen Wiesenweg nach St. Martin, 595 m, zurückkehren (Gehzeit 4 Std.).

Variante 1: Beim ersten Bauernhof nach dem Gasthaus Weiherhof kann nach St. Martin in Passeier abgestiegen werden.

Variante 2: Vorzeitiger Abstieg auf dem Weg Nr. 4 von Christl, 1029 m, in nordöstlicher Richtung nach St. Leonhard in Passeier.

Die Schildhöfe

Im Passeiertal und seinen Nebentälern gibt es die mittelalterlichen Schildhöfe. Sie wurden wie der heute als Wirtshaus genutzte Hof von Saltaus oder das Steinhaus über St. Martin burgartig ausgebaut, hatten Zinnengiebel und teilweise sogar Ringmauern. Sie wurden von den Schildbauern bewohnt, die dem Landesherrn in Kriegszeiten mit Schild (Schildlehen), Waffen und zu Pferd beistehen mussten. Im Gegenzug genossen sie gewisse Adelsfreiheiten, durften ein Wappen führen, ihre Waffen in die Kirche und vor Gericht mitnehmen, und das Wichtigste: sie waren von der Steuer befreit.

Schildhofwappen am Wanser Hof

Pfandleralm – Sandwirt

Auf den Spuren von Andreas Hofer

Ausgangspunkt: Saltaus, 499 m
Zufahrt: Auf der Staatsstraße 44 bis Saltaus. Parkplatz bei der Hirzer-Seilbahn
Gehzeit: 6 Std. (Seilbahn-Auffahrt ¼ Std.)
Höchster Punkt: 2085 m
Höhenunterschied: 1586 m (mit Seilbahn)
Charakter: Mittelschwere Bergwanderung, die durch farbenprächtige Alpenrosenhänge führt (Blütezeit Mai–Juli), aber auch etliche steile Wegstücke aufweist – in den Felspassagen ist streckenweise Trittsicherheit erforderlich!
Einkehr: Berggasthof Klammeben, 1980 m, Hirzerhütte, 1983 m, Hinteregger Alm, Mahdalm, 1990 m, Pfandleralm, 1320 m, Gasthof Pfandler, Pfeiftal, Sandwirt
Karte: KOMPASS Nr. 53 (1:50 000), Nr. 043, 044 (1:35 000)
Reiseatlas: Seite 16

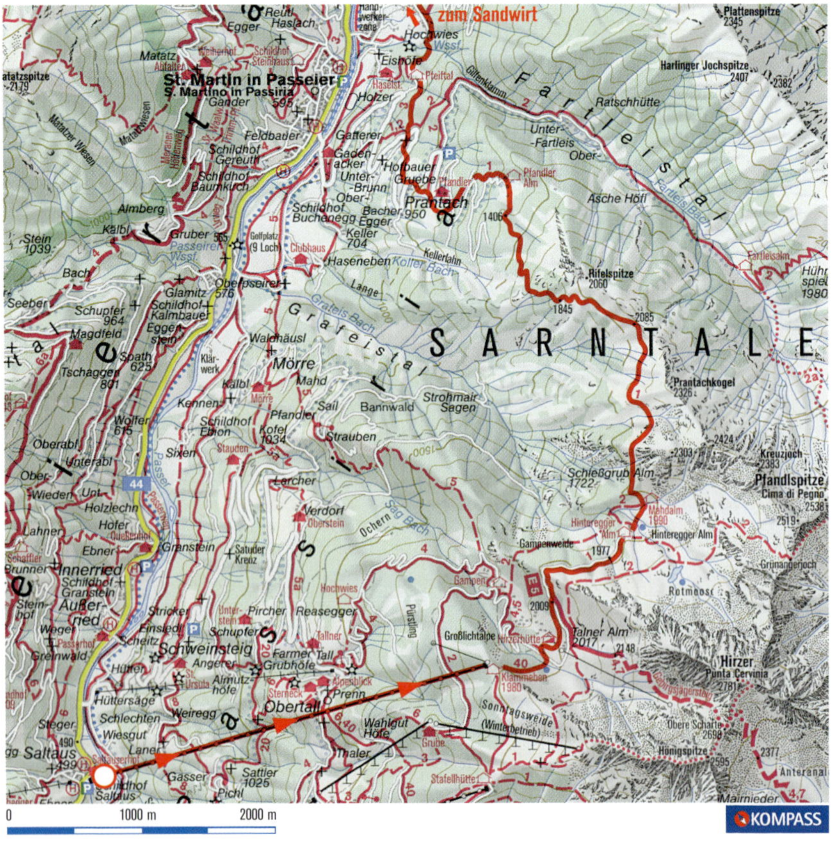

Auf dem Weg zur Hirzerhütte, 1983 m

uns aufzunehmen. Unterhalb des Kammes vom Prantachkogel beginnt allmählich der Abstieg über steile Bergwiesen, vorbei an verfallenen Almhütten und schließlich in Wald übergehend, zur Pfandler Alm, 1320 m, dem Versteck Andreas Hofers. Nun folgen wir dem breiten Weg zum Pfandler Hof (4½ Std.), gehen links vom Haus über Wiesen bergab zur Hofkapelle und auf dem Waldweg Nr. 3 bzw. E 5 nach Pfeiftal. Bei der Jausenstation halten wir uns rechts, queren den Fartleisbach und biegen bald darauf in einen Fahrweg ein, der uns zum Sandwirt hinunterführt (Gesamtgehzeit 6 Std.).

Die nachstehende Wanderung kann sowohl von St. Martin als auch von Saltaus unternommen werden. Hier soll die Route von Saltaus beschrieben werden, da dies der angenehmere Aufstieg ist. Die Hirzerhütte, 1983 m, erreichen wir von Klammeben (Berggasthof/ Bergstation der Hirzer-Seilbahn). Nach einem kurzen Aufstieg durch die Wiese zur Alm (Wegweiser beachten) queren wir die Alpenrosenhänge auf einem guten Weg (Europäischer Fernwanderweg E 5) und steigen mäßig steil zur Hinteregger Alm und Mahdalm, 1990 m, ab (1½ Std.).

Nun ist auf dem Steig Nr. 1 eine steile Bergschulter zu überwinden, bevor es wieder die Hänge und Täler der Pfandlspitze querend nordwärts geht. Wir folgen dem recht anspruchsvollen Weg, der unsere ganze Aufmerksamkeit fordert und verweilen hin und wieder, um den Tiefblick in das Passeier Tal in

Am Sandhof in St. Leonhard in Passeier, der engsten Heimat Andreas Hofers (1767–1810), entsteht das Museum Passeier mit Originalen aus der Zeit des Tiroler Aufstandes von 1809 und einer Sammlung zur Volkskunde des Passeiertales. Gasthof Sandwirt, St. Leonhard, Tel. 0473/656143 - Fax 0473/656508, Montag Ruhetag.

Pfandleralm, Andreas Hofers Versteck

Zum höchsten Gipfel der Sarntaler Alpen

Von Saltaus zum Hirzer, 2781 m

Ausgangspunkt: Saltaus, 499 m
Zufahrt: Auf der Staatsstraße 44 bis Saltaus. Parkplatz bei der Talstation der Hirzer-Seilbahn
Gehzeit: 6 Std.
Höchster Punkt: 2781 m
Höhenunterschied: Von Saltaus 2282 m, von der Seilbahn-Bergstation 801 m
Charakter: Zünftige Bergtour über steile Hänge, Fels und Geröll – nur für Geübte!
Einkehr: Hirzerhütte, 2017 m; Klammeben, 1980 m
Karte: KOMPASS Nr. 53 (1:50000), Nr. 043, 044 (1:35000)
Reiseatlas: Seite 16

Tourverlauf: Von Saltaus fahren wir mit der Hirzer-Seilbahn nach Klammeben, 1980 m. Auf dem Wanderweg Nr. 40 queren wir nordwärts zur Tallner Alm, wo die Hirzerhütte, 2017 m, steht – das älteste Vereinsschutzhaus Südtirols. Die auf einer freien Almwiese gelegene Hirzerhütte bietet einen überwältigenden Ausblick auf die gegenüberliegenden Berge der Texelgruppe.

Auf dem Gebirgsjägersteig Nr. 4, der hier mit dem Europäischen Fernwanderweg 5 verläuft, steigen

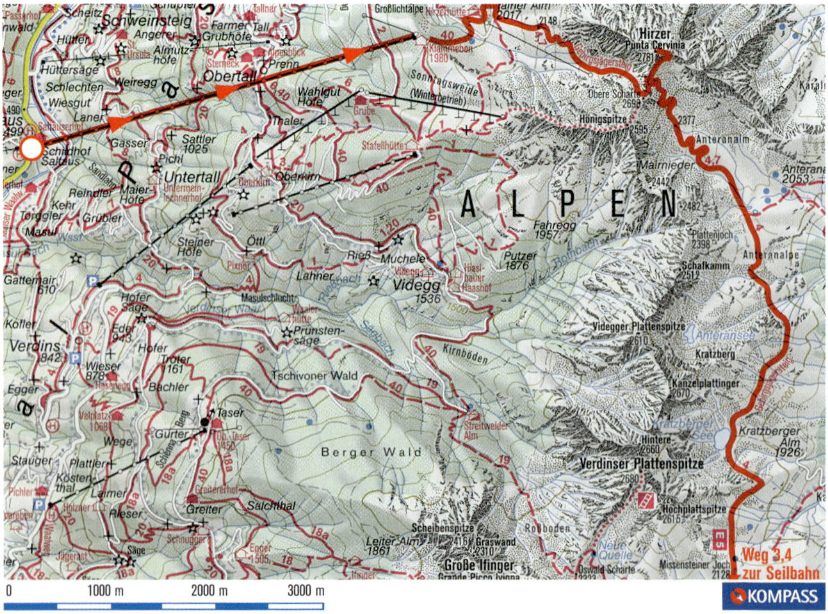

Blick von der Klammeben zur Hirzerhütte, 2017 m

wir auf zum Teil recht steilen Hängen zur Oberen Scharte (Hirzerscharte), 2698 m hinauf, wobei wir kurz vor der Scharte noch einen durch ein Drahtseil gesicherten Fels überwinden müssen, der unsere ganze Aufmerksamkeit erfordert. Nach dem folgenden kurzen Grataufstieg auf schmalem, steilen Steig erreichen wir den Gipfel des Hirzer, den höchsten Berg in den Sarntaler Alpen, 2781 m.

Wir genießen das großartige Gebirgspanorama, bevor wir zur Oberen Scharte (Hirzerscharte) absteigen. Wir verlassen auf schmalem Steig die Scharte und steigen auf der Ostseite des Gipfelmassivs zuerst über Fels und Geröll, später über steile Grashänge in Richtung Anteranalm hinunter. Vorbei an kleinen Almweihern verfolgen wir den teilweise schmalen ausgesetzten Gebirgsjägersteig Nr. 4 bis zum Kratzberger See. Bald nach dem See überwinden wir den von der Verdinser Plattenspitze herabziehenden Felsrücken. Nun geht es weiter auf gutem Steig, mit schöner Aussicht ins Penser Tal, zum Missensteiner Joch, 2128 m. In ¼ Std. erreichen wir die Meran 2000-Seilbahn bei der Kirchsteiger Alm, 1965 m, die uns zuerst zum Piffinger Köpfl und zur Talstation Naiftal bringt. Mit dem Bus kehren wir zum Ausgangsort beim Parkplatz in Saltaus zurück (Gehzeit 6 Std.).

Der Große Ifinger, 2581 m

Verdinser- und Maiser Waalweg

Wandern an uralten Bewässerungskanälen

Ausgangspunkt: Meran/Naiftal, 680 m
Zufahrt: Von Meran/Obermais 3,5 km in östlicher Richtung zur Talstation der Meran 2000-Seilbahn im Naiftal. Parken in Obermais/Brunnenplatz
Gehzeit: 4 Std.
Höchster Punkt: 900 m
Höhenunterschied: 220 m
Charakter: Leichte, beschauliche Wanderung an Waalwegen, mit der Möglichkeit die Tour abzukürzen oder einzukehren
Einkehr: St. Georgen, Gasthof Pichler, Ofenbauer
Karte: KOMPASS Nr. 53 (1:50000), Nr. 043, 044, 055 (1:35000), Nr. 053 (1:25000)
Reiseatlas: Seite 16

Von Obermais fahren wir mit dem Linienbus ins Naiftal (Talstation der Seilbahn Meran 2000). Einige Meter gehen wir an der Straße Richtung Hafling entlang, bis nach links ein Weg abzweigt, der zum Verdinser Waalweg führt. Entlang dieses Waalweges wandern wir durch hügelige Obstwiesen und Wälder bis zum Gasthof Pichler. Zwischen Gasthof Pichler und dem daneben gelegenen Bauernhof gehen wir dem Steig entlang, der auf die Verdinser Straße führt. Wir folgen dieser Straße Richtung Schenna, verlassen sie nach rechts (Bushaltestelle) und wandern am Schloss

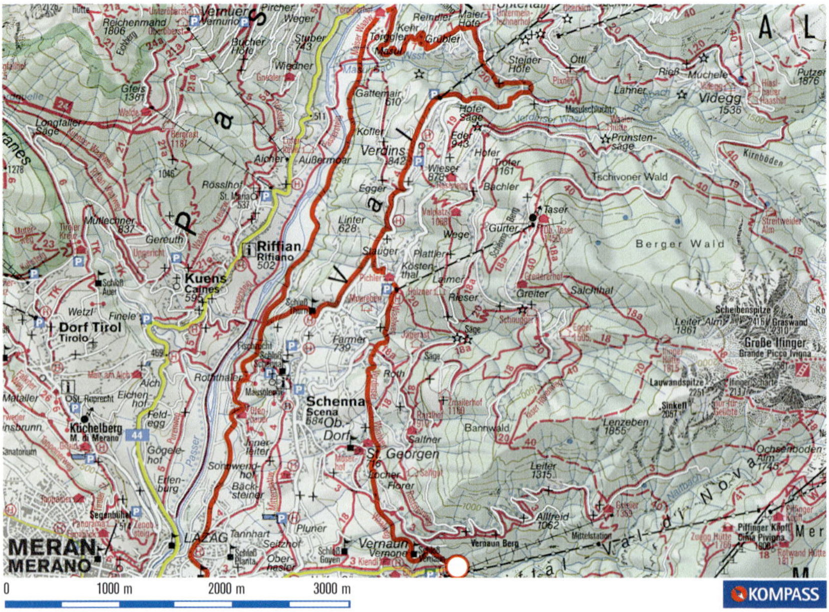

Blick vom Verdinser Waalweg auf Schenna/St. Georgen

▶ Hat man am Wandern auf Waalwegen Gefallen gefunden, so bietet sich ganz in der Nähe eine Alternative an:

Von Verdins wandern wir auf der Straße bis zur ersten Kehre, bis ein Wegweiser auf den Abstieg zu den Maier-Höfen hinweist. Wir folgen dem schönen, die Felshänge querenden Steig Nr. 20 bis zu den Höfen und

Thurn vorbei durch den Laubwald hinunter zum Maiser Waalweg. Es bietet sich auch die Möglichkeit, direkt ins Dorf zu gehen und von dort zwischen Gemeindehaus und Lebensmittelgeschäft zum Waalweg oder direkt zum Ofenbauer abzusteigen. Entlang des Maiser Waalweges gelangen wir zum Ofenbauer, von wo wir entlang der Straße nach Obermais zurückkehren (4 Std.).

steigen auf Weg Nr. 7 zum Grüblerhof und weiter auf dem Fahrweg nach Saltaus hinunter. Beim Gasthaus Torgglerhof treffen wir auf den Maiser Waalweg, auf dem wir den Masulbach überqueren und den Schildern nach Schenna folgen. Der Passer entlang wandern wir nun bis zum Fitness-Parcours, dort links aufwärts zum Schloss Thurn und zu Fuß oder mit dem Bus nach Verdins (3 Std.).

Die beliebten Waalwege verlaufen entlang uralter schmaler Kanäle, deren Wasser von den Bergen herabgeleitet und in leichtem Gefälle durch Obstgärten, Wiesen und Wälder geführt wird. Urkundlich nachgewiesen sind die Bewässerungs-Waale in Südtirol seit dem 13. Jh. Wenn auch Beregnungsanlagen die Waale weitgehend ersetzt haben, so bleiben die noch bestehenden Waale ein bewahrenswertes Kulturdenkmal.

Verdinser Waalweg bei Schenna/Oberdorf

Rundtour hoch über Partschins

Lodnerhütte, 2259 m, Hochganghaus, 1839 m

Ausgangspunkt: Partschins, 618 m
Zufahrt: Auf der Staatsstraße 38. Parkplatz beim Gasthaus Birkenwald
Gehzeit: 8 Stunden
Höchster Punkt: 2259 m
Höhenunterschied: 1309 m (mit Seilbahn)
Charakter: Mittelschwere Bergtour, die durch eine faszinierende Hochgebirgslandschaft führt, aber ausgesetzte Felspassagen zu überwinden sind, nur für Geübte!
Einkehr: Nassereithhütte,1523 m, Lodnerhütte, 2259 m, Hochganghaus, 1839 m, Birkenwald; Greiter, Prünster
Karte: KOMPASS Nr. 53 (1:50000), Nr. 043, 044, 051 (1:35000), Nr. 053 (1:25000)
Reiseatlas: Seite 16

Von Partschins fahren wir auf schmaler Straße mit dem Auto in Richtung Partschinser Wasserfall bis zum Gasthof Birkenwald (zu Fuß 1 Std.). Ungefähr 200 m nördlich vom Parkplatz befindet sich die Talstation der Seilbahn zum Steiner. Vom Steiner erreicht man in 20 Minuten die Nassereithhütte in 1523 m Höhe, am Beginn des noch unberührten Zieltales. An der orografisch rechten Talseite führt von hier der Weg Nr. 8 zur Lodnerhütte, 2259 m. Anfangs auf einem Rücken, dann taleinwärts zur Ginglalm, dort wieder bergauf auf einen Rücken und schließlich flach an der Zielalm

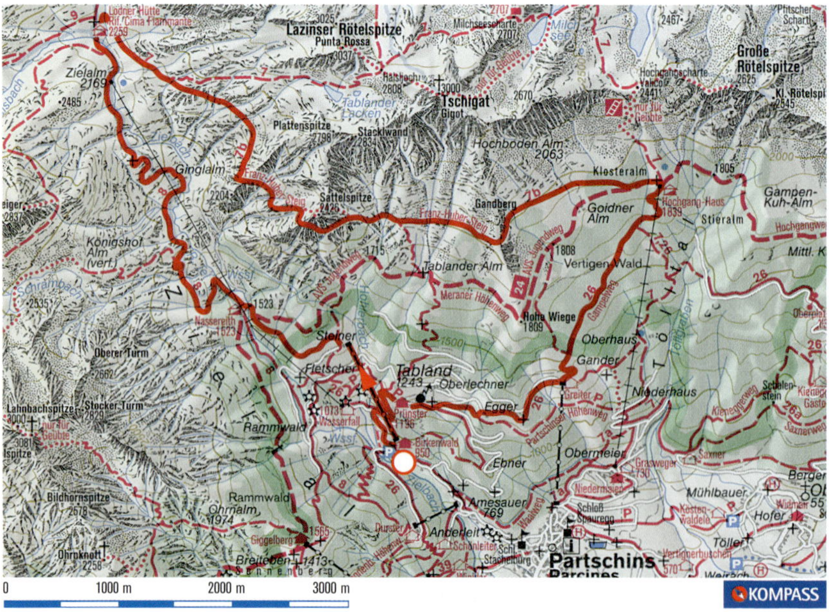

Hohe Weiße, 3278 m und Lodner, 3228 m

vorbei, gelangen wir zur Lodnerhütte, 2259 m (Sommerbewirtschaftung). Rechts hinter der Hütte beginnt der Weg Nr. 7 und 7b. Nach 10 Minuten zweigt Nr. 7 zum Halsljoch ab, während 7b zum Hochganghaus, 1839 m, führt. Meist flach, von mehreren Auf- und Abstiegen unterbrochen, führt der Franz-Huber-Steig durch ein landschaftlich schönes Gelände. Die steilen Bergflanken der Sattelspitze querend, gilt es eine kurze, ausgesetzte, mit Seilen versehene Passage zu überwinden.

Vom Hochganghaus steigen wir zum Greiter ab, wobei anfangs Markierung Nr. 7 und dann Nr. 26 zu folgen ist. Vom Greiter kehren wir am Egger und Gasthof Prünster vorbei zum Ausgangspunkt zurück. Es besteht auch die Möglichkeit in umgekehrter Richtung diese Wanderung durchzuführen, wobei es dann günstiger ist, von Oberplars bei Algund mit dem Gondellift zur Leiteralm, 1522 m, aufzufahren, um von dort diese Rundwanderung zu starten (Gehzeit 8 Std.).

Partschinser Wasserfall

RUND UM BOZEN

Schloss Karneid im Eggental

Bozen – Salten – Schlern – ein Ziel zu jeder Jahreszeit

Im Grenzbereich kontinentaler und maritimer Luftmassen liegt das Etschtal mit der Weitung des Bozener Beckens. Wie der Innsbrucker und Münchner im Alpenvorland den Südföhn kennt und mitunter auch deutlich spürt, kennt man auch in Südtirol den Nordföhn, der allerdings keine Wärme, sondern rauhe, kalte Winde bringt. Jedoch schon zeitig im Frühjahr überwiegt die südliche Anströmung und heiße Apriltage gepaart mit ergiebigen Niederschlägen fördern das Erwachen der Natur. Weite Obstplantagen säumen mit ihrem Meer aus Blüten die Straßen. Gut einen Monat früher als nördlich der Alpen kann man schon im Freien sitzen und sich die »Pasta« mit einem Tiroler »Rötel« schmecken lassen.

Dies ist auch der Zeitpunkt für Talwanderungen entlang der Bäche und schäumenden Achen. Im Mai beginnen dann die Hochflächen zu grünen und am Salten, am Ritten und etwas später auch auf der Seiser Alm erfreuen saftige Blumenmatten den Wanderer (Bitte beachten Sie den Natur- und Pflanzenschutz dieser Region!).

Klettersteige und Schutzhütten sind bestens betreut. Sollten doch Regentage die Sommerhitze unterbrechen, so freut man sich über wechselnde Wolkenstimmungen und prachtvolle Sonnenauf- und untergänge. Und noch ein Vorteil: Das Bozener Becken wechselt die staubige, trübe Luft gegen klare Sicht. Zieht der Herbst ins Land, dann ändert sich auch das Verhalten der Urlauber. An schönen Wochenenden lockt der Zauber der Landschaft zahlreiche Kurzurlauber in das sonnendurchflutete Bozner Unterland. Im Oktober zeigt sich ein weiterer Vorzug: die Weinlese. Und beim Törggelen in fröhlicher Runde wird so mancher Wandertag bis in die späte Nacht hinein verlängert. Noch im November können die Tage angenehm mild sein und für stimmungsvolle Wanderungen genutzt werden.

Im Winter beeinflusst wiederum das Wechselspiel zwischen Adriatief und kontinentalem Hoch den erhofften Schneefall. In den letzten Jahren konnte man deshalb wiederholt beobachten, dass das begehrte Weiß entweder dem Norden oder dem Süden seine Gunst schenkte.

Auch wenn Bozen selbst selten Schneebedeckung aufweist, so sind doch schneesichere Skigebiete in erreichbarer Nähe: im Eggental, am Rittner Horn, in Gröden oder auf der Seiser Alm. Beliebt sind auch die Hänge in Reinswald-Sarntal.

Unabhängig von den Jahreszeiten laden Kulturstätten, Museen, Schlösser, Kirchen und Ausstellungen zu einem Besuch ein. Darin spiegeln sich die Geschichte und Tradition Südtirols wider, einem Land, das mit Natur- und Kulturschönheiten reich gesegnet ist.

Wunder Erdpyramiden

Wie ein Wunder der Natur scheinen die spitzkegeligen oder pyramidenförmigen Gebilde aus dem Boden zu wachsen. Die bis zu 30 m hohen Pfeiler tragen Deckplatten aus härterem Gestein, welche die darunterliegende Gesteinsmischung aus Moränenschutt vor Abwaschung schützen. Das Mischungsverhältnis aus Lehm, Schotter und eingelagerten Felsbrocken, die Hangneigung, die Niederschlagsmenge und eine möglichst windgeschützte Lage bilden die Voraussetzungen für die Entstehung von Erdpyramiden. Die Eindrucksvollsten stehen in Mittelberg am Ritten, die wie jene von Oberbozen aus rötlichem Porphyrgestein bestehen, während die bleichen, schlanken Gebilde von Unterinn aus eiszeitlichem Abtragungsschutt zusammengesetzt sind. Am Anfang ihrer Entstehung befinden sich die Erdpyramiden auf dem Tschögglberg bei Jenesien.

Erdpyramiden bei Oberbozen

Orte und Tourismusverbände

Bozen

262 m. Hauptstadt (100 000 Einwohner) der Autonomen Region Trentino/Alto Adige.

Im Mittelpunkt der an Baudenkmälern reichen Altstadt liegt der Waltherplatz mit dem Denkmal des Minnesängers Walther von der Vogelweide (1889). Sehenswert: Dom (13./14. Jh.), Merkantilpalast (1708), die Franziskanerkirche mit dem bedeutenden Krippenaltar (um 1500) und Schloss Maretsch (12.–16. Jh.).

Verkehrsamt der Stadt Bozen,
I-39100 Bozen, Waltherplatz 8,
Tel. 0471/30 70 00, Fax 0471/98 01 28;
e-mail: info@bolzano-bozen.it
www.bolzano-bozen.it

Walther von der Vogelweide

Kultur Tipp

Stadtmuseum
Sparkassenstraße 14, ☎ 0471/97 46 25
Sammlung archäologischer Funde

Südtiroler Archäologiemuseum
Museumstraße, ☎ 0471/98 20 98
Mit dem »Mann aus dem Eis (Ötzi)«

Naturmuseum Südtirol
Bindergasse 1, ☎ 0471/97 83 09
Entstehungsgeschichte Südtirols

Merkantilmuseum
Silbergasse, ☎ 0471/94 57 09
Sammlung barocker Bilder und Möbel

Museion-Museum für Moderne Kunst
Semesistraße 1, ☎ 0471/98 00 01
Ausstellungen zeitgenössischer Kunst

Krippenmuseum des Klosters Muri Gries
Grieser Platz, ☎ 0471/92 10 16

Jenesien

1087 m. Eingebettet in saftige Wiesen und beschützt von dichten Wäldern liegt Jenesien auf einem Plateau am Salten. Die Natur verwöhnt den Ferienort, dessen Umgebung sich auf dem Rücken der blonden Haflingerpferde oder per pedes gut erkunden und genießen lässt.

Tourismusverein Jenesien,
I-39050 Jenesien,
Tel. 0471/35 41 96, Fax 0471/35 40 85;
www.jenesien.net - info@jenesien.net

Ritten

400–2000 m. Das Hochplateau mit den Orten Atzwang, Klobenstein, Lengmoos, Lengstein, Oberinn, Oberbozen, Unterinn und Wangen dient schon seit dem 16. Jh. den Bozenern als Sommerfrische. Die nostalgische Rittnerbahn und die Erdpyramiden - geologische Formationen aus der letzten Eiszeit - sind weit über die Landesgrenzen hinaus bekannt.

Tourismusverein Ritten,
Dorfstraße 16, I-39054 Klobenstein,
Tel. 0471/356100, Fax 0471/356799;
e-mail: info@ritten.com
www.ritten.com

Rosengarten

Das Feriengebiet Rosengarten-Latemar hat zu jeder Jahreszeit seinen Reiz. Zu den Ferienortschaften, die sich auf einer Höhe von 800 bis 1800 Metern erstrecken, gehören Welschnofen-Karersee, Tiers, Steinegg, Deutschnofen, Obereggen, Eggen und Petersberg.

Tourismusverband Rosengarten-Latemar,
I-39050 Birchabruck,
Tel. 0471/610310, Fax 0471/610317;
www.rosengarten-latemar.com
e-mail: info@rosengarten-latemar.com

Sarntal

Hufeisenförmig umschließen die Sarntaler Alpen mit ihren über 140 Berggipfeln die kleinen Ortschaften in den Talniederungen.

Das Sarntal ist von Süden über Bozen und von Mai bis Ende November auch von Sterzing aus über das Penser Joch zu erreichen. Mit ihren 10 Ortschaften ist es flächenmäßig die größte Gemeinde Südtirols. Die bezaubernde Naturlandschaft mit dem Durnholzer See und der St.-Nikolaus-Kirche zählt zu den beliebtesten Ausflugszielen.

Tourismusverein Sarntal,
Europastraße 15, I-39058 Sarnthein,
Tel. 0471/623091, Fax 0471/622350;
e-mail: info@sarntal.com
www.sarntal.com

Südtirols Süden

Diese Ferienregion (Kalterer See - Weinstraße - Naturpark Trudner Horn) liegt am Südfuß der Dolomiten. Im submediterranen Klima gedeihen neben den bekannten Weinen Kalterersee, Terlaner Sauvignon und Gewürztraminer auch Palmen, Oliven und Feigen.

Der Kalterer See ist der wärmste Badesee im Alpenraum (Wassertemperatur im Mai ca. 19°, im Juni 21°, im Juli-August 26° C).

Sehenswert sind die romanischen Fresken aus dem 11. Jh. im Kastelaz-Kirchlein bei Tramin, Ruinen einer römischen Festungsanlage auf Castelfeder bei Auer und die Kirchenruine St. Peter bei Altenburg/Kaltern aus dem 4. Jh.

Ferienregion Südtirols Süden
Pillhofstraße 1, I-39010 Frangart,
Tel. 0471/633488, Fax 0471/633367;
e-mail: info@suedtirols-sueden.net
www.suedtirols-sueden.net

Eppan, Kirche von Missian in den Weinbergen

RUND UM BOZEN

Zu den »Stoanernen Mandlen«

Wanderung zu den Steinfiguren am Schöneck

Ausgangspunkt: Sarnthein, 961 m, Zufahrt von Bozen auf der Staatsstraße 508 ins Sarntal. Parken in Sarnthein Dorf
Gehzeit: 5½ Std.
Höchster Punkt: 2086 m
Höhenunterschied: 1125 m
Charakter: Von Sarnthein leichter Zugang zum Auenjoch und das Schöneck
Einkehr: Sarner Skihütte, 1618 m, Auener Alm, 1798 m
Karte: KOMPASS Nr. 53, 56 (1:50 000), Nr. 055, 056 (1:35 000)
Reiseatlas: Seite 16

Von der Pfarrkirche in Sarnthein führt eine enge Pflasterstraße bergauf, welche bald in eine schön angelegte, zur Sarner Skihütte führende Straße (Andreas-Hofer-Straße) mündet. An einer Brücke (Engstelle) zweigt der markierte Weg Nr. 2 nach rechts ab und führt durch Wiesen und an stattlichen Bauernhöfen vorbei, allmählich in den Wald übergehend, zur Sarner Skihütte, 1618 m.

Weiter geht es auf dem Weg Nr. 2 (Güterweg) ans Bachbett. Entlang der orographisch linken Bachseite auf steilem Güterweg zur Auener Alm (im Sommer Jausenstation) und über saftige Almwiesen und dichte Alpenrosenbestände sanft ansteigend zum Auenjoch (2¼ Std.).

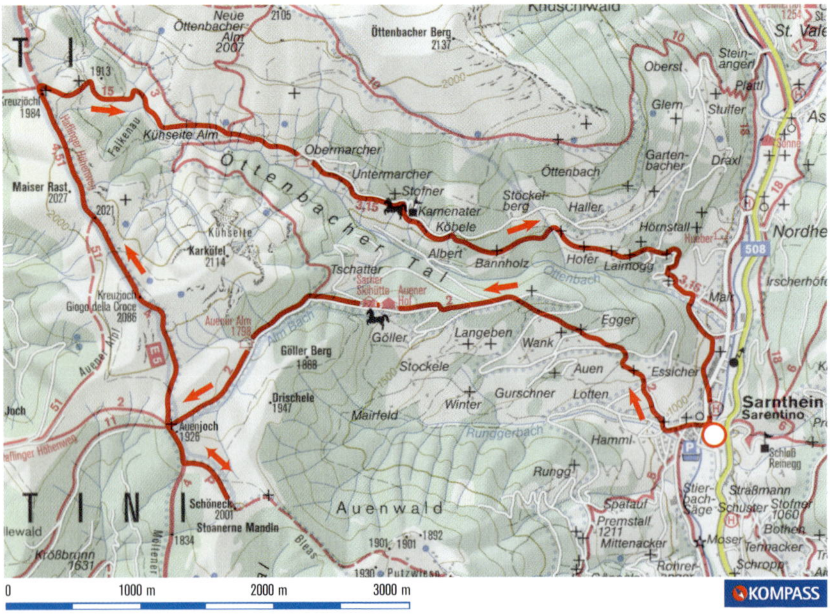

Am Berg der »Stoanernen Mandlen«

An dieser wichtigen Kreuzung folgen wir dem Weg Nr. 4 bzw. Fernwanderweg E 5 über Almmatten und Latschenfelder auf den freien Bergrücken des Schönecks, 2001 m (¼ Std. vom Auenjoch). Hier kann man sich vom großartigen Rundblick und den weit über 100 »Stoanernen Mandlen« bezaubern lassen.

Danach wandern wir wieder zum Auenjoch hinunter, bevor wir nördlich zum Kreuzjoch, 2086 m, aufsteigen. Am Bergrücken wandern wir an der Maiser Rast vorbei zum Kreuzjöchl, 1984 m, von wo wir dem Weg Nr 15 folgend an mehreren Gehöften vorbei nach Sarnthein absteigen (3¼ Std.).

Eine kürzere Variante besteht darin, dass man zur Sarner Skihütte hinauffährt und dann vom Kreuzjöchl übers Alber Bödele wieder zurückkehrt (3 Std.).

Stoanerne Mandlen

Das Sarntal ist reich an Sagen und geheimnisvollen Geschichten aus alter Zeit. Auch den »Stoanernen Mandlen» schreibt man rituellen Ursprung zu – tatsächlich wurden sie schon im 16. Jh. schriftlich erwähnt, wie Prozessakten über Hexenverbrennungen berichten. So manches heutige Steingebilde wird wohl das Werk von Wanderern gewesen sein, die sich der Faszination dieses geheimnisvollen Ortes nicht entziehen konnten und den»ansässigen» Mandlen, die zum Teil mannshoch sind, ihr aufgeschichtetes Steintürmchen hinzufügten ...

Panoramatour auf den Ritten
Oberinn, Pemmern, Rittner Horn, 2259 m

Ausgangspunkt: Ritten/Pemmern, 1540 m
Zufahrt: von Bozen auf der Rittner Straße nach Klobenstein und Pemmern. Parken in Pemmern, Sessellift-Talstation
Gehzeit: 3½ Std.
Höchster Punkt: 2259 m
Höhenunterschied: 719 m
Charakter: Leichte Bergwanderung mit Liftbenützung. Von der Schwarzseespitze zum Unterhornhaus und auf Almwiesen zum Rittner Horn, 2259 m. Bei Schlechtwetter kleine Rundtour ohne Rittner Horn.
Einkehr: Sessellift-Bergstation Schwarzseespitze, 2071 m; Unterhornhaus, 2042 m; Rittner-Horn-Haus, 2259 m, Roaner
Karte: KOMPASS Nr. 54 (1:50 000), Nr. 056, 059 (1:35 000)
Reiseatlas: Seite 16

Am Weg von Klobenstein nach Pemmern

Von Pemmern (über Klobenstein erreichbar) benutzen wir den Panoramalift zur Schwarzseespitze. Von dort folgen wir dem breiten Weg zum Unterhornhaus, und über Almwiesen (Nr. 1) gelangen wir in ca. 30 Minuten Wanderzeit aufs Rittner Horn. Von dem weit gegen Süden vorgeschobenen Gipfel der Sarntaler Alpen bietet sich ein großartiges Panorama: von den Bergketten um den Gardasee bis zu den Zentralalpen, vom Ortler bis weit in die Dolomiten. Besonders schön ist der Blick auf den benachbarten Schlern und die Seiser Alm. Vom Rittner-Horn-Haus wandern wir auf dem markierten Weg Nr. 2 entlang des nach Südwesten abfallenden Rückens über weite Almwiesen zur unbewirtschafteten Gißmannhütte und durch den Wald nach Gißmann. Von der kleinen 1749 erbauten Kirche entlang der Fahrstraße über Roßwangen gehen wir zurück zur Talstation des Sessellifts (3½ Std.).

▶ **Alternativer Tourvorschlag:** Oberinn – Roßwangen – Pemmern – Oberinn (3 Std.).

Gegenüber der Kirche von Oberinn beginnt der Weg Nr. 4, der zum Pfurfler und von dort leicht ansteigend durch die typische Wald- und Wiesenlandschaft des Rittens zum Roßwangen führt (1 Std.). Links abbiegend könnte man in ½ Std. zum schön gelegenen Weiler Gißmann wandern – wir aber wenden uns nach rechts und gehen der Straße entlang in Richtung Pemmern, das wir in 20 Minuten erreichen.

Nach einer kleinen Rast geht es weiter zum Gasthof »Auf der Tann«. Nach weiteren 100 Metern entlang der Straße gelangt man an den Waldrand, dort zweigt an einem Gitter der nach Oberinn führende Steig Nr. 10 nach rechts ab. Wir wandern auf angenehm weichem Waldboden zum Emmersbach hinunter und gehen auf dem Güterweg am Gehöft Häusler vorbei nach Oberinn zurück.

83

Maria Weißenstein – Weißhorn, 2313 m

Vom Wallfahrtsort zum »Südtiroler Cañon«

Ausgangspunkt: Maria Weißenstein, 1521 m
Zufahrt: Auf der Brenner-Autobahn A 22 bis Ausfahrt Neumarkt-Auer, weiter nach Neumarkt und Neumontan, auf der SS 48 bis Ghs. »Zur Brücke«, dort links ab über Aldein, und Petersberg nach Maria Weißenstein oder von der Autobahn-Abfahrt Bozen-Nord auf der SS 241 durch das Eggental über Deutschnofen nach Maria Weißenstein; Parken in Maria Weißenstein.
Gehzeit: 5½ Std.
Höchster Punkt: 2313 m
Höhenunterschied: 792 m
Charakter: Aussichtsreiche Bergwanderung vom Wallfahrtsort zu einem geologisch interessanten Berg Südtirols; Rückweg über Bletterbachschlucht um 2 Std. länger; mittelschwer! Ausdauer und gute Kondition sind erforderlich!
Einkehr: Klostergasthof; Petersberger Leger; Gasthof Jochgrimm, 1989 m
Karte: KOMPASS Nr. 54, 74, 79 (1:50 000), Nr. 618, 630 (1:25 000), Nr. 074 (1:35 000)
Reiseatlas: Seite 26

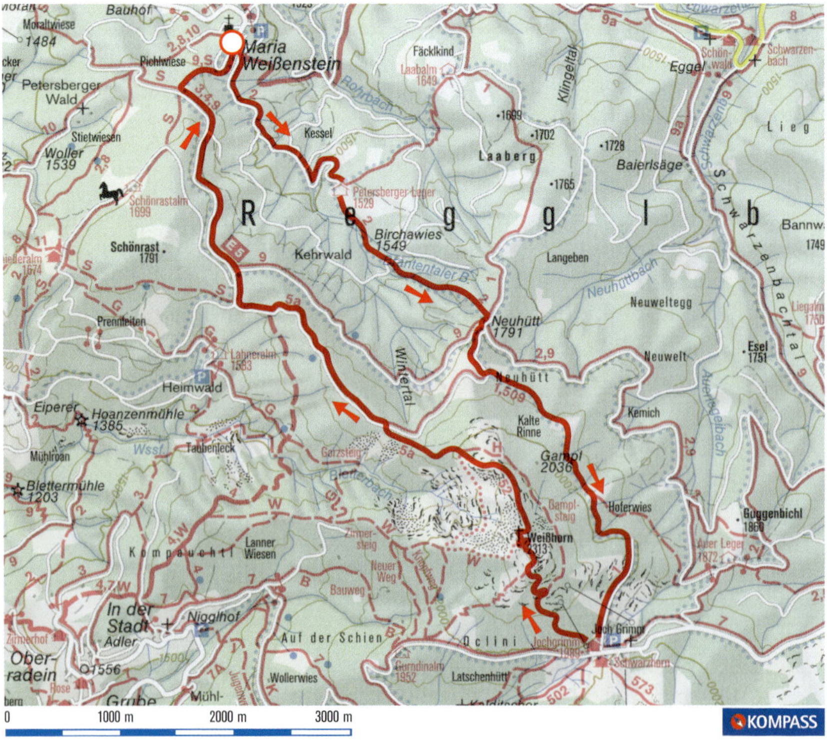

Das Weißhorn mit der Bletterbachschlucht

Durchs schluchtartige Eggental über Deutschnofen oder von Auer über Montan und Aldein erreicht man Maria Weißenstein, 1521 m, einen der bekanntesten und größten Wallfahrtsorte Südtirols. Wir gehen vom Klostervorplatz in Richtung Kirche zum Souvenirladen, dann nach links am Hof vorbei und folgen dem abwärts führenden Weg Nr. 2. Beim Zaun halten wir uns rechts und wandern auf der Schotterstraße zum Petersberger Leger, 1529 m (Jausenstation), einer großen Alm im Wintertal nördlich vom Weißhorn. An der Almhütte vorbei wandern wir querfeldein in Richtung Weißhorn bis in die Nähe des Brantentaler Baches. Kreuz und quer steigen wir durch lichte Waldbestände nach Neuhütt auf, wo mehrere Wege zusammentreffen.

Wir folgen dem Wanderweg Nr. 1 und queren die Osthänge des Weißhorns zum Jochgrimm. Links vom Lift bleibend wandern wir auf den Almwiesen beim Gasthof Jochgrimm hinauf zu den Legföhrenbeständen und in leichter Blockkletterei steil hinauf zum Weißhorn, 2313 m. Durch die freistehende Lage bietet sich ein Panorama, das seinesgleichen sucht: Rosengarten, Latemargruppe, Nonsberge und Fleimstaler Alpen sind zum Greifen nah. Der normale Rückweg führt zunächst auf dem Weg Nr. 52 über den Nordgrat hinunter zum Weg Nr. 5a, der in den Güterweg Nr. 9 mündet, der uns in 1 Std. nach Maria Weißenstein führt.

▶ Der Rückweg durch die geologisch interessante Bletterbachschlucht ist ausdauernden Bergwanderern vorbehalten! Dadurch verlängert sich die Tour um 2 Std.

Südtiroler Cañon

An der Westflanke des Weißhorns hat der Bletterbach in Jahrtausenden eine cañonartige Schlucht herausgewaschen, die interessante Einblicke gewährt in die unterschiedlichen Gesteinsmaterialien und Klimaphasen während der Alpenfaltung.
Tourismusverein Eggental:
Informationsbüro Deutschnofen,
☎ +39/0471/616567,
Fax +39/0471/616727;
e-mail: info@eggental.com
www.eggental.com
Informationsbüro Obereggen,
☎ +39/0471/615795
Fax +39/0471/615848;
e-mail: obereggen@eggental.com

Obereggen – Karersee

Reizvolle Wanderung am Fuße des Latemars

Ausgangspunkt: Obereggen, 1561 m
Zufahrt: Auf der Brenner-Autobahn A22 bis zur Ausfahrt Bozen-Nord, auf der SS241 ins Eggental bis Birchabruck, dort rechts ab und nach 1 km links hinauf nach Obereggen; Parkplatz im Ortsgebiet
Gehzeit: 4½ Std.
Höchster Punkt: 1818 m
Höhenunterschied: 300 m
Charakter: Leichte, landschaftliche reizvolle Wanderung durch lichten Wald am Fuße des Latemars.
Einkehr: Karersee, 1609 m
Karte: KOMPASS Nr. 54 (1:50000), Nr. 628, 629, 630, 686 (1:25000)
Reiseatlas: Seite 26

Der sagenumwobene Karersee

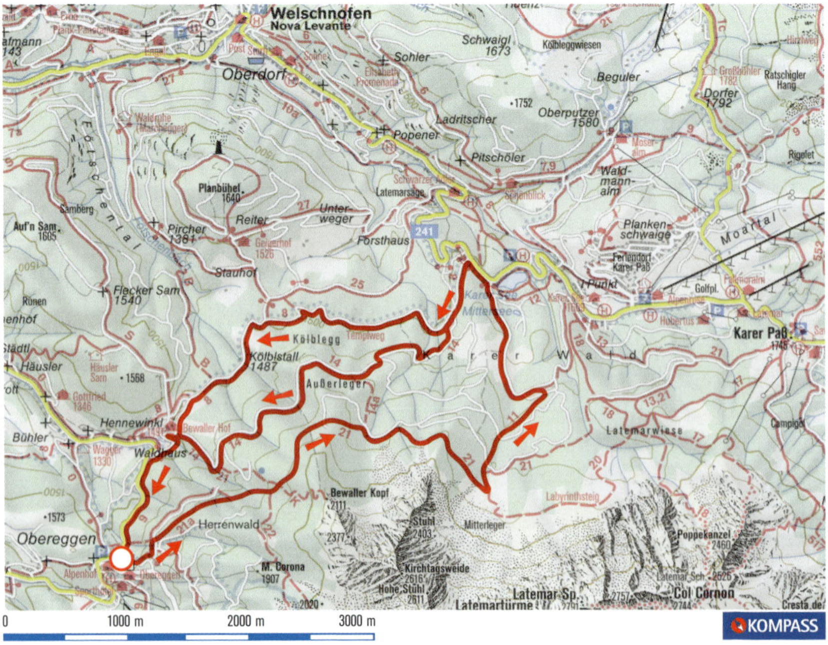

Vom Sporthotel in Obereggen fahren wir weiter auf die leichte Erhebung zu, wo sich ein Parkplatz befindet. An der rechten Straßenseite führt der Steig Nr. 21a anfangs ansteigend durch den Wald, dann in Nr. 21 übergehend, meist flach am Fuße des Zackengewirrs der Latemargruppe zum Mitterleger, wo sich uns ein freier, großartiger Blick auf die Latemarspitze öffnet.

Entlang des gut beschilderten Weges Nr. 11 steigen wir durch den weitläufigen Karerwald zum sagenumwobenen Karersee ab. Eindrucksvoll spiegeln sich im See die Felszinnen der nahen Latemargruppe. Vom westlichen Seeufer folgen wir 100 m der Straße in Richtung Welschnofen, bis nach links ein Forstweg zum Bewaller Hof abzweigt (Markierung Nr. 8 oder 14). Fast eben wandern wir auf dem bequemen Forstweg am Fuße des Latemars zum Bewaller Hof, 1491 m.

Von hier gehen wir entlang der Fahrstraße zurück zum Ausgangsort dieser langen Rundwanderung, die uns nicht allzu anstrengend durch die weiten Wälder des Eggentales zum Karersee geführt hat, der nicht umsonst zu einem der schönst gelegenen Bergseen Südtirols gezählt wird (4½ Std.).

Der Rosengarten

Von den vielen Sagen Südtirols ist jene vom Zwergkönig Laurin und dem Rosengarten wohl die bekannteste. Dort, wo sich heute nur noch eine Geröllhalde, das »Gartl«, ausbreitet, lag einst des Königs Rosengarten und wehe dem, der es gewagt hätte, auch nur eine Rose zu pflücken oder den Seidenfaden um den Rosengarten zu zerreißen. Nach einem Kampf mit dem Gotenkönig Dietrich sprach er den Zauberbann über den Rosengarten, dass niemand seine Rosen mehr sehen sollte, weder bei Tag, noch bei Nacht. Nur zur Abendzeit glüht der ganze Berg im Licht der untergehenden Sonne und erinnert in seinem Leuchten an die Geschichte von König Laurin und seinen Rosengarten.

Kulisse bei Sonnenuntergang: König Laurins Rosengarten

Latzfonser Kreuz und Kassianspitze

Pilgerziel zwischen Sarntal und Eisacktal

Ausgangspunkt: Reinswald im Durnholzer Tal, 1492 m
Zufahrt: Von Bozen auf der Staatsstraße 508 über Sarnthein nach Astfeld, rechts abbiegend ins Durnholzer Tal und nach 6 km rechts hinauf nach Reinswald; Parken bei der Talstation des Sessellifts
Gehzeit: 5½ Std.
Höchster Punkt: 2581 m
Höhenunterschied: 1089 m
Charakter: Mittelschwere Bergtour, Talanstieg über schöne Almwiesen, Gipfelanstieg über Fels und Schutthalden zum Grat.
Einkehr: Getrumalm, Schutzhaus Latzfonser Kreuz (Heiligenkreuz), 2302 m
Karte: KOMPASS Nr. 56 (1:50 000), Nr. 056, 059 (1:35 000)
Reiseatlas: Seite 16

Hoch oben am Übergang zwischen Sarntal und Eisacktal liegt unser aussichtsreiches Tourziel mit Wallfahrtskirche und Schutzhaus. Vom Parkplatz des Reinswald-Sessellifts gehen wir am Almweg Nr. 7 leicht ansteigend in das Getrumtal. In mäßiger Steigung, an Lärchenbeständen und Almwiesen vorbei, wandern wir taleinwärts, bis wir nach 1¼ Std. die Getrumalm (Jausenstation), 2100 m, erreichen.

Von der Getrumalm führt der Bergweg in den breiten Kessel zwischen Getrumspitze und Kassianspitze. Wir queren nach rechts biegend den Getrumbach und steigen zum Lückl, 2370 m, hinauf. Allein

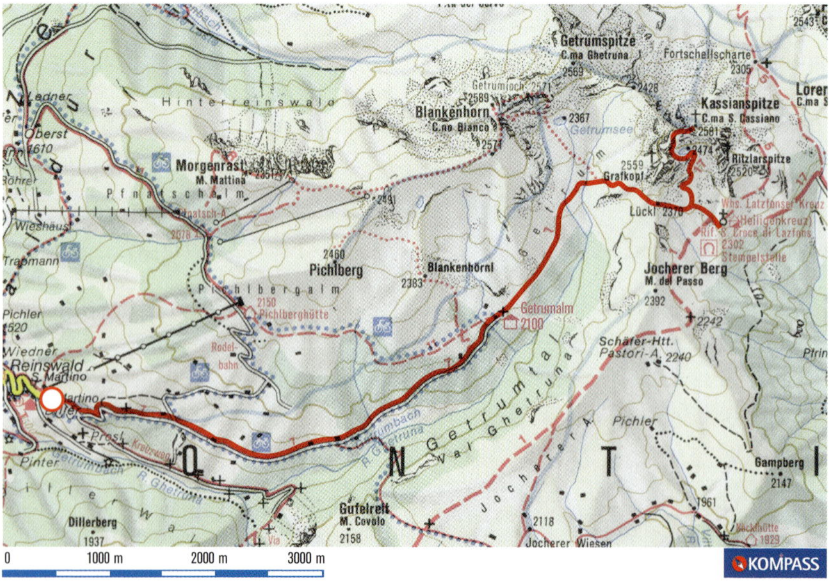

Das Latzfonser Kreuz, eine der höchstgelegenen Wallfahrtskirchen der Alpen, 2302 m

schon wegen der herrlichen Aussicht lohnt sich der lange Weg: Der Blick auf das Latzfonser Kreuz am Fuße der Ritzlarspitze mit den steilen Wänden der Dolomiten und als Kontrast die weite Hochfläche der umliegenden Almen.

Nun geht es ein Stück hinunter in den Talkessel und gleich rechts zum Latzfonser Kreuz (Wallfahrtskirche und Schutzhaus), 2302 m. Drei Pilgerwege treffen hier zusammen: vom Sarntal herauf, vom Eisacktal und vom Rittner Hochplateau.

Unser Tourziel schon vor Augen, wandern wir auf dem Weg Nr. 17 kurz zurück in den Talkessel. Bald zweigt rechts der Steig ab, der über Fels- und Schutthalden, am kleinen Gebirgssee vorbei, nach links zum Grat und weiter zur Kassianspitze, 2581 m, führt. Aufstieg 3 Std., Abstieg 2½ Std. Die Auffahrt mit der Seilbahn erspart ca. 1 Std. Gehzeit.

Latzfonser Kreuz

Die Bitten um Regen und Schutz vor Gewittern führte um 1700 zur Aufstellung eines Wetterkreuzes auf der Ritzlar-Alm. Schon um 1743 wurde dann die erste Kapelle am heutigen Platz erbaut und später immer wieder vergrößert.
Der »Schwarze Herrgott«, das Heiligtum der Kirche, hat der Legende nach seine dunkle Färbung durch die Behandlung mit flüssigem Baumpech und Ochsenblut bekommen. Das Kreuz bleibt nicht das ganze Jahr über am Berg, sondern wird im späten Frühjahr in einer Prozession von der Kirche Latzfons hinaufgebracht und im Herbst wieder zurück ins Tal – am St.-Gallus-Tag (16. Oktober) in die Kirche St. Peter und am anschließenden Sonntag in die Dorfkirche Latzfons. Seit 300 Jahren pilgern Menschen hinauf zum Heiligtum und auch als Bergwanderer kann man sich der Ausstrahlung dieses Ortes nicht entziehen.

EISACKTAL

Blick von Pardell auf Kloster Säben und das Eisacktal

Das Eisacktal – wo sich Nord und Süd begegnen

Die ausgezeichnete verkehrsmäßige Erschließung hat dieses Gebiet zu einem äußerst beliebten Urlaubsziel gemacht. Selbst in den Brixner Mittelgebirgsregionen hat man die Verkehrsadern zwar im Blickfeld; man empfindet sie jedoch weder akustisch noch optisch als zu störend, da es viele andere Dinge in der Umgebung gibt, die Faszination auf den Erholungssuchenden ausüben.

Bedingt durch das spürbar milde, fast südländische Klima beginnen im Eisacktal an manchen sonnigen Spätwintertagen bereits die ersten Knospen zu sprießen; viele Wanderwege – sieht man von hochalpinen Wegen ab – sind bereits um diese Zeit mit vollem Naturgenuss begehbar. Während sich in den Hochlagen noch die Skifahrer tummeln, kann es in den Tallagen Freude bereiten, das Erwachen der Natur in all ihrer Vielfalt und all ihren Formen zu beobachten. Wenige Wochen später beginnt es auch auf den ausgedehnten Almgebieten in einer Farbenpracht zu blühen, die jeden Fotofreund in Entzücken versetzt. Besonders schön erscheinen dann Regionen wie um das Rittner Horn, der Villanderer Alm, der Seiser Alm oder die sonnigen Hanglagen um Sterzing.

Mit steigender Temperatur nimmt auch der (Durch-) Reiseverkehr auf den Hauptrouten des Eisacktales zu. Derjenige, der sich vom Verkehrsgewühl lösen will, findet wenig abseits der Hauptdurchzugsrouten einsame Wege, leuchtend grüne Wiesen und viel Südtiroler Gastlichkeit; ab Juni sind alle Schutzhütten und Alpengasthöfe bewirtschaftet. Die Gipfel und auch die meisten schattigen Hänge werden schneefrei und damit verliert sich die Masse von Wanderern in den weitläufigen Regionen des Eisacktales mit seinen Seitentälern.

Zieht die hochsommerliche Hitze in das Land, wird man eher in waldreichen Gebieten wandern oder an einem der bunten Sommer- und Blasmusikfeste teilnehmen.

Während im August vor allem Besucher aus dem oberitalienischen Raum anreisen, gehört der September den zumeist kürzer verweilenden Urlaubern aus Deutschland und Österreich, die über den Brenner und von Osttirol kommend ins Land einreisen.

Der Herbst gilt in Südtirol als niederschlagsarme Jahreszeit. Das Land präsentiert sich dann in großartiger landschaftlicher Schönheit und Farbenpracht. Zudem bietet das Eisacktal auch Köstlichkeiten anderer Art: Ende September finden sich die Liebhaber von Edelkastanien genauso ein wie all jene, die frisches Eisacktaler Obst oder den frisch-herben »Eisacktaler Sylvaner« beim Törggelen genießen möchten.

Im Oktober und November gehören die Wanderwege jenen, die Stille und Einsamkeit suchen. Durch die Fensterläden der schön gelegenen, aber nun geschlossenen Schutzhütten pfeift der kühle Herbstwind, aber an den Sonnenhängen lässt es sich noch immer prächtig wandern.

St. Christina, Wolkenstein, St. Ulrich, Zirog, Ratschings, Rosskopf – um nur einige der klingenden Namen zu erwähnen – sind jedem Wintersportfreund bekannt. Zudem gibt es noch zahlreiche historische Stätten und Kunstdenkmäler. So mancher Tourist unterbrach beim Anblick von Burgen, Schlössern oder Kirchen seine Durchreise und machte damit einen ersten Schritt um das Eisacktal kennen zu lernen.

Das Törggelen

Im Eisacktal kommen nicht nur Wanderer auf ihre Rechnung – es ist auch die Hochburg für Freunde echten Törggelens.

Ursprünglich wanderte man in der Zeit von 11. November (nach der Gärung des Weines) bis 25. November (St. Katharina) von Hof zu Hof, um den »Nuien« (neuen Wein) zu verkosten. Der Tourismus mit seinem eigenen Rhythmus veränderte den Brauch. Getörggelet wird nun von September bis in den November hinein, verkostet wird dabei nicht nur der »Nuie«, sondern auch der noch nicht vergorene Traubensaft, der »Sußer«. Dazu bekommt man die »Kescht'n« (gebratene Kastanien) und herzhafte Hausmannskost wie Speck am Brettl, Kaminwurzen, »Breatlen« (Roggenbrot) und Schlutzkrapfen. Meist findet sich in geselliger Runde ein Sänger oder Musikant, der zum Gelingen einer Törggelen-Partie beiträgt.

Sprachkundler meinen, dass das lateinische Wort »torculum« in den Tiroler Dialekt übernommen wurde und in Verbindung mit dem Drehen der Weinspindel (Torggl) steht.

Törggelen: ein herbstlicher Genuss

Die Orte – Sehenswürdigkeiten

Sterzing
948 m, der Hauptort des oberen Eisacktales, besitzt zahlreiche Kulturdenkmäler: Südtirols Rathaus mit Mithrasstein und römischem Meilenstein. Im mittelalterlich geprägten Ortskern sind spätgotische Bauwerke zu bewundern: Hl.-Geist-Spitalskirche am Stadtplatz (1399) mit wertvollen Fresken (1402) des Südtiroler Malers Hans von Bruneck. Bemerkenswert ist auch das Landesbergbaumuseum Jöchlsthurn, das Ausstellungen zur Bergbaugeschichte des Landes zeigt.
Tel. 0472/76 48 75, Fax 0472/76 48 15

Brixen
560 m, Südtirols älteste Stadt und Hauptort des Eisacktales, vermittelt mit seiner historischen Altstadt die Atmosphäre eines mittelalterlichen Städtchens. Im Zentrum steht der doppeltürmige Dom Mariä Himmelfahrt (um 1200 erbaut, Neubau 1745–54). Glanzstück ist das Deckenfresko »Anbetung des Lammes« von Paul Troger. Im romanischen Kreuzgang Freskenzyklus (14./15. Jh.). Hofburg (1595–1610), seit 1974 Diözesanmuseum, mit Krippensammlung.

Sehenswert in der Umgebung: **Vahrn** – das Augustinerkloster Neustift (um 1200) mit Barockkirche und Rokoko-Bibliothek. Eine großartige Anlage ist Burg **Rodenegg,** nördlich von Brixen, mit einem Freskenzyklus des frühen 13. Jh.

Feldthurns
851 m. Auf einer Sonnenterrasse oberhalb von Brixen liegt der von Obstkulturen und Edelkastanienhainen umgebene Fremdenverkehrsort Feldthurns. Sehenswert: Schloss Feldthurns, ein Bau der Hochrenaissance, der mit kostbaren Täfelungen und Einlegearbeiten ausgestattet wurde. Im Schreiberhaus befindet sich das Heimatmuseum mit einer Sammlung handwerklicher Gebrauchsgegenstände.

Klausen
525 m. Der malerische Ort schmiegt sich unter dem Klosterfelsen von Säben. Das im 6. Jh. gegründete Benediktinerkloster Säben war bis 991 Bischofssitz. Von der alten Burg Säben sind noch die Ringmauer und der Kassiansturm (13. Jh.) erhalten. 1681 wurde die Burg in ein noch heute bestehendes Benediktinerstift umgewandelt. Im Kapuzinerkloster ist das Stadtmuseum mit dem Loretoschatz, den der spanische König im 17. Jh. stiftete, untergebracht.

Ratschings
995 m. Die Gemeinde umfasst das Ratschings-, Jaufen- und Ridnauntal. Besuchenswert sind die 1898 eröffnete Gilfenklamm und das Südtiroler Bergbaumuseum in Ridnaun mit Schaustollen.
Südtiroler Bergbaumuseum
Ridnaun-Schneeberg,
Tel. 0472/65 63 64, Fax 0472/65 64 04,
ridnaun.schneeberg@tin.it
www.bergbaumuseum.it

Tourist-Info

Tourismusverband Eisacktal,
Brennerstraße 127, I-39040 Vahrn,
☎ 0472/80 22 32, Fax 0472/80 13 15;
e-mail: info@eisacktal.com
www.eisacktal.com

Tourismusverein Brixen,
Bahnhofstraße 9, I-39042 Brixen,
☎ 0472/83 64 01, Fax 0472/83 60 67,
e-mail: info@brixen.org
www.brixen.org

Tourismusverein Vintl / Pfunderertal,
Zollerstraße 1, I-39030 Vintl,
☎ 0472/86 91 00, Fax 0472/86 92 60;
e-mail: tourismus.vintl@rolmail.net

Tourismusverein Villnöß,
St. Peter 11, I-39040 Villnöß,
☎ 0472/84 01 80, Fax 0472/84 03 12;
e-mail: info@villnoess.com
www.villnoess.com

Tourismusverein Villanders,
St. Stefan 120, I-39040 Villanders,
☎ 0472/84 31 21, Fax 0472/84 33 47;
e-mail: tourismusver.villanders@dnet.it

Tourismusverein Feldthurns,
Gemeindeplatz 9, I-39040 Feldthurns,
☎ 0472/85 52 90, Fax 0472/85 50 31
e-mail: info@feldthurns.com
www.feldthurns.com

Tourismusverein Rodeneck,
Vill 3/a, I-39037 Rodeneck,
☎ 0472/45 40 44, Fax 0472/45 40 50;
e-mail: tourismusverein.rodeneck@rol-mail.net

Tourismusverein Ratschings,
Stange-Gemeindehaus,
I-39040 Ratschings,
☎ 0472/75 66 66, Fax 0472/75 68 89;
e-mail: ratschings@dnet.it

Tourismusverein Sterzing,
Stadtplatz 3, I-39049 Sterzing,
☎ 0472/76 53 25, Fax 0472/76 54 41;
e-mail: info@infosterzing.it
www.infosterzing.com

Tourismusverein Klausen,
Thinneplatz 6, I-39043 Klausen,
☎ 0472/84 74 24, Fax 0472/84 72 44;
e-mail: info@klausen.it
www.klausen.it

Tourismusverein Natz-Schabs,
Rathaus Schabs, I-39040 Natz-Schabs,
☎ 0472/41 50 20, Fax 0472/41 51 22;
e-mail: tv-natz-schabs@dnet.it

Tourismusverein Mühlbach-Vals-Spinges,
Katharina-Lanz-Str. 90, I-39037 Mühlbach,
☎ 0472/84 94 67, Fax 0472/84 98 49,
e-mail: mvs@dnet.it
www.gitschberg-jochtal.com

Tourismusverein Meransen,
Meransen 123, I-39037 Mühlbach,
☎ 0472/52 01 97, Fax 0472/52 01 25;
e-mail: info@meransen.com
www.gitschberg-jochtal.com

Tourismusverein Lüsen,
Dorf, I-39040 Lüsen,
☎ 0472/41 37 50, Fax 0472/41 38 38;
e-mail: info@luesen.com
www.luesen.com

Am Landshuter Höhenweg

Hochgebirgstour mit Gletscherblick

Ausgangspunkt: St. Jakob in Pfitsch, Weiler Stein, 1520 m
Zufahrt: Auf der Brennerautobahn A22 bis Ausfahrt Sterzing, weiter auf der Staatsstraße 508 ins Pfitscher Tal bis Ghs. Stein
Gehzeit: 6½ Std.
Höchster Punkt: 2693 m
Höhenunterschied: 1173 m
Charakter: Mittelschwere Bergtour mit Erweiterungsmöglichkeit für Berggeher mit Hochgebirgs-Erfahrung!
Einkehr: Pfitscher-Joch-Haus, 2277 m; Landshuter-Europa-Hütte, 2693 m
Karte: KOMPASS Nr. 44 (1:50000), Nr. 058, 081 (1:35000)
Reiseatlas: Seite 17

Diese landschaftlich äußerst lohnende Tour kann mit der nachfolgenden Tourerweiterung zu einer sehr interessanten 2-Tages-Tour ausgedehnt werden (Nächtigung in der Landshuter-Europa-Hütte).

Wir beginnen die Wanderung beim etwas oberhalb der geschotterten Pfitscher-Joch-Straße gelegenen Gasthof Stein und halten uns an Beschilderung und Markierung Nr. 3. Der zuerst noch mäßig steile Wiesensteig führt uns durch den Steiner Wald und über den Steiner Bach; nach einem Rechtsknick über einen weiteren kleinen Bach und

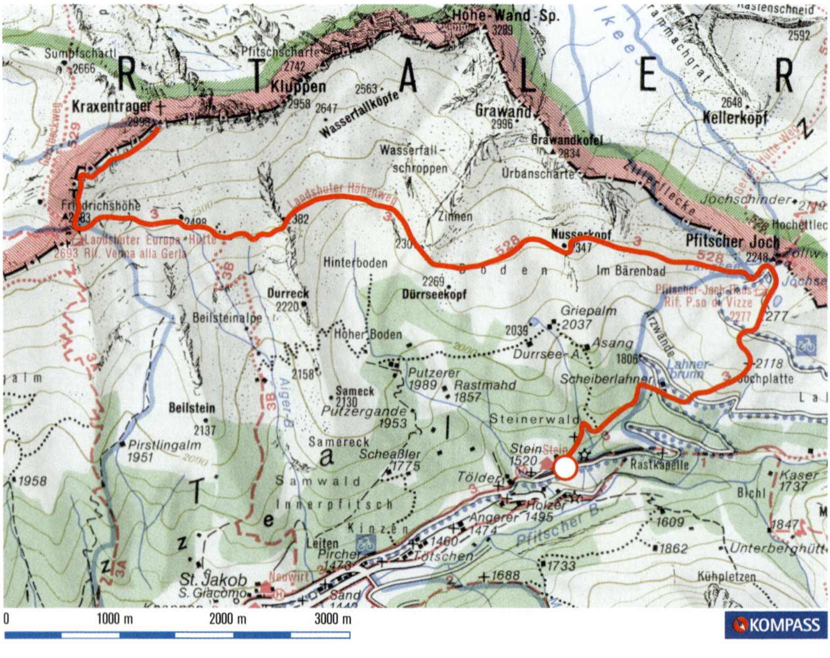

Vordere und Hintere Weißspitze im Pfitscher Tal

dann zur Straße. Kurz darauf diese links verlassend hinauf, und nach kurzem steilen Anstieg erreichen wir die Straße erneut. Nun ein kurzes Stück dieser entlang aufwärts und über einen weiteren steilen Steig hinauf, über welchen wir einen langen Straßenbogen taleinwärts abkürzen. Im obersten Bereich nochmals kurz über die Straße und dann wieder rechts ab, worauf wir nach kurzer Zeit bereits das Pfitscher-Joch-Haus mit dem etwas tiefer gelegenen, kleinen See erreichen. Hier nun 5 Minuten hinab zum Pfitscher Joch, 2248 m (Staatsgrenze) mit herrlichem Blick zur Gletscherzunge des Stampflkees. Nun links ab auf den »Landshuter Höhenweg« (Weg Nr. 528), vorbei an einigen idyllisch gelegenen kleinen Hochgebirgsseen. Der Weg führt nun gut bezeichnet über Blockwerk und kleine Geröllhalden mittel bis mäßig ansteigend unter den Hängen von Grawand, Kluppen und Kraxentrager hinauf zur Landshuter-Europa-Hütte, 2693 m, die direkt an der österreichisch-italienischen Staatsgrenze liegt.

Gesteinsfarben

▶ Von der Landshuter-Europa-Hütte auf dem Steig Nr. 3 zurück, dann westlich unterhalb des Hauptkammes, bis nach ca. 25 Minuten links ein schmaler Steig abzweigt. Hier nun in mittlerer Steigung hinauf zum Gipfel des Kraxentrager, 2998 m, ¾ Std. Abstieg zur Landshuter-Europa-Hütte, 2693 m, und auf dem Landshuter Höhenweg zum Pfitscher Joch und zurück zum Weiler Stein.

87

Sieben-Seen-Wanderung

Ins Reich der Bergknappen

Ausgangspunkt: Ridnaun/Maiern, 1417 m
Zufahrt: Auf der Brennerautobahn A22 bis Ausfahrt Sterzing, auf der SS44 in Richtung Jaufenpass, bei Gasteig rechts ab ins Ridnauntal bis Maiern (ehem. Erzaufbereitung). Parkplatz
Gehzeit: 7–9 Std.
Höchster Punkt: 2693 m
Höhenunterschied: 1276 m
Charakter: Mittelschwere, wenig begangene Bergtour durch eine weitgehend unberührte Gebirgswelt, die im Bereich der Bergseen überaus reizvoll ist
Einkehr: Poschhaus, 2112 m

Auf einem Talhügel in Mareit steht Schloss Wolfsthurn

Karte: KOMPASS Nr. 44 (1:50000), Nr. 044, 058 (1:35000)
Reiseatlas: Seite 16

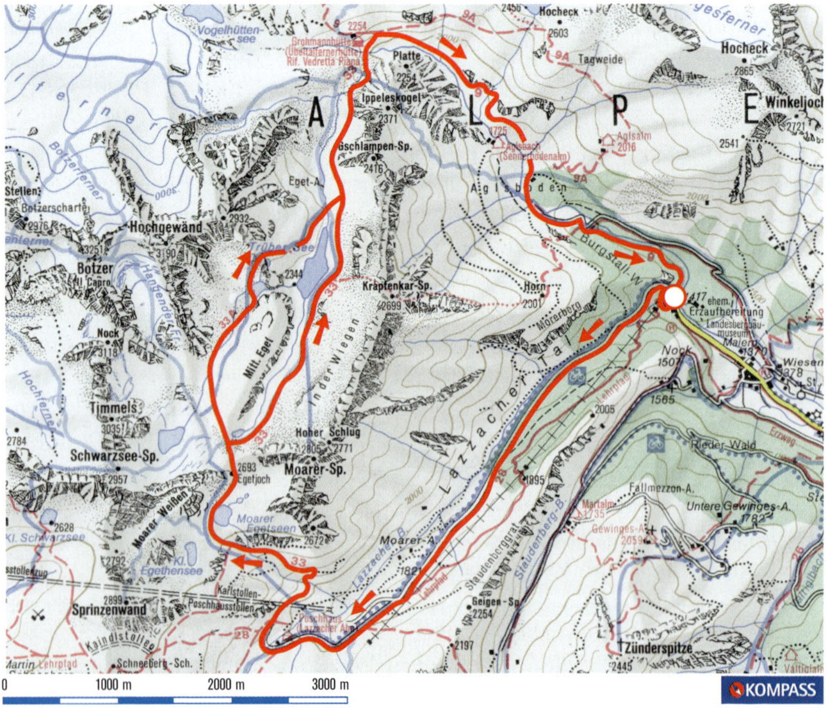

Bei den Sieben Seen

Diese Wanderung zu den Sieben Seen am Fuße der südlichen Stubaier Alpen ist wenig begangen, aber landschaftlich sehr reizvoll und sie führt durch eine weitgehend unberührte Gebirgswelt. Von der Erzaufbereitungsanlage in Maiern zweigt der Weg Nr. 28, die »Sieben-Seen-Tour«, nach Südwesten ab. Die ersten 1½ Stunden entlang des Fahrweges hinauf zum Poschhaus, 2112 m, sind nicht besonders abwechslungsreich.

Nach der Stärkung verlassen wir am Fuße der Felswand den Weg Nr. 28 nach St. Martin am Schneeberg und halten uns rechts, wo wir in 1½ Std. steil hinauf zu den Moarer Egetseen gelangen. Dahinter beim Egetjoch, 2693 m, haben wir den höchsten Punkt der Tour erreicht und wandern abwärts entweder links an den Egetseen (33A) oder rechts (33) direkt zum Trüben See hinunter.

Unser nächstes Ziel, die kleine Grohmannhütte (früher Übeltalfernerhütte), 2254 m, ist schon von weitem sichtbar. Allerdings muss man dorthin ¼ Std. ansteigen. Etwa zwei Stunden benötigt man für den Abstieg ins Tal.

Kultur Tipp

Das Ridnauntal erstreckt sich von Sterzing 15 km in westlicher Richtung bis zum Aglsboden. 6 km von Sterzing entfernt, in Mareit, steht auf einem Talhügel Schloss Wolfsthurn mit seinem **Landesmuseum für Jagd und Fischerei**, das einen Eindruck vom adeligen Leben und von der Jagd als Teil der Volkskultur vermittelt.
Schloss Wolfsthurn,
Mareit 5, I-39040 Ratschings,
☎ 0472/758121, Fax 0472/758121

Das **Bergbaumuseum Schneeberg** gibt mit seinem 200 m langen Schaustollen einen guten Einblick in die Bergbautradition und die gefahrvolle Arbeit der Knappen unter Tag. Öffnungszeiten: Von Ostern bis Anfang November von Dienstag bis Sonntag. Besichtigung nur mit Führung möglich.
Bergbaumuseum, ☎ 0472/656364

Im Bann der Gilfenklamm

Schluchtwanderung mit eindrucksvollen Tiefblicken

Ausgangspunkt: Stange, 970 m
Zufahrt: Auf der Brennerutobahn bis Ausfahrt Sterzing, weiter auf der SS 44 in Richtung Jaufenpass, bei Gasteig rechts ab bis zum Weiler Stange. Parkplatz
Gehzeit: 2½ Std.
Höchster Punkt: 1235 m
Höhenunterschied: 265 m
Charakter: Leichte Klammwanderung, die an heißen Sommertagen angenehm erfrischend wirkt und eindrucksvolle Tiefblicke in marmorierte Kolke bietet.
Einkehr: Ghs. Jaufensteg und in Stange
Karte: KOMPASS Nr. 44 (1:50 000), Nr. 044, 058 (1:35 000)
Reiseatlas: Seite 16

Von Sterzing kommend weist schon in Gasteig (am Beginn der Jaufenpassstraße) das gelbe Schild »Gilfenklamm/Cascata« nach rechts zum knapp 3 km weiter gelegenen Weiler Stange.

Am besten parkt man gleich nach der Brücke und folgt der guten Beschilderung zwischen den Häusern hindurch dem Jaufenbach entlang zum Eingang der Klamm (Eintrittsgebühr – geöffnet von Ostern bis November; die beste Wanderzeit für diese Tour ist der Sommer und Frühherbst, wenn es in der Schlucht angenehm kühl ist).

Ein bequemer Waldweg zieht gut 20 Minuten hinauf, bis auf zwei Holzstegen der Bach gequert wird. Von weitem hört man schon das Donnern der Wasserfälle und bald darauf befindet man sich hoch über den schäumenden Wassern. Die schon seit fast 100 Jahren zugängliche Klamm (Eine Gedenktafel erinnert an den Besuch von Kaiser-Franz-Joseph.) bietet in ihrem Kernstück eindrucksvolle Tiefblicke in glatte Kolke, durch die der Sturzbach tost. Auf einem Felsen befindet sich eine Aussichtskanzel mit Bänken. Am Ausgang der Klamm besteht Einkehrmöglichkeit im Gasthof Jaufensteg, der am 2. 8. 1896 von Erzherzog-Ferdinand-Karl besucht wurde. 100 Meter taleinwärts zweigen wir auf einen Wiesenweg ab (Beschilderung Ruine Reifenegg 1 Std., Markierung 11b). Bei den Häusern betreten wir einen asphaltierten Fahrweg, dem wir östlich weiter folgen (schöne Blicke ins Ratschingstal und später auf Ober- und Untertelfes). Am höchsten Punkt unserer Wanderung, in Burkt-Gschwent, 1235 m, senkt sich der Fahrweg und 300 Meter später zeigt der Wegweiser links hinab zur Ruine Reifenegg. Jetzt geht es sehr steil auf einer Geländerippe bergab zur Ruine Reifenegg. Von einer Bank bringt uns der Stichweg in kurzer Zeit zur Burg, von der nur noch ein Turm erhalten ist. Von der Nordseite kann man in das Innere gelangen.

Zur Bank zurückgekehrt, geht es durch Dickicht weiter und in Serpentinen dem Tal entgegen. Oftmals müssen wir über Rinnsale springen, ehe wir entlang einer Steinmauer (sie dient als Hochwasserdamm) beim Hof neben dem Eingang der Klamm aus dem Wald treten. In wenigen Minuten sind wir wieder beim Ausgangspunkt.

Die Gilfenklamm: erfrischendes Ziel an heißen Tagen

☛ In Mareit, 2,5 km westlich von Stange, befindet sich im Schloss Wolfsthurn das sehenswerte *Landesmuseum für Jagd und Fischerei, Mareit 5, I-39040 Ratschings, Tel. 0472/758121, Fax 0472/758121*

Alte Wege nach Säben und Feldthurns

Kulturwanderung zur Törggelenzeit

Ausgangspunkt: Klausen, 525 m
Zufahrt: Auf der Brennerautobahn bis Ausfahrt Klausen-Gröden und auf der Staatsstraße 12 nach Klausen. Parken beim Schwimmbad
Gehzeit: 5 Std.
Höchster Punkt: Verdings, 961 m
Höhenunterschied: 436 m
Charakter: Leichte Wanderung, besonders genussvoll zur Törggelenzeit
Einkehr: Gasthöfe entlang des Weges bei Säben, Gasthof Huber in Pardell, Verdings und Feldthurns
Karte: KOMPASS Nr. 56 (1:50000), Nr. 059 (1:35000)
Reiseatlas: Seite 16

Zweifellos kann der Felsen mit der markanten Klosterfestung Säben, hoch über dem Ort Klausen thronend, von niemandem übersehen werden, der das Eisacktal bereist. Äußerst reizvoll und auch für jedermann zu begehen ist die Wanderung zu diesem Eisacktaler »Wahrzeichen«. Vom Ausgangspunkt, wenige Meter ortseinwärts, finden wir bald linker Hand den Wegweiser zum Kloster. Durch alte, enge Gassen hindurch beginnt bald rechts der Aufstiegsweg über Steinstufen, welcher nach kurzer Zeit in den Zufahrtsweg beim Burgschloss

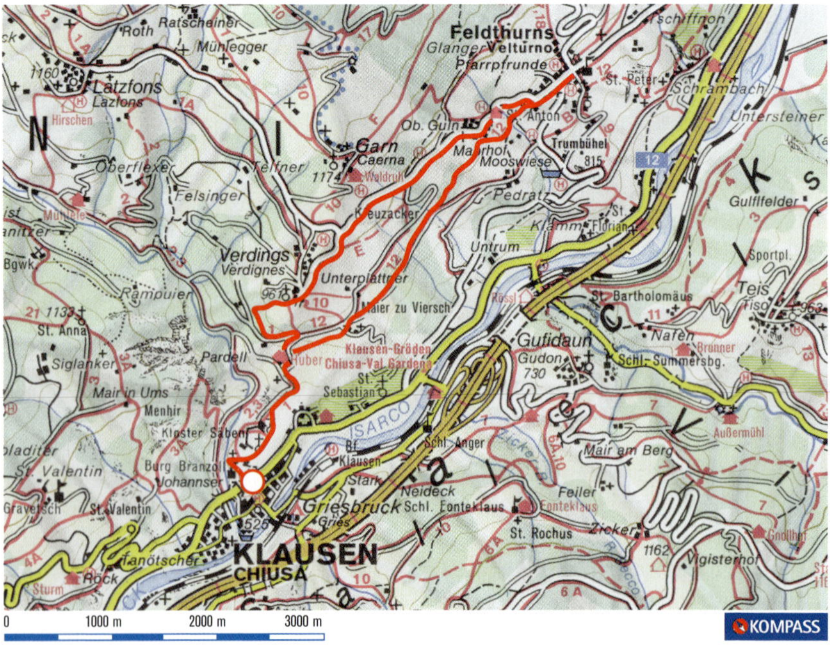

KOMPASS

Am »Keschtnweg« bei Maier zu Viersch

Branzoll einmündet (Schloss nicht zu besichtigen). Nun windet sich der Weiterweg in einigen Kehren, vorbei an Kreuzwegstationen, bergan. Nach ca. ½ Stunde erreichen wir die äußere Klostermauer und als ersten Aussichtspunkt die knapp dahinter liegende Liebfrauenkirche. Der letzte Aufstiegsabschnitt führt entlang der inneren Mauer zu einem kurzen Felstunnel, durch welchen wir ins Innere und zum höchsten Punkt des Klosters gelangen; der letzte Abschnitt führt über Stufen zur Heiligkreuzkirche (1½ Std.).

Von Säben wandern wir auf dem Fahrweg Nr. 1 nördlich nach Pardell bis zu einer Wegkreuzung, dort rechts abbiegend gehen wir auf einem breiten Fußweg unter Edelkastanien zum Gutshof Maier zu Viersch hinauf, wo eine schön gelegene Kapelle zu einer kleinen Rast einlädt (¾ Std. von Säben).

Bei einer Wegkreuzung nördlich des Gutshofes zweigt der markierte »Keschtnweg« nach Feldthurns ab, dessen Ortszentrum in knapp 1 Std. erreicht wird. Besonders empfehlenswert ist diese Strecke im Herbst zur Törggelenzeit. Das sonnige Feldthurns im Eisacktaler Mittelgebirge kann auch bequem mit dem Pkw oder Autobus erreicht werden.

☛ *Schloss Velthurns mit seinen intarsiengeschmückten Vertäfelungen und das bäuerliche Gerätemuseum (Führung Anfang März bis Mitte November) machen den Ort nicht nur zur Törggelenzeit besuchenswert.*

Der Rückweg führt von Feldthurns der Straße entlang nach Verdings, 961 m. Bei großartiger Aussicht steigen wir zuerst auf dem Fahrweg, dann auf dem Wanderweg Nr. 1 hinunter nach Pardell (Einkehrmöglichkeit) zum Kloster Säben und weiter zum Ausgangspunkt Klausen (Gehzeit ca. 5 Std.).

Am wunderschönen »Keschtnweg« unterwegs

»Fotokulisse« Geislergruppe

Almwanderung zur Schlüterhütte, 2297 m

Ausgangspunkt: St. Magdalena/Villnöß, 1339 m
Zufahrt: Auf der Brennerautobahn bis Ausfahrt Klausen-Gröden, dann 2 km auf der Staatsstraße 12 in Richtung Brixen und rechts ab 15 km ins Villnößtal. Parken im Bereich Rannuiwiese
Gehzeit: 3½ Std.
Höchster Punkt: 2297 m
Höhenunterschied: 958 m
Charakter: Leichte Alm- und Bergwanderung vom bekannten Kirchlein St. Johann in Rannui über Sass Rigais, St. Zenon und Gampenalm zur Schlüterhütte; großteils über reizvolle Almwiesen, Anstieg zur Schlüterhütte auf schrofigem Almgelände.
Einkehr: Sass Rigais, 1689 m; Gampenalm, 2062 m; Schlüterhütte, 2297 m
Karte: KOMPASS Nr. 56 (1:50 000), Nr. 615, 616, 627 (1:25 000)
Reiseatlas: Seite 17

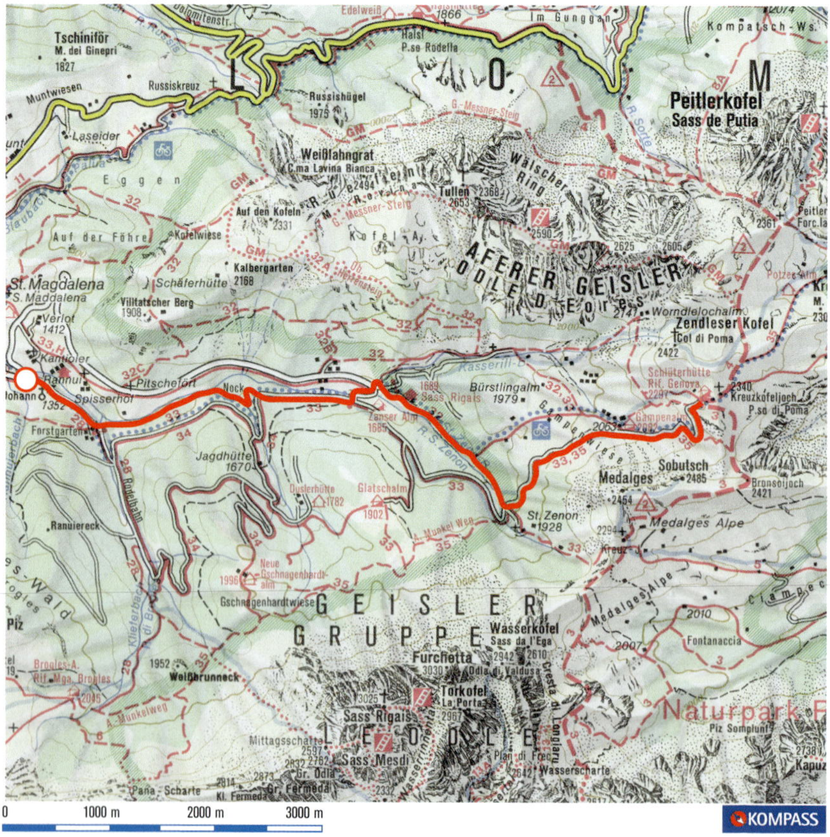

St. Johann in Rannui, mit Geislergruppe

Nahe unseres Ausgangspunktes im Villnößtal befindet sich das Kirchlein St. Johann in Rannui, welches zusammen mit dem prächtigen Hintergrund der gezackten Geislergruppe ein sehr beliebtes Fotomotiv darstellt.

Wir wandern zu Beginn dieser Tour ein Stück vom Parkplatz taleinwärts und verlassen nach wenigen Minuten die Forststraße links abzweigend. Wir folgen dem mit »Forststeig Zans« beschilderten Wanderweg, der nun entlang des Villnößbaches talaufwärts führt.

Wir erreichen nach reizvollem Aufstieg wieder die vorhin verlassene Forststraße und gelangen auf dieser bald darauf zum Parkplatz bei der Zanser Alm, 1685 m. Hier nun eben ein Stück neben dem Bach weiter, über die Brücke und dann gleich wieder rechts über einen Schotterweg zum Gasthof Sass Rigais, 1689 m. Hier nun dem breiten Schottersteig folgend sanft aufwärts; später am Wanderweg 32 entlang des rauschenden St.-Zenon-Baches hinauf bis unterhalb der St.-Zenon-Alm, 1928 m, wo wir wieder auf die Forststraße stoßen. Nun der kurvenreichen Forststraße (Markierung Nr. 33, 35) folgend hinauf zur Gampenalm, 2062 m.

Über schrofendurchsetztes Almgelände wandern wir vor der großartigen Gebirgskulisse hinauf zur aussichtsreich gelegenen Schlüterhütte, 2297 m (Gehzeit 3½ Std.).

Frisch »angezuckert«: die Geislergruppe

PUSTERTAL

Wegkreuz bei Kiens

Pustertal – das grüne Tal mit Tauferer Tal und Ahrntal

Der Besucher des Pustertales und seiner Seitentäler wird grundsätzlich in diesem Raum zwei Gegensätze feststellen, von denen dieses Gebiet geprägt wird: vom Pustertal selbst, als jahrhundertealter Verkehrsweg, der seine Spuren zu allen Zeiten des Jahres hinterlässt; von der Unberührtheit von allen äußeren Einflüssen, welche sich in der Natur, der Bevölkerung und auch in der Sprache niederschlägt. Talschaften, die in ihrer Abgeschiedenheit für den Wanderer auch oft mitten in der Fremdenverkehrssaison zum »vor sich Hinträumen« einladen, als Kulisse für das Auge – herrlicher Anblick im Talschluss: kleine Seen, die ob ihrer verborgenen Lage und mangels aufgeschlossener Verkehrswege (und auch der niedrigen Temperaturen wegen) vom Massentourismus verschont bleiben.

All solche Kleinode prägen das Gesicht dieser Landschaften. Natürlich kann der Besucher des Pustertales auch alles andere, was der »Sommergast« wünscht, erfüllt bekommen. Neben einer traditionell guten Beherbergung sowie einer ausgezeichneten Gastronomie haben die einzelnen Gemeinden auch für entsprechende touristische Einrichtungen gesorgt, durch welche der Gast als Alternative zur Erholung und Ruhe in den genannten Talschaften auch verschiedene Freizeitmöglichkeiten vorfindet.

Ist der Tourist auch mit entsprechender Fotoausrüstung unterwegs, so sei ihm dafür als Jahreszeit der Herbst nahegelegt. Dann wird er aufgrund der oft bilderbuchhaft klaren Witterungsverhältnisse Eindrücke festhalten können, wie sie ihm in Prospekten versprochen wurden. Die Rede ist dabei von klassischen Fotomotiven wie den Drei Zinnen in den Sextner Dolomiten oder dem Pragser Wildsee im Pragser Tal.

Was der Winter in Südtirol allgemein verspricht, hält er im besonderen auch im Pustertaler und im

Dolomitengebiet. Ist das südliche Einzugsgebiet schon seit jeher Eldorado für Alpinskiläufer gewesen, genauso wie für zahlreiche Tourengeher, so ist in den letzten Jahren in nördlichen Talschaften neben dem alpinen auch der nordische Skisport stark im Aufwind. Loipen, die durch selektives, tiefverschneites Hochwaldgelände führen, locken Langlaufenthusiasten in Gegenden wie in den Antholzer Raum und andere Täler.

Auch das Frühjahr lässt keine Wünsche offen, schon gar nicht für Freunde einer prachtvoll blühenden Alpenflora, die sich hier südlich des Alpenhauptkammes bereits meist etwas früher und vor allem üppiger herauswagt.

Und sollte doch einmal die eigentlich vorherrschende Schönwetterlage ihr Gesicht ändern, so sei auch erwähnt, dass das Pustertal als historischer Verkehrsweg seine Spuren aus vergangenen Jahrhunderten vorweist, zum Beispiel in Form markanter Burgen und Höfe. Besonders interessant sind die Exponate im Landesmuseum für Volkskunde in Dietenheim/Bruneck - ein Freilichtmuseum mit typischen Bauernhöfen, Mühlen und Kornkästen.
Südtiroler Volkskundemuseum,
Tel. 0474/55 20 87, Fax 0474/55 17 64.
www.provinz.bz.it/volkskundemuseen/
Aber auch moderne und zeitgenössische Grafik aus dieser Region ist zu sehen:
Stadtmuseum Bruneck,
Tel. 0474/55 32 92, Fax 0474/41 06 85.

Tourist-Info

Tourismusverband Hochpustertal,
Pflegplatz 1, I-39038 Innichen,
☎ 0474/91 31 56, Fax 0474/91 43 61;
e-mail: info@altapusteria.net
www.altapusteria.net

Tourismusverein Toblach,
Dolomitenstr. 3, I-39034 Toblach,
☎ 0474/97 21 32, Fax 0474/97 27 30;
e-mail: toblach@dnet.it
www.toblach.it

Tourismusverein Sexten,
Dolomitenstr. 9, I-39030 Sexten,
☎ 0474/71 03 10, Fax 0474/71 03 18;
e-mail: sexten@rolmail.net
www.sexten.it

Tourismusverein Pragser Tal,
Außerprags 78, I-39030 Prags,
☎ 0474/74 86 60, Fax 0474/74 86 60;
e-mail: prags@rolmail.net

Tourismusverein Niederdorf,
Von-Kurz-Platz 5, I-39039 Niederdorf,
☎ 0474/74 51 36, Fax 0474/74 52 83;
e-mail: info@niederdorf.it
www.niederdorf.it

Tourismusverein Innichen,
Pflegplatz 1, I-39038 Innichen,
☎ 0474/91 31 49, Fax 0474/91 36 77;
e-mail: info@innichen.it
www.innichen.it

Wie aus dem Bilderbuch: der Pragser Wildsee

Die Orte – Sehenswürdigkeiten

Bruneck
835 m. Bruneck, das lebhafte und zugleich beschauliche Städtchen ist Hauptort des Pustertales. Der historische Kern hat sich weitgehend das Bild aus dem 16. Jh. bewahrt. Rain- oder St. Katharinakirche (um 1345 erbaut, im 17. Jh. barockisiert); Pfarrkirche, mit wertvollem Kruzifix von Michael Pacher. Schloss Bruneck wurde 1251 als bischöfliche Stadtburg erbaut, 1323 und 1519 erweitert. Das Südtiroler Volkskundemuseum, das älteste Landesmuseum,. zeigt im Pustertaler Ansitz »Mair am Hof« und im angrenzenden Freilichtmuseum Wohnstätten des Adels, der selbstversorgenden Bauern und der »Kleinhäusler« und bietet Einblick in die Alltagsarbeit auf Hof und Feld.
Südtiroler Volkskundemuseum,
Dietenheim, Herzog-Diet-Straße 24,
I-39031 Bruneck, Tel. 0474/552087,
Fax 0474/551764;
e-mail: volkskundemuseum@provinz.bz.it
www.provinz.bz.it/volkskundemuseen/
Öffnungszeiten: Di–Sa 9.30–17.30 Uhr,
So. und Feiertage 14–18 Uhr,
Mitte April–Ende Oktober.
Stadtmuseum Bruneck
Das neue Museum zeigt Schnitzwerke und Gemälde von Michael und Friedrich Pacher. Im Mittelpunkt steht jedoch die moderne und zeitgenössische Grafik und Literatur von Künstlern aus dem regionalen Umfeld.
Bruder-Willram-Str. 1, I-39031 Bruneck,
Tel. 0474/553292, Fax 0474/410685

Innichen
1173 m, ist für jeden Kunstfreund besuchenswert. Die Stiftskirche hll. Candidus und Korbinian (Innicher Dom, 1200–1230) ist der Höhepunkt romanischer Baukunst in Tirol; romanische Kreuzigungsgruppe am Hochaltar. Im Kapitelhaus ist das Stiftsmuseum untergebracht. Das Museum »Dolomythos« – die Wunderwelt der Dolomiten.

Niederdorf
1154 m, liegt umrahmt von den Dolomiten im Hochpustertal. Spitalkirche zur Hl. Dreifaltigkeit (1456); Kirche St. Magdalena im Moos (1490). Das Fremdenverkehrsmuseum Hochpustertal informiert über den Alpinismus in dieser Region.

Rasen-Antholz
1030–1642 m, liegt in einer weiten Talmulde im Antholzer Tal. Das St.-Walburgis-Kirchlein (1341 erwähnt, im 15. Jh. neu erbaut) mit Christophorusfresko aus der Pacherschule.

Sand in Taufers
865 m. Schloss Taufers zählt zu den mächtigsten mittelalterlichen Wehrbauten Tirols (um 1250). Romanische Burgkapelle mit Fresken aus dem 15. Jh.

Toblach
1250 m. Der stattliche Markt mit seiner prachtvollen Pfarrkirche des Spätbarocks (1769–1782) veranstaltet jährlich im Juli die »Gustav-Mahler-Musikwochen« zum Gedenken an den großen Komponisten.

Tourist-Info

Tourismusverband Crontour, *Herzog-Sigmund-Str. 4a, I-39031 Bruneck, ☎ 0474/55 54 47, Fax 0474/53 00 18; e-mail: info@kronplatz.com www.kronplatz.com*

Tourismusverein Bruneck, *Europastraße 24, I-39031 Bruneck, ☎ 0474/55 57 22, Fax 0474/55 55 44; e-mail: bruneck@dolomitisuperski.com www.bruneck.com*

Tourismusverein Terenten, *St. Georgstr. 1, I-39030 Terenten, ☎ 0472/54 61 40, Fax 0472/54 63 40 e-mail: terenten@dnet.it*

Tourismusverein St. Vigil, *am Enneberg, Katharina-Lanz-Str. 14, I-39030 Enneberg, ☎ 0474/50 10 37, Fax 0474/50 15 66; e-mail: sanvigilio@dolomitisuperski.com www.sanvigilio.com*

Tourismusverein St. Martin in Thurn, *Dorfmitte 10, I-39030 Sankt Martin in Thurn, ☎ 0474/52 31 75, Fax 0474/52 34 74; e-mail: assoc_turistica@rolmail.com*

Tourismusverein St. Lorenzen, *Josef-Renzler-Str. 9, I-39030 St. Lorenzen, ☎ 0474/47 40 92, Fax 0474/47 41 06; e-mail: st.lorenzen@kronplatz.com www.st-lorenzen.com*

Tourismusverein Rasen im Antholzer Tal, *Niederrasen 125, I-39030 Rasen im Antholzer Tal, ☎ 0474/49 62 69, Fax 0474/49 80 99; e-mail: info@rasen.it www.rasen.it*

Tourismusverein Pfalzen, *Rathausplatz 1, I-39030 Pfalzen, ☎ 0474/52 81 59, Fax 0474/52 84 13; e-mail: pfalzen@kronplatz.com*

Tourismusverein Olang, *Florianiplatz 4, I-39030 Olang, ☎ 0474/49 62 77, Fax 0474/49 80 05; e-mail: info@olang.com www.olang.com*

Tourismusverein Kiens, *Kiener Dorfweg 4/b, I-39030 Kiens, ☎ 0474/56 52 45, Fax 0474/56 56 11; e-mail: info@kiens.com www.kiens.com*

Tourismusverein Gsieser Tal-Welsberg-Taisten, *St. Martin 17, I-39035 Gsies, ☎ 0474/97 84 36, Fax 0474/97 82 26; e-mail: tv.gsies@dnet.it www.hallo.com*

Tourismusverein Gais/Uttenheim, *Ulrich-von-Taufer-Str. 5, I-39030 Gais, ☎ 0474/50 42 20, Fax 0474/50 40 31; e-mail: info@gais-uttenheim.com www.gais-uttenheim.com*

St. Josef, im Antholzer Tal

Wiesen, Wälder, Pyramiden

Zu den bizarren Erdpyramiden von Platten

Ausgangspunkt: Bruneck, 835 m
Zufahrt: Auf der Staatsstraße 49 nach Bruneck bis zur Abzweigung Dietenheim; Parken bei der Abzweigung nach Dietenheim
Gehzeit: 5½ Std.
Höchster Punkt: 1567 m
Höhenunterschied: 732 m
Charakter: Leichte, abwechslungsreiche und familienfreundliche Wanderung mit Erweiterungsmöglichkeit zur Tesselbergeralm
Einkehr: Gasthof Schönblick, Oberraut; Amaten, 1260 m
Karte: KOMPASS Nr. 57, 82 (1:50 000), Nr. 057 (1:35 000), Nr. 615 (1:25 000)
Reiseatlas: Seite 17

Von Bruneck folgen wir zuerst ein kurzes Stück der Straße nach Dietenheim; bei einer Kreuzung biegen wir rechts in den mit Nr. 4 markierten Weg nach Oberraut ab. Über einen Waldsteig erreichen wir das Gehöft Rauter und folgen der Straße bis hinter die Rechtskurve. Hier zweigen wir links ab und folgen dem Weg Nr. 4 bis nach Tesselberg. Von Tesselberg wandern wir nach Oberwielenbach, zweigen jedoch auf dem Weg dorthin bereits kurz nach dem Ort links auf den Weg Nr. 2 ab, der uns nun mäßig ansteigend nach Oberwielenbach

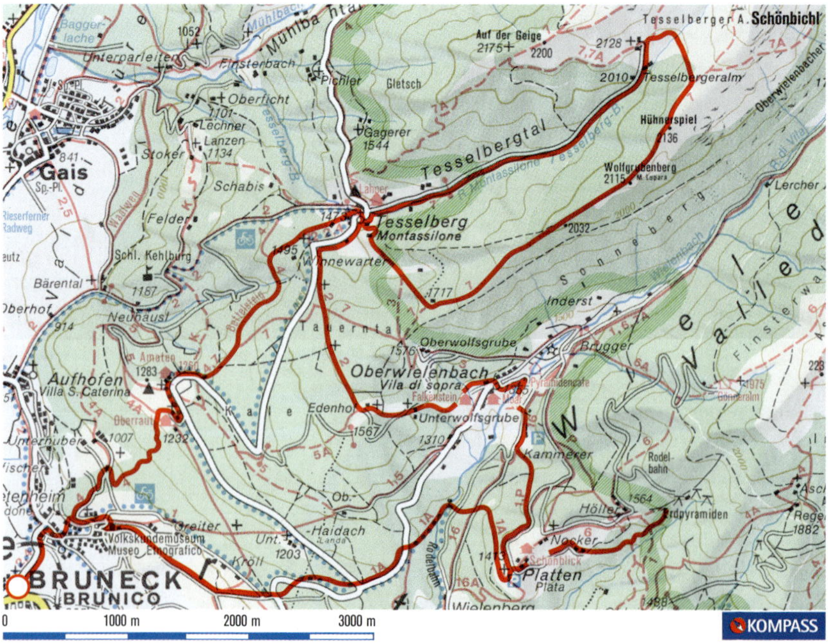

Die bizarren Erdpyramiden von Platten

bringt. Wir überqueren den Wielenbach und benutzen den bei einer Kreuzung abzweigenden Weg Nr. 1, dann ab einem Brücklein den Weg mit der Markierung »P«, der zu den faszinierenden Erdpyramiden von Platten führt. Die bedeutendsten Erdpyramiden des Pustertales, 1550–1750 m, bestehen aus Glimmerschiefer, Granit, Kalk und weisen einen großen Formenreichtum auf. Von hier wandern wir weiter über den Weg »P« nach Platten.

Nun führt der etwas steilere Weg 1A nach Wielenberg hinunter. Wir durchqueren jedoch nicht den Ort, sondern überschreiten etwas oberhalb den Wielenbach und erreichen die Straße, die nun talwärts dem Weg Nr. 1A folgend nach Luns und weiter nach Bruneck führt (5½ Std.).

▶ Eine gefahrlose, aussichtsreiche Wanderung, die auch von Familien mit Kindern unternommen werden kann, führt von Tesselberg, 1473 m, in nordöstlicher Richtung dem Tesselbergbach entlang zur Tesselbergeralm, 2010 m.

Bald überschreiten wir die Waldgrenze und folgen dem Weg Nr. 7A, der in einem Rechtsbogen über die Talmulde des Baches zum Hühnerspiel, 2136 m, ansteigt. Auf dem Weg Nr. 7 wandern wir am Kamm entlang zum Wolfgrubenberg, 2115 m. Hier wurden im 17.–19. Jh. in getarnten Gruben Wölfe gefangen; die letzten Wölfe wurden um 1900 hier erlegt. In leichtem Weggefälle erreichen wir nach einer Kuppe den Weg Nr. 3, der uns nach Tesselberg zurückführt (3 Std.).

Von Alm zu Alm im Gsieser Tal

Almrundwanderung mit kulinarischen Spezialitäten

Ausgangspunkt: St. Magdalena in Gsies, 1398 m
Zufahrt: Von Bruneck auf der SS49 nach Welsberg (17 km), links ab bis St. Magdalena in Gsies (14 km). Parkmöglichkeit im Ortsbereich
Gehzeit: 5½ Std.
Höchster Punkt: 2087 m
Höhenunterschied: 689 m
Charakter: Leichte Almwanderung
Einkehr: Almwirtschaften entlang des Weges, Uwaldalm, St. Magdalena in Gsies
Karte: KOMPASS Nr. 57, 45 (1:50 000), Nr. 057 (1:35 000), 635 (1:25 000)
Reiseatlas: Seite 17

Bei Welsberg geht es ins Gsieser Tal, das mit seinen alten Bauernhöfen und dem grünen Teppich aus Wiesen und Feldern das Bild eines noch weitgehend ursprünglichen Bergtales vermittelt. Im grünen Tal zwischen Rieserfernergruppe und Villgratner Berge breiten sich wunderschöne Almen aus, auf denen die Viehwirtschaft noch auf althergebrachte Weise betrieben wird. Machen wir uns also auf den Weg und wandern wir eine Teilstrecke auf dem rot-punkt-markierten »Almweg 2000« von Hütte zu Hütte.

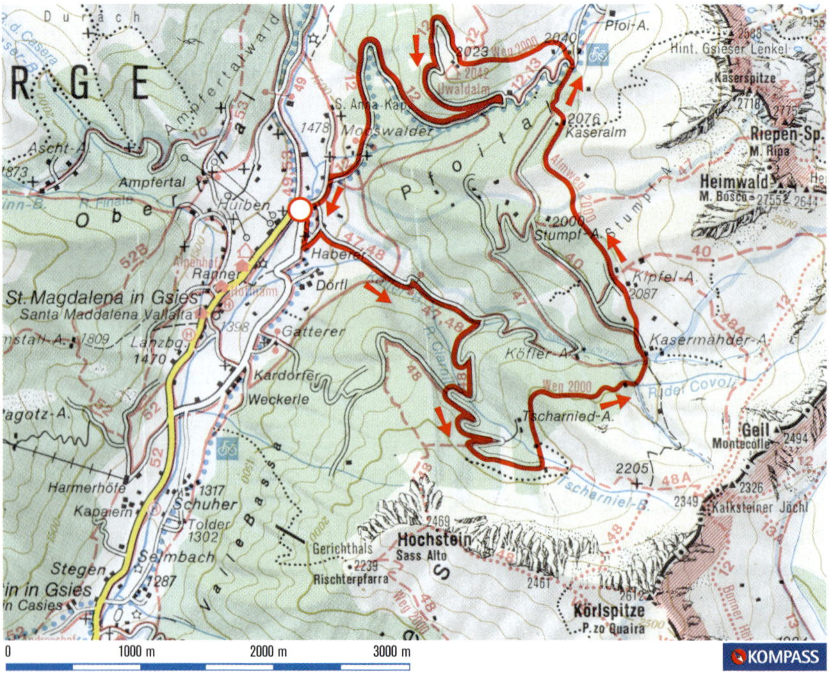

Gut beschütztes »Almkätzchen«

Diese leichte Alm-Rundwanderung kann vom Frühling bis Anfang Oktober unternommen werden und hat auch die eine oder andere kulinarische »Almspezialität« zu bieten. Im Frühling, in einer Zeit wo noch kaum Hütten oder Jausenstationen geöffnet sind, bieten die Gsieser Almbesitzer für Wanderfreunde eine kulinarische Almhüttenwanderung an, die zu neun verschiedenen Almhütten führt.

Von den Bruggerhöfen in St. Magdalena in Gsies, 1398 m, wandern wir leicht ansteigend auf dem Forstweg Nr. 48 zur Tscharnielalm hinauf. Dort überschreiten wir den Tscharnielbach und gehen auf dem »Almweg 2000« nordöstlich ohne großen Höhenunterschied zur Kasermähderalm, 2048 m.

Den roten Punkten des Almweges folgend wandern wir in 10 Minuten zur Kipfelalm, 2087 m, von wo man auf dem Weg Nr. 40 zum Heimwaldjoch, einem Übergang nach Osttirol, aufsteigen könnte.

Wir aber wandern auf dem »Almweg 2000« weiter zu den schön gelegenen Hütten der Kaseralm, 2076 m, und Uwaldalm, 2042 m, wo wir zum Tourausklang noch eine gemütliche Rast einlegen.

Auf dem Güterweg (Markierung Nr. 12) gehen wir zunächst ins Pfoital hinunter und in einer langen Kehre zuerst nördlich, dann in südlicher Richtung ins Gsieser Tal hinab. Entlang der Straße wandern wir in ¼ Std. zu unserem Ausgangspunkt bei St. Magdalena in Gsies zurück (Gehzeit 5½ Std.).

Pragser Wildsee – Seekofel

Panoramatour in eine Bilderbuchlandschaft

Ausgangspunkt: Pragser Wildsee, 1494 m
Zufahrt: Von der Staatsstraße 49 zwischen Welsberg und Niederdorf zweigt die Straße ins Pragser Tal ab. Parken nördlich vom Pragser Wildsee
Gehzeit: 7½ Std.
Höchster Punkt: 2810 m
Höhenunterschied: 1316 m
Charakter: Mittelschwere Bergtour! Auf dem Dolomiten-Höhenweg 1 in ein Hochtal, dann steil zum Nabigen Loch, von der Seekofelhütte auf Steigspuren zum Gipfel
Einkehr: Seekofelhütte, 2327 m; Hotel Pragser Wildsee, 1494 m
Karte: KOMPASS Nr. 57 (1:50 000), Nr. 624, 635 (1:25 000)
Reiseatlas: Seite 17

Diese Tour führt vom Pragser Wildsee mitten hinein in die Pragser Dolomiten im Süden des Sees. Wir wandern zuerst ein Stück auf der am Westufer des Sees gelegenen und für Autos gesperrten Straße Richtung Süden, verlassen diese am Südwestzipfel des Sees und benutzen nun den recht viel begangenen Dolomiten-Höhenweg 1. Dieser bringt uns mäßig ansteigend in südöstliche Richtung in ein Hochgebirgstal.

Der Weg wir zusehends steiler; nach dem Nabigen Loch führt der Pfad teilweise sehr steil am südöstlichen Fuß des Seekofelmassivs

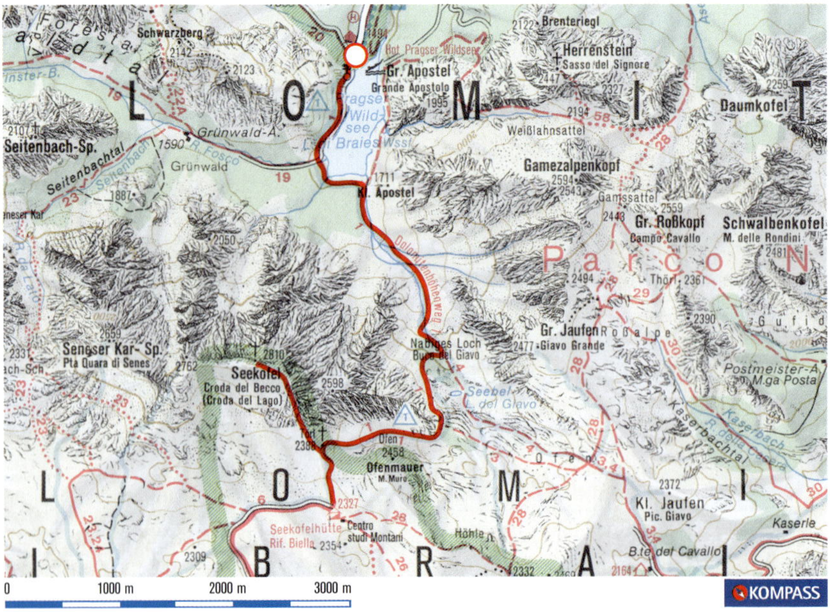

Der Pragser Wildsee mit dem Seekofel

zunächst auf einen Felsrücken, dann in ein Kar und hinauf zum Törl, 2388 m. In wenigen Minuten steigen wir hinunter zur Seekofelhütte, 2327 m, die, in einer Senke gelegen, zur Einkehr lädt.

Nach erholsamer Rast machen wir uns auf den Weg zum nördlich der Hütte gelegenen Gipfel des Seekofels, 2810 m. Wir gehen zuerst das kurze Wegstück zurück zum Törl, zweigen dann links ab und steigen auf dem Bergpfad aufwärts. Die Steigspuren sind zum Teil schwer erkennbar, aber bei Berücksichtigung der alpinen Grundbegriffe ist die weitere Besteigung bis zum Gipfel relativ ungefährlich. Für die Mühen des langen Aufstiegs werden wir nun mit einem traumhaften Blick ins Tal und auf den türkis schimmernden Pragser Wildsee belohnt. Man kann sich an den zahlreichen Dolomitengipfeln gar nicht sattsehen, die sich in dieser Panoramasicht darbieten.

Für den Abstieg benutzen wir den gleichen Weg wie beim Aufstieg, wandern jedoch bei der Scharte nicht rechts zur Hütte, sondern beim Törl gleich wieder links ins Kar hinunter und zurück zum Pragser Wildsee (Gehzeit 7½ Std.).

☛ Der Pragser Wildsee ist schon wegen seiner idyllischen Lage besuchenswert. Im kristallklaren Wasser spiegeln sich die kalkweißen Wände des Seekofels. Eine Rundwanderung um den See dauert ungefähr 1 Stunde und ist für Fotografen fast ein Muss.

Höhenweg zur Kasseler Hütte
Hochgebirgserlebnis Naturpark Rieserferner-Ahrn

Ausgangspunkt: Rein, 1596 m
Zufahrt: von Bruneck auf der Staatsstraße 621 bis Sand in Taufers, rechts abbiegend nach Rein. Parken im Dorf
Gehzeit: Aufstieg 2½ Std., Abstieg 5 Std.
Höchster Punkt: 2380 m
Höhenunterschied: 784 m
Charakter: Leichte, aber anspruchsvolle Wanderung durch Wald und über Almwiesen in den »Naturpark Rieserferner-Ahrn« (Hochgall-Gipfel nur für Geübte mit Hochgebirgs-Erfahrung!) – auch ohne Gipfelbesteigung ist diese Tour ein Erlebnis.
Einkehr: Kasseler Hütte, 2276 m
Karte: KOMPASS Nr. 82 (1:50 000), Nr. 057, 082 (1:35 000)
Reiseatlas: Seite 17

Von Rein gehen wir südlich über den Knuttenbach und zweigen kurz darauf vom Fahrweg ins Bachertal rechts ab. Nach einer Wald- und Almwanderung kommen wir mäßig ansteigend zur 1874 m hoch gelegenen Unteren Ternerhütte (unbewirtschaftet). Wir folgen weiter dem Weg 1, überqueren einen Gebirgsbach und erreichen nach insgesamt 2½ Stunden die Kasseler Hütte (Hochgallhütte), 2276 m, in wunderschöner Lage unterhalb des Rieserferners. Diese Schutzhütte ist der geeignete Stützpunkt für Hochtouren im Naturpark Rieserferner-Ahrn, so auch für die Besteigung

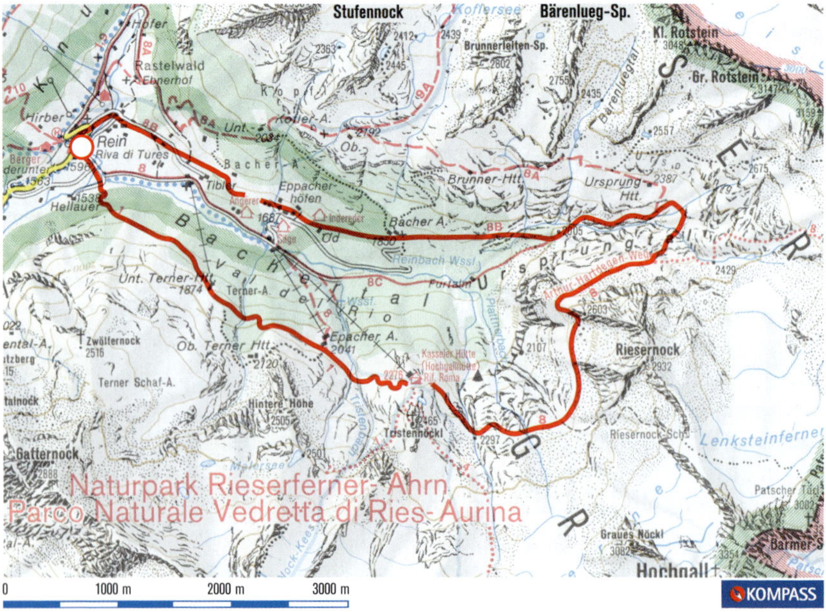

Der Hochgall in der Rieserfernergruppe

des Hochgall, 3436 m, die allerdings nur erfahrenen Hochgebirgs-Alpinisten vorbehalten bleibt.

Auch ohne Gipfelbesteigung ist die Tour zur Kasseler Hütte (Hochgallhütte) ein Hochgebirgserlebnis. Für den Abstieg wählen wir nicht den Aufstiegsweg, sondern benützen den Arthur-Hartdegen-Weg Nr. 8, der sich unterhalb des Hochgalls in das Ursprungtal hineinzieht. Wir überqueren den Gebirgsbach und steigen auf Weg Nr. 8B steil hinunter zum Talboden. Bei der Bacheralm wird der Weg nun breiter, und wir wandern an den Eppacherhöfen vorbei zum Fahrweg, der uns zurück nach Rein bringt (Abstieg 5 Std., gesamt 7 Std.).

Rieserferner-Ahrn

Der 31505 ha große Naturpark Rieserferner-Ahrn beeindruckt durch seine Gletscher, Wildbäche, Wasserfälle und Bergseen. Am bekanntesten sind die Reinbach-Wasserfälle und der Antholzer See am Südfuß des Hochgalls. Am Tristennöckl steht der höchste Bestand an Zirben in den Ostalpen. Der Naturpark grenzt an den Nationalpark Hohe Tauern und sichert unersetzlichen Lebensraum für Pflanzen und Tiere.
Information über geführte Wanderungen bei den Tourismusvereinen oder beim
Amt für Naturparke
☎ *+39/0471/414300*
Fax +39/0471/414309

Rund um den Einserkofel

Landschaftliches Glanzlicht in den Dolomiten

Ausgangspunkt: Dolomitenhof-Fischleinboden, 1450 m
Zufahrt: Von Innichen auf der Staatsstraße 52 nach Sexten und im Ortsteil Moos rechts ab nach Fischleinboden. Parken in der Nähe des Dolomitenhofes
Gehzeit: 7 Std.
Höchster Punkt: 2522 m
Höhenunterschied: 1094 m
Charakter: Mittelschwere Bergtour! Von der Talschlusshütte Fischleinboden auf breitem Fußweg taleinwärts und auf dem Weg 103 steil hinauf zum Rif. Zsigmondy. Mäßig steil auf Weg 101 weiter zur Büllelejoch- und Drei-Zinnen-Hütte
Einkehr: Vier Schutzhütten an der Strecke
Karte: KOMPASS Nr. 57, 58 (1:50000), Nr. 617, 625 (1:25000)
Reiseatlas: Seite 17

Inmitten einer imposanten Umgebung beginnt diese sehr schöne Tour, die uns zu den bekanntesten Ausgangspunkten für Extremtouren in den Sextner Dolomiten führt. Vom Dolomitenhof am Fischleinboden, 1450 m, wandern wir zunächst am Fahrweg in ½ Std. zur Talschlusshütte Fischleintal, 1540 m, hinauf. Von der Hütte führt dann ein breiter Fußweg taleinwärts, bis wir zuerst zum Weg Nr. 102, später

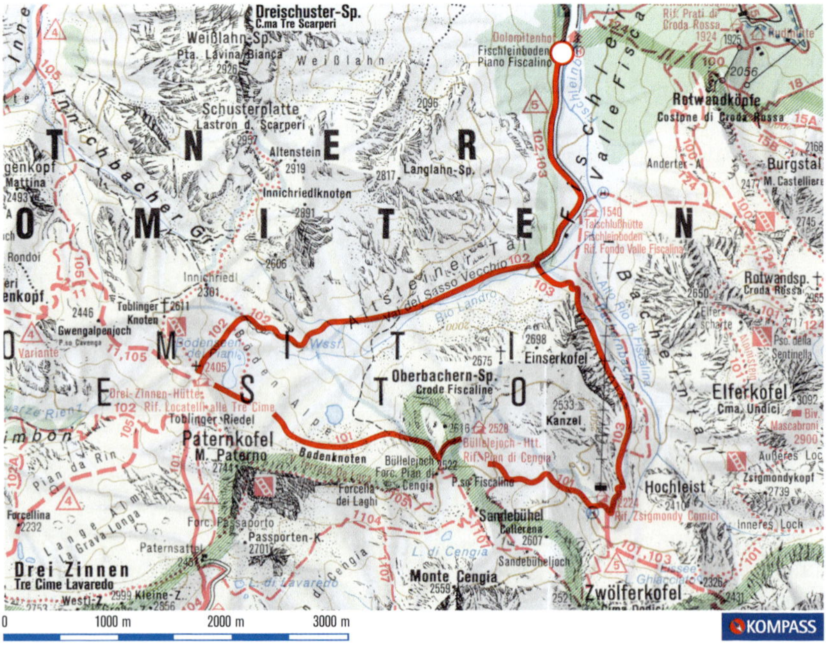

Drei-Zinnen-Hütte, 2405 m

links abzweigend auf den Weg Nr. 103 gelangen. Dieser führt uns stark ansteigend am Felsfuß des Einserkofels weiter taleinwärts hinauf zum herrlich gelegenen Rif. Zsigmondy-Comici, 2224 m, unterhalb des 3094 m hohen Zwölferkofels (2½ Std.).

Nach erholsamer Rast wenden wir uns nun dem westwärts führenden Steig 101 zu, der in einer Stunde zur Büllelejochhütte, 2522 m, hinauf führt. Die Umgebung dieser Hütte erinnert noch durch befestigte Stellungen, Steige und andere Relikte an den Frontverlauf im Ersten Weltkrieg – dies gilt vor allem für die Steige zur Oberbachernspitze und über den Paternkofel. Gesäumt von solchen Zeugen der Vergangenheit verläuft der Weiterweg Nr. 101 hinab zur Drei-Zinnen-Hütte, 2405 m, mit dem wohl schönsten Blick auf die Nordwände der Drei Zinnen. Mit ihren vielen Berg-Foto-Motiven zählt diese Tour zu den landschaftlichen Höhepunkten in den Dolomiten.

Aurikel

Von der Schutzhütte wandern wir auf dem leicht begehbaren Weg Nr. 102 über die schönen Bödenseen durchs Altensteiner Tal zur Talschlusshütte und weiter zum Dolomitenhof am Fischleinboden (Gesamtgehzeit 7 Std.).

DOLOMITEN · GRÖDEN

Die monumentale Langkofelgruppe

Die Dolomiten oder »Das Land der Bleichen Berge«

Sicher haben auch Sie sich, liebe Leserin, lieber Leser, die Frage gestellt, was den eigentümlichen Zauber, die Faszination dieser Berglandschaft ausmacht, die Sehnsüchte weckt und Herzen höher schlagen lässt. Die Antwort liegt auf der Hand: Die eigenartige, kennzeichnende Schönheit der Dolomitenlandschaft besteht in dem unmittelbaren Aufragen selbständiger Felskolosse aus der Wald- und Almregion. Hinzu kommt der Formenreichtum dieses Gebirges. Imposante Felsburgen stehen manchmal dicht neben schlanken Türmen und filigranen Zacken. Jeder Dolomitengipfel hat markante, einprägsame Formen. Die Gestalten von Schlern, Drei Zinnen oder Langkofelgruppe sind unverwechselbar, sie heben sich ab vom Gros der übrigen Alpengipfel. Isoliert, frei aufragend stehen sie in der Landschaft, und der Bergwanderer kann sie zu Fuß oder mit Ski umrunden, z.B. die Drei Zinnen, den Monte Pelmo, die Langkofel- und die Sellagruppe. Die Senkrechte beherrscht das Landschaftsbild! Die Wanderwege ziehen vielfach knapp unter den Felswänden dahin, und man kann mit bloßem Auge die Sportkletterer bei ihren halsbrecherischen Kletterkünsten beobachten.

Zur Formenvielfalt gesellt sich die Buntheit des Gesteins. Die hellen ockergelben Felswände der Rosengartengruppe, der Tofane oder der Geislerspitzen kontrastieren scharf mit dem Braun, dem Dunkelgrün und Schwarz der einstmals abgelagerten vulkanischen Laven. Am Südrand der Seiser Alm, am Puflatsch, am Col Raiser oder dem Piz Sella sind sie besonders gut aufgeschlossen. Das dunkle Violett des Porphyrs und das Backsteinrot des Grödner Sandsteins ergänzen diese einzigartige Farbpalette.

Setzen wir alles daran, die Schönheit und Vielfältigkeit der Dolomiten auch zukünftigen Generationen zu bewahren.

Deodat de Dolomieu – Namensgeber der Dolomiten

Das Kalziummagnesiumkarbonat-Gebirge im Süden des Alpenhauptkammes, das von den Flusstälern des Eisacks, der Etsch, von Rienz und Piave begrenzt wird – Ausnahme die Brentagruppe, die westlich des Etschtales liegt –, trägt den Namen des französischen Gelehrten, Mineralogen und Abenteurers Deodat de Dolomieu, (1750–1801), der als Erster den Unterschied dieses Gesteins zum gewöhnlichen Kalkstein feststellte. Chemische Formel: $CaMg(CO3)2$. Ein Kuriosum: Der Gesteinsname wurde später auf alle Felsengebirge mit der gleichen chemischen Zusammensetzung übertragen. Im touristischen Sinn versteht man unter Dolomiten jedoch die von oben genannten Tälern begrenzte Gebirgsregion. Das Gebiet ist auf die Provinzen Bozen, Trient und Belluno aufgeteilt. Der touristische Name »Dolomiten« bürgerte sich aber erst nach dem Ersten Weltkrieg ein.

Die Tourenvielfalt Grödens

Die Geomorphologie des Tales weist an keiner Stelle Geländeflanken auf, die vom Talboden bis in die Gipfelregion reichen, wie dies in anderen Alpentälern häufig der Fall ist. Wir finden in Gröden allenthalben grüne Zwischenterrassen in Form von Hangverflachungen, Hangabsätzen oder großen Almplateaus, an deren Ränder dann die einzelnen Dolomitenstöcke aufragen. Dieser Umstand hängt mit der geologischen Schichtung, der Bodenbeschaffenheit des Tales zusammen. Harte und weiche Gesteinsschichten, die der Verwitterung verschieden starken Widerstand entgegensetzen, wechseln sich ab und werden in ungleichem Maße erodiert. Dies ist letztendlich die Ursache dafür, dass unterschiedliche landschaftliche Formen entstehen. Isoliert über den Almen und Passlandschaften aufragende Felsmassen sind typisch für das Landschaftsbild der Grödner Dolomiten. Der Vielfalt der Geländeformen entspricht folglich auch eine Mannigfaltigkeit an Wander- und Tourenmöglichkeiten: Spaziergänge, Almwanderungen- und Jochüberschreitungen, Höhenwege, Umrundungen, und auch stramme Dreitausender-Gipfelanstiege.

Naturpark und Nationalpark

Ins Wandergebiet von Gröden fallen die Naturparks Schlern und Puez-Geisler. Dank der Schaffung von Naturparks durch die Südtiroler Landesregierung sowie verschiedener Landschaftsschutzgesetze wurde dem Ausbau der winterlichen Sportinfrastruktur ein Hemmschuh vorgeschoben. Vor allem Gröden, das wegen der räumlichen Enge des Tals sehr behutsam mit Erschließungsmaßnahmen umgeht, kommt nun in den Genuss dieser Entwicklung.

Die ladinische Sprache

Wenn die Grödner unter sich sind, sprechen sie vorwiegend Ladinisch. Diese alte Sprache geht auf die Zeit der römischen Besiedlung des Alpenhauptkammes zurück und weist auffallende Ähnlichkeiten mit dem Altkastilischen, dem Provenzalischen und der katalanischen Sprache auf.

Die italienische Sprache beispielsweise ist erst einige Jahrhunderte später entstanden. Heute wird das Ladinische, einst die verbreitetste Sprache in der Alpenregion, noch in einigen Sprachinseln gesprochen: in den ladinischen Dolomitentälern von Gröden, Gadertal, Fassatal, Buchenstein und Ampezzo (überall mit besonderem Lokalkolorit), ferner im Friaul sowie im Kanton Graubünden in der Schweiz (auch hier mit wesentlichen Unterschieden zwischen einem Tal und dem anderen).

Im Jahre 1985 feierte man in ganz Ladinien das Jubiläum: 2000 Jahre Ladiner. Der römische Feldherr Drusus eroberte 15 v. Chr. unsere Alpenregion, und aus der Fusion zwischen der altkeltischen (rätischen) Kultur mit jener der Römer entstand die neue ladinische Sprache, die sich in den ersten Jahrhunderten nach Christi Geburt eingebürgert haben dürfte. Auch zahlreiche alte Hof-, Flur- und Ortsnamen im auch heute noch dreisprachigen Südtirol beweisen die weite Verbreitung des Ladinischen, sogar bis ins 16. oder 17. Jahrhunder hinauf.

SprachGlossar

Leseart der ladinischen Eigennamen:
c wird **vor e und i** wie tsche und tschi ausgesprochen, z.B. *Cisles = Tschisles, Cir = Tschier;*
vor allen übrigen Lauten bleibt es hart, z.B. *Cuca = Kuka, Col = Kol, Chedul = Kedul;*
c am Ende eines Wortes ist weich, z.B. *Pic = Pitsch*
ch am Ende eines Wortes ist hart wie k, z.B. *Lech = Lek*
gh vor e und i = g, z.B. *Gherdëina (Gröden) = Gerdeina*;
ë ladinischer Vokallaut, der in etwa dem deutschen Verlegenheits-e gleichkommt
j entspricht dem französischen j in Journal, nicht dem deutschen; *Juac (Flurname) = Schuatsch*

Italienische und ladinische Ausdrücke bzw. Abkürzungen:
Albergo = Gasthof
Bosco, Bosch = Wald
Capanna = Hütte
Col = Hügel
Forcella, Furcela = Scharte, Joch
Lago, Lech = See, Teich
Malga = bewirtschaftete Sennhütte, Schwaige
Pian, Plan = Almboden, Geländeverflachung
Punta, Piz = Bergspitze, Gipfel
Rifugio, Hitia = Schutzhütte
Sasso, Sas = Fels, Kofel, Gipfel
Troi (lad.) = Pfad, Steig
Val = Tal, Felsschlucht
A.V.S. = Alpenverein Südtirol
C.A.I. = Club Alpino Italiano

Die Orte

St. Ulrich in Gröden

1236 m, hat als Alpinistenzentrum Tradition. Es war gegen Ende des 19. Jahrhunderts, als sich die ersten »Sommerfrischler« einfanden. Der Tourismus war und ist in St. Ulrich aber nur das zweite wirtschaftliche Standbein. Viel, viel früher schon begann man mit der Holzschnitzerei, der Spielzeugherstellung und mit dem Altarbau. In der Fachschule St. Ulrich wird auch heute der Nachwuchs der Grödner Bildschnitzer ausgebildet.

Das Grödner Heimatmuseum verfügt über wertvolle Sammlungen, die in der Cësa di Ladins in St. Ulrich zu besichtigen sind: Grödner Holzschnitzkunst der letzten drei Jahrhunderte, altes Grödner Holzspielzeug und Gemälde einheimischer Künstler. Die Abteilung Urgeschichte des Grödentales zeigt die Steinzeitfunde von Plan de Frea, die zu den ältesten Fundspuren im Grödner Raum zählen (7000 v. Chr.).

Grödner Heimatmuseum
Cësa di Ladins, I-39046 St. Ulrich,
Tel. 0471/797554, Fax 0471/789798;
e-mail: museum@val-gardena.com

Tourismusverein St. Ulrich in Gröden,
Reziastr. 1, I-39046 St. Ulrich,
Tel. 0471/796328, Fax 0471/796749;
e-mail: ortisei@val-gardena.com
www.val-gardena.com

St. Christina in Gröden

1428 m, liegt im geographischen Mittelpunkt des Tales und hat als stolzes Gegenüber den frei aufragenden Langkofel, 3181 m. St. Christina ist die älteste Pfarrkirche des Tales. Von der romanischen Kirche ist noch der Glockenturm bis zum Dachansatz erhalten. Aus gotischer Zeit stammt der Chorraum, dem im 16. Jh. auch ein polygonales Beinhaus angefügt wurde. Sehenswert: der Aufbau des Hochaltars, um 1690 in der Werkstatt der bekannten Bildhauer-Dynastie Vinazer entstanden. Besuchenswerte Bildschnitzerwerkstätten im Ort.

Tourismusverein St. Christina in Gröden
Chemunstr. 9, I-39047 St. Christina,
Tel. 0471/793473, Fax 0471/793198;
e-mail: s.cristina@val-gardena.com
www.val-gardena.com

Wolkenstein

1563 m, liegt nahe an Langkofel, Sellagruppe und den Cirspitzen – das Grödner Joch und das Sellajoch sind nur 15 Autominuten vom Ortszentrum entfernt. Wie ein Adlerhorst hängt die Burgruine Wolkenstein (13. Jh.) unter der Steviawand. Ein kurzer, steiler Weg führt vom Ausbildungszentrum der Carabinieri im Langental hinauf. Besuchenswert ist auch die Pfarrkirche von Pufels (13. Jh.) mit ihren schönen romanischen Bauformen. Auch die Heilig-Kreuz-Kapelle in Außerraschötz (1755), auf über 2200 m Höhe, ist einen Besuch wert.

Tourismusverein Wolkenstein in Gröden,
Meisulesstr. 213, I-39048 Wolkenstein,
Tel. 0471/795122, Fax: 0471/794245;
e-mail: selva@val-gardena.com
www.val-gardena.com

Vom Grödner Joch, 2121 m, zur Edelweißhütte, 1824 m

Märchenhaft schöne Familienwanderung

Ausgangspunkt: Grödner Joch, 2137 m, mit öffentlichem Bus oder PKW erreichbar; 10 km von Wolkenstein. Gebührenfreies Parken auf der Passhöhe
Zufahrt: Von Klausen auf der Staatsstraße 242 bis nach Wolkenstein, dann links ab auf die Staatsstraße 243, die von Corvara herauf über das Grödner Joch führt
Gehzeit: 2 Std. (ca. 4,5 km)
Charakter: Leichte Abstiegswanderung mit kleinem Gegenanstieg, prächtige Alpenflora zur Blütezeit (Juni/Juli) und wunderbare Sicht zur Sella; Markierung: rot-weiß ohne Nummer
Einkehr: Gasthöfe am Grödner Joch, Rif. Forcelles, Edelweißhütte, 1824 m
Karte: Kompass Nr. 59 (1:50 000)
Reiseatlas: Seite 17

Stern der Berge – das Edelweiß

Vom Gasthaus Frara (Passhöhe) kann man im Osten schon das erste Drittel der Wegstrecke einsehen, das durch die Wiesen am Fuße der Cirgruppe verläuft. Das erste Wegschild, das auf den Steig hinweist, befindet sich am linken Straßen-

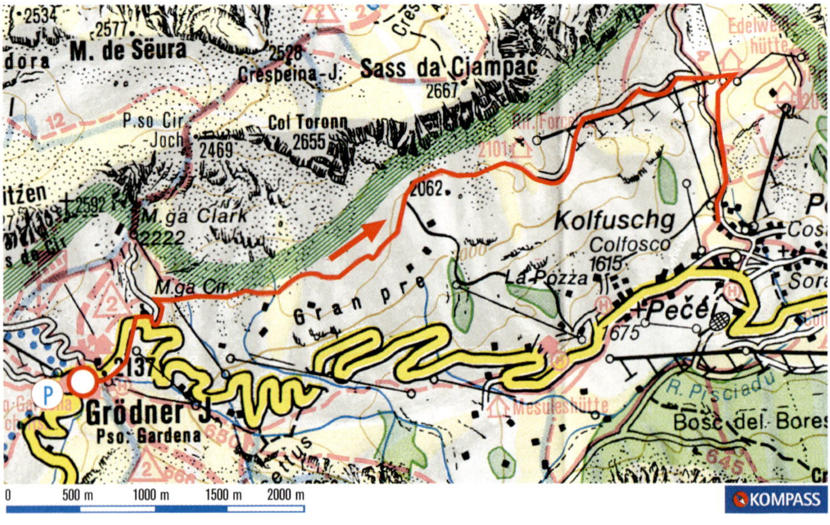

Die Sellagruppe vom Grödner Joch

rand, ca. 200 Schritte unterhalb der Passhöhe Richtung Corvara.

Der Steig verläuft kurz zwischen Blockwerk, passiert die Ciralm (Wirtschaftsgebäude) und läuft dann – kaum zu verfehlen – durch freie, leicht geneigte Wiesen. Entlang des Weges gibt es mehrere Rast- und Aussichtspunkte, z.B. die Mulde unterhalb der farbigen Felswände des Sass da Ciampac. Der heimische Landschaftsmaler Peter Demetz taufte diesen von ihm öfters abgebildeten Dolomitenflecken »Märchenwiese«.

Nach dem einzigen, kurzen Gegenanstieg vor der im Sommer geschlossenen Skihütte Furceles betritt man das Skigebiet Edelweißtal, und das Landschaftsbild verändert sich. Wem der Wirtschaftsweg links der Skipiste zu schotterig ist, kann für den Abstieg zum Berggasthaus Edelweiß die Piste selbst benützen.

Abstieg nach Kolfuschg: Der Wirtschaftsweg leitet am Rande flacher Wiesen in gut ¼ Std. hinab in die Ortschaft. Die Bushaltestelle befindet sich an der Hauptstraße vor dem Verkehrsbüro, etwas unterhalb der gern fotografierten Dorfkirche. Von dort mit dem öffentlichen Bus Corvara – Gröden zum Ausgangspunkt zurück (10 km).

St. Vigilius-Kirche in Kolfuschg

St.-Jakobs-Kirche

Von St. Christina zum ältesten Gotteshaus im Tal

Ausgangspunkt: St. Christina in Gröden, 1428 m (Ortsteil Plesdinac, 1600 m)
Zufahrt: Von Klausen auf der Staatsstraße 242 bis St. Christina
Gehzeit: 2–2½ Std.
Höchster Punkt: Praulëtahöfe, 1640 m
Höhenunterschied: 212 m
Charakter: Anfangs ein steiler Asphaltabschnitt (etwa 1 km), dann flach bzw. abwärts; Markierung Rot-Weiß, später Nr. 4
Einkehr: Gasthöfe im Weiler St. Jakob
Karte: KOMPASS Nr. 59 (1:50000)
Reiseatlas: Seite 17

Die legendenumwobene St. Jakobskirche

Wir starten am Hotel Dosses an der Talstraße, steigen erst die parallel zum Cislesbach verlaufende gleichnamige Ortsstraße und weiter oben die von ihr links, nordwestlich, ausgehende Plesdinazstraße hinauf.

St. Christina und die Wiesenterrasse von Monte Pana am Fuße des Langkofel

Gleich hinter ihrem Scheitelpunkt (Haus l'Ciabót, ½ Std.), finden wir eine gut beschilderte Wegteilung. Rechts haltend, weiter auf Asphalt, erreichen wir schon nach wenigen Minuten auf einem schön gelegenen Wiesenabsatz die Häuser von Praulëta. Vom Bildstock unter dem ersten Haus (Wegschild) quert ein lärchengesäumter Feldweg die Hänge gegen Westen, taucht über der Höfegruppe von Ulëta in den schütteren Wald ein und mündet schließlich in den breiten Almweg Nr. 4 (St. Jakob–Aschgler Alm). Wir folgen ihm westlich, bis nach ¼ Std. nach dem zweiarmigen, hohen Wetterkreuz bzw. dem überdachten Wegkreuz rechts ein ebener, nummernloser Weg abzweigt, am uralten Pezahof vorbeizieht (ehemaliger Freisingscher Zinshof) und der Weg wenig später die sehr malerisch gelegene St. Jakobskirche erreicht.

Nach St. Ulrich führt der Weg von der Kirche westwärts, zunächst eben, dann abfallend, an einer ehemaligen Pension vorbei, den Waldkamm entlang und über die Col-de-Flam-Promenade ins Zentrum.

☛ Rückwege: a) von St. Ulrich mit dem Bus nach St. Christina; b) wie bei Tour 98 über den Ulëtaweg nach St. Christina.

St. Jakobskirche

Die in stiller Abgeschiedenheit oberhalb von St. Ulrich gelegene Kirche (la »dlieja da Sacun«) ist dem hl. Jakob, dem Beschützer der Wanderer und Pilger, geweiht. Die in die innere Turmmauer eingravierte Jahreszahl 1181 weist die Kirche als das älteste Gotteshaus im Tal aus. Urkundlich hingegen erscheint der Name erst 1246 im Zusammenhang mit einem Ablassbrief. Die Skulpturen am barocken Hauptaltar (Originale im Grödner Heimatmuseum) und der gotische Freskenzyklus im Präsbyterium (ein Werk der Brixner Schule; 1997–99 restauriert) weisen eine beachtliche künstlerische Qualität auf. Die Öffnungszeiten der St. Jakobskirche erfährt man im Tourismusverein.

Tourismusverein St. Ulrich in Gröden,
Reziastr. 1, I-39046 St. Ulrich,
☎ 0471/796328, Fax 0471/796749;
e-mail: ortisei@val-gardena.com
www.val-gardena.com

St. Ulrich – Ulëtahöfe

Über dem Tal zu charakteristischen Bauernhöfen

Ausgangspunkt: St. Ulrich, 1236 m
Zufahrt: Von Klausen auf der Staatsstraße 242 bis St. Ulrich
Gehzeit: 2¾ Std.
Charakter: Leichte, problemlose Hang-Wanderung zu charakteristischen Grödner Bauernhöfen
Einkehr: Gasthöfe in St. Jakob und St. Christina
Karte: KOMPASS Nr. 59 (1:50000)
Reiseatlas: Seite 17

Diese beschauliche Wanderung beginnt bei der spätbarocken Pfarrkirche von St. Ulrich, die mit einem bemerkenswerten Altarbild sowie Statuen und Figuren von Josef Moroder geschmückt ist.

Nach Luis Trenker wurde ein Promenadenweg benannt

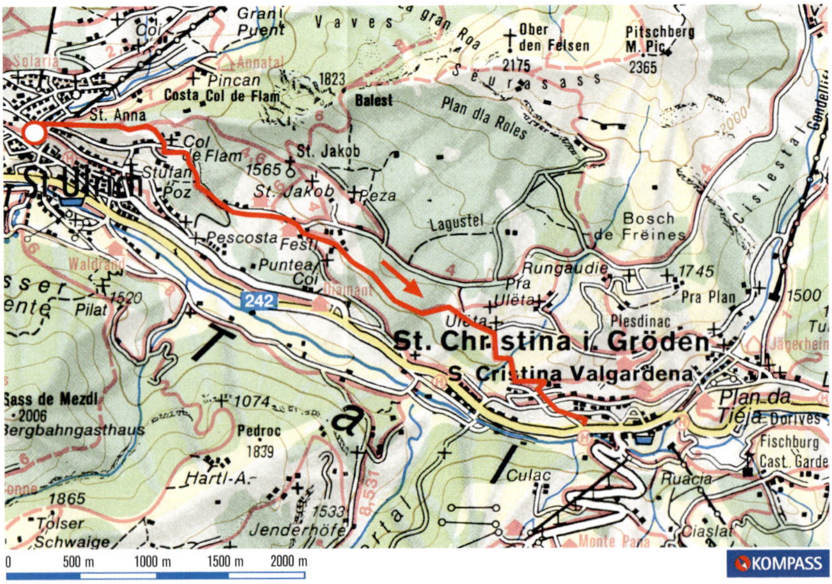

Entweder auf der Fahrstraße (Sacunstraße) oder wie im Folgenden beschrieben verkehrslos über das Paul-Grohmann-Denkmal nach St. Jakob: Von der Ostseite der Pfarrkirche auf der Luis-Trenker-Promenade östlich hinein, an der Denkmal-Lokomotive vorbei und gleich hinter dem Café Stua Zirm die Mulde links hinauf zum Hof Nis, wo man die Paul-Grohmann-Straße überquert. Ein Wegweiser gibt am Straßenrand den Beginn des dürftigen Grohmannsteiges an, der sich über eine Waldrippe, dann durch Wiesen zum Denkmal des Erstersteigers des Langkofels (1869) emporwindet. Weiter oben mündet der Steig in die Jakoberstraße.

Blick von Ulëta zur Waldfurche von Jënder

Am Hotel Jakoberhof vorbei zur Wegverzweigung in der Weilermitte. Der rechte, abfallende Arm wird nun aufgenommen (Soplases/St. Christina). Kurz darauf unter dem uralten Pertanhof erneut eine Wegteilung. Wir beschreiten den linken geteerten Zufahrtsweg zum Festlhof. Dahinter tritt der Steig in den Lärchen- und Föhrenwald und führt ansteigend zu den förmlich an den Steilhängen klebenden, teilweise noch bewirtschafteten Bergbauernhöfen von Ulëta, 1562 m.

☛ Abstiege nach St. Christina:

a) Auf dem alten Kirchsteig über Wiesen steil hinab zur Häusergruppe Pilon, wo man die geteerte Straße zur spitzturmigen Ortskirche aufnimmt (½ Std., Bushaltestelle am Gemeindehaus). Ausgehend vom Westtor des kirchennahen Friedhofes führt ein Steig westlich steil hinab in den Ortsteil Soplases. Dort links hinab zur Brücke über den Grödner Bach und am anderen Ufer, auf einem verkehrsarmen Fahrweg, westlich zurück nach St. Ulrich, 3 km.

b) Von den Ulëtahöfen auf dem geteerten Höfeweg über den Ortsteil Plesdinac zur Bushaltestelle bei den Hotels Dosses und Maciaconi (¾ Std.).

Rund um die Langkofelgruppe

Fünf selbständige Gipfel sorgen für Abwechslung

Ausgangspunkt: CAI-Schutzhaus am Sellajoch, 2180 m; Bushaltestelle. Gebührenfreie Parkplätze
Zufahrt: Von Klausen auf der Staatsstraße 242 bis Sellajoch
Gehzeit: 6–7 Std. (ca. 17 km)
Höchster Punkt: Rodellajoch, 2308 m
Charakter: Die Umrundung ist lang und mit zahlreichen Gegenanstiegen gespickt; auf der Langkofelsüdseite einige kurze, felsige Steigstellen. Nach Regenfällen ist der dunkelerdige Steigabschnitt Friedrich-August-Hütte – Pertini-Hütte lehmig-glitschig.
Einkehr: Friedrich-August-Hütte, Sandro-Pertini-Hütte, Plattkofelhütte, Langkofelhütte, Comicihütte; Markierungen: 4/594, 9, 527, 526, 526A, 528
Karte: KOMPASS Nr. 59 (1:50 000)
Reiseatlas: Seite 17, 27

Die Umrundung der gesamten Langkofelgruppe, ein ehemaliges Südseeriff (ladinisch Saslonch), ist eine der schönsten, abwechslungsreichsten Wanderungen im Bereich der Westlichen Dolomiten. Die fünf selbständigen Gipfel, die der Reihe nach am Fuß umrundet werden, sind: Fünffingerspitze, Grohmannspitze, Zahnkofel, Plattkofel, Langkofel, 3181 m.

Die Wanderung läuft im ersten Abschnitt über den legendären (König) Friedrich-August-Weg, der das Sellajoch mit der Seiser Alm (Schlern) verbindet. Er ist nach dem Sachsenkönig benannt, der mehrmals in Südtirol zum Bergsteigen und Klettern weilte.

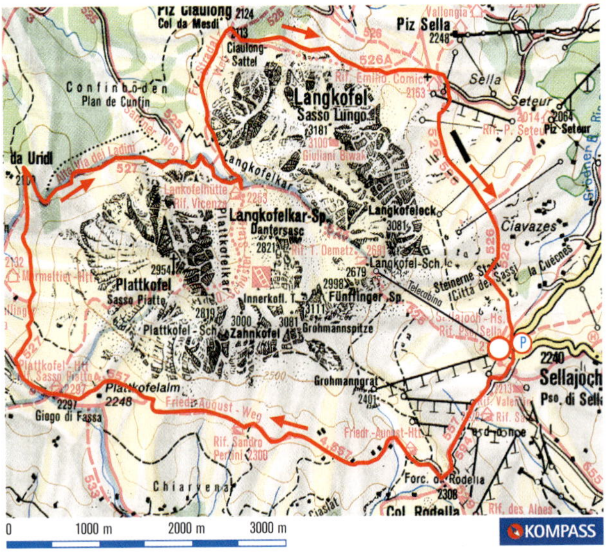

Vom Wegweiser unmittelbar unter der Kapelle nahe dem Sellajochhaus der Markierung 4/594 nach, südlich in den nahen Wiesensattel und auf breitem Güterweg südwestwärts am Gasthof Salei vorbei durch die liftüberzogene Skimulde ins Rodellajoch hinauf. Dort westwärts, an der nahen Friedrich-August-Hütte vor-

Der Friedrich-August-Weg auf der Südseite der Langkofelgruppe

bei und an der Steiggabelung darunter links abwärts in den dunkelerdigen Graben. Nunmehr ist ein Fehlgehen ausgeschlossen.

Der Steig quert nun ohne größere Höhendifferenzen die Steilwiesen auf der Südseite der Langkofelgruppe, die von mehreren Gräben durchfurcht sind. Der Abschnitt Sandro-Pertini-Hütte – Plattkofelhütte enthält einige für bergungewohnte Wanderer unangenehme Kurzpassagen (felsiger Untergrund). Zeitaufwand Sellajoch – Plattkofelhütte 2 Std.

Von der Plattkofelhütte auf dem Zufahrtsweg von der Seiser Alm nur kurz nördlich hinab, bis beim ersten Wegweiser der Steig zur Langkofelhütte rechts, nördlich, abzweigt (Mark.527). Er umrundet, durch prächtige Landschaft führend, die West- und die wild zerrissene Nordflanke des Plattkofel und steigt schließlich von einem zirbenbestandenen Wiesenboden unter wildem Getürm über Schutt und Geröll zur im Felsoval des Langkofelkars liegenden Langkofelhütte, 2253 m (1¾ Std. ab Plattkofelhütte).

Wer auf ihren Besuch verzichtet, wechselt ca. ¼ Std. unter der Hütte auf den Steig mit Markierung 526 über. Er zieht, hart am Sockel des westlichen Langkofelvorbaus verlaufend, zu einer Geländeschulter hoch (Ciaulong-Sattel). Von hier führen zwei Steige zur Comicihütte. Der obere von beiden, obwohl kürzer und eindrucksvoller (und häufig begangen), ist nicht zu empfehlen, weil er nicht ganz steinschlagfrei ist. Wir begehen also ab Wegweiser Steig 526A. Er führt durch eine Trümmerzone, quert eine Schutthalde und steigt über blockbedeckte Wiesen zur Comicihütte auf (1¼ Std. ab Langkofelhütte).

Über die welligen Wiesen am Fuß der 1,8 km langen, senkrecht aus den Weideböden aufsteigenden Nordostwand des Langkofel und schließlich durch das Blocklabyrinth der »Steinernen Stadt« verlaufend, bringt uns Steig 526/528 von der Comicihütte wieder zum Ausgangspunkt am Sellajoch zurück (ca. 1 Std. ab Comicihütte).

Die große Seiser-Alm-Runde

Umrundung eines Dolomiten-Kleinods

Ausgangspunkt: St. Ulrich, 1236 m, Bergstation der Umlaufbahn zur Seiser Alm, 2006 m. Parkhaus an der Talstation
Gehzeit: Rund 6 Std. (20 km)
Höchster Punkt: Gasthaus Dialer, 2143 m
Charakter: Leichte Almwege; die Höhenschwankungen halten sich in Grenzen; nur wer die Tour an einem Tag machen will, sollte gut zu Fuß sein; Markierung: anfangs »S«, dann Nr. 7 und Nr. 30
Einkehr: Bergstation, Hotel Icaro, die Gasthäuser Ritsch, Goldknopf, Mahlknecht/Molignon, Dialer und Zallinger
Karte: KOMPASS Nr. 59 (1:50 000), Nr. 616 (1:25 000)
Reiseatlas: Seite 16, 26

Seiser Alm mit Santnerspitze

In einem weiten Bogen, in dessen Mittelpunkt die Niederung von Saltria liegt, wird die Seiser Alm umwandert. Alle landschaftlichen Schönheiten dieser viel besungenen und tausendfach fotografierten Alm, aber auch versteckte, unberührte Winkel dieses Dolomiten-Kleinodes werden im Laufe der Umrundung berührt.

Von der Bergstation wenige Schritte rechts empor auf einen Wiesenabsatz, wo ein breiter, leicht abfallender Weg die Wiesenhänge quert und zum Hotel Icaro führt (½ St.). Von dort wandern wir auf der kehrenreichen Straße zum Gasths. Ritsch, 1875 m (¼ Std.).

Oberhalb geht es am Feldkreuz vorbei und südlich auf den Waldrücken (Wegweiser; Mark.»S«). In einem Südwest-Bogen steigt ein Feldweg flach an und mündet unter dem Hotel Panorama in einen Asphaltweg (Schild; ca. 1 Std. ab Seilbahn; Ende Mark.»S«).

Wir gehen den asphaltierten Fahrweg nach links, queren die Hänge des Grünser Bühels – das helle Gasthaus Goldknopf bleibt oberhalb des Weges –, umrunden die stumpfen Zacken der Roßzähneausläufer und erreichen die Mahlknechthütte (Rif.Molignon), 2053 m, 1½ Std. ab Einmündung in den Asphaltweg.

☛ Hier kann die Rundtour abgebrochen und über den Zufahrtsweg zur Bushaltestelle am Hotel Saltria abgestiegen werden (¾ Std.).

Um nun von der Mahlknechthütte zum Berggasthof Dialer (vormals Casa del T.C.I.) hinüberzuwechseln, nehmen wir den Steig mit der Mark.7 auf. Er zieht südlich am Wirtschaftsgebäude vorbei, fällt dann in einen Graben ab, um nach einem kurzen Aufstieg eine pechschwarze Rinne zu queren, oberhalb der der Gasthof liegt (½ Std.).

Vom Berggasthof Dialer zum Berghaus Zallinger, 2054 m, den Zufahrtsweg wenige Schritte hinab zur ersten Kehre, wo rechts, östlich, der Steig zum Zallinger, Mark.7, seinen Ausgang nimmt. Der Steig quert viele Rinnen, die vom südlichen Begrenzungskamm der Seiser Alm, »Auf der Schneid« genannt, herabziehen, fällt dann über Weiden sanft auf rund 1900 m ab, um schließlich durch aufgelockerten Wald und Weiden wieder zum Berghaus anzusteigen (ca. 1 Std.).

Blick vom Gasthof Goldknopf auf die Roßzähne

☛ Möglichkeit des Abbruchs: mit dem Florian-Sessellift (Bergstation an der verdeckten Williamshütte auf dem Hügel im Norden) nach Saltria hinab.

Vom Berghaus Zallinger nach Monte Pana, 1637 m (Wiesenterrasse oberhalb von St. Christina): Der dunkelerdige Almweg (Mark.7) beginnt östlich, etwas oberhalb des Gasthofes, am zweiten Wegweiser. Er führt durch die prachtvollen, unberührten Wiesen am Fuß des Plattkofelgetürms, dann durch den Ochsenwald hinab zur Fahrstraße Seiser Alm – Monte Pana (Fahrverbot) bis zum Ende der Mark.7. An der Einmündung gehen wir mit Markierung 30 rechts und gelangen in 1 Std. (3,7 km) nach Monte Pana im Süden von St. Christina. In den Ort gelangen wir entweder mit dem Sessellift oder zu Fuß auf einem Abkürzungssteig in 20 Minuten.

DOLOMITEN · ABTEI

Wallfahrtskirchlein Heiligkreuz am Fuße des Heiligkreuzkofels

Ein Dolomitental und seine Berge

Wer zum ersten Mal ins Hochabtei (Alta Badia) reist, tut gut daran, den Weg durchs Gadertal zu nehmen und nicht über einen der hohen Pässe anzufahren. Denn die Strecke von St. Lorenzen herauf durch den langen, von steilen Hängen flankierten Korridor ist – vor allem am Nachmittag – viel schöner und eine einzige Steigerung: zunächst tausend Bäume und kaum Aussicht, dann taucht die graue Bullenstirn des Peitlerkofels auf, wenig später die elegante Felsvertikale des Heiligkreuzkofels, und hinter der Talstufe vor Pedraces öffnet sich das Hochabtei, kommen Lavarela und Conturines ins Blickfeld, zuletzt auch Sellamassiv und Sassongher. Man ist angekommen in einer der schönsten Regionen der Dolomiten, die sich von ihrer Herzkammer, der Sella, nördlich bis an den Fuß des Kronplatzes erstreckt, mit Seitentälern ins Fanesgebiet und bis zu den Geislerspitzen ausgreifend. Eine Berglandschaft der Vielfalt, schroff, bizarr an den Fanisspitzen, lieblich um die Almregion der Pralongia, schiere Felsmasse an Conturines und Sella – Vertikale hier, Hochplateaus dort, mal felsgrau, dann wiesengrün. Wer möchte etwa die vom Wasser zernagten Karrenflächen der Gherdenacia mit den filigranen Felszacken der Cirspitzen vergleichen, den wilden Graben des Mittagstals mit den Fanesalmen? Wer über die Pralongia wandert, den Duft der Almwiesen in der Nase, kann sich die knochentrockene, lebensfeindliche Steinwüste des Altipiano delle Mëisules kaum vorstellen, obwohl nur gerade zehn Kilometer Luftlinie satte Weiden und Mondlandschaft trennen. Doch gerade das macht die Faszination des Hochabtei, der Dolomiten überhaupt aus: die Vielfalt der Kontraste.

Natürlich hat das schöne Bild auch ein paar Flecken. Liftmasten und Pistenschneisen geben kaum Kalendersujets ab, das Gewusel in den Fremdenorten, die Staus auf den Passstraßen finden sich in keinem Ferienprospekt. Dafür bietet die Region auch eine hervorragende Infrastruktur; gute Busverbindungen beispielsweise sowie mehrere »Aufstiegshilfen«. Und wer dann mittags auf seinem Hochsitz seine mitgebrachte Wurst verzehrt, Sellaburg und Marmolada im Blickfeld und den blauen Dolomitenhimmel über sich, ist dem siebten (Bergsteiger-)Himmel schon sehr nahe gekommen.

Die Dolomitenregion Abtei liegt – grob betrachtet – zwischen dem Grödner Tal im Westen und dem Ampezzano im Osten; nach Süden hin bildet die Wasserscheide zwischen der Gader, deren Wasser der Rienz zufließen, und dem Cordévole die Grenze. Hier tangiert sie die alte K.u.K.-Grenze, die im Ersten Weltkrieg Frontlinie und entsprechend heftig umkämpft war. So findet man auch heute noch zwischen Col di Lana, Hexenstein und Fanesregion Spuren der »Grande Guerra«. Zur Zeit entsteht rund um den Falzáregopass ein großes Freilichtmuseum. Das Hochabtei ist – wie das benachbarte Gröden – Ladinerheimat. Fast 90% der Ansässigen bezeichnen das als »Volkslatein« entstandene Idiom als ihre Muttersprache.

Das Hochabtei (Alta Badia)

hat Anteil an zwei der großen Südtiroler Naturparks: Puez-Geisler im Westen und Fanes-Senes-Prags im Osten. Auf den Wegen durch die beiden Parks begegnet man fast allen Landschaftsformen, wie sie für die Dolomiten typisch sind. Da und dort – etwa auf der Gherdenacia oder im Fanes – gerät eine Wanderung buchstäblich zur naturkundlichen Exkursion in Sachen Erdgeschichte. Denn was sich da als filigrane Felsarchitektur, als monumentaler Bergstock oder wüstes, vom Wasser zernagtes Hochplateau zeigt, sind ja nichts anderes als Meeresablagerungen, vor 200 Millionen Jahren im urzeitlichen Tethysmeer versunken, bei der Alpenbildung hochgehoben, übereinander geschoben, da und dort auch über größere Distanzen verfrachtet. Wasser, Wind und Eis modellierten schließlich all die fantastischen Zacken aus dem Rohmaterial Dolomit, das nach dem französischen Hobby-Geologen Déodat Gratet de Dolomieu (1750–1801) benannt ist.

Südalpen-Flora

Ob all der steinernen Pracht rundum darf man natürlich die kleinen Sehenswürdigkeiten am Weg nicht übersehen: Blumen. Da blüht es von Juni bis August so üppig wie artenreich, kann man in tieferen Lagen Türkenbund und Feuerlilie begegnen, aus senkrechten Felsspalten wächst die seltene Schopf-Teufelskralle, auf den Almwiesen duften die Kohlröschen. Die weißen Sterne des Edelweiß kennt ja jeder; dass sie in der Natur schöner ausschauen als am Tirolerhut, dürfte sich inzwischen sogar in alpenfernen Regionen herumgesprochen haben.
Anschauen, sich freuen, fotografieren – aber nicht pflücken!

Die Orte

Corvara
1555 m, ist das touristische Zentrum des Hochabtei. Das der heiligen Katharina geweihte Kirchlein bewahrt einen spätgotischen Flügelaltar (um 1520).

Kolfuschg
1645 m, der Nachbarort von Corvara, bezaubert vor allem durch den Blick auf die Nordfront des Sellamassivs und ist mit der gotischen Kirche im Vordergrund ein beliebtes Fotomotiv.

Lungiarü/Campill
1408 m. Ladinische Heimat im Campilltal. Sehenswerte Beispiele für die traditionelle bäuerliche Siedlungsweise bilden die »viles« (meist nur aus ein paar Höfen bestehende Weiler) im Talinnern (Seres, Miscì). Im Tal des Seresbachs wurden die alten Mühlen aufwändig restauriert.

Pedraces
1330 m, ist Verwaltungssitz der Gemeinde Abtei und – wie das jenseits der Gader gelegene Nachbardorf St. Leonhard, 1365 m – ein beliebter Ferienort. An der rechten Talflanke kann man alte Anwesen entdecken. Rokoko-Pfarrkirche mit Stukkaturen von F. Singer und Gemälden von Matthäus Günther. Zwei Gehstunden über St. Leonhard steht unter den senkrechten Felsabstürzen des Heiligkreuzkofels das idyllische Wallfahrtskirchlein Heiligkreuz (16. Jh.).

St. Kassian
1564 m, erfreut sich einer hübschen Lage am Fuß des mächtigen Conturines-Massivs. In die Schlagzeilen geriet es vor ein paar Jahren durch die aufsehenerregende Entdeckung von Skeletten längst ausgestorbener Höhlenbären. Die Funde können im Pic Museo Ladin in St. Kassian besichtigt werden. Darüber hinaus sind Fossilien der Umgebung und altes Handwerkszeug ausgestellt.
Pic Museo Ladin,
Tel. +39/0471/849408;
www.altabadia.it/tourismus/picmuseo
Geöffnet: Di.–Sa. 16.00–19.00 Uhr,
So. 16.30–19.30 Uhr

St. Martin in Thurn
1127 m, ein kleines Dorf im unteren Gadertal, wird optisch von seinem Schloss dominiert. Die im Kern noch mittelalterliche Anlage erhielt im 14./15. Jh. ihre heutige Gestalt. Sie beherbergt das *Museo Ladin (geöffnet Palmsonntag bis Ende Oktober Dienstag bis Samstag 10–18 Uhr, Sonntag 14–18 Uhr)*, das der ladinischen Kultur, Geschichte und Sprache gewidmet ist.

St. Vigil
1193 m, am Südfuß des Kronplatzes gelegen, hat sich in den letzten Jahrzehnten zu einem frequentierten Ferienort entwickelt. Die Pfarrkirche, ein prunkvoller Rokokobau von 1782, wurde wie in St. Leonhard von Franz Singer und Matthäus Günther ausgeschmückt. Faszinierendes Kuppelfresko vor einer gemalten Scheinarchitektur.

Enneberg
1284 m. Ganz im Gegensatz zu St. Vigil scheint im benachbarten Enneberg die Zeit stehen geblieben zu sein: verwinkelte Gässchen, eng zusammengebaute Häuser. Eine Idylle, die so gar nicht zum »Funpark« rund um den Kronplatz zu passen scheint.

Stern
1420 m, ladinisch La Ila, liegt am Zusammenfluss von Gader und St.-Kassian-Bach. Sehr schön – vor allem im Abendlicht – ist der Blick auf die mächtige Felsphalanx von Lavarela und Conturines. Im höher gelegenen alten Dorfkern steht die im Kern gotische Pfarrkirche. In der Umgebung, vor allem rechts der Gader, sind einige schöne ladinische Bauernhöfe zu entdecken.

Untermoi
1515 m, ist ein kleiner Ferienort an der Straße zum Würzjoch. Das »Bauernbadl« Valdander ist seit 1820 in Betrieb und eines der originellsten Bäder in den Alpen.

Wengen
1348 m, urkundlich um die Mitte des 13. Jh. als Twenge erstmals erwähnt, ist eine für das Gadertal typische Streusiedlung. Es gehörte im Spätmittelalter dem Kloster Sonnenburg. Beachtenswert ist neben einigen stattlichen alten Gehöften die kleine Barbara-Kapelle in hübscher Aussichtslage; sie zeigt außen ein gutes Kreuzigungsfresko aus der Pacher-Schule (Ende 15. Jh.).

Tourist-Info

Tourismusverband Alta Badia,
Col-Alt-Straße 36, I-39033 Corvara,
☎ 0471/836176, Fax 0471/836540;
e-mail: info@altabadia.org
www.altabadia.org

Tourismusbüro Corvara,
Col-Alt-Straße 36, I-39033 Corvara,
☎ 0471/836176, Fax 0471/836540;
e-mail: corvara@altabadia.org

Tourismusbüro Kolfuschg,
Pecëistraße 2, I-39030 Kolfuschg,
☎ 0471/836145, Fax 0471/836144;
e-mail: colfosco@altabadia.org

Tourismusbüro Pedraces,
Pedraces-Straße 40, I-39030 Pedraces,
☎ 0471/839695, Fax 0471/839573;
e-mail: pedraces@altabadia.org

Tourismusbüro St. Kassian,
Micurá de Rü 24, I-39030, St. Kassian;
☎ 0471/849422, Fax 0471/849249;
e-mail: s.cassiano@altabadia.org

Tourismusbüro St. Martin in Thurn,
Dorf 10, I-39030 St. Martin in Thurn,
☎ 0474/523175, Fax 52 34 74;
e-mail: assoc_turistica@rolmail.net

Tourismusbüro St. Vigil,
I-39030 St.Vigil, ☎ 0474/501037,
Fax 0474/501566; e-mail:
sanvigilio@DolomitiSuperski.com

Tourismusbüro Stern,
Picenin-Straße 10, I-39030 Stern,
☎ 0471/847037, Fax 0471/847277;
e-mail: lavilla@altabadia.org

Tourismusbüro Wengen,
I-39030 Wengen,
☎ 0471/843072, Fax 0471/843277;
e-mail: laval@altabadia.org

Muntejela de Senes

Edelweißberg über der Sennesalm

Ausgangspunkt: Rifugio Pederü, 1540 m im innersten Rautal, 12 km von St. Vigil in Enneberg; Zufahrt mautpflichtig.
Zufahrt: Von der Staatsstraße 49 bei St. Lorenzen auf die SS 244 und in Zwischenwasser links ab nach St. Vigil und weiter zum Rif. Pederü. Bahn/Bus: Direkte Busverbindungen zwischen den Ortschaften des Hochabtei, St. Vigil und Pederü
Gehzeiten: Senneshütte 2½ Std., Gipfelanstieg 2 Std., Abstieg 2¾ Std.,gesamt 7¼ Std.

Charakter: Recht lange Gipfeltour. Sehr schöner Anstieg über die riesigen Karrenfelder unter dem Gipfel; am Abstieg eine etwas heikle Querung. Bei Nebel ist die Orientierung nicht einfach!
Einkehr: Senneshütte/Ütia de Senes (Mitte Juni bis Mitte Oktober); Ütia Munt de Senes (Ende Juni bis Ende September)
Karte: KOMPASS Nr. 57 (1:50 000), Nr. 624 (1:25 000)
Reiseatlas: Seite 17

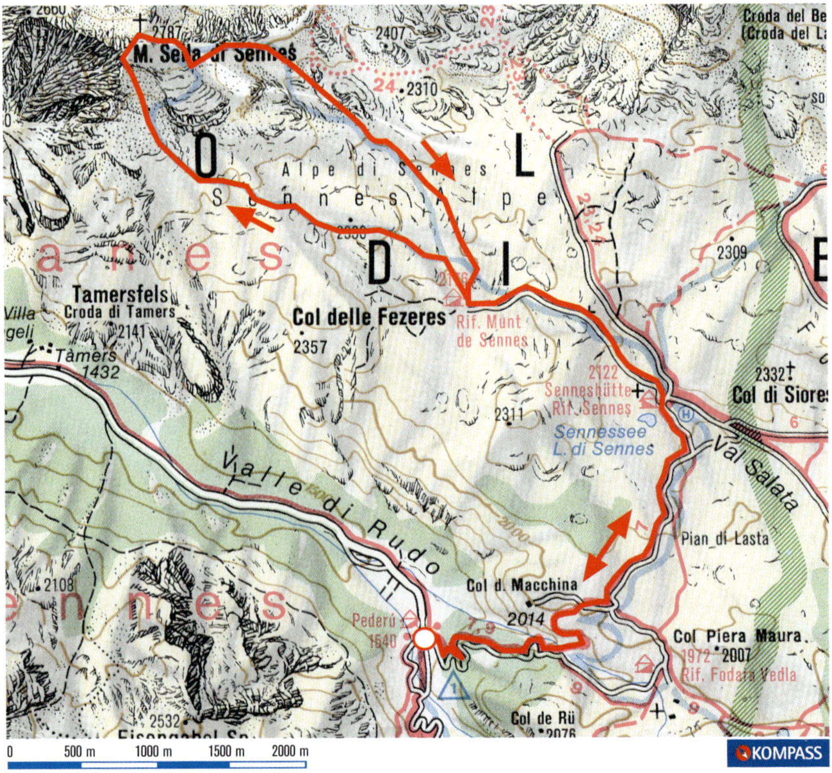

Beherrschender Gipfel über dem ausgedehnten Almgelände von Senes ist der Seekofel mit seinen auffallenden Dolomitschichten. Daneben wirkt der Muntejela de Senes eher unscheinbar: recht viel Grün an seinen Flanken, und nur wenig Felsen. Umso größer ist die Überraschung beim Aufstieg, der in eine vom Wasser ziselierte Karrenflanke führt und am Westgrat dann Einblick in die aufgerissene, von der Erosion gezeichnete Westflanke des Berges und hinüber zum Trümmerzacken des Muntejela de Ciastlins, 2673 m, bietet.

Den Auftakt zur Gipfeltour macht der steile Serpentinenanstieg über dem Talschluss von Pederü. Die alte, teilweise zementierte Kriegsstraße dient als Zubringer für die Berghütten auf der Sennesalm, weshalb Wanderer öfters schwer beladenen Jeeps ausweichen müssen, und dabei gelegentlich auch etwas Staub schlucken müssen. Nach knapp 1 Std. verlässt man die breite Trasse nach links (Hinweis »Sennes«) und folgt der Mulattiera, die in zwei Schleifen an einem licht bewaldeten Hang ansteigt.

Im Rücken des Col ra Machina, 2029 m, mündet der Weg wieder in die Straße. Sie führt über den Plan de Lasta in leichtem Auf und Ab zur Senneshütte, 2122 m, die an der gleichnamigen, seichten Lacke liegt. Hinter dem Haus – vorbei an der Windkraftanlage – bergan zu dem Wiesenrücken, dann mit freier Sicht auf den Muntejela de Senes leicht abwärts zur Ütia Munt de Senes, 2207 m. An der Weggabelung (Pfeile) links. Die rot-weiß markierte Spur läuft über die weiten Almböden, schlängelt sich dann zwischen Felsen hindurch und gewinnt schließlich ein ausgedehntes Karrengelände. Man steigt über die bizarr zerklüfteten Felsen in einen Karwinkel an, aus dem die Farbtupfer über einen Steilhang zum Grat hinaufleiten. Nun rechts und über Schrofen leicht zum Gipfel mit großem Panorama.

Karrenlandschaft am Muntejela de Senes

Der Abstieg folgt zunächst dem grasigen Südwestrücken des Muntejela de Senes, dann leiten die Markierungen nach links. Über abschüssige Felsen quert man in das ostseitige Kar und steigt dann durch ein Tälchen (Edelweiß!) ab, das sich allmählich verengt und als tektonischer Graben erweist. Zuletzt über die Almböden zurück zur Ütia Munt de Senes. Von dort weiter auf dem Anstiegsweg zurück zur Senneshütte und hinab nach Pederü, 1540 m.

Von Pederü zum Limojoch

Ins Reich der Fanes

Ausgangspunkt: Rif. Pederü, 1540 m, im innersten Rautal, 12 km von St. Vigil in Enneberg
Zufahrt: Von der Staatsstraße 49 bei St. Lorenzen auf die SS 244 und in Zwischenwasser links ab nach St. Vigil und zum Rif. Pederü; Zufahrt zum Limojoch mautpflichtig. Bus/Bahn: Direkte Busverbindungen zwischen den Ortschaften des Hochabtei St. Vigil und Pederü
Gehzeit: Aufstieg 2¼ Std., Abstieg 1½ Std.; gesamt 3¾ Std.

Charakter: Wenig anspruchsvolle, landschaftlich aber sehr reizvolle Hütten- und Passwanderung. Hinweis: Wer morgens mit dem Bus vom Hochabtei ins Rautal fährt, kann die Tour über den Ju dal'Ega zur Sarèbrücke fortsetzen.
Einkehr: evtl. Rifugio Lavarella (Mitte Juni bis Anfang Oktober); Faneshütte/Ütia de Fanes (Mitte Juni bis Mitte Oktober).
Karte: KOMPASS Nr. 57, 59 (1:50 000), Nr. 617, 624 (1:25 000)
Reiseatlas: Seite 17

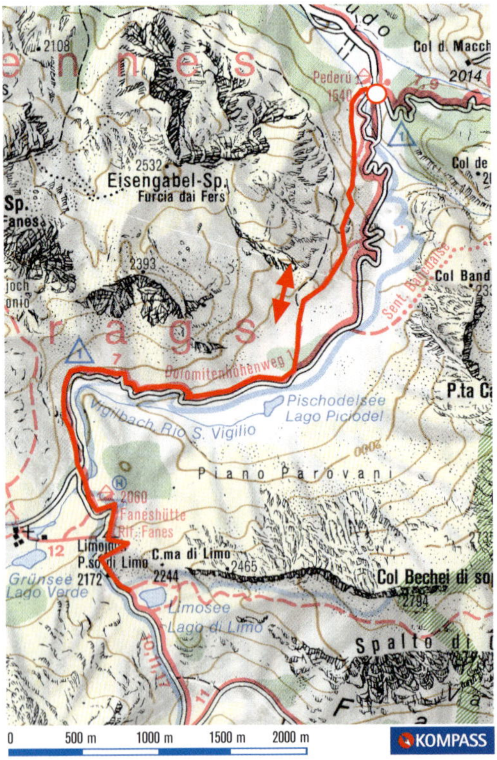

Es soll unter den Bergsteigern ja viele Romantiker geben – auch heimliche. Sie dürften sich vom Fanesgebiet besonders angezogen fühlen, ist die Wanderung hinauf in die sagenumwobene Almregion doch ein Kaleidoskop der vielfältigsten Formen und Farben. Da ragen graue, zersplitterte Grate in den blauen Himmel, ziehen mächtige Schuttströme aus steilen Bergflanken herab, sprudelt das Wasser des Vigilbachs zwischen Felsblöcken und Graspolstern, krallen sich knorrige Zirben an den meist steinigen Untergrund. Aus dem rauen, U-förmigen Rautal wandert man hinauf zu dem weiten Almgelände von Kleinfanes, wo einst die »Marmottes« regierten. Demokratisch, natürlich, und wer das nicht glaubt, der kann sich ihr Forum gleich über dem Grünsee anschauen: das »Parlament der Murmeltiere«.

Ein »pfiffiger« Bewohner der Fanes: das Murmeltier

Urkundlich wurde die Fanesalm vor rund tausend Jahren erstmals als »petra Uanna« erwähnt; mehrere Funde am Ciastel de Fanes, 2657 m, beweisen, dass die Gegend bereits in vorgeschichtlicher Zeit besiedelt war – reichlich Stoff für diverse Sagen und Legenden.

Der markierte Anstieg zur Kleinen Fanesalm verläuft teilweise abseits der Limojochstraße. Während die ehemalige Militärstraße in vielen Serpentinen an der östlichen Talflanke an Höhe gewinnt, verläuft der Wanderweg rechts des Vigilbachs, der knapp oberhalb von Pederü, 1540 m, am Fuß eines sehenswerten Gerölltrichters zu Tage tritt.

Felskulisse am Weg zum Limojoch

Eine Talstufe höher bildet er den seichten Pischodelsee (Lé Piciodel, 1819 m). Dahinter, teilweise entlang der Straße, geht es über eine licht bewaldete Geländestufe in den untersten Boden der Kleinen Fanesalm, wo am Grünsee die Lavarella-Hütte, 2042 m, steht. Links entlang der Straße zur großen Faneshütte, 2060 m, und über zwei Kehren weiter hinauf ins Limojoch (Ju de Limo, 2172 m). Gleich jenseits der Passhöhe liegt der gleichnamige See.

Abstieg auf dem gleichen Weg; man kann natürlich auch auf die staubige Straße ausweichen (Jeepverkehr).

Heiligkreuzkofel, 2907 m

Über die Fanesalm zum großen Panorama

Ausgangspunkt: Rif. Pederü, 1540 m im innersten Rautal, 12 km von St. Vigil in Enneberg
Zufahrt: Von der Staatsstraße 49 bei St. Lorenzen auf die SS 244 und in Zwischenwasser links ab nach St. Vigil und zum Rif. Pederü; Zufahrt zum Limojoch mautpflichtig. Bahn/Bus: Direkte Busverbindungen zwischen den Ortschaften des Hochabtei, St. Vigil und Pederü
Gehzeiten: Lavarella-Hütte 2 Std., Gipfel 3 Std., Abstieg 3¾ Std.; gesamt 8¾ Std.
Charakter: Ohne technische Schwierigkeiten, aber sehr lange und dadurch recht anstrengende Tour. Bei Nebel ist die Orientierung auf den weiten Karrenböden der Fanesalm nicht ganz einfach; evtl. Nächtigung in der Lavarella-Hütte.
Einkehr: Rifugio Lavarella, 2042 m (Mitte Juni bis Anfang Oktober)
Karte: KOMPASS Nr. 57, 59 (1:50 000), Nr. 624 (1:25 000)
Reiseatlas: Seite 17

Eine Tour der Kontraste! Fühlt man sich beim langen Anstieg von Pederü über die große Fanesalm gelegentlich in eine erdgeschichtliche Baustelle versetzt, so ist oben am Kreuzkofeljoch die Überraschung umso größer: ein weiter Horizont statt riesiger Geröllteppiche und zerborstener Felsgrate, in der Tiefe das grünwellige Hochabtei, im Süden in der Mittagssonne blinkend die Marmolada, 3343 m – höchster Dolomitengipfel – mit ihrem Eisschild, am nördlichen Horizont fern die Linie des Alpenhauptkamms.

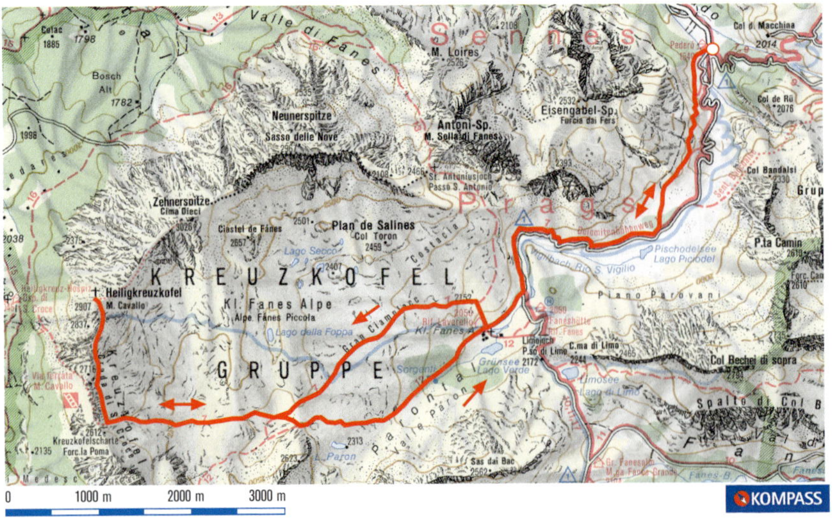

Unsere Tour beginnt mit der Wanderung zur Kleinen Fanesalm (2 Std.). Dabei verläuft der markierte Weg teilweise in angenehmem Abstand zur staubigen Piste, die hinter Pederü, 1540 m, in vielen Serpentinen ansteigt. Eine licht bewaldete Talstufe leitet vom Pischodelsee (Lé Piciodel, 1819 m) in den untersten Boden der Kleinen Fanesalm, wo am Grünsee das Rifugio Lavarella, 2042 m, steht.

Hinter der Hütte rechts bergan zu einer Weggabelung, dann mit der rot-weißen Markierung 7 in leichtem Auf und Ab über die zunächst noch grünen, später felsgrauen Karrenböden. Hinter der Costa dla Fora mündet ein mit 12 bezeichneter Steig, der sich gleich wieder nach links verabschiedet (Forcela de Medesc). Geradeaus weiter über nackten Fels und Geröll in mäßigem Anstieg in die Kreuzkofelscharte, 2612 m. Aus der Senke rechts und auf der deutlichen Spur, die zweimal unmittelbar an den Felsabbruch heranführt (imposante Tiefblicke!) am Kamm bergan gegen den gerölligen Gipfelkegel des Heiligkreuzkofels, 2907 m. Zuletzt etwas mühsam im Schutt zum höchsten Punkt.

Abstieg auf dem gleichen Weg; an der bereits erwähnten Verzweigung kann man alternativ den unteren Weg benützen, der durch das Parontälchen ebenfalls zum Rifugio Lavarella führt.

☛ Wer mit dem Bus nach Pederü fährt, kann vom Heiligkreuzkofel westlich ins Hochabtei absteigen.

Die Westwand des Heiligkreuzkofels

Fanes-Senes-Prags

Der Naturpark Fanes-Senes-Prags übt wegen seiner außergewöhnlichen Flora und der Wildseen auf seine Besucher einen besonderen Reiz aus. Zahlreiche Sagen und Geschichten erzählen von geheimnisvollen Gestalten und Begebenheiten. Weniger geheimnisvoll, aber sehr aufschlussreich sind die Funde aus der Vorzeit, die Knochen der Höhlenbären und Raubkatzen, die zwischen Höhlenstein- und Gadertal vor 40000 Jahren hier lebten. Heute bietet das 25680 ha große Naturparkgebiet zahlreichen Tierarten Schutz und Zuflucht; das Symboltier des Naturparks ist das Murmeltier.

Information über geführte Wanderungen bei den Tourismusvereinen oder beim Amt für Naturparke.

☎ +39/0471/41 43 00

Fax +39/0471/41 43 09

Cima Pisciadù, 2985 m

Fast ein Dreitausender

Ausgangspunkt: Parkplatz, 1956 m, an der Grödner-Joch-Straße (Hinweis auf Pisciadù-Klettersteig), etwa 2 km unter dem Pass
Zufahrt: Von Klausen auf der Staatsstraße 242 bis nach Wolkenstein, dann links ab auf die SS 243, die von Corvara herauf über das Grödner Joch führt. Bahn/Bus: Gute Busverbindungen zwischen den Orten des Hochabtei und dem Grödner Joch, Haltestelle beim Klettersteig-Parkplatz
Gehzeiten: Rif. Pisciadù 1¾ Std., Gipfel 1¼ Std., Abstieg 2 Std.; gesamt 5 Std.
Charakter: Gipfeltour, gesicherte Passagen im obersten Val Setùs und im Val de Tita. Grandioses Panorama mit einmaligen Tiefblicken, vor allem ins Val de Mesdì
Einkehr: Rifugio Pisciadù, 2587 m (Anfang Juli bis Ende September)
Karte: KOMPASS Nr. 55, 59 (1:50 000), Nr. 624 (1:25 000)
Reiseatlas: Seite 17, 27

Geröllbeladen: der Südwestrücken der Cima Pisciadù

Sie gehört zweifellos zu den markantesten Erhebungen des Sellamassivs, und dass der Cima Pisciadù, 2985 m, ein paar lumpige Meter zum Dreitausender fehlen, tut dem außergewöhnlichen Reiz einer Besteigung keinerlei Abbruch. Vom eigentlichen Hochplateau deutlich nach Norden hin abgesetzt, zeigt sie sich auf drei Seiten als echtes Kletterziel. Einen vergleichsweise bequemen Zustieg gibt's bloß über die angenehm gestufte Südflanke. Oben genießt man bei gutem Wetter ein immenses Panorama und faszinierende Einblicke in die unvergleichliche Sellalandschaft mit ihren Karrenplateaus und den schwindelerregenden tiefen, mauerumstellten Gräben.

Gut 1000 Höhenmeter liegen zwischen der Grödner-Joch-Straße und dem Gipfel. An der Pisciadù-Hütte, 2585 m, hat man schon fast zwei

Fröhliche Rast an der Pisciadùseehütte/Rif. F. Cavazza al Pisciadù

Drittel des Anstiegs hinter sich. Dieser verläuft durch den steilen Schlund des Val Setùs, ein recht mühsames Zickzack mit viel Geröll, bis in den Hochsommer hinein auch einige Schneeflecken. Zuletzt leiten die Markierungen über gestufte Felsen (Drahtseile) auf das Terrassenband und links zum Rif. F. Cavazza al Pisciadù, 2587 m.

Von der Hütte hinunter zum Lech de Pisciadù, 2564 m, dann auf ausgetretener Geröllspur unter der senkrechten Westwand der Cima Pisciadù zu einer Verzweigung: links im Zickzack über eine Geröllreise (☛ meist liegt hier bis in den Hochsommer Schnee!) bergan, geradeaus auf ein Band und über gestufte Felsen (Drahtseile) aufwärts. Beide Varianten vereinigen sich an der Mündung des Val de Tita. Durch das recht lang gestreckte Kar bis zu der weiten Senke, 2816 m, im Rücken der Cima Pisciadù. Hier links, den Hauptweg verlassend, in die Südflanke und auf deutlicher, rot markierter Geröllspur im Zickzack zum Gipfel.

Abstieg wie Anstiegsweg oder von der Pisciadùseehütte auf Weg Nr. 676, dann 651 durch das Val de Mesdì zur Haltestelle an der Staatsstraße 243 östlich der Mesuleshütte (3 Std. von der Pisciadùsee-Hütte).

Die Familie der Klettersteigfreunde

Der Sella-Ringbandweg

Schauwandern an der Sella

Ausgangspunkt: Pordoijoch, 2239 m, Straßenpass an der »Großen Dolomitenstraße«, 12 km von Canazei, 9 km von Arabba
Endpunkt: Liftstation Vallon, 2537 m, am Rand des Vallonkessels
Zufahrt: Von Gröden auf der Staatsstraße 242 über das Sellajoch, 6 km vor Canazei links ab auf der SS 48 zum Pordoijoch. Bahn/Bus: von Corvara, 1555 m, gute Busverbindungen mit den anderen Ortschaften des Hochabtei sowie mit dem Grödner Joch, dem Sella- und dem Pordoijoch. Die Lifte Corvara – Crep de Munt – Vallon sind von Ende Juni bis Ende September 8.30–12.30, 14–17.15 Uhr in Betrieb (Dienstag Ruhetag, außer August).
Gehzeit: Gesamt 3 Std.
Charakter: Aussichtsreiche, wenig anstrengende Höhenwanderung auf dem großen Terrassenband der Sella. Lässt sich auch gut mit einer Besteigung des Piz Boè, 3152 m, verbinden
Einkehr: Rif. F. Kostner a. Vallon, 2541 m (Ende Juni bis Ende September); Crep de Munt (Seilbahnstation, während der Betriebszeit der Bahnen).
Karte: KOMPASS Nr. 59 (1:50000), Nr. 624 (1:25000)
Reiseatlas: Seite 17, 27

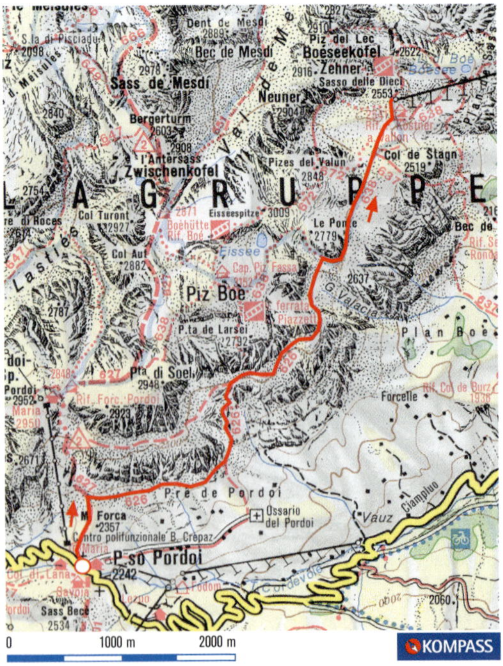

Schauen und genießen bei nur wenig Anstrengung. Das geht auf dem »Sella-Ringbandweg« besonders leicht: ein nur kurzer Anstieg am Beginn, dann jede Menge Aussicht. Blickfang ist die Marmolada, 3343 m, deren glitzernder Firnschild einen faszinierenden Kontrast zum dunklen Vulkangestein des Padonkamms bildet. Im Südosten stehen zwei weitere große Dolomitengipfel, die Civetta mit ihren weit gespannten Felsflügeln und der Felsmonolith des Pelmo. Tief drunten im Tal schlängelt sich die Pordoistraße vom Pass hinab ins Cordèvoletal.

Padonkamm und Marmolada vom Ringbandweg

Vor der Höhenwanderung steht ein etwa einstündiger Anstieg an: vom Passo Pordoi, 2239 m, auf ordentlichem Weg um den Grasmugel des Monte Forca, 2356 m, herum und im Zickzack hinauf zur Abzweigung des Ringbandwegs, dann noch ein Stück schräg aufwärts. Anschließend geht's eben dahin; zur Linken hat man dabei die aus Hauptdolomit aufgebauten Mauern der Sellaburg. Man passiert am Ansatzpunkt des Tälchens von Joèl die Abzweigung der »Ferrata Piazzetta«, einer typischen Gänsehautroute (nur für sehr erfahrene Klettersteigler!). Unter den Felsen der Punta delle Fontane, 2809 m, biegt die Spur ein in die Gran Valacia; wenig weiter zweigt links der Ostweg zum Piz Boè ab. Der Ringbandweg führt um die Ponte, 2791 m, herum, an einem winzigen See vorbei und zuletzt kurz aufwärts zur bereits lange sichtbaren Franz-Kostner-Hütte/Rifugio Franz Kostner a.Vallon, 2517 m. Über den steinigen Boden des Plan de Sas zur Bergstation des Vallon-Sessellifts, 2537 m.

Los geht's!

Auf dem Gipfel des Sass de Mezdi

»Amphitheater« Fassatal

»Man stelle sich ein riesiges Amphitheater aus spaltendurchsetzten Wänden und senkrechten Zähnen vor, die sich vor dem Besucher auf einer Höhe von 3000 Fuß aus tiefen Schlünden direkt zu seinen Füßen erheben und in der Rotwandspitze 10200 Fuß erreichen. Die Arme dieses Amphitheaters strecken sich weit nach vorne und umfassen sozusagen das halbe Gesichtsfeld. Überall bildet es einen nackten, traurigen, völlig entblößten Anblick. Geröllmassen rutschen auf dem gesamten Bogen des Amphitheaters hinunter und bedrohen das Muldeninnere. Nur ein schmaler Streifen grün leuchtender Weidefläche bleibt übrig; auf ihm entdeckt man den dunklen Fleck einer Baita, eines Unterstandes. Auch wem es gelingt, sich dies alles vorzustellen, wird nur eine ungenaue Idee haben von dem wirklichen Eindruck dieser Szenerie.» Mit diesen Worten machte der Anwalt und Botaniker George Churchill im Jahre 1864 die englischen Leser mit der ergreifenden Schönheit des in den Fassaner Dolomiten gelegenen Rosengartens bekannt.

Das Fassatal gehört sicherlich zu den malerischsten und sehenswertesten Tälern der Alpen und ist umgeben von wegen ihrer Schönheit berühmten Bergen und Bergketten: Rosengarten, Langkofel und Sella, Marmolada, Manzoni. Die frühere Weidewirtschaft, Viehzucht sowie das Holzhand-/kunstwerk wurden in den letzten Jahren zum größten Teil durch die wachsende Tourismusindustrie ersetzt, die mittlerweile die erste Stelle der wirtschaftlichen Einnahmen im Tal einnimmt. Bei einer Einwohnerzahl von 8600 ist das Tal mit 15360 Hotelbetten und rund 20000 zusätzlichen Unterkünften sommers wie winters hoch belastet. Dabei schreitet die touristische Infrastruktur in allen sieben Kommunen des Bezirks C 11 ständig weiter voran. Skistationen gibt es inzwischen auf fast allen zum Fassatal gehörenden Bergen. In Moena sind es die Zentren von Lusia, die mit Bellamonte verbunden sind, und die des San Pellegrino-Passes, verbunden mit dem Passo Vallese bei Falcade. In Vigo di Fassa sind es die Anlagen des Ciampedie und des nahen Karerpasses. Von Pozza di Fassa aus sind es die zum Buffaure, von Campitello die zum Col Rodella führenden Einrichtungen, die wiederum mit dem Sellajoch und Canazei – mit dem bekannten Skizirkus der Sella Ronda - verbunden sind. Andererseits ist Canazei auch verbunden mit den Polen des Belvedere und des Pordoi-Passes (und diese wiederum mit dem Sella-Ronda-Zirkus und dem Pordoi-Joch). Alba hat das Gebiet um den Ciampac und der Fedaia-See profitiert von der Marmolada-Seilbahn (Pian dei Fiacconi).

Die Organisation des Tourismus untersteht dem *Fremdenverkehrsamt des Fassatals (Tel. +39/0462/60 11 13 und 60 13 54).* Die Bevölkerung des Fassatals ist ladinischer Herkunft und bewahrt ihre sprachlichen und kulturellen rätoromanischen Charakteristika. Dadurch entstand eine Insel innerhalb des Trentiner Territoriums, an der Westseite der ladinischen Dolomiten rund um das Sella-Massiv.

Hier werden viele ladinische Traditionen gepflegt, von Karnevalsbräuchen mit Originalmasken bis hin zu typischen Festtags- und Prozessionsbräuchen und -trachten. In den Legenden des Fassatals tummeln sich die mythologischen Figuren aus den Wäldern, Bergen und Gewässern, und es spiegeln sich in ihnen die Naturereignisse: Überschwemmungen, Bergstürze, versunkene Seen. Das Fassatal hat sich bis heute seinen Zauber trotz aller Erschließungen bewahrt.

Das Wandergebiet

Die Landschaft ist typisch für die Dolomiten mit ihren zauberhaften Bergspitzen, Gebirgswänden und bizarren Felsgebilden. Oberhalb der Talwiesen stehen Wälder aus Fichten, Tannen und (Zirbel-)Kiefern, dann folgen die von Gestrüpp durchsetzten Viehweiden und die Schnittwiesen, auf denen Heustadel stehen. In den Hochtälern und auf den höchsten Karen bleibt der Schnee das ganze Jahr über liegen. Viele Gipfel sind mehr als 3000 m hoch und über allen thront die Marmolada mit ihren 3343 m.

Kaum zu zählen sind die Wander- und Klettermöglichkeiten: Ein ausgedehntes Wegenetz und eine große Zahl von Klettersteigen machen aus dem Fassatal ein wahres Paradies für Bergfreunde. Rifugi und Almhütten (viele mit Agritourismus, die italienische Form von »Urlaub auf dem Bauernhof«) gibt es auf fast jedem Berghang. Bei der Planung einer Mehrtagestour mit Übernachtung in einer Hütte muss man vor allem im Sommer mit großem Andrang rechnen. Shuttle-Busse machen es möglich, verschiedene Wege miteinander zu verbinden. *Fahrpläne sind bei den APT-Büros, den Fremdenverkehrsämtern der Provinzen, zu erhalten.*

Die Orte

Moena
1184 m, liegt an der Mündung des San Pellegrino-Tals ins Fassatal in einer der schönsten Dolomitentalmulden mit Blick auf Latemar, Rosengarten, Langkofel und Monzoni. Es hat sich weitgehend sein traditionelles Aussehen bewahrt. So gibt es beispielsweise in Turchia einen Heustadel (tabià) aus dem Jahr 1586. Eine große Tradition hat das Holzkunstwerk und die Schnitzerei. Sehenswert ist die Kirche San Vigilio (1164 geweiht) auf dem Hügel von Zoravìa. Daneben steht die Kapelle St. Wolfgang, sie wurde 1205 auf einer heidnischen Kultstätte errichtet.

Soraga
1207 m, zwischen Moena und Vigo di Fassa ist eines der ältesten Dörfer des Tales. Die ältesten Häuser befinden sich auf den Schwemmlandterrassen von Soraga, Palua, Palù Long, Barbide, Roca usw. Sehenswert ist die Peter-und-Pauls-Kirche, eine der ältesten Kirchen des Fassatals mit geschnitztem Barockalter und einem Kreuzweg.

Vigo di Fassa
1323 m–1382 m, erstreckt sich auf einer Anhöhe am Fuße des Rosengartens. Zusammen mit San Giovanni di Fassa bildet Vigo das politische, juristische und administrative Zentrum des Tales. Dazu gehört der Hügel, auf dem sich die gotische Kirche St. Giuliana befindet, eine der schönsten Kirchen im Trentino, ebenso wie die gotische Kapelle San Maurizio, der vermutlich älteste noch existierende Sakralbau des Fassatals. In San Giovanni befindet auch das
Kulturinstitut »Majon di Fashegn«, das Zentrum des ladinischen Museums von Fassa, Tel. +39/0462/764267 (im Sommer geöffnet: 10–12 und 15–19 Uhr, Samstag 15–19 Uhr, Sonntag geschlossen).
Das Institut sorgt für die Verbreitung des Wissens um die ladinische Sprache und verfügt über eine Spezialbibliothek mit 3500 Bänden, ein Fotoarchiv, eine Film- und Tonträgersammlung sowie über ein Archiv historischer Dokumente. Das Erdgeschoss beherbergt eine ethnographische Ausstellung mit Einblicken in die traditionelle Fassaner Gesellschaft.

Pozza di Fassa, Pera di Fassa
1325 m, liegen an der Mündung des San Nicolò-Tals und des Vajolettals. In Pozza befindet sich eine Kirche aus dem Jahre 1957: Maria Ausiliatrice, Maria die Hilfreiche. Sie hat einen schlanken Turm, einen Kreuzgang und ein Altarbild aus dem 18. Jh. Die alte Kirche befindet sich in Meida. Im Dorf Pera steht die Kirche San Lorenzo (1603) mit Ausschmückungen des Wandermalers Bernard.

Mazzin di Fassa
1372 m, liegt auf einer Anhöhe am Fuße der Rosengartentäler. Sehenswert ist die Kirche St. Maria Mad-

dalena, die noch vor 1570 entstanden ist und über eine gotische Apsis, drei geschnitzte Holzaltäre sowie ein großes Altarbild von Detomas verfügt. Interessant ist auch die Casa Battel (auch »castello« genannt), ein bäuerlich-herrschaftlicher Bau mit Turm, Resten von Malereien und einem Heuschober.

Campestrin, Fontanazzo
1371 m und 1395 m, sind heute genauso wie Campitello zu Touristenorten geworden. Sehenswert in Fontanazzo ist die Kirche der Madonna del Carmine (Fresken in der Apsis aus dem 19. Jh., Schnitzaltar).

Campitello di Fassa
1448 m, an der Mündung des Durontals gelegen, war die Wiege des Dolomiten-Alpinismus gegen Ende des 19. Jahrhunderts. Oberhalb der Häuser thront die Kirche SS. Filippo e Giacomo mit asymmetrischem Turm, Schindeldach, Fresken aus dem 15. Jh. und Kreuzweg.

Canazei, Alba, Penìa
1468 m. Canazei ist der bedeutendste Touristenort des Fassatals und einer der wichtigsten im Alpengebiet. Die Touristeneinrichtungen sind auf hohem Niveau, so auch der bekannte Skizirkus »Sella Ronda«. Trotz Bauboom sind einige alte Bauernhäuser aus Holz erhalten geblieben. Interessant ist die Kirche zum Heiligen Herzen (Sacro Cuore) mit Fresken und Schnitzereien, aber auch die Florianskirche aus dem 16. Jh. mit Werken Fassaner Maler.

Das mächtige Sella-Massiv

Tourist-Info

Fremdenverkehrsamt Fassatal,
A. P. T. Val di Fassa,
Via Costa, 79, I-38030 Alba di Canazei,
☎ 0462/60 24 66, 0462/60 25 94,
Fax 0462/60 22 70;
e-mail: info@fassa.com
www.fassa.com

Fremdenverkehrsbüro Campitello di Fassa, *☎ 0462/75 05 00,*
Fax 0462/75 02 19;
e-mail: infocampitello@fassa.com

Fremdenverkehrsbüro Canazei,
☎ 0462/60 11 13, Fax 0462/60 25 02;
e-mail: infocanazei@fassa.com

Fremdenverkehrsbüro Moena,
☎ 0462/57 31 22, Fax 0462/57 43 42;
e-mail: infomoena@fassa.com

Fremdenverkehrsbüro Pozza di Fassa,
☎ 0462/76 41 36, Fax 0462/76 37 17;
e-mail: infopozza@fassa.com

Fremdenverkehrsbüro Soraga,
☎ 0462/76 81 14, Fax 0462/76 81 14;
e-mail: infosoraga@fassa.com

Fremdenverkehrsbüro Vigo di Fassa,
☎ 0462/76 40 93, Fax 0462/76 48 77;
e-mail: infovigo@fassa.com

Rund um die Tschager-Spitze

Rif. Paolina – Kölner Hütte – Rotwandhütte

Ausgangs-/Endpunkt: Rif. Paolina, 2125 m
Zugang: Knapp unter dem Karerpass (nahe Hotel Karersee) mit dem Sessellift zum Rif. Paolina (Tel. 0471/61 60 08)
Gehzeit: 5¼ Std.
Höhenunterschied: 700 m
Charakter: Mittelschwer, teils geröllige Pfade
Einkehr: Rif. Paolina, 2127 m; Kölner Hütte (Rosengartenhütte), 2339 m; Rotwandhütte/Rif. Roda di Vael, 2283 m; Rif. Pederiva, 2273 m
Karte: KOMPASS Nr. 59 (1:50 000), Nr. 619, 628, 629, 630 (1:25 000)
Reiseatlas: Seite 26

Nur für Geübte: der Rotwand-Klettersteig

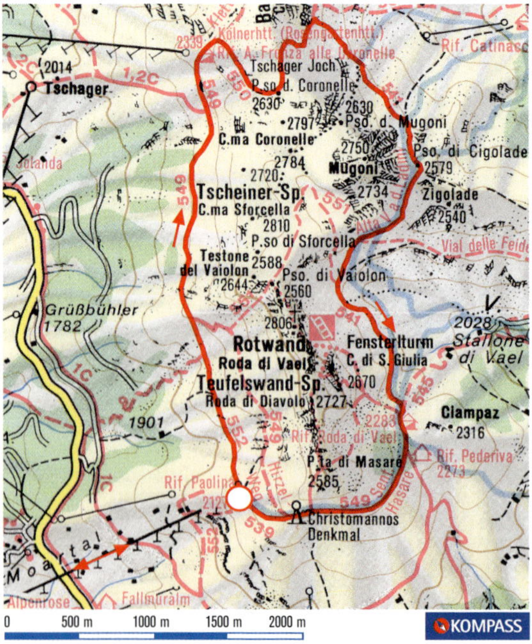

Vom Rifugio Paolina wandern wir auf dem Pfad Nr. 552 nach Norden unterhalb der »roten Wände« der Rotwand entlang, bis wir nach ungefähr einer ¾ Std. zur Abzweigung des Wegs Nr. 549 (2230 m; Masarè-Wanderweg) gelangen. Auf diesem bis zur Kölner Hütte (Rosengartenhütte)/Rifugio Fronza alle Coronelle unterhalb der Tscheiner Spitze (Cima Sforcella). Wir folgen ein kurzes Stück dem Weg 542 in Richtung Santnerpass, wechseln aber nach einer knappen ½ Std. auf den hier einmündenden Weg Nr. 550 und steigen in einer Geröll- und Schneerinne zwischen der Tschager Spitze und dem Davoigrat hinauf bis zum Tschager Joch (Passo delle Coronelle).

Aufstieg zum Tschager Joch – Blick zurück

Hier beginnt der ½-stündige Abstieg in die Davoi-Schlucht bis zum Weg Nr. 541 in 2416 m Höhe. Auf diesem wenden wir uns unterhalb des Passes und des Mugoni-Grats nach rechts und steigen zum Cigoladepass, 2579 m auf. Der Weiterweg führt abwärts auf Geröll unterhalb der Mugoni-Wände und kreuzt nach gut ¼ Std. den Weg Nr. 551, an dem wir vorbeigehen. Ab hier erfolgt der Abstieg zur Rotwandhütte/Rif. Roda di Vael, 2283 m, und zum Rifugio Pederiva, 2273 m. Auf dem Masarè-Wanderweg Nr. 549 steigen wir nochmals kurz zur Punta del Masarè an. Knapp hinter dem Christomannos-Denkmal geht es auf dem Weg Nr. 539 wieder abwärts zum Rifugio Paolina, 2127 m, der Bergstation des Karerpass-Sesselliftes.

Der Rückweg zum Karerpass erfolgt anfangs auf dem Weg Nr. 552, dann auf Weg Nr. 548 in 1 Stunde von der Bergstation.

Die Nummer der Bergrettung ist **118**. Wer ein Sende- und Empfangsgerät besitzt, muss dieses auf die Frequenz SAT 160 462,5 MHz abstimmen. Der Ruf – vorausgesetzt er wird gehört – alarmiert die nächste Rettungsstelle. Im Fleims- und Fassatal gibt es insgesamt vier Bergrettungsstationen:
Alta Val di Fassa ☎ **0462/60 23 27**
Centro Fassa ☎ **0462/76 90 80**
Moena ☎ **0462/57 34 36**
Tesero ☎ **0462/81 45 75**
Die Direktion der SAT-Bergrettung befindet sich in Trento ☎ **0461/23 31 66**

Fassaner Höhenweg

Sanfter Anstieg, große Aussicht

Ausgangspunkt: Rifugio Ciampedié, 1997 m
Zugang: Von Vigo di Fassa mit der Rosengartenseilbahn, Tel. 0462/763242 (geöffnet von 8.30 bis 18.30 Uhr) zum Rifugio Ciampedié
Endpunkt: Vigo di Fassa, 1393 m
Gehzeit: 3¾ Std.
Höhenunterschied: 300 m
Charakter: Leichte Tour mit gemütlichem Anstieg; Abstieg teilweise auf Straße
Einkehr: Rif. Ciampedié, 1997 m; Rif. Pederiva, 2273 m; Rotwandhütte/ Rif. Roda di Vael, 2283 m

Karte: KOMPASS Nr. 59 (1:50000), Nr. 616, 619, 628, 629 (1: 25000)
Reiseatlas: Seite 26

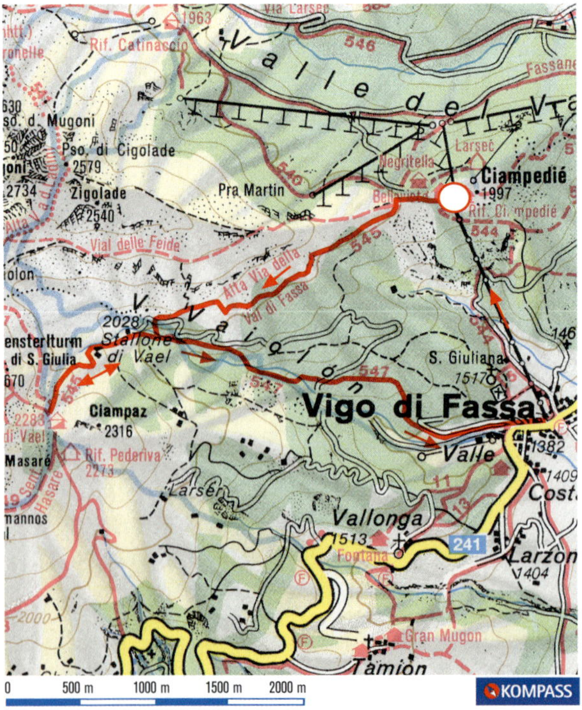

Von der großartigen Aussichtsterrasse, auf der sich die Bergstation der Seilbahn und das Rif. Ciampediè befinden, genießen wir den Blick auf die Dirupi di Larsec, auf den Rosengarten und das Vajolettal und begeben uns dann auf eine Skipiste mit der Wegnummer 545, vorbei an dem nahe gelegenen Rifugio Negritella, 1986 m. Auf ebener Strecke gelangen wir rechter Hand (Stufen) zu dem eigentlichen Weg, der in sanftem Aufstieg durch ein Tannenwäldchen unterhalb der Pale Rabbiose führt, bei der Mulde des Vaiolon herauskommt und sich nahe bei einer Geröllhalde nach ungefähr 1 Std. mit dem Weg Nr. 547 kreuzt. Unterhalb des Ciampaz steigen wir in dieser Mulde in einigen Kehren durch Geröll aufwärts bis zum Rif. Pederiva; 2273 m, und der Rotwandhütte/Roda di Vaèl, 2283 m, die sich

Blick von Campedié auf die Dirupi di Larsec

auf einer Ciampàz-Schulter befinden und rasch erreicht sind.

Ein Besuch des nahe gelegenen Ciampàz-Aussichtspunkts, 2316 m, Blick zum Latemar und zu den Monzoni-Bergen) lohnt sich ebenso wie ein Abstecher auf dem Masarè-Weg Nr. 549 bis zum Bronzeadler, der zu Ehren des Dolomiten-Tourismus-Pioniers und Erfinders der Dolomitenstraße, Theodor Christomannos, dort aufgestellt wurde. Zurück zur Nr. 547, dann nach rechts. Nun geht es im Abstieg immer entlang der tiefen Schlucht des vom Rio di Valle durchflossenen Vaiolon – erst auf einem Saumpfad, später dann entlang der Straße. Bald erscheinen auch die Häuser von Valle, 1402 m. Von dort ist es nur noch ein kurzer Weg bis zur Seilbahn-Talstation in Vigo di Fassa.

KOMPASS **Alpin Tipp**

Alpinausrüstung

Wichtige Voraussetzung für das Gelingen einer Bergfahrt ist, neben dem genauen Studium von Führer und Karte, eine optimale Ausrüstung. Zur Grundausstattung gehören solide Bergschuhe mit griffiger Profilgummisohle; Turnschuhe oder zu leichte Wanderschuhe bieten auf den meisten Steigen und Wegen mehr Nachals Vorteile (rutschiger Fels, steile Geröllhalden, Altschneefelder usw.). Sehr wichtig sind eine wasser- und windabweisende Jacke und Überhose (Regenschutz). Der Rucksack sollte im Hochgebirge einen Biwaksack, eine Rettungsfolie, eine kleine Apotheke, Taschenlampe, natürlich genug Proviant, Mütze, Handschuhe, Sonnenschutz, Taschenmesser, Toilettpapier, Schreibzeug und Ausweise enthalten.

Der Friedrich-August-Weg
Unter den Wänden des Plattkofels schlendern ...

Ausgangspunkt: Seilbahnstation Col Rodella, 2387 m
Zugang: Von Campitello di Fassa mit der Seilbahn zum Col Rodella (Tel. 0462/75 02 61)
Endpunkt: Campitello di Fassa, 1414 m
Gehzeit: 4 Std.
Höhenunterschied: 150 m
Charakter: Leichter und sehr aussichtsreicher und daher vielbegangener Wanderweg
Einkehr: Pertini-Hütte, 2300 m; Plattkofelhütte, 2300 m; Rif. Micheluzzi, 1860 m; Baita Fraina
Karte: KOMPASS Nr. 59 (1:50 000), Nr. 616 (1:25 000)
Reiseatlas: Seite 27

Auf dem Weg zum Col Rodella, dahinter der Langkofel

Bei der Bergstation der Seilbahn vom Col Rodella gehen wir links an dem charakteristischen Rifugio Des Alpes vorbei. Den großartigen Anblick der Sella-Gruppe vor Augen, steigen wir auf dem Sträßchen Nr. 529 zum Rodellasattel ab.

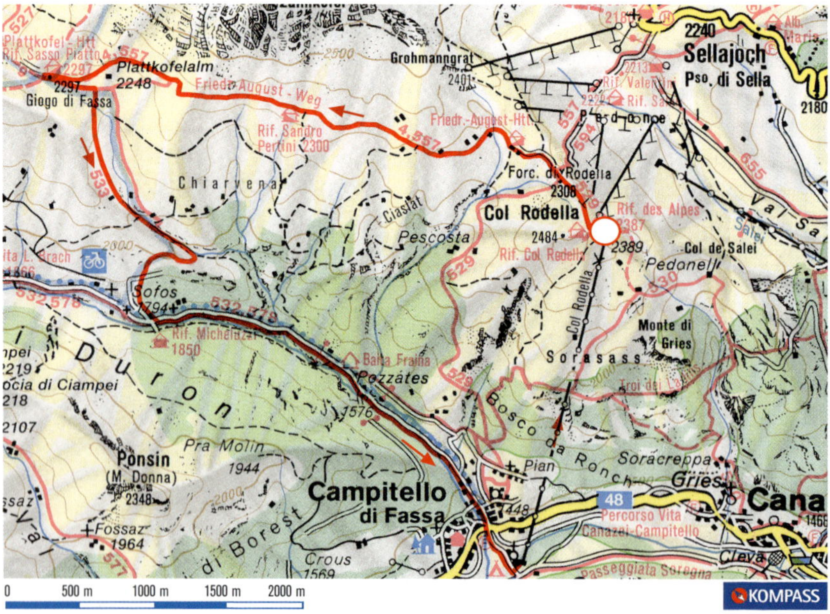

Der Friedrich-August-Weg und die Roterdspitze

Links biegt jetzt der bekannte und viel begangene Friedrich-August-Weg (Nr. 4-557) ab, auf dem wir gemütlich bis zur nahen Friedrich-August-Hütte, 2298 m, hinabbummeln, wo links der Weg 529 nach Campitello einmündet. Wir bleiben auf unserem Weg und schlendern in leichtem Auf und Ab durch mehrere Tälchen unterhalb der Grohmannspitze in Richtung Durón-Tal.

Auf 2300 m erreichen wir die Pertini-Hütte/Rifugio Sandro Pertini und wandern weiter unterhalb der Wände des Plattkofels bis zum Giogo di Fassa, einer Einbuchtung zwischen dem Grat der Seiser Alm und dem Plattkofel. Nach weiteren kurzen Auf- und Abstiegen auf steinigem Gelände nehmen wir den letzten Aufstieg in Angriff, der uns zur Plattkofelhütte bringt. Um in den Genuss des sehenswerten Anblicks der Seiser Alm zu kommen, benötigen wir nur ein paar Minuten auf dem Weg 527 in nördlicher Richtung.

Früh beginnt ein Wandertag ...

Zur Hütte zurückgekehrt, folgen wir ein kurzes Stück dem Wanderweg und gehen dann rechts ¼ Std. auf dem Weg Nr. 533 in Richtung Plattkofelalm abwärts, 2248 m. Ab hier führt der Weg hinunter ins Val Durón, linksseitig am Bach (Rio di Udai) entlang, auf steilen Wiesen. Im Wald gehen wir auf die andere Bachseite und setzen den steilen Weg fort bis zum Grund des Durón-Tals und dem Rif. Micheluzzi. Auf der Straße geht es weiter zur Baita Fraina. Hinter der Almwiese von Fraines halten wir uns rechts und steigen recht steil das letzte Wegstück in einer Klamm zum Ausgangspunkt nach Campitello di Fassa ab.

Lagusèl und die Wasserfälle

Romantischer See und Blick auf den Rosengarten

Ausgangs-/Endpunkt: Sauc, 1735 m, im Val San Nicolò
Zugang: Von Pozza di Fassa auf der asphaltierten Talstraße von San Nicolò an der Malga Crocefisso (rechts) vorbei bis Sauc, 1735 m; Schranke. Parkplatz rechts jenseits des Rio San Nicolò
Gehzeit: 3½ Std.
Höhenunterschied: 520 m
Charakter: Bequeme und aussichtsreiche Wanderung zu See und Wasserfällen
Einkehr: Baita Ciampiè, 1855 m
Karte: KOMPASS Nr. 59 (1:50 000), Nr. 618, 619 (1:25 000)
Reiseatlas: Seite 27

Der schön gelegene Lagusèl

Vom oberen Teil des Parkplatzes von Sauc folgen wir der »Strada dei Russi« (Wegweiser nach Lagusèl) und biegen rechts in den Weg Nr. 640 ein. Hier geht es im Wald steil aufwärts bis zum Kruzifix Pauso del Pelegrin, 1970 m.

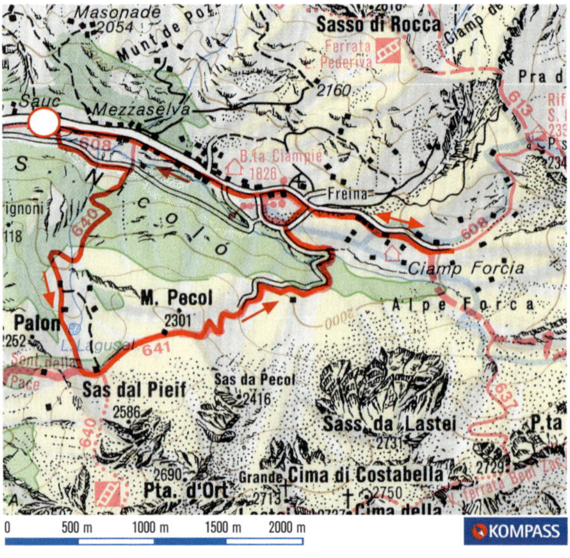

Weiter steil aufwärts durchqueren wir eine eingezäunte Rinne und kommen – hinter einem Gatter – aus der Vegetationszone heraus. Mit Blick auf den Sas dal Pieif wandern wir eben zum romantischen Lagusèl, einem in einer Wiesenmulde schön gelegenen See. Der Weg führt rechts am See vorbei zu weiter oben liegenden Heustadeln, wobei wir dem Sas

Abstieg ins Val San Nicolò, im Hintergrund die Kette der Cima Uomo

dal Pieif, 2586 m, der die obere Wiesenterrasse beherrscht, immer näher kommen.

Bei zwei Unterständen kreuzen sich die Wege Nr. 641 und der Sentiero Gino Badia, der auf Geröll unterhalb des Sas dal Pieif aufsteigt. Wir gehen nach links auf Weg Nr. 641 und wandern gemütlich über Wiesen aufwärts. Rückblickend immer wieder bemerkenswerte Ausblicke auf den Rosengarten. Der Weg wendet sich jetzt zur Forcella Pecol (Kruzifix), die oberhalb eines Brunnens leicht zu erreichen ist.

Jenseits des Sattels, der sich zu Füßen des bescheidenen Sas da Pecol öffnet, geht es nun durch ein Gatter und über Wiesen mit Blick auf den Col Ombert und ins Val San Nicolò abwärts. Im Wald weiter hinunter bis zur »Russenstraße«, auf der es nach rechts bis zum Weg, der am San Nicolò-Bach entlangführt, ein wenig aufwärts geht. Auf ihm kommen wir zur charakteristischen Baita alle Cascate, 2011 m (Blick auf die Wasserfälle).

Trollblumen

Nun links auf dem Weg Nr. 608 bis zur Baita Ciampiè, 1826 m, und weiter entlang der Straße bis Mezzaselva und zurück zum Parkplatz in Sauc.

Der Mariotta-Höhenweg

Vom Col Margherita zur Cima di Juribrutto

Ausgangspunkt: Bergstation der Seilbahn Col Margherita, 2513 m
Zugang: Vom Passo di San Pellegrino (Parkplatz und Seilbahnstation etwas unterhalb des Passes, rechts von Staatsstraße 346) mit Seilbahn zur Bergstation des Col Margherita (Tel. 0462/57 34 40)
Endpunkt: Talstation der Seilbahn Col Margherita, 1847 m
Gehzeit: 4½ Std.
Höhenunterschied: 250 m
Charakter: Stellenweise mühsam
Einkehr: Bergstation Col Margherita
Karte: KOMPASS Nr. 76 (1:50 000), Nr. 619 (1:25 000)
Reiseatlas: Seite 27

Von der Bergstation der Seilbahn (Bar) steigen wir auf markiertem Weg zum Gipfel des Col Margherita hinauf und befinden uns schon nach wenigen Minuten auf der grandiosen Aussichtsplattform. Den Schildern nach rechts folgend steigen wir über die großen Platten des Mariotta-Höhenwegs ab, immer dem mit Kriegsresten versehenen Felsenkamm entlang nach Südwesten. Mit etwas Glück können wir auf dieser grünen Hochebene Pferde grasen sehen. Bald erreichen wir den eigentlichen Pass zwischen dem Bergkamm des Col Marghe-

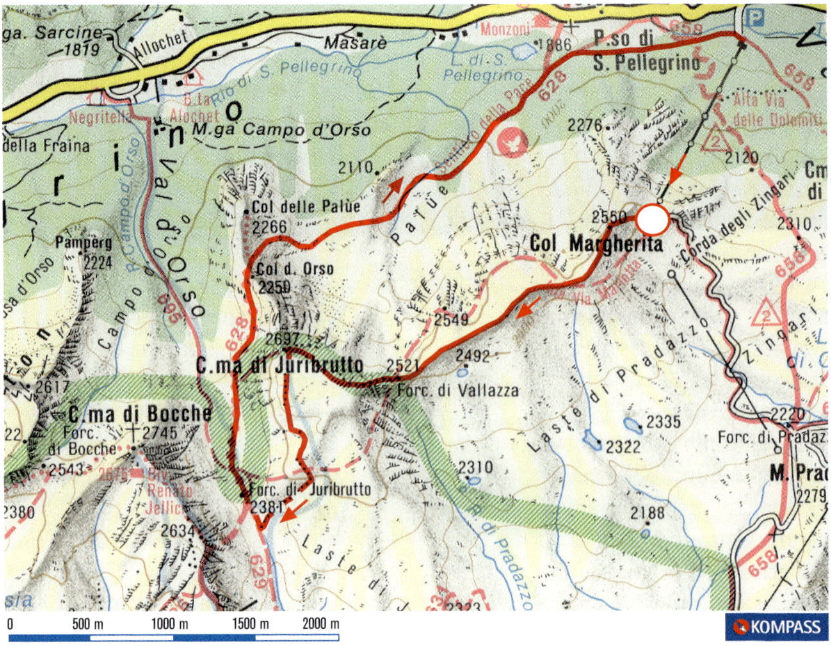

Auf dem Mariotta-Höhenweg zur Cima di Juribrutto

rita und der höheren Cima di Juribrutto: die Forcella di Vallazza.

Hier teilt sich der Weg. Der ausgeschilderte flache Weg führt um die Ostflanke der Cima di Juribrutto herum zur Forcella di Juribrutto. Es empfiehlt sich jedoch der mühsamere Weg auf den Südostrücken der Cima di Juribrutto (weiß-schwarze Wegweiser), um sich die hier noch zahlreich vorhandenen Kriegseinrichtungen aus dem Ersten Weltkrieg, die beinahe eine Militärbastion bilden, anzusehen. Nach dieser anstrengenden Wegstrecke folgt ein leichter Anstieg entlang eines langen Laufgrabens bis zum Gipfel der Cima di Juribrutto, einem optimalen Aussichtspunkt. Hier müssen wir auf den Wegweiser achten! Er zeigt abwärts, und auf dem alten Weg erreichen wir schon in kurzer Zeit die Forcella di Juribrutto, 2381 m. Hier kreuzen sich die Wege Nr. 628 und 629. Wir biegen nach rechts auf Weg Nr. 628 ab und steigen nach Norden in Richtung zum Campo d'Orso immer direkt unterhalb der rechtsseitigen Felsenwände an der Westseite der Cima di Juribrutto ab. Hinter dem Passo dell'Orso (Bärenpass) geht es über zwei Grashänge abwärts und an einer Malga nahe beim San Pellegrino-Pass vorbei. Ab hier folgt ein gemütlicher Spaziergang bis zum Grund der Grasmulde, wo sich die Talstation der Seilbahn befindet.

DOLOMITEN · CORTINA D'AMPEZZO

Der Misurinasee vor der Kulisse der Sorapissgruppe

Die »Perle der Dolomiten«

Die landschaftlichen Reize von Cortina d'Ampezzo, die Schönheit seiner vielgipfeligen Bergkulisse zu preisen, hieße Eulen nach Athen zu tragen. Seit Generationen schon gilt das Dorf am Oberlauf des Boite als die »Perle der Dolomiten«, als ihr touristisches Zentrum, als Dorado für Kletterer, aber auch für Wanderer. Letztere finden zwischen dem Falzáregopass und den Drei Zinnen, zwischen Seekofel und Antelao ein schier unerschöpfliches Revier, eine breite Palette von Tourenmöglichkeiten, in der beschauliche Höhenspaziergänge ebenso ihren Platz haben wie anspruchsvolle Gipfeltouren, gesicherte Steige und spannende Überschreitungen. Und bei all diesen erlebnisreichen Tagen spielen sie die Hauptrolle: die Ampezzaner Dolomiten in ihrer ganzen Formen- und Farbenvielfalt. Früh im Sommer schon blüht es auf den Almwiesen und zwischen den Steinen, im Herbst dann – der vielleicht schönsten Wanderzeit – glänzt die Landschaft in drei Farben: golden die Lärchenhaine, grau der Fels und blau der Himmel.

Ein paar Flecken hat das zauberhafte Bild natürlich auch; die intensive Nutzung landschaftlicher Schönheit hinterlässt Spuren, vor allem die winterlichen Aktivitäten. Umso wichtiger ist ein möglichst schonender Umgang mit diesem einzigartigen Naturerbe – und dazu kann jede/r ein klein wenig beitragen, auch als Urlauber.

Das Wandergebiet

Im Westen wird das Panorama von der Masse der drei Tofane, 3244 m, dominiert, nach links schließen sich die filigraneren Felsbauten der Cinque Torri, vom Trio Averau-Nuvolau-Gusela und vom Zackengrat der Croda da Lago, 2715 m, an. Mittagszeiger von Cortina d'Ampezzo ist das kecke Horn des Becco di Mezzodì, 2603 m.

Ein anderer Felszahn steht ziemlich genau im Norden des Dolomitenortes: der Col Rosà, 2166 m, kleinster Gipfel im großen Rund. Östlich des Boite eröffnet die schräg geschichtete, lang gestreckte Felsmauer des Pomagagnon die Gipfelphalanx; darüber thront der wuchtige Cristallo, 3221 m. Die waldige, weite Senke des Passo di Tre Croci, 1809 m, trennt ihn vom Sorapissmassiv, dessen Hauptgipfel sich über dem breiten Vorbau der Faloria erhebt. Den Abschluss talabwärts macht dann das unverkennbare Profil des Antelao, 3263 m – immerhin der höchste Ampezzaner Berg. Das Backengebiss über dem untersten Boitetal – von Cortina aus ebenfalls gut zu sehen – gehört zur Bosconerogruppe, also bereits zu den Belluneser Dolomiten.

Nicht sichtbar sind von Cortina aus die Cadinispitzen, 2839 m; wer einen Abstecher zum Belvedere, 1539 m, unternimmt (das seinen Namen wirklich verdient!), kann über dem Passo di Tre Croci gerade noch ein paar der bizarren Felsspitzen ausmachen. Keinen Blick gibt's allerdings auf die berühmtesten Drei der Alpen: die Drei Zinnen, 2999 m. Wer sie zu Gesicht bekommen will, muss zum Misurinasee hinauffahren; der klassische Nordwandblick für Bequeme bietet sich nördlich des Dürrensees von der Straße nach Toblach, für Wanderer vom Paternsattel und von der Drei-Zinnen-Hütte.

Eine umfassende Aussicht auf die Bergkulisse von Cortina bietet auch der über 70 Meter hohe, freistehende Campanile (1853) der Pfarrkirche; das Gotteshaus bewahrt ein Tabernakel des berühmten, aus dem Zoldano stammenden Bildschnitzers Andrea Brustolon (1724). Von der Kirche geht man nur ein paar Schritte zur Ciasa de ra Regoles, unter deren Dach gleich drei Museen versammelt sind: das Museum für moderne Kunst »Mario Rimoldi«, das Volkskundliche Museum »Regole d'Ampezzo« sowie das Paläontologische Museum »Rinaldo Zardini«.

Ein wenig Geologie

Ein kleiner Spaziergang führt vom Corso Italia hinaus zum Olympiastadion; davor erinnert ein Gedenkstein an den Mineralogen Déodat Gratet de Dolomieu (1750–1801) – ihm zu Ehren wurde das bis dahin unbekannte Mineral »Dolomit« benannt. Die Dolomitenregion ist für den Geologen ein Laboratorium unter freiem Himmel, denn hier findet man nahezu alle Gesteinsarten, die an der Erdoberfläche vorkommen. Landschaftsbildend ist im Ampezzano vor allem der Hauptdolomit, aus dem die großen Bergketten aufgebaut sind. Unübersehbar sind die markant geschichteten Felsen, etwa am Pomagagnon oder an den Tofane. Bei mehreren Dreitausendern (Antelao, Pelmo) liegen auf dem Hauptdolomit noch Liaskalke. Kleinere Gipfel wie der Nuvolau bestehen aus ungeschichtetem Riffkalk; Mergel und Tuffe bilden die sanften Hänge rund um Cortina mit ihren herrlichen Lärchenhainen.

Die Orte

Cortina d'Ampezzo

1224 m. In einer weiten Talmulde, umrahmt von hohen Bergen wie Pomagnon, Monte Cristallo, Sorapiss und Antelao liegt der berühmteste Skiort Italiens, das 7000 Einwohner zählende Städtchen Cortina d'Ampezzo. Seine internationale Atmosphäre, die attraktiven Einkaufsmöglichkeiten und eleganten Restaurants locken jedes Jahr viele Gäste aus aller Welt in die Olympiastadt.

Sehenswert ist die Pfarrkirche SS. Filippo e Giacomo (1775), mit Kunstwerken von Andrea Brustolon, A. Zeiler, Giuseppe Zanchi und der Ampezzaner Luigi Gillarduzzi und Giuseppe Ghedina. Zum Dank dafür, dass Cortina von einer Invasion durch die Goten verschont blieb, wurde 1480 das Santuario della B.V. della Difesa für die Heilige Mutter errichtet. Die Kirche wurde 1743 neu aufgebaut. Besonders interessant sind die Skulpturen aus dem Rokoko und die Fresken von A. Zeiler.

Die Königin der Dolomiten übte schon immer eine große Anziehung auf Künstler aller Länder aus. Dazu gehörten auch De Pisis, De Chirico, Hemingway, Mahler, Comisso, Alberto Moravia und Montale. Andere sind ganz in Cortina geblieben und haben es zu ihrer Heimat gemacht, wie Squitieri, Balsamo, Milena Milani und Rolly Marchi.

Darüber hinaus hat Cortina selbst zahlreiche Künstler hervorgebracht. Das Istituto Statale d'Arte existiert

Das Ampezzano

seit 1846. In dieser Schule werden Kunsthandwerker ausgebildet, die auf die Verarbeitung von Holz, Glas und Messing sowie Schmiede-, Filigran- und Einlegarbeiten spezialisiert sind und darüber hinaus Meister der Knüpf- und Webkunst sind.

Cortina Turismo,
Corso Italia 83,
I-32043 Cortina d'Ampezzo,
Tel. 0436/866252, Fax 0436/867448;
cortina@dolomiti.org
www.dolomiti.org/ger/Cortina

San Vito di Cadore

1021 m, liegt südlich von Cortina d'Ampezzo von Dreitausendern umgeben inmitten eines bewaldeten Talkessels. Ein schönes Bild bieten der kleine San-Vito-See, wenn sich in seinem Wasser der Sorapiss spiegelt, oder die sonnige, hoch gelegene Alpe di Senes. Der Mosigopark bietet Unterhaltung, Sport und Erholung.

APT n.1 Dolomiti,
Via Nazionale, I-32046 San Vito di Cadore,
Tel. 0436/9119, Fax 0436/99345;
sanvito@dolomiti.org
www.dolomiti.org/ger/SanVito/sinfo/

Hütten • Almen • Gasthöfe

Hütte	Höhe (m)	Telefon	Zugang/Zufahrt
Auronzo	2320	0435/39002	Misurina (Mautstraße)
Averau	2413	0436/4660	Passo Giau/Falzáregopass
Bai de Dònes	1889	0436/860688	Falzáregostraße
Bosi	2205	0435/39034	Misurina
Cinque Torri	2137	0436/2902	Falzáregostraße
Città di Carpi	2110	0435/39139	Col de Varda (Lift)
Col de Varda	2115	0435/39041	Misurina (Lift)
Col Tondo	1429	0436/3244	Cortina d'Ampezzo
Croda da Lago /G. Palmieri	2046	0436/862085	Giau-Straße/Giaupass
Dibona	2037	0436/860294	Falzáregostraße
Drei Zinnen	2405	0474/972002	Rif. Auronzo
Duca d'Aosta	2098	0436/2780	Col Drusciè (Lift)
Faloria	2123	0436/2727	Cortina (Seilbahn)
Fanes	2060	0474/501097	Pederü
Fodara Vedla	1972	0474/501093	Pederü/Ra Stua
Fonda Savio	2359	0435/39036	Misurina
Galassi	2018	0436/9685	San Vito
Giussani	2561	0436/5740	Rif. Dibona
Lagazuoi	2752	0436/867303	Falzáregopass
Lago d'Aial	1414	368/9442 99	Pocòl/Cortina
Lavaredo	2344	336/494617	Rif. Auronzo
Lorenzi	2932	0436/866196	Rio Gere (Lifte)
Miétres	1710	0436/3245	Cortina d'Ampezzo
Nuvolau	2574	0436/867938	Passo Giau/Falzáregopass
Passo Falzárego	2105	0436/860393	Cortina d'Ampezzo
Passo Giau	2236	0437/720130	Cortina/Selva di Cadore
Plätzwiese	1991	0474/748650	Schluderbach/Prags
Pomedes	2303	0436/862061	Col Drusciè, Rif. Dibona
Ra Nona	1985	0436/866910	Falzáregostraße
Ra Stua	1668	0436/5753	Strada d'Alemagna
Ra Valles	2470	0436/3461	Cortina d'Ampezzo
San Marco	1823	0436/9444	San Vito di Cadore
Scoiattoli	2255	0436/867939	Falzáregostraße (Lift)
Scotter	1580	0436/99035	San Vito di Cadore (Lift)
Seekofelhütte	2327	0436/8666991	Pragser Wildsee/Ra Stua
Senneshütte	2122	0474/501092	Pederü/Ra Stua
Son de Prade	1668	0436/2540	Falzáregostraße
Son Forca	2235	0436/866192	Rio Gere/Tre Croci
Valparola	2168	0436/866556	Valparolastraße
Vandelli	1928	0435/39015	Passo Tre Croci
Venezia	1946	0436/9684	Forcella Staulanza

Rund um die Croda da Lago

Cortineser Wanderklassiker und Dolomitenidylle

Ausgangspunkt: Ponte di Rucurto, 1708 m, an der Straße zum Giaupass, knapp 5 km von Pocòl; beschränkte Parkmöglichkeit. Bahn/Bus: Bus nur bis Pocòl, 1530 m, das alternativ als Ausgangspunkt für die Tour in Frage kommt; Aufstieg dann Markierung 434
Gehzeit: Aufstieg 3¼ Std., Abstieg 1¾ Std., gesamt 5 Std.
Charakter: Landschaftlich ungewöhnlich reizvolle Wanderrunde. Der Abstieg durch das Bergsturzgelände des oberen Val de Formin verlangt sicheren Tritt.
Einkehr: Rif. Croda da Lago/G. Palmieri, 2046 m (Mitte Juni bis 20. September)
Karte: KOMPASS Nr. 55 (1:50 000), Nr. 617, 620, 624 (1:25 000)
Reiseatlas: Seite 17, 27

Herbststimmung am Lago Fedèra

Der kürzeste Anstieg zu dem rund vier Hektar großen Bergsee hat seinen Ausgangspunkt an der Straße zum Giaupass: eine mehr gemütliche als anstrengende Wanderung, und dazu noch mit einer Einkehrmöglichkeit am Bergsee. Von der Terrasse des Rifugio Croda da Lago/G. Palmieri hat man einen herrlichen Blick auf zwei große Ampezzaner Gipfel: den Sorapiss, 3205 m, und den Antelao, 3263 m.

Die Runde um den lang gestreckten, vielgipfligen Felskamm der Croda da Lago (Cima d'Ambrizzola), 2715 m, erfordert etwa 400 Höhenmeter zusätzlich, bietet aber auch faszinierende Dolomitenbilder bis tief ins Zoldano. Besonders schön der Blick aus der Forcella d'Ambrizzola auf die beiden mächtigen Felsmassive über dem Tal des Maè, Pelmo und Civetta.

Vom Südufer des Lago Fedèra, 2038 m, auf gutem Weg, mehrere Geröllreisen querend, in angenehmer Steigung südlich hinauf in die Forcella d'Ambrizzola, 2277 m. In der Scharte nun scharf rechts, an der Weggabelung mit der Markierung 435 geradeaus und ohne größeren Höhenverlust in die grüne Mulde unter der Cima d'Ambrizzola, 2715 m. Jetzt zunehmend steiler bergan zur Forcella de Formin, 2462 m, dem höchsten Punkt der Runde mit Aussicht zum Tofanamassiv. Der Blick nach Norden begleitet den Wanderer auch beim Abstieg in das Val de Formin; rechts wachsen die (Kletter-)Felsen der Croda da Lago immer höher in den Himmel. Die markierte Spur schlängelt sich durch eine Bergsturzzone hinab; dabei muss man gelegentlich die Hände zu Hilfe nehmen. Anschließend flacher im Wald talauswärts; an der gut beschilderten Wegkreuzung, 1875 m, links und auf dem Anstiegsweg zurück zur Giau-Pass-Straße.

☛ Tipp: Man kann die Tour auch in Pocòl starten, Zustieg über Weg 434; Gehzeit ca. 6½ Std.

☛ Abstecher: Von der Forcella de Formin aus kann man einen Abstecher zum höchsten Punkt des Karrenplateaus unternehmen. Der Anstieg zum Monte Formin, 2657 m, ist zwar nicht markiert, bei gutem Wetter (kein Nebel!) aber problemlos; er vermittelt faszinierende Bilder der von Wind und Wasser geformten Felslandschaft vor der Kulisse der Croda da Lago (Cima d'Ambrizzola), 2715 m.

Die Kletterfelsen der Croda da Lago

Der »Sentiero Astaldi«

Erdgeschichte am Panoramaweg der Punta Anna

Ausgangspunkt: Rifugio Dibona, 2050 m. Zufahrt von der »Großen Dolomitenstraße« über ein schmales Bergsträßchen, 14 km von Cortina d'Ampezzo. Parkplatz. Als alternativer Ausgangspunkt kommt auch das Rifugio Pomedes, 2340 m bzw. die Bergstation des Pomedes-Sessellifts in Frage. Bahn/Bus: Linienbus von Cortina zur Abzweigung des Sträßchens zu den Hütten Dibona und Duca d'Aosta, 1698 m
Gehzeit: 2 Std.
Charakter: Schau- und Lehrpfad zwischen den beiden Hütten Dibona und Pomedes. Der mit einigen Drahtseilen gesicherte Steig wurde erst jüngst in Stand gestellt.
Einkehr: Rifugio Dibona (20. 6.– 20. 9.); Rifugio Pomedes (Juli – Ende September)
Karte: KOMPASS Nr. 55 (1:50 000), Nr. 617, 624 (1:25 000)
Reiseatlas: Seite 17, 27

Die Südwand der Tofana di Rozes

Aussicht und Einblicke – beides bietet der »Sentiero Astaldi«: eine tolle Schau über fast den gesamten Bergkranz der Ampezzaner Dolomiten

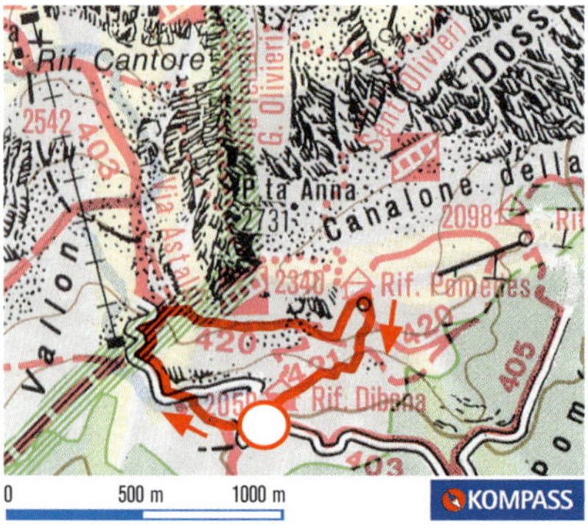

und darüber hinaus, dazu gibt's kostenlos eine kleine naturkundliche Lehrstunde. Am Fuß der aus Hauptdolomit aufgebauten Punta Anna zeigen sich bunte Raibler Schichten besonders schön aufgeschlossen. Die wirken zwar recht bröselig, sind aber weitgehend wasserundurchlässig, was das darunter liegende Gestein vor Verwitterung schützt. Dass Berge auch »leben«, gelegentlich sogar ins Rutschen geraten, beweist die Boa Cinque Torri, eine mächtige Mure jüngeren Datums östlich der Fünf Türme. Ihr Abgang forderte keine Opfer; ganz anders verhielt es sich bei jenem Bergsturz, der sich 1730 am Antelao-Massiv löste und den Boite kurz-

Der Lehr- und Aussichtspfad »Sentiero Astaldi«, links im Hintergrund die Marmolada

zeitig zu einem See aufstaute. Dabei wurden bei San Vito di Cadore 34 Familien von den Fels- und Erdmassen begraben. Vom »Sentiero Astaldi« aus sind die riesigen Geröllreisen an dem zweithöchsten Dolomitengipfel und seine steil gestellten Felsschichten nicht zu übersehen. Sie dokumentieren recht eindrucksvoll die (Erd-)Geschichte vom Werden und Vergehen der Alpen.

Vom Rifugio Dibona, 2050 m, folgt man zunächst dem breiten Weg, der in Serpentinen durch das große Tofanakar ansteigt. Bei der signalisierten Verzweigung, ca. 2270 m, nach rechts und auf einer Geröllspur zum Wandfuß. Nun mit leichtem Auf und Ab, die freie Aussicht bis zu Marmolada und Antelao genießend, auf ziemlich »beweglichem« Untergrund unter den Felsen der Punta Anna, 2727 m, hindurch (Drahtseile), wobei einige Geröllrinnen zu queren sind. Über Schrofen zur Einmündung von Weg Nr. 421 und mit ihm zum schön gelegenen Rifugio Pomedes, 2340 m.

Kurz zurück zur erwähnten Gabelung und auf ordentlichem Weg in Kehren hinunter zum Rifugio Dibona, 2050 m).

Umrundung der Drei Zinnen

Das berühmte Profil der Dolomiten

Ausgangspunkt: Rifugio Auronzo, 2320 m, am Endpunkt der »Drei-Zinnen-Straße«, 8 km von Misurina. Riesenparkplatz. Bahn/Bus: Busverbindung Misurina – Rifugio Auronzo
Gehzeit: Gesamt 3¼ Std.
Charakter: Wenig anstrengende Runde um das weltberühmte Dreigestirn, im Hochsommer oft Kolonnenwandern bis zur Drei-Zinnen-Hütte. Wer erst am Nachmittag losgeht, hat weniger Gesellschaft unterwegs und kann eine fantastische Abendstimmung an den Nordwänden der Drei Zinnen erleben.
Einkehr: Rifugio Auronzo/Auronzohütte, 2320 m (Anfang Juni bis Mitte Oktober); Rifugio Lavaredo, 2344 m (Mitte Juni bis Ende September); Drei-Zinnen-Hütte/ Rif. Locatelli alla Tre Cime, 2405 m (Ende Juni bis Ende September).
Karte: KOMPASS Nr. 55, 58 (1:50 000), Nr. 617, 625 (1:25 000)
Reiseatlas: Seite 17

Drei-Zinnen-Hütte/Rif. Locatelli alle Tre Cime, 2405 m

Wer dem berühmten Dreizack nicht gleich aufs Haupt steigen mag (Klettertour!), sollte ihn wenigstens umwandern. Das geht auf gut markierten Wegen ganz leicht und beschert faszinierende Eindrücke der Sextner Bergwelt und ihres Vorzeigestücks – und wer nicht bloß Steine ablichten mag, bekommt garantiert ein paar originelle Schnappschüsse zustande. Der Weg zum Paternsattel ist so etwas wie ein alpiner Mode-Laufsteg: poppig-bunt und kitschig, Loden und Lycra, Jung und Alt. Oben am Sattel gibt es dann den großen Drei-Zinnen-Blick, als Zugabe vielleicht sogar ein paar Kletterer, die hoch im Fels ihre waghalsigen Turnübungen absolvieren. Klick, klick!

Vom Großparkplatz der »Drei-Zinnen-Straße« führt ein altes Kriegssträßchen unter den Südwänden

Meist fotografierte Felsformation der Sextner Dolomiten: die Drei Zinnen

der Drei Zinnen – vorbei an der Cappella degli Alpini – hinüber zum Rifugio Lavaredo, 2344 m. Es bietet Aussicht über das Ansieital hinweg bis zur einsamen Marmarolegruppe; im Süden stehen die bizarren Zacken der Cadini. Oben am Paternsattel, 2454 m, sind natürlich die »Drei« der absolute Blickfang; am Weiterweg zur Drei-Zinnen-Hütte/Rif. Locatelli alle Tre Cime, 2405 m, am Toblinger Riedl schaut man dann auch nach rechts hinauf in die Westwand des Paternkofels, 2744 m, und direkt über dem Sattel ragt die verwegene Felsskulptur des »Frankfurter Würstls« in den Himmel. Schöne Aussicht nach Osten auf ein paar große Gipfel der »Sextner Sonnenuhr«: Rotwand, Elfer, Zwölferkofel, Einser.

Der Weiterweg führt über ein paar Schleifen hinunter zum Rienzboden, dann vor den Nordwänden der Drei Zinnen über die Lange Alpe. An den Tümpeln beim Col Forcellina, 2245 m, vorbei und hinauf zu einem Grasrücken, von dem man den letzten großartigen Blick (besonders am Abend!) auf das steinerne Monument genießt. Hinüber zur Forcella del Col de Mezzo, 2315 m, und mit Aussicht auf Cadinispitzen, Sorapiss und Cristallo zurück zum Rifugio Auronzo, 2320 m.

▶ Ein alternativer Zugang zur Drei-Zinnen-Hütte führt vom Gasthof Drei-Zinnen-Blick im Höhlensteintal ohne große Steigungen und noch wenig frequentiert auf dem Weg Nr. 10/102 in das Rienztal. Nach 2¾ Stunden gemütlicher Wanderung wird der Pfad steiler und zieht in etlichen Windungen zum Rienzboden und weiter zur Drei-Zinnen-Hütte hinauf (Gehzeit 3½ Std.).

Zum Sorapisssee, 1923 m

Was für eine Kulisse!

Ausgangspunkt: Passo di Tre Croci, 1809 m, Straßenübergang von Cortina d'Ampezzo nach Misurina bzw. ins Ansieital, 8 km ab Cortina. Großer Parkplatz. Bahn/Bus: Linienbus Cortina – Passo di Tre Croci – Misurina
Gehzeit: Hinweg 2½ Std., Rückweg 2 Std., gesamt 4½ Std.
Charakter: Überraschend alpine Hüttenwanderung mit ein paar gesicherten Passagen; auf der zweiten Weghälfte viel Latschenwurzeln und Karren

DOLOMITEN · CORTINA D'AMPEZZO

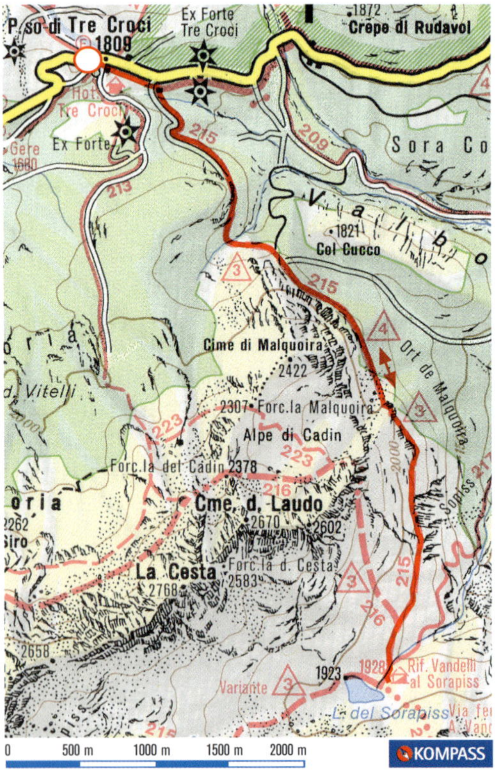

Einkehr: Rifugio Vandelli al Sorapiss, 1928 m (20. Juni bis 20. September)
Karte: KOMPASS Nr. 55 (1:50 000), Nr. 617 (1:25 000)
Reiseatlas: Seite 17, 27

Er wird nur selten bestiegen, der riesige, geröllbeladene Sorapiss, 3205 m, dafür umso häufiger fotografiert, am liebsten vom Misurinasee, 1750 m, aus, zu dem er mit seinen weiten Felsflügeln eine grandiose Kulisse abgibt. Stören tut da eigentlich nur »Pio XII«, ein ebenso hässlicher wie großer Bau am Südufer, mitten in der herrlichen Landschaftspracht .

Gänzlich unverbaut sind dagegen die Ufer des Sorapisssees, der als malachitfarbener Tupfer in der steinernen Wildnis des Circo del Sorapiss liegt, etwa 2½ Wanderstunden vom Passo di Tre Croci. Dafür verliert er nach trockenen Sommern viel Wasser, wird das idyllische Gewässer zum verlandenden Tümpel. Scheinbar für die Ewigkeit gebaut sind die Felsmauern rundum, und dazwischen haben sich in dem nordseitig-schattigen Karwinkel sogar Reste des einst mächtigen Sorapiss-Gletschers erhalten.

Versteckt in der Felsarena des Sorapisskars liegt der seichte Sorapisssee

Der gut markierte Hüttenweg zweigt etwa 200 Meter östlich vom Passo di Tre Croci rechts ab. Die breite Spur führt zunächst über Wiesen leicht bergab, dann in weitem Bogen um einen namenlosen Buckel herum, an den Resten alter Stellungen vorbei und als Fußweg in den Graben In Po'Taméi. Dahinter kurz bergan gegen eine Senke im Rücken des bewaldeten Col Cuco und flach unter den imposanten Ostwänden der Cime di Malquoira, 2422 m, hindurch. Hoch über dem Tal des Ru de Sorapiss führt der Weiterweg in felsiges Gelände; Eisentreppen helfen über eine Steilstufe, Drahtseile sichern ein schmales Horizontalband. Schöner Blick auf den Ostflügel des Sorapissmassivs und durch die Val d'Ansiei hinaus bis zu den Karnischen Alpen. Weiter in allmählich verflachendem Gelände taleinwärts, zuletzt über den Sorapissbach und kurz hinauf zum Rifugio Vandelli. In der Karmulde hinter der Hütte liegt der seichte Sorapìsssee (Uferweg). Zurück zum Passo di Tre Croci auf dem gleichen Weg.

KOMPASS Alpin Tipp

Jede Bergtour gründlich planen!

Besorgen Sie sich gutes Kartenmaterial und bereiten Sie Ihre Ausrüstung sorgfältig vor. Beginnen Sie erst einmal langsam die Tour, und richten Sie Ihr späteres Tempo immer nach dem Schwächsten in der Gruppe.

Legen Sie alle 2 Stunden eine 10-minütige Rast ein! Tanken Sie Energie und nehmen Sie auch ohne Hunger- und Durstgefühl energiereichen Proviant und mineralsalzhältige Getränke zu sich, um dem Körper Nährstoffe zuzuführen und den Flüssigkeitsmangel auszugleichen.

Rund um den Monte Pelmo

Aussichtswandern zwischen Cadore und Zoldano

Ausgangspunkt: Forcella Staulanza, 1773 m, Straßenpass zwischen der Val Fiorentina und dem Zoldano, 9 km von Selva di Cadore, 15 km von Forno di Zoldo. Bahn/Bus: Im Sommer fährt ein Bus über den Pass.
Gehzeit: Gesamt 5½ Std.
Charakter: Ähnlich wie das Langkofelmassiv steht auch der Monte Pelmo weitgehend frei über welligem Vorgelände – ideal für eine Umrundung. Die führt an der Forcella Val d'Arcia allerdings über eine hohe, recht raue Scharte, schneidet so den gleichnamigen Felsgrat ab. Hier im Aufstieg leichte Felspassagen (Drahtseile), im Auf- wie im Abstieg viel Geröll! Die Runde bietet Aussicht auf die südöstlichen Dolomiten und in die Karnischen Alpen; an der Forcella Val d'Arcia bemerkenswerte Felsbilder.
Einkehr: Rif. Venezia, 1946 m (Mitte Juni bis Ende September)
Karte: KOMPASS Nr. 55 (1:50 000), Nr. 620 (1:25 000)
Reiseatlas: Seite 27

Gewaltig. So lässt sich der Monte Pelmo, 3168 m, ganz einfach beschreiben. Frei ragt der Koloss über seinem wellig-grünen Vorgelände auf, ein Solist unter den großen Dolomitgipfeln – Blickfang von hundert Aussichtshöhen zwischen Marmolada und Schiara. Ganz nahe kommt man ihm auf dem Höhenweg, der die Forcella Staulanza, 1773 m, mit dem prächtig gelegenen Rifugio Venezia, 1946 m, verbindet, und der anschließende »Sentiero Flaibani« ermöglicht eine Überschreitung der Pelmo-Nordausläufer an der wilden Forcella Val d'Arcia, 2476 m – Dolomiten pur!

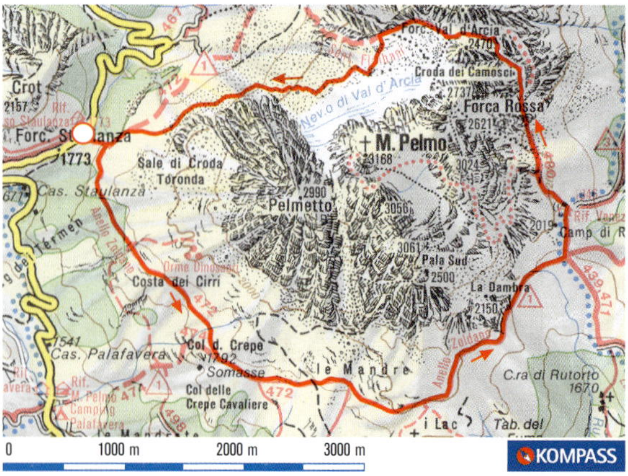

Vom Parkplatz auf der Forcella Staulanza, 1773 m, führt eine Wegspur über die Wiese zum nahen Waldrand; hier rechts mäßig steil und schattig etwa ¼ Std. bergan, dann in leichtem Auf und Ab mit stellenweisen Ausblicken zur Civetta, 3220 m, um den Pelmetto, 2990 m, herum. An seinem Fuß wurden Fußabdrücke von Dinosauriern entdeckt, die rund 220 Millionen

Jahre alt sein dürften. Ein markiertes, beschildertes Weglein führt hinauf zu der Fundstelle, einer abgebrochenen Felsplatte etwas unterhalb der Pelmetto Südwestwand (¼ Std.).

Am Pelmo-Rundweg passiert man die wenig markante Geländekuppe des Col de Crepe, auf die ein Zustieg von Palafavera mündet; im weiteren Verlauf, der über die licht bewaldeten Wiesen von Le Mandre nach I Lac, 1982 m, führt, genießt man herrlich freie Sicht auf das Zoldano und seine Berge. Nach Regenfällen ist der Pfad im Bereich dieser Höhenterrassen ziemlich feucht, obwohl da und dort lange Holzbohlen verlegt worden sind. In der Karmulde vor dem Passo di Rutorto, 1931 m, die erst ab-, dann wieder ansteigend zu queren ist, kann man mit etwas Glück Murmeltiere beobachten. Hinter dem Wiesensattel, auf einer kleinen Anhöhe mit schöner Aussicht übers Boitetal zum Antelao, steht das Rifugio Venezia, 1946 m.

Bei dem Haus beginnt der Anstieg zur Forcella Val d'Arcia. Der »Sentiero Flaibani«, Markierung 480, steigt erst zwischen Latschen, dann über den riesigen Geröllhang unter der Spalla Est, 3024 m, dem »Ostflügel« des Monte Pelmo, an, läuft am Felsfuß der Croda di Forca Rossa, 2737 m, anschließend hinüber zu einer steilen Sandreise. In kurzem Zickzack auf rutschiger Unterlage in eine winzige Scharte, hier gleich links auf ein breites Band (Drahtseile), das in die Geröllmulde

Das Rifugio Venezia, 1946 m, rechts der Sorapiss

unterhalb der Forcella Val d'Arcia, 2476 m, ansteigt. Mühsam hinauf in die Scharte, von der man einen prächtigen Blick über das Tal des Boite zum Antelao genießt, dazu faszinierende Einblicke in die Nordflanke des Pelmo.

Aus dem Joch (Rastplatz) auf deutlicher Geröllspur unter den Cime di Val d'Arcia, 2635 m, in einem Linksbogen abwärts zu einer Schulter. Hier nicht mit der rotweißen Markierung über den nach Nordwesten abfallenden Schrofenhang absteigen – dieser leitet in eine steile, etwas heikel zu begehende Felsrinne –, sondern linkshaltend hinab durch das weite Geröllkar der Val d'Arcia (Spur). In Schleifen hinunter zum Ansatzpunkt des Pelmetto-Nordgrats und anschließend schräg weiter bergab zum rot markierten Weglein, das von der Forcella Forada kommt. Über ein Bergsturzgelände, dann zwischen Latschen in den Wald. Zuletzt hinab zur Forcella Staulanza, wo die großartige Runde endet.

RUND UM DEN GARDASEE

Am Fuße des Nodice liegt Pregasina mit prächtiger Sicht auf den Gardasee

Der Gardasee

Der Gardasee – eine blaue Spiegelfläche, eingeschlossen zwischen den Bergen der Lombardei, des Veneto und des Trentino. Ein großer Spiegel, der im Norden, umringt von den Kalkfelsen des Monte Altissimo und der Rocchetta, einem norwegischen Fjord gleicht und über den täglich die Ora zur selben Stunde hinwegbläst. Weiter südlich ähnelt er dagegen einem friedlichen mediterranen Becken, das sich in Richtung der Poebene zwischen Olivenhainen und Weingärten ausdehnt, hin zu den sanften Moränenhügeln, die von seiner eiszeitlichen Vergangenheit Zeugnis geben. Dies ist der Gardasee; mit einer Wasserfläche von 370 km^2 der größte italienische See, der auch Benaco genannt wird, gerühmt von Virgil und Catull, aber auch von Foscolo, Byron, Carducci und D'Annunzio. Ezra Pound fühlte sich dort 1920 wie zu Hause. Ende des 18. Jahrhunderts war der herrliche Anblick des Sees bereits zu einer »Schlüsselpassage« in Goethes »Italienischer Reise« geworden. »Von Riva führt uns ein kleines Boot nach Limone über den Gardasee. Abends vorher genoß ich noch der herrlichen Luft von einer Anhöhe über der Stadt, der Saum der Gebirge zeichnete seine Formen in scharfer Begrenzung gegen den Himmel, still erhoben sich die Bäume, und als ich abends im Bette lag, schlug der See plätschernd wie ein nahes Meer an das Ufer und die Stimme eines Mädchens sang schön, mit richtigen Biegungen und Ausweichungen«. Geliebt von Churchill und Charles von England, bevorzugtes Reiseziel der Deutschen und Österreicher, zählt der Gardasee zu einer der faszinierendsten Gegenden Europas.

Diese Beschreibung der außergewöhnlichen Atmosphäre des Gardasees zählt nicht einmal zu den bekanntesten, die im Laufe der Jahrhunderte in die Dichtung oder Malerei Eingang gefunden haben. Virgil verglich ihn mit dem Meer, Michel de Montaigne beschrieb ihn bis ins kleinste Detail. Goethe hob in seiner »Italienischen Reise« vor allem die Gegensätze hervor. Alle jedoch - Reisende, Dichter oder Naturalisten auf dem Weg der »Grand Tour« - vermischten ihre Beschreibungen mit Emotionen, verliebten sich in den Gardasee und ließen sich von seiner besonderen Schönheit verzaubern.

Rund um den Gardasee

Aber auch auf den Bergen, die diesen edlen »König der Seen« umgeben, kann man sich der Faszination der herrlichen Seelandschaft nicht entziehen. Da zeigt sich der See dem Betrachter stets von einer anderen, neuen Seite. So wie das mediterrane Klima des Gardasees das ganze Jahr über die Berge ringsherum zu einem Paradies für Wanderer macht, ermöglicht es einem die ungewöhnliche Vielfalt der Landschaft und Vegetation, vom Olivenhain in den Tannenwald zu wandern, die überhängenden Felsbänder über dem dunklen Wasser entlangzugehen und die höchsten Grate zu erklettern. Die Berge rund um den Gardasee bieten das ganze Jahr über bequeme Wanderungen und anspruchsvolle Bergtouren: Von Dorf zu Dorf oder von einer Wallfahrtsstätte zur nächsten, Klettersteige zwischen steilen Felsen, Spaziergänge in Wäldern oder auf sonnigen Wiesen. Dabei erholen sich Körper und Geist ständig aufs neue in einer Umgebung reich an Natur und Geschichte.

Flora und Fauna

Die außergewöhnliche Vielfalt der Landschaften und Klimazonen rund um den Gardasee findet ihre Fortsetzung in einer ebenfalls reichhaltigen Fülle der Tier- und Pflanzenwelt. Bezüglich der Flora muß angemerkt werden, dass diese Gegend den mediterransten Charakter im gesamten Voralpengebiet aufweist und sich daher richtige Vegetationsinseln gebildet haben. Zu den häufigsten Arten zählen die Steineiche, Erika, Buchsbaum, Ginster und Wiesenhornklee. Auf felsigem Untergrund wachsen Rosmarin, Raute, Oleander und Baldrian.

Die submediterrane Zone zeigt sich besonders reich an Orchideen, während man weiter in der Höhe, vor allem am Monte Baldo, Narzissen, Pfingstrosen, Enziane, Feuerlilien und Türkenbundlilien findet.

Am gegenüberliegenden Ufer befinden sich das zauberhafte Valvestino sowie die Berge von Tombea und Caplone, die für den Botaniker große Überraschungen bieten, wie etwa den Steinbrech und andere endemische Arten, die die verschiedenen Eiszeiten überstanden haben. Das milde Klima und die geographische Lage begünstigen die alpine und mediterrane Vogelwelt (Winterrefugium für Zugvögel). Innerhalb weniger Kilometer gelangt man vom Reich des Tauchers zu jenem des Steinadlers. Zwischen Tignale und Limone befindet sich die einzige italienische Kolonie von Silbermöwen.

Orte im Bereich der Tourenvorschläge

Arco

91 m. Das reizvolle Städtchen nördlich des Gardaseeufers ist durch sein mildes Klima schon lange ein geschätzter Kurort. Sehenswert ist der historische Kern am Fuße eines mächtigen Felsens mit den Ruinen einer Burg (13. Jh.). Der Hauptplatz wird von der Collegiata dell'Assunta (17. Jh.) dominiert. Sehenswert sind auch: das Rathaus (18. Jh.), das Segantini-Denkmal und die Giardini del Carnevale mit der Riesenzeder.
Arco, Information:
Tel. +39/0464/516161,
Fax +39/0464/532353;
www.lagodigarda.it/gardasee

Nago-Torbole

142–220 m. Nago und das charakteristische Hafenstädtchen und Surfzentrum Torbole mit der Casa del Dazio werden von der Ruine des Castel Penede beherrscht, die auf einem überhängenden Felsen thront.
Torbole-Nago, Information:
Tel. +39/0464/505177,
Fax +39/0464/505643;
www.lagodigarda.it/gardasee

Malcesine

89 m. Fremdenverkehrszentrum am Ostufer des Gardasees mit hervorragender Infrastruktur. Panorama-Seilbahn auf den »Blumenberg« Monte Baldo (1780 m). Der von Etruskern gegründete Ort wurde später zur Residenz der Capitani del Lago (15. Jh.). Steil über dem See thront das Castello Scaligero (568), archäologisches Museum mit naturalistischen Sammlungen.
Malcesine, Information:
Tel. +39/0457/400044-045,
Fax +39/0457/401633;
www.lagodigarda.it/gardasee

Torri del Benaco

67 m. Das antike römische Castrum Turrium besaß zwei Türme, die 1383 als Fundament für die Rocca Scaligera dienten, in der sich heute ein Museum der Fischerei und Olivenverarbeitung befindet. Sehenswert auch die Pfarrkirche S.S. Pietro e Paolo sowie das Kirchlein S.S. Trinità mit Fresken des 14. Jh.
Torri del Benaco, Information:
Tel. +39/0456/270384,
Fax +39/0475/7225120;
www.lagodigarda.it/gardasee

Garda

91 m. Umgeben von Villen und Parkanlagen liegt Garda in einer geschützten Bucht. Sehenswert sind der im venezianischen Stil erbaute Palazzo dei Capitani, der Uhrturm sowie die Renaissancepaläste Iosa, Carlotto und Fregoso.
Garda, Information:
Tel. +39/0456/270384,
Fax +39/0457/256720;
www.garda.com

Salò

65 m. Hauptort der »Riviera bresciana«. Im Zentrum befindet sich der spätgotische Dom S. Maria Annunziata mit Gemälden aus der Re-

naissance. Sehenswert sind auch der Palazzo del Podestà (14. Jh.) und der Palazzo della Magnifica Patria (1524).
Salò, Information:
Tel. und Fax +39/0365/21423;
www.comune.salo.bs.it

Gardone Riviera
67 m. Die Gartenstadt der »Riviera bresciana« zeichnet sich durch ihre reichhaltige Vegetation aus. Ein Schmuckstück ist der »Giardino Botanico Hruska«, mit seinen alpinen und tropischen Pflanzen
(Tel. +39/0336/410877).
Gardone Riviera, Information:
Tel. +39/0365/20347
www.lagodigarda.it/gardasee

Toscolano-Maderno
erstreckt sich beiderseits des Flusses Toscolano. Sehenswert: die Kirche S.S.Pietro e Paolo (1584) mit riesigen Gemälden von Andrea Celesti; die Wallfahrtskirche Madonna del Benaco (6. Jh.) sowie die Kirche S. Andrea im romanisch-lombardischen Stil (1130-1150).
Toscolano, Information:
Tel. und Fax +39/0365/641330;
www.lagodigarda.it/gardasee

Gargnano
65 m. Malerischer Fischerort mit Pfarrkirche S. Martino, Kirche und Kloster S. Francesco (1289), gotischem Kreuzgang und besonderen Kapitellen.
Gargnano, Information:
Tel. +39/0365/71222
www.info-gargnano.it

Tignale
647 m, liegt oberhalb der Gardesana auf einer Hochfläche mit herrlichem Fernblick auf den See. Sehenswert: die Wallfahrtskirche Madonna di Monte Castelli (16. Jh.).
Tignale, Information:
Tel. +39/0365/73462
www.lagodigarda.it/gardasee

Limone sul Garda
66 m, lieblicher Ort am Fuße der Cima Mughera mit malerischer Seepromenade. Sehenswert: die Pfarrkirche S. Benedetto (1685) und die Kirche S. Rocco (14. Jh.) mit Renaissancefresken.
Limone sul Garda, Information:
Tel. +39/0365/954070,
Fax +39/0365/954689;
www.lagodigarda.it/gardasee

Riva del Garda
66 m. Städtchen am Fuße der Rocchetta, dessen Hafen einst große Bedeutung hatte, wie die venezianische Bastion (1508) und Reste von österreichischen Befestigungsanlagen zeigen. Sehenswert: der 35 m hohe Torre Apponale (13. Jh.), der im alten Hafen an das Rathaus (15. Jh.) und den Palazzo Pretorio (1370) grenzt. Die Rocca (Wasserburg, 12. Jh.) wurde 1852 von den Österreichern umgebaut; sie beherbergt das städtische Museum mit archäologischen Funden und Gemälden von Segantini.
Riva del Garda, Information:
Tel. +39/0464/554444,
Fax +39/0464/520308;
www.lagodigarda.it/gardasee

Von der Bocca di Navene auf den Monte Altissimo

Aussichtstour mit Blick auf den Gardasee

Ausgangspunkt: Bocca di Navene, 1425 m
Zufahrt: Von Brentonico oder Ferrara di Monte Baldo auf der Straße Graziani nach Bocca di Navene. Parkplatz
Gehzeit: 3¾ Stunden
Höhenunterschied: 800 m
Charakter: Aussichtsreiche Tour für Wanderer mit etwas Erfahrung im Berggelände
Einkehr: Loc. Bocca di Navene, 1425 m; Rif. Altissimo »Damiano Chiesa«, 2060 m; Rif. Graziani, 1620 m
Karte: KOMPASS Nr. 071, 101, 102 (1:50000), Nr. 096 (1:35000), Nr. 690 (1:25000)
Reiseatlas: Seite 25, 26

Alto Garda vom Monte Altissimo aus

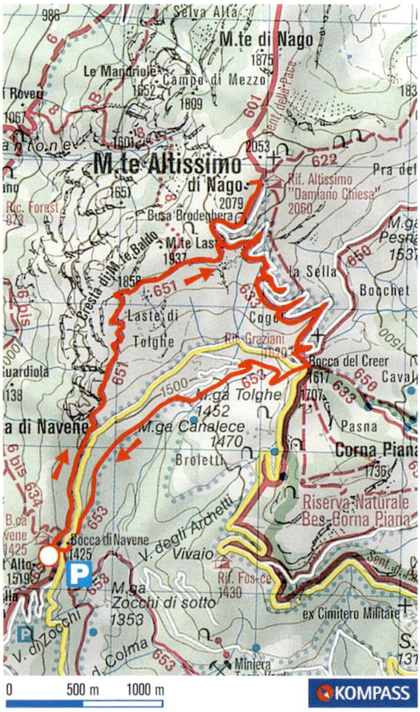

Von der Bocca di Navene, 1425 m, geht es 700 m auf der »Strada Graziani» in nordöstlicher Richtung bis zu einer Blechbox. Gegenüber beginnt der Weg Nr. 651 (¼ Std.). Auf diesem Weg steigen wir zwischen Buchen und Lärchen bergan und erreichen so den Grat der Lastè di Tolghe, mit schönem Ausblick auf den Gardasee.

Über herrlich gelegene Wiesen gelangen wir bald darauf zu einem markierten Aussichtspunkt, 1858 m (1 Std.). Anschließend geht es weiter, vorbei an ehemaligen Kriegsstellungen. Eine davon bietet eine Aussichtsplattform auf den Gardasee sowie einen kurzen Stollenquergang. Über einen grasbewachsenen Grat kommen wir zur Abzweigung Busa Brodeghera, 1892 m

(¼ Std.), von wo eine Militärstraße in Kehren zum Rifugio Altissimo »Damiano Chiesa«, 2060 m, hinaufführt (½ Std.). Nach 5 min. stehen wir bereits auf dem Gipfel des Monte Altissimo, von dem aus wir das herrliche Panorama der Dolomiten rund um den Gardasee genießen können.

Ab der Hütte folgen wir dem Steig 633 abwärts in Richtung Süden, entlang der Kehren einer Militärstraße. Wir erreichen so das tiefer gelegene Rifugio Graziani und die 1617 m hoch gelegene Bocca del Creer (1 Stunde). Über die Wiesen unterhalb der Strada Graziani geht es den Weg Nr. 653 hinunter zu einem Weg, der an einer Hütte vorbeiführt. Diesem folgen wir bis zur Malga Tòlghe, 1452 m (¼ Std.), und dann weiter auf einem Saumpfad in Richtung Südwesten, vorbei an einem Buchenhain und über Wiesen, 1400 m, zurück zur 1425 m hohen Loc. Bocca di Navene (½ Std.).

Natur Tipp

Durch die wärmeregulierende Funktion der enormen Wassermassen sind die Ufer des Gardasees von besonders milden Temperaturen gekennzeichnet. In Riva wachsen Olivenbäume neben Tannen und Zypressen und bilden so einen einzigartigen Kontrast. Der Monte Baldo, von Botanikern »Hortus Europaes (Garten Europas)« genannt, bietet eine Pflanzenwelt von außergewöhnlicher Vielfalt (über 2000 Arten), die sich besonders im Frühsommer in voller Pracht zeigt. Pflanzen wie Pfingstrose, Feuerlilie, Holunderknabenkraut und Ragwurz, oder botanische Raritäten wie Tiroler Windröschen oder die Monte-Baldo-Segge wachsen hier.

2 Seilbahnen ermöglichen einen bequemen Zugang auf den Monte Baldo: Panorama-Seilbahn (89–1780 m) in Malcesine, ☎ +39/0457/400206 und die Kabinen- und Sesselbahn Costabella in San Zeno di Montagna (1013–1815 m), ☎ +39/0456/289001

Auf dem Weg 651 zu den Lastè di Tòlghe, hinauf zum Monte Altissimo

»Giro dei rifugi«

Von Hütte zu Hütte in eindrucksvoller Landschaft

Ausgangsort: Prada Alta, 1013 m
Zufahrt: Von Assenza di Brenzone oder von San Zeno di Montagna im Auto bis zur ehemaligen Kabinenbahn-Talstation von Prada Alta; großer Parkplatz.
Gehzeit: 6½ – 7 Std.
Höhenunterschied: 1187 m
Charakter: Aussichtsreiche Bergtour von Hütte zu Hütte, für erfahrene Berggeher! Besonders schön im Bergfrühling.
Einkehr: Prada Alta; Rif. Mondini, 1554 m; Rif. Telegrafo »G. Barana«, 2147 m; Rif. Chierego, 1911 m; Rif. Fiori del Baldo, 1815 m
Karte: KOMPASS Nr. 071, 102 (1:50000)
Reiseatlas: Seite 25, 26

Vom Parkplatz der ehemaligen Kabinenbahn-Talstation in Prada Alta, 1013 m, führt der Wanderweg Nr. 655 über Val da Sacco und Casarina hinauf zur Baite d'Ortigara, 1441 m. Links abbiegend wandern wir zum Rifugio Mondini, 1554 m, bei der Mittelstation der ehemaligen Kabinenbahn (1½ Std.). Dort folgen wir nun der Markierung CAI nach links in Richtung Malga Valvaccara, queren aber die höher gelegenen Weiden und gelangen zur Baita Buse, 1621 m (½ Std.). Dort verlassen wir den Saumpfad und steigen steil den nach rechts

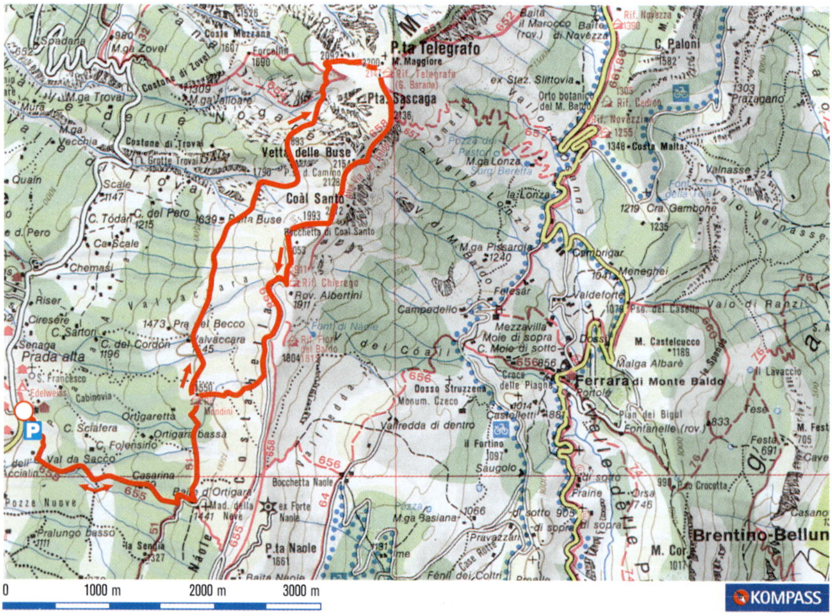

Das Rifugio Telegrafo »G. Barana« mit Punta Sascaga (links) und Vetta delle Buse (rechts)

führenden Weg höher zur Pozza delle Buse, 1790 m (½ Std.). Wir gehen nun ins Tal hinunter und dann auf der gegenüberliegenden Seite wieder bis zur Westschulter der Vetta delle Buse, 1893 m, hinauf (½ Std.). Von dort können wir bereits das Rifugio Barana sehen.

Nun geht es steil ins Valle delle Pre hinab und – am tiefsten Punkt, 1760 m, angelangt – auf der anderen Talseite wieder bis zur Abzweigung zum Weg Nr. 654 hinauf (½ Std.). Wir folgen ihm nach rechts – das letzte Stück ist ein Kriegssteig – nach einem Brünnlein, 1930 m (½ Std.), lassen wir die Variante des Weges 654 links liegen. So erreichen wir das Rifugio Telegrafo »G. Barana«, 2147 m (½ Std.) und auf einem Pfad nach kurzer Zeit die Punta Telegrafo, 2200 m (¼ Std.).

Zurückgekehrt zur unterhalb der Hütte befindlichen Scharte, folgen wir dem Weg Nr. 658 nach Süden. Im großartigen felsigen Gelände überqueren wir den Passo del Camino, 2128 m, und steigen in rund 1 Std. zur Bocchetta di Coal Santo, 1993 m, hinunter.

Schließlich überwinden wir noch einen grasbewachsenen Grat und nähern uns dem Rifugio Chierego, 1911 m, das auf einer Wasserscheide errichtet wurde (½ Std.). Rechts führt der Weg zum nahen Rifugio Fiori del Baldo, 1815 m, und in ½ Std. zum Rifugio Mondini, 1554 m. Von dort verläuft der Abstiegsweg auf der Anstiegsroute (6½ – 7 Std.).

Salò, der Drei-Kirchen-Rundgang

Besinnliche Tour über dem Golf von Salò

Ausgangsort: Abzweigung nach Renzano, 119 m
Zufahrt: Von der SS 45 bis »Gardesana Occidentale« zur Abzweigung nach Renzano. Parken zwischen der Abzweigung und dem ersten Bildstock nach Renzano
Gehzeit: 4¼ Stunden
Höhenunterschied: 400 m
Charakter: Abwechslungsreiche Wanderung auf alten Wallfahrtswegen, z.T. auf Saumpfaden in felsigem Gelände
Einkehr: Rif. Alpini ANA, 524 m
Karte: KOMPASS Nr. 102 (1:50 000)
Reiseatlas: Seite 25

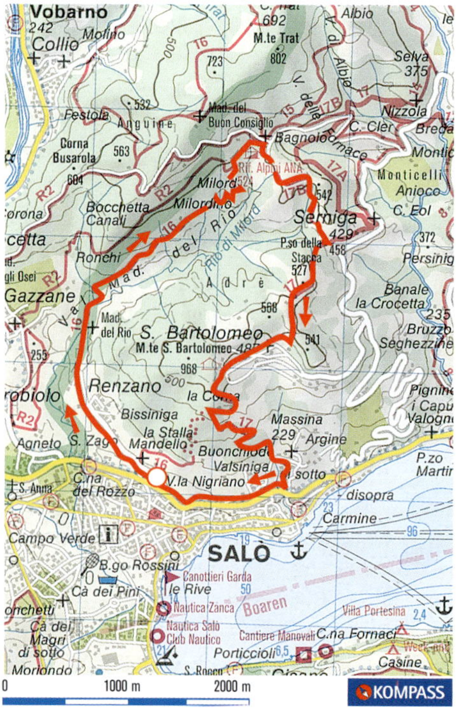

Von der Abzweigung nach Renzano folgen wir zu Fuß der asphaltierten Straße ins Dorf hinein. Am oberen Ortsrand angelangt, zeigt uns ein Hinweisschild den Weg zur Madonna del Rio und über einen Fahrweg (Nr. 16) gelangen wir durchs gleichnamige Tal zum Santuario Madonna del Rio, 172 m (1 Std.). Laut Überlieferung wurde die Wallfahrtskirche im 18. Jahrhundert am Ort der Erscheinung der Muttergottes in einer vom Fluss geschaffenen Grotte errichtet. Auf einem weißen Stein soll sich ihr Fußabdruck befinden. Ein kurzer Abstecher zu den Wasserfällen ist empfehlenswert.

Rechts der Wallfahrtskirche führt in einem kleinen Wald ein schmal gewundener Pfad bergwärts. Diesem folgen wir, bis wir zu einer Wasserleitung und einer Weggabelung kommen. Dort nehmen wir den Saumpfad links, der entlang der Westseite des Tales verläuft. Auf felsigem Boden gewinnen wir an Höhe und gelangen im Wald auf einem breiteren und bequemeren Weg zu den Häusern von Milordino, 375 m, und Milord, 437 m, (¾ Std.).

Auf demselben Weg geht es zwischen Häusern zum Santuario della Madonna di Buon Consiglio in Bagnolo, 516 m, mit ei-

Die Wallfahrtskirche S. Bartolomeo auf dem gleichnamigen Berg oberhalb von Salò

nem Torbogen und dem Rifugio Alpini ANA, 524 m, das von Zypressen umgeben ist (¼ Std.).

Der Markierung 17 B folgend passieren wir knapp unterhalb des Grates eine Landwirtschaft und erreichen dann auf sandigem Weg den Passo della Stacca, 458 m (¾ Std.). Wir gehen nicht in Richtung Gardasee weiter, sondern folgen dem Weg 17 (Bassa Via del Garda) dem Grat entlang und erreichen einen weiteren Aussichtspunkt mit Blick auf den See. Bald kommen wir zu den ersten Häusern von Gardesina und begeben uns dort über eine asphaltierte Straße zum Santuario San Bartolomeo, 487 m (¼ Stunde).

Im »Giardino Hruska« in Gardone Riviera

Knapp unterhalb der Kirche verläuft der Weg Nr. 17 weiter, wobei auf die Markierungen im hohen Gras zu achten ist. Über Wiesen und durch einen Pinienwald gelangen wir zum Fuße der Corna, einem Felssporn, der einen herrlichen Blick auf den Golf von Salò bietet. Der Weg Nr. 17 verläuft nun entlang des Rückens in Serpentinen durch einen Pinienwald in Richtung Westen bis zu einem etwas breiteren Fußweg hinunter. Dem Weg Nr. 17 folgend gelangen wir zwischen Olivenbäumen hinunter zur SS45 bis »Gardesana Occidentale« und kehren auf dieser zum Ausgangspunkt zurück (1½ Std.).

119

Von Pregasina auf den Nodice

Auf der Scala Santa in die Vergangenheit

Ausgangsort: Pregasina, 532 m
Zufahrt: Von Riva auf der SS 240 im Val di Ledro nach Pregasina (Abzweigung am Ende des Tunnels). Parkplatz beim Kirchlein im oberen Teil des Dorfes
Gehzeit: 1¾ Stunden
Höhenunterschied: 350 m
Charakter: Leichte, kurze Wanderung auf den Spuren der Vergangenheit
Einkehr: in Pregasina
Karte: KOMPASS Nr. 071, 101, 102 (1:50 000), 096 (1:35 000), 690 (1:25 000)
Reiseatlas: Seite 25

Wie ein Schwalbennest über dem Gardasee: Pregasina

Vom Parkplatz gehen wir zum Kirchlein San Giorgio, 532 m, hinauf, wo eine Straße in Richtung Süden führt. Bei der ersten Abzweigung nehmen wir den zementierten Weg 422, der rechts steil hinaufführt und den Pinienwald durchquert. Wenig später, auf 660 m Höhe, gelangen wir zur Abzweigung des Weges Nr. 429 (gute ¼ Std.), dem wir nach rechts folgen.

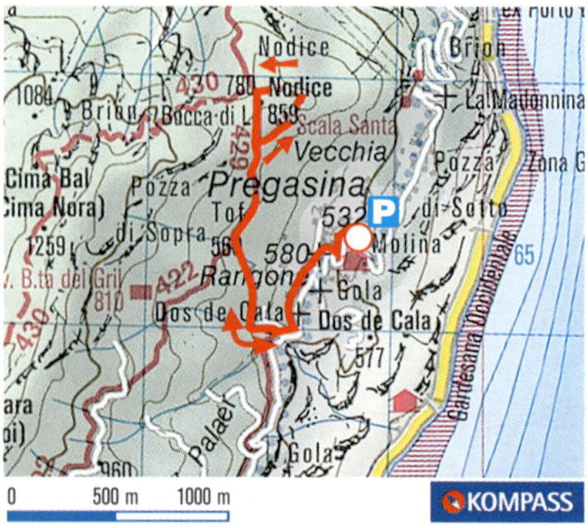

Auf einer Höhe von 770 m (¼ Std.) biegen wir erneut nach rechts und folgen den Hinweisschildern zur »Scala Santa«. Am Fuße des Nodice verläuft der Weg durch eine felsige Schlucht unterhalb von Bocca di Lè«, einem interessanten Felsgrat aus Kalkstein. Über die in den Fels gehauenen Stufen gelangen wir in kurzer Zeit zu einem Laufgraben aus dem 1. Weltkrieg, der rund um den Gipfel des Nodice verläuft.

Links erreichen wir über den »Sentiero de Toni« in wenigen Minuten den unbedeutenden, aber im 1. Weltkrieg strategisch wichtigen Gipfel, 859 m. Rechts kann man den Furchen der Schützengräben folgen und dabei zahlreiche Stollen entdecken. Diese sind sogar zu besichtigen, falls man über eine Taschenlampe verfügt. Nach dem Gipfelrundgang in Schützengräben steigen wir zur Bocca de Lè, 780 m, und zum nahen Kriegerdenkmal hinunter (¾ Std.). Rückweg auf dem Anstiegsweg (½ Std.).

120

Von S. Barbara auf den M. Stivo

Panoramablick auf die Gardaseeberge

Ausgangsort: Santa Barbara, nahe Bar S. Antonio's, ca. 1250 m
Zufahrt: Vom Pass S. Barbara, erreichbar von Arco oder durch das Val di Gresta, im Auto auf dem asphaltierten Weg zur Bar S. Antonio's. Parkplatz
Gehzeit: 3½ Std.
Höhenunterschied: 800 m
Charakter: Unschwierige Bergtour mit großartiger Rundsicht
Einkehr: Rif. Stivo, 2012 m
Karte: KOMPASS Nr. 101 (1:50 000)
Reiseatlas: Seite 25, 26

Aussichtsplattform auf dem Gipfel des Monte Stivo

Vom Parkplatz führt der anfänglich asphaltierte Weg »608 bis« durch Gebüsch nach Le Prese auf rund 1480 m (½ Std.), an der Kreuzung mit dem Weg 608. Wir folgen diesem Weg im offenen Gelände und steigen zur 1768 m hoch gelegenen Malga Stivo auf. Dort zweigt der Weg »666 bis« ab (¾ Std.).

Über Wiesen, und bereits in Sichtweite des Rifugio Marchetti, geht es über zahlreiche Serpentinen auf dem Weg 608 zum Rifugio Stivo »Prospero Marchetti«, 2012 m (¾ Std.). Dort treffen die Wege 666, 617 und »617 bis« zusammen.

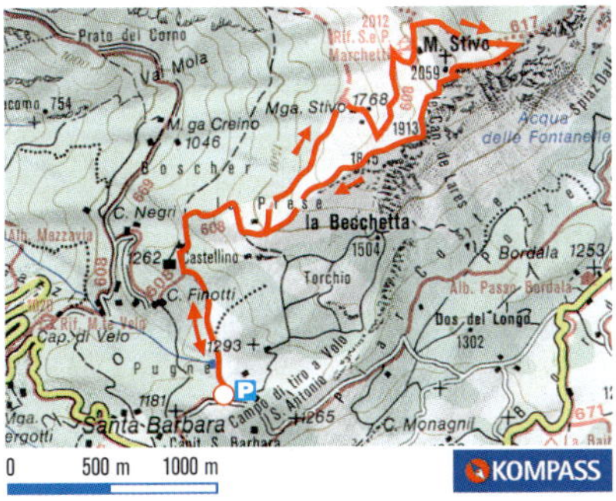

Oberhalb der Hütte verläuft der Weg »617 bis« zum Gipfel des Monte Stivo, 2059 m. Dort befindet sich eine kreisförmige Aussichtsplattform, von der aus die umliegenden Gipfel gut zu erkennen sind (5 min.). Vom Gardasee und seinen Bergen ringsum bis zur Adamello-Gruppe und den Dolomiten reicht das großartige Panorama.

Zur Hütte (5 min.) zurückgekehrt, folgen wir links dem Pfad quer über die Wiesen, der am aussichtsreichen Südgrat des Monte Stivo entlangführt. Über ein letztes steiles Stück erreichen wir Le Prese, an der Kreuzung mit dem Weg 608. Wir wandern noch ein kurzes Stück auf diesem Weg, ehe wir ihn verlassen und links auf dem Weg »608 bis« durch den Wald zum Baito Castil, nahe der Bar S. Antonio's, zurückzukehren (½ Std.).

Halbfette Zahlen verweisen auf den Haupteintrag, VERSALSCHRIFT auf eine Wanderregion.

TEXTBEITRÄGE

Enzo Gardumi, Siegfried Garnweidner, Wolfgang Heitzmann, Werner Heriszt, Barbara Hörmann, Eugen E. Hüsler, KOMPASS-Redaktion, Herbert Mayr, Norbert Mussner, Christian Schneeweiß, Dieter Seibert, Walter Theil, Fabrizio Torchio.

BILDNACHWEIS

Titelbild: Val Venegia mit Cima di Bureloni (Zotta). Bildleiste: Kirche in Ramsau, Berchtesgaden (Garnweidner); Autenalm, Stubaital (Haas); Langkofel im Morgenlicht (Ritschel).
Umschlag-Rückseite: Familienwandern (Goodshoot Nr. 28); Alpenrose (Haas);
Innentitel: S. 3 Sterzing (Andergassen); S. 9 Stubaital (Haas).

Andergassen: S. 11 u., 87, 234, 247 o., 251, 257, 259, 263
Discacciati; S. 355 u.
Dr. Bahnmüller: S. 220, 223, 229, 231, 245 u., 247 u., 279, 285, 295
Dr. Wagner: S. 275 o., 276, 281
Egger: S. 221, 225, 239 u., 241, 243, 261, 271, 277, 304
Ehn: S. 258, 294
Eller: S. 269
Gardumi: S. 318, 321–323, 325, 326, 327 o., 328, 329 o., 331, 348, 350, 351, 353, 355 o., 356, 357
Garnweidner: S. 19, 20 u., 23 o., 31, 32, 41 o., 76, 77, 79, 81 u., 83 o., 87, 89, 149, 151–153, 155 u., 157, 158, 161 o., 167, 169 u., 171 o., 173, 175
Goodshoot: S. 71 u., 115 u., 327 u.
Haas: S. 10 u., 13 o., 21, 28, 37, 49, 52, 54, 67 u., 73 o., 75 u., 82, 83 u., 85, 86, 97, 101 u., 148, 155 o., 161 u., 162, 163, 168, 169 o., 171 u., 174, 178, 192, 194, 195, 197–199, 201–203, 205, 211, 213, 216, 218, 224, 227, 235, 245 o., 249, 250, 255, 262, 265, 267 u., 268, 273, 275 u., 329 u.
HB Bildatlas: S. 233
Heitzmann: S. 77, 78, 80, 81, 83, 118–120, 122, 123, 125, 127–129, 131, 133
Heriszt: S. 104, 109, 111, 113, 115 o., 117
Hörmann: S. 82
Hüsler: S. 12, 48, 51, 53, 55, 56, 59, 60, 309, 311 u., 313, 314, 317 o., 332, 334, 336–339, 343, 345
Kurz: S. 89, 253
Mayr: S. 90, 91, 95, 96, 99, 100, 101 o., 103, 176, 179, 181, 183, 185, 187, 189, 191
Mussner: S. 290, 296–299, 301, 303, 317 u.
Oberarzbacher: S. 10 o., 14, 217, 232, 267 o., 315
Ritschel: S. 13 u. 239 o., 248, 287, 289, 302, 311 o., 340, 341
Rolle: S. 11 o.
Schestak: S. 130, 283
Schneeweiß: S. 62, 64, 67 o., 68, 69, 71, 72, 73 u., 75 o.
Seibert: S. 206, 212, 215, 219
Siepmann: S. 20 o.
Theil: S. 16, 23 u., 24, 25, 27, 29, 34–36, 39, 41 u., 43, 45, 47, 134, 137, 138, 141, 143, 145–147
Wickenburg: S. 81 o.
Wiener: S. 135
Wiesenhofer: S. 106

VERWENDETES KARTENMATERIAL
Tourenskizzen: Ausschnitte aus KOMPASS-Wanderkarten 1:50000
Reiseatlas Alpen: KOMPASS-Autokarte Nr. 309/1:600000

REISEATLAS ALPEN 1:600 000 · Zeichenerklärung

Zeichenerklärung - Reference - Légende - Segni convenzionali

Salzburg-West — Autobahn mit Anschlussstelle
Motorway with junktion
Autoroute avec point de raccordement
Autostrada con raccordo

Rasthaus, Tankstelle, Mautstelle
Service area and filling station
Etape de repos, station service
Ristorante, stazione riforimento carburanti

Autobahn in Bau, geplant
Motorway under construction, in projekt
Autoroute en construction, en project
Autostrada in construzione, in progetto

Zweibahnige Straße (Vierspurig)
4 lane motorway
Route á chaussèes séparées
Superstrada a 4 corsi

Fernverkehrsstraße
Important main road
Route de communication importante
Strada di grande communicazione

Hauptstraße
Main road
Route de communication
Strada principale

Nebenstraße, Touristenstraße
Secondary road, tourist road
Route secondaire, route touristique
Strada secondaria, strada turistica

Fahrwege
Road
Chemin carrossable
Strada praticabile

A10 A4 — Autobahnnummer
Motorway number
Numero de Autoroute
Numero di Autostrada

E70 — Europastraßen-Nummer
European road number
Numero de route européen
Numero di strada europea

S31 — Schnellstraßen-Nummer
4 lane motorway number
Numero de route á chaussées séparées
Numero di Superstrada a 4 corsi

10 10 — Bundesstraßen-Nummer - Nationalstraßen-Nummer (mit Vorrang)
Federal road number - national road number (with priority)
Route nationale (avec priorité)
Strada statale (con precedenza)

35 — Bundesstraßen-Nummer (ohne Vorrang)
Federal road number (without priority)
Route nationale (sans priorité)
Strada statale (senza precedenza)

Kfz. gegen Gebühr
Toll road accessible aux
Autos moyennant péage
Strada a pedaggio

Verboten für Kfz.
Forbidden for cars
Défendu au trafic automobile
Divieto di transito per autoveicoli

9 6 3 — Kilometrierung
Distances in kilometres
Distance en km
Chilometraggio

Grenzübertrittstelle (Zoll)
Custom house
Poste de douane
Dogana

1973 — Pass mit Höhenangabe
Pass with details of altitude
Col avec altitude
Valico con indicazione altimetrica

1771 — Höhe über Normal-Null
Altitude above sea-level
Altitude absolue
Altitudine sopra l.d.m.

15% — Steigungsangabe in Prozent
Gradient (in percent)
La montée en %
Pendenza in %

Für Wohnanhänger unpassierbar
Forbidden for caravans
Impraticable aux caravanes
Divieto per caravans

Verkehrsflugplatz
Airport
Aérodrome
Aeroporto

Autoverladung
Car loading point
Embarquement pour autos
Treno navetta

F — Autofähre
Car ferry
Bac parsant les autos
Traghetto per auto

Haupt- bzw. Nebenbahn
Main-, secondary track respectively
Route principale ou secondaire
Ferrovia principale - secondaria

Kirche, Kloster
Cathedral, church; monastery
Eglise; couvent
Chiese; monastero

Burg, Schloss; Ruine; Turm
Castle, palace; ruin; tower
Fort ou château; ruine; tour
Castello, palazzo; rovine; torre

Denkmal; Leuchtturm
Monument; lighthouse
Monument; phare
Monumento; faro

Bergbahn (Auswahl)
Mountain railway (selection)
Chemin de fer de montagne (sélection)
Funivia, funicolare

Bergwerk; Skisprungschanze
Mine; skijumping
Mine; tremplin
Miniera; trampolino

Gasthof, Unterkunftshaus (Auswahl)
Inn, tourist cabin (selection)
Auberge, chalet-refuge (sélection)
Osteria, rifugio

Campingplatz (Auswahl)
Camping (selection)
Emplacement de camping (sélection)
Campeggio

Staatsgrenze, Landes-Provinzgrenze
State boundary, provincial boundary
Frontiere d´Etats, limite de provinz
Confine di stato, confine di provincia

80 — Tournummer im Wander-Atlas Alpen

Eigennamen in Rot
weisen auf besondere Sehenswürdigkeiten hin.

Maßstab · Scale · Echelle · Scala

0 10 20 30 40 50km

Autobahngebühr in Österreich, Italien, Schweiz, Tschechische Republik, Slowakei, Ungarn, Slowenien.

Schwäbisch Hall
Weissenburg
REGENSBURG
Regen
Ludwigsburg
Backnang
STUTTGART
Esslingen
Aalen
INGOLSTADT
Donau
Straubing
Bay
Deggendorf
Heidenheim
Neuburg
Tübingen
Geislingen
DEUTSCHLAND
Landshut
Vilshofen
Reutlingen
ULM
AUGSBURG
Isar
Freising
Mühldorf
Braunau
Sigmaringen
Donau
4
Biberach
5
Lech
6
7
Inn
8
Innv
Landsberg
MÜNCHEN
Salzach
Memmingen
Chiemsee
Weilheim
Rosenheim
SALZBURG
Ravensburg
Traunstein
Konstanz
Kempten
Hallein
Friedrichshafen
Füssen
Bad Tölz
Garmisch-Partenkirchen
Kaiser-gebirge
Bodensee
BREGENZ
Kufstein
St.Gallen
Allgäuer Alpen
Reutte
Kitzbühel
Dornbirn
Telfs
Karwendel-gebirge
Schwaz
Kitzbüheler Alpen
Zell am See
Rhein
Feldkirch
Lechtaler Alpen
Imst
Inn
INNSBRUCK
Vaduz
FL
Bludenz
Stubaier Alpen
Mayrhofen
Hohe Tauern
Verwall-gruppe
Landeck
Steinach
Glarus
14
15
Sölden
16
17
18
Bad Gastein
Rätikon
Zillertaler Alpen
Matrei
Chur
Silvretta-gruppe
Ötztaler Alpen
Sterzing
Villgratner Berge
Lienz
Toblach
SCHWEIZ
Sarntaler Alpen
Drau
Schluderns
Brixen
Meran
Etsch
Dolomiten
Sankt Moritz
Bormio
Karnische
Pontebba
Ortlergruppe
BOZEN/ BOLZANO
Cortina d'Ampezzo
Chiavenna
Bernina Alpen
Tolmezzo
Sondrio
Südliche Karnische Alpen
Brenta-gruppe
ITALIEN
Lugano
Édolo
Lago di Como
Bergamasker Alpen
Adamello-gruppe
Trento
Fleimstaler Alpen
Belluno
Údine
Vittório Véneto
Pordenone
Lecco
24
25
26
27
28
Darfo-Boario
Rovereto
Como
BERGAMO
Vizentiner Alpen
Bassano
Conegliano
Lago di Garda
Piave
Monza
Schio
Treviso
Adige
Rho
BRÉSCIA
VICENZA
Castelfranco
San Donà
Treviglio
Mestre
MILANO
Desenzano
VERONA
PADOVA
VENEZIA
Lodi
Crema
Adriatisches Meer
Cremona
Mantova
Legnago
Pavia
Chióggia

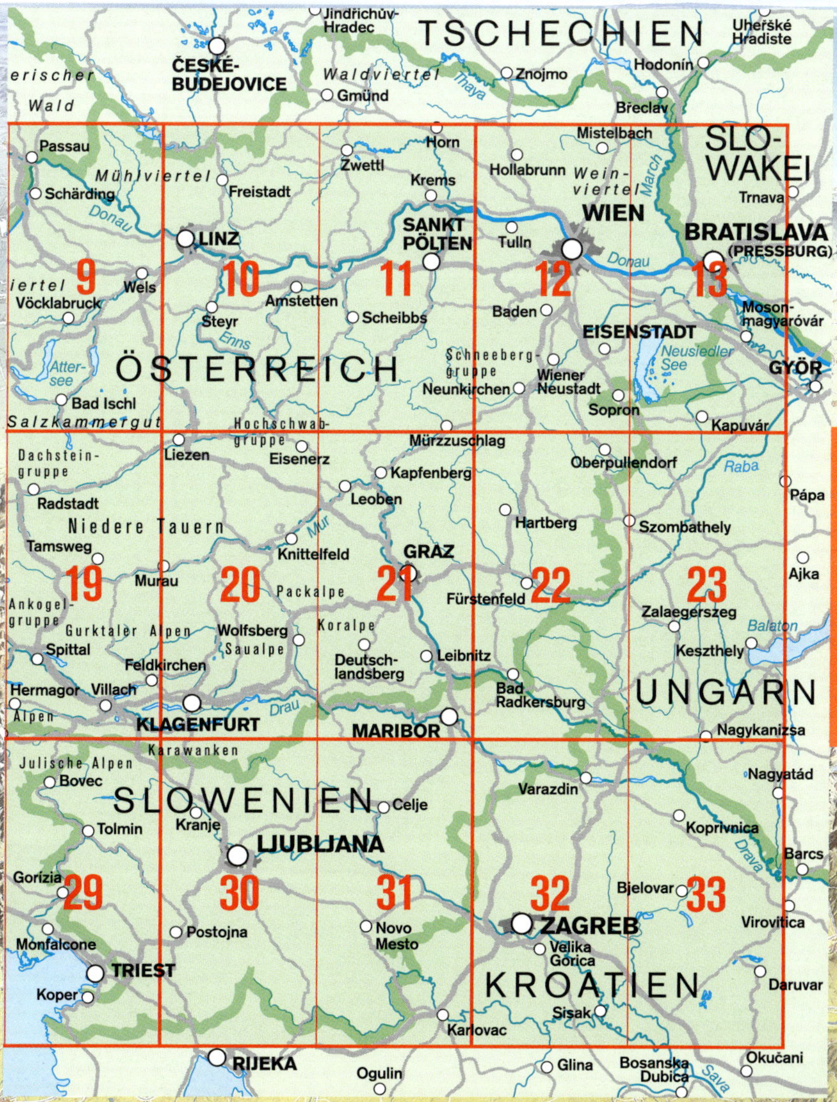

REISEATLAS ALPEN 1:600000

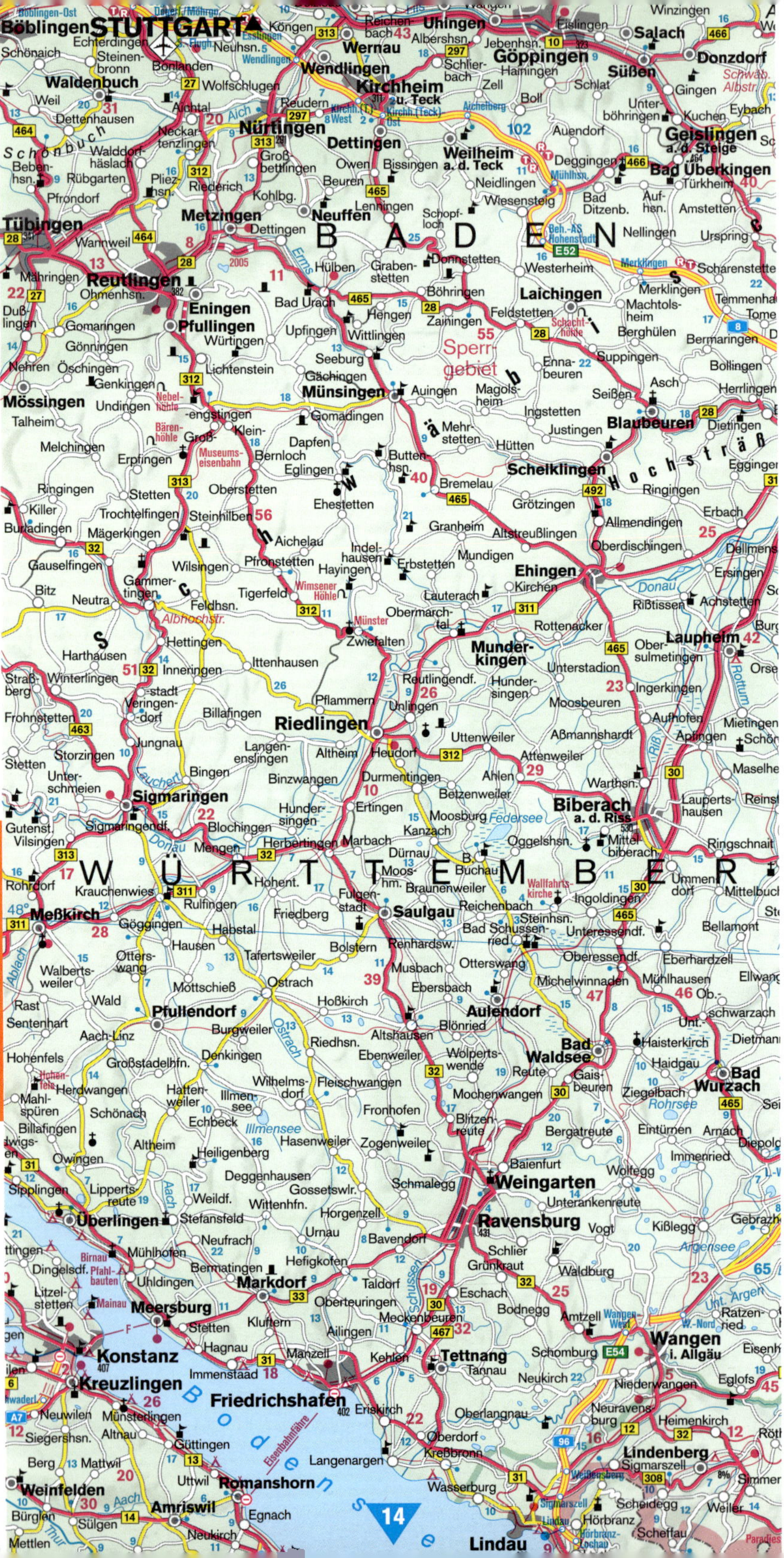
STUTTGART
Böblingen
Schönaich
Waldenbuch
Weil
Dettenhausen
Schönbuch
Tübingen
Reutlingen
Metzingen
Nürtingen
Wendlingen
Wernau
Kirchheim u. Teck
Dettingen
Neuffen
Weilheim a. d. Teck
Göppingen
Uhingen
Salach
Donzdorf
Süßen
Geislingen a. d. Steige
Bad Überkingen
Schwäb. Albstr.
B A D E N
W Ü R T T E M B E R
Schwäbische Alb
Hochsträß
Bad Urach
Eningen
Pfullingen
Mössingen
Münsingen
Laichingen
Blaubeuren
Schelklingen
Ehingen
Munderkingen
Laupheim
Riedlingen
Biberach a. d. Riss
Sigmaringen
Meßkirch
Saulgau
Pfullendorf
Aulendorf
Bad Waldsee
Bad Wurzach
Weingarten
Ravensburg
Überlingen
Meersburg
Markdorf
Konstanz
Kreuzlingen
Friedrichshafen
Tettnang
Wangen i. Allgäu
Lindenberg
Lindau
Romanshorn
Amriswil
Weinfelden
Langenargen
Bodensee
Donau
Federsee
Sperrgebiet
Gammertingen
Zwiefalten
Mengen
Altshausen
Illmensee
Argensee
Rohrsee
14

Heidenheim a. d. B.
Steinheim a. Albuch
Böhmenkirch
Söhnstetten
Steinenkirch
Gussenstadt
Gerstetten
Bolheim
Herbrechtingen
Dettingen
Giengen
Hermaringen
Nattheim
Fleinheim
Dischingen
Oggenhsn.
Bachhagel
Ziertheim
Oberbechingen
Wittislingen
Haunsheim
Eglingen
Demmingen
Unterfinningen
Nördingen
Mörslingen
Höchstädt a. d. Donau
Dillingen a. d. Donau
Lauingen
Gundelfingen
Brenz
Sontheim
Niederstotzingen
Altheim
Weidenstetten
Lonsee
Hausen
Nerenstetten
Bernstadt
Langenau
Beimerstetten
Albeck
Göttingen
Elchingen
Jungingen
Leipheim
Günzburg
Offingen
Gundremmingen
Donaumoos
Mindelaltheim
Dürrlauingen
Burgau
Glöttweg
Rofingen
Jettingen
Scheppach
Ettenbeuren
Ichenhausen
Kemnat
Burtenbach
Gabelbachergreut
Zusmarshausen
Horgau
Aystetten
Dinkelscherben
Agawang
Diedorf
Gessertshausen
Oberschöneberg
Ried
Fischach
Straßberg
Waldberg
Bobingen
Wehringen
Reinhartshofen
Münster
Großaitingen
Mittelstetten
Schwabegg
Schwabmünchen
Hiltenfingen
Siebnach
Langerringen
Gennach
Tussenhsn.
Ettringen
Lamerdingen
Türkheim
Wiedergeltingen
Buchloe
Igling
Jengen
Waal
Stockheim
Bad Wörishofen
Schlingen
Pforzen
Kettershausen
Georgenberg
Westendf.
Neugablonz
Blonhofen
Mauerstetten
Osterzell
Kaufbeuren
Frankenried
Biessenhofen
Schwabsoien
Bidingen
Bernbach
Rettenbach
Marktoberdorf
Rieder
Stötten
Bernbeuren
Steinbach
Lechbruck
Roßhaupten
Füssen
Schwangau
Weißensee
Pfronten
Nesselwang
Seeg
Rückholz
Hopferau
Forggensee
Buching
Trauchgau
Mindelheim
Rammingen
Hausen
Zaisertshofen
Pfaffenhsn.
Morgen
Eppishsn.
Kirchheim
Haselbach
Mindelzell
Balzhausen
Walkertshfn.
Krumbach
Thannhausen
Ziemetshsn.
Oberrohr
Neuburg
Deisenhsn.
Nattenhsn.
Ebershsn.
Aletshausen
Loppenhausen
Kirchhaslach
Babenhausen
Oberrieden
Breitenbrunn
Bedernau
Dietershfn.
Arlesried
Oberkammlach
Erkheim
Lauben
Egg
Boos
Reichau
Fellheim
Heimertingen
Memmingen
Memmingerbg.
Ungerhsn.
Sontheim
Attenhsn.
Köngetried
Hawangen
Benningen
Markt Rettenbach
Ottobeuren
Oberegg
Eggenthal
Irsee
Ronsberg
Ollarzried
Wolfertschwenden
Bad Grönenbach
Legau
Lautrach
Aitrach
Woringen
Leutkirch i. Allgäu
Hofs
Altusried
Dietmannsried
Haldenwang
Untrasried
Obergünzburg
Günzach
Aitrang
Ruderatshfn.
Wildpoldsried
Unterthingau
Leuterschach
Betzigau
Kempten
Durach
Görisried
Lengenwang
Sulzberg
Mittelberg
Wertach
Oy
Petersthal
Martinszell
Waltenhfn.
Hellengerst
Niedersonthofen
Sibratshofen
Weitnau
Isny
Eisenbach
Wengen
Buchenberg
Rohrdorf
Beuren
Kimratshofen
Herlazhofen
Wiggensbach
Akams
Immenstadt
Rettenberg
Vorderburg
Oberstaufen
Thalkirch
Blaichach
Missen
Jungholz
Ulm
Neu-Ulm
Senden
Pfaffenhofen
Holzheim
Nersingen
Burlafingen
Weissenhorn
Witzighausen
Stoffenried
Biberach
Roggenbg.
Vöhringen
Bellenberg
Illerrieden
Regglisweiler
Illertissen
Dietenheim
Buch
Unterroth
Oberroth
Altenstadt
Kellmünz
Osterberg
Kirchberg
Oberbalzhm.
Schwendi
Dettingen
Erolzhm.
Kirchdf.
Berkheim
Steinhm.
Buxheim
Mooshausen
Tannheim
Haslach
Aichstetten
Kötz
Großkissendorf
Oxenbronn
Biberberg
Waldstetten
Wertingen
Binswangen
Fristingen
Holzheim
Eppisburg
Zusamaltheim
Emersacker
Affaltern
Gablingen
Welden
Adelsried
Altenmünster
Donauwörth
Oppertshofen
Bissingen
Schwenningen
Donaumünster
Lutzingen
Buttenwiesen
Nordendorf
Biberbach

Ingolstadt
Neuburg a. d. Donau
Donauwörth
Rain
Schrobenhausen
Pfaffenhofen a. d. Ilm
Aichach
Gersthofen
AUGSBURG
Friedberg
Königsbrunn
Bobingen
Mering
Schwabmünchen
Fürstenfeldbruck
Olching
Dachau
MÜNCHEN
Gröbenzell
Germering
Gauting
Pullach
Grünwald
Starnberg
Herrsching
Dießen
Landsberg a. Lech
Tutzing
Wolfratshausen
Geretsried
Weilheim i. Oberb.
Peißenberg
Schongau
Peiting
Penzberg
Bad Tölz
Benediktbeuern
Lenggries
Kochel
Murnau
Oberammergau
Ammersee
Starnberger See
Donaumoos
Dachauer Moos
Romantische Str.
Via Claudia Augusta

Siegenburg
Wildenberg
Rottenburg a. d. Laaber
Neufahrn
Martinsbuch
Mengkofen
Aiglsbach
Appersdorf
Unterpindhart
Meilenhofen
Walkertshfn.
Pfeffenhausen
Türkenfeld
Hohenthann
Ergoldsbach
Bayerbach
Mühlhausen
Rottenegg
Mainburg
Koppenwall
Schmatzhsn.
Weihenstephan
Postau
Weng
Dingolfing
Volkenschwand
Obersüßbach
Weihmichl
Mirskofen
Essenbach
Wörth a. d. Isar
Loiching
Weigendorf
Rudelzhsn.
Tegernbach
Schatzhfn.
Pfettrach
Ergolding
Niederaichbach
Oberviehbach
Oberwolkersdorf
Geroldshausen
Au
Hörgertshausen
Gammelsdorf
Attenhsn.
Altdorf
LANDSHUT
Kirchberg
Nandlstadt
Gündlkofen
Adlkofen
Sünzhausen
Bruckberg
Trausnitz
Günzkofen
Aham
Gerzen
Attenkirchen
Mauern
Viecht
Diemannskirchen
Appersdorf
Moosburg a. d. Isar
Geisenhsn.
Kirchdorf
Zolling
Inkofen
Altfraunhofen
Vilsbiburg
Palzing
Langenbach
Buch
Holzhausen
Vilsheim
Freising
Kranzberg
Langenpreising
Baierbach
Aich
Wartenberg
Neufraunhfn.
Vilslern
Egglkofen
Attaching
Berglern
Thalheim
Hohenpolding
Wambach
Velden
Bodenkirchen
Giggenhausen
Eitting
Fraunberg
Flughafen München
Schwaig
Langengeisling
Ottering
Taufkirchen
Wurmsham
Neufahrn
Hallbergmoos
Hofkirchen
Buchbach
Oberbergkirchen
Notzing
Erding
Grüntegernbach
Lohkirchen
Landersdorf
Stephanskchn.
Zangberg
Moosinning
Dorfen
Garching
Walpertskirchen
Schwindegg
Ampfing
Ismaning
Oberneuching
Lengdorf
Schwindkirchen
Speichersee
Erdinger Moos
Ottenhofen
St. Wolfgang
Oberornau
Waldkraiburg
Aschau
Flossing
Pürten
Unterföhring
Pliening
Pastetten
Buch
Isen
Reichertsheim
Markt Schwaben
Aschheim
Poing
Hohenlinden
Schnaupping
Thambach
Jettenbach
Kraiburg
Feldkirchen
Anzing
Forstinning
Haag
Gars
Taufkirchen
Parsdorf
Neue Messe
Rechtmehring
Grünthal
Albaching
Deutsche Ferienstr.
Wang
Titlmoos
Waldhausen
Vaterstetten
Soyen
Haar
Zorneding
Ludwigshöhe
Steinhöring
Neubiberg
Grasbr.
Wasserburg a. Inn
Schnaitsee
Emertsham
Ottobrunn
Putzbrunn
Kirchseeon
Ebersberg
Pfaffing
Harthsn.
Hohenbrunn
Grafing
Edling
Bachmehring
Kienberg
Taufkchn.
Moosach
Straußdorf
Frabertsham
Siegertsbrunn
Oberpframmern
Bruck
Evenhausen
Höhenkchn.
Rettenbach
Obing
Brunnthal
Egmating
Schalldorf
Amerang
Glonn
Rott a. Inn
Griesstätt
Hofolding
Aying
Aßling
Pittenhart
Peiß
Hohenthann
Vogtareuth
Halfing
Tuntenhsn.
Hochstädt
Söchtenau
Seebruck
Höhenrain
Kreuzstraße
Pelhamer See
Eggstätt
Feldkirchen
Beyharting
Bad Endorf
Föching
Großkarolinenfeld
Breitbrunn
Bruckmühl
Prutting
Hirnsbg.
Valley
Bad Aibling
Chiemsee
Frauenchiemsee
Holzkirchen
Götting
Rosenheim
Rimsting
Vagen
Simssee
Herrenchiemsee
Weyarn
Stephanskchn.
Hartpenning
Irschenbg.
Kolbermoor
Riedering
Prien
Seehamer See
Söllhuben
Oberwarngau
Aising
Bernau a. Ch.
Felden
Übersee
Lauterbach
Schaftlach
Miesbach
Bad Feilnbach
Kirchdf.
Rohrdf.
Frasdf.
Bernau
Rottau
Grassau
Waakirchen
Aschau
Dürnbach
Neubeuern
Hohenaschau
Kampenwand
Hundham
Hochries
Gmund
Hausham
Großholzhsn.
Marienstein
Schliersee
Tegernsee
Brannenburg
Nußdorf
Schleching
Bad Wiessee
Fischbachau
Chiemgauer Alpen
Wendelstein
Rottach-Egern
Flintsbach
Geigelstein
Neuhaus
Erl
Reit i. W.
Bayrischzell
Wallberg
Spitzingsee
Rotwand
Kössen
Kreuth
Niederndf.
Walchsee
Gr. Traithen
Oberaudorf
Risserkogel
Wildbad Kreuth
Ebbs
Durchholzen
Schwendt
Achenpass
Valepp
Ursprungpass
Kiefersfelden
Ht. Sonnwendjoch
Hechtsee
Halserspitz
Landl
Thiersee
Kufstein-Süd
Kufstein-N.
Griesenau
Erpfendorf
Achenwald
Bayerische Voralpen
Kaiser

Martinsbuch
Hankofen
Reißing
Ötzing
Thundorf
Schöllnach
Hailing
Wallersdorf
Aholming
Langenisarhfn.
Winzer
Iggensbach
Ottering
Groß-köllnbach
Pilsting
Niederpöring
Osterhofen
Außernzell
Moos-thanning
Oberpöring
Altenmarkt
Hofkirchen
Zeholfing
Wallerfing
Künzing
Garham
Höll
Landau a. d. Isar
Kammern
Wallerdorf
Rathmanns-dorf
Mamming
Pleinting
Dingolfing
Eichendorf
Göttersdorf
Vilshofen
Windorf
Loiching
Frichlkofel
Gergweis
Haunersdorf
Aufhausen
Kröhstorf
Weigendorf
Griesbach
Pörndorf
Aunkirchen
Münchsdorf
Aldersbach
Steinberg
Oberwolkers-dorf
Reisbach
Simbach
Arnstorf
Maria-kirchen
Emmers-dorf
Aidenbach
Frontenhsn.
Marklkofen
Beutels-bach
Orten-burg
Aham
Ruhstorf
Johannis-kirchen
Egglham
Dorfbach
Gerzen
Kollbach
Malgersdf.
Habers-kirchen
Unterzeitlarn
Haarbach
Obertrennbach
Schönau
Baumgarten
Dietersburg
Schmidham
Rimbach
Ried
Falkenberg
Dirnaich
Reichen-eibach
Neuhofen
Brombach
Bad Birnbach
Weng
Gries-bach
Taufkirchen
Pfarrkirchen
Gangkofen
Post-münster
Karpfham
Massing
Eggenfelden
Huldsessen
Heberts-felden
Triftern
Bayerbach
Asbach
Egglkofen
Hörbering
Dietfurt
Walburgs-kirchen
Kößlarn
Rotthal-münster
Boden-kirchen
Neumarkt St. Veit
Wurmanns-quick
Mitters-kirchen
Zimmern
Ulbering
Geratskchn.
Wittibreut
Münchham
Kirchham
Tann
Malching
Stubenberg
Aigen
Klebing
Wald
Obertürken
Lohkirchen
Reischach
Eggstetten
Ering
Loch-heim
Erharting
Inn
Mühl-heim
Hagenau
Winhöring
Perach
Simbach a. Inn
Mühldorf a. Inn
Töging
Marktl
St. Peter
Mining
Braunau a. Inn
Altheim
Neu-ötting
Ranshofen
Seibersdorf
Weng
Innviertler Mostistraße
Waldkraiburg
Polling
Stiftskirche
Straße der Residenzen
Haiming
St. Georgen
Pürten
Flossing
Altötting
Emmerting
Moos-bach
Roßbach
Guttenburg
Tüßling
Überackern
Von Dom zu Dom
Burgkirchen
Oberneukchn.
Unterneukchn.
Burgkchn.
Neukirchen
Mauerkirchen
Kraiburg
Burghausen
Schwand
Uttendorf
Taufkirchen
Ach
Unt. Weilhartforst
Handen-berg
Maria Schmolln
Garching
Wanghsn.
Pischelsdf.
Engelsberg
Wald
Halsbach
Gilgenbg.
Schalchen
Waldhausen
Hochburg
St. Georgen
Peterskirchen
Asten
Radegund
Mattighofen
Ob. Weilhartforst
Geretsberg
Gundertshsn.
Pfaffstätt
Emertsham
Tacherting
Kirchweidach
Tarsdorf
Eggelsbg.
Auerbach
Munderfing
Tyrlaching
Oberfeldkirchen
Oster-miething
Franking
Ibm
Feldkchn.
Tittmoning
Abern
Kienberg
Moosdorf
Barockstr.
Trimmelkam
Friedbg.
Trostberg
Palling
Wildshut
Holzhsn.
Michaelbeuern
Palting
Lengau
Obing
Altenmarkt
Tengling
St. Georgen
Lamprechtshsn.
Perwang
Lochen
Nieder-seeon
Stein a. d. Traun
Fridolfing
Mattsee
Straßwalchen
Traunreut
Tachinger See
Bürmoos
Flachgau
Berndf.
Tannberg
Truchtlaching
Taching
Tettenhsn.
Nußdorf
Seeham
Kostendf.
Seebruck
Traunwalchen
Waging a. See
Lampoding
Laufen
Oberndorf b. Salzburg
Obertrumer See
Schleedorf
Neumarkt a. Wallersee
Kammer
Waginger See
Leobendorf
Obertrum
Wallersee
Petting
Anthering
Seekirchen
Henndorf
Chiemsee
Frauenchiemsee
Chieming
Schönram
Abtsdorf
Herrenchiemsee
Erlstätt
Traunstein
Saaldorf
Elixhsn.
Eugendf.
Grabenstätt
Vachendf.
Teisendorf
Freilassing
Berg-heim
Hallwang
Thalgau
Neukirchen
Straß
Übersee
Bergen
Siegsdorf
Ainring
Anger
Salzburg
Rottau
Grassau
Aufham
Wals
Ebenau
Faistenau
Bad Reichenhall
Hochstaufen
Staufeneck
Glasenbach
Elsbethen
Marquartstein
Hochgern
Ruhpolding
Inzell
Unterwössen
Brand
Grödig
Anif
Niederalm
Wiestal-stausee
Alpen
Ober-wössen
Deutsche Alpenstr.
Weißbach
Thumsee
Großgmain
Puch
Krispl
Hintersee
Schneizlreuth
Saalach See
Bayer. Gmain
Oberalm
Adnet
Salzkammergut
Reit i. W.
Weitsee
Steinpass
Predigtstuhl
Schellenbg.
Hallein
Unken
Bischofswiesen
Dürrnberg
Vigaun
Winkelmoos A.
Kniepass
Schwarzbach-wacht-S.
Berchtesgaden
Kuchl
Pernegg
Schwendt
Fellhorn
Reit
Schönau
Steinplatte
Reiter Alpe
Ramsau
Königsee
Hoher Göll
Golling
Scheffau
Erpfendorf
Strub
Lofer
Waidring

10 REISEATLAS ALPEN

Moldau Stausee
Český Krumlov
Rožmberk (Rosenberg)
Vyšší Brod (Hohenfurth)
Frymburk
Kaplice
Benešov
Dolní Dvořiště
Leopoldschlag
Weitra
Groß Gerungs
Böhmerwaldstr.
Bad Leonfelden
FREISTADT
Mühlviertler Museumsstraße
Weinsberger Wald
Unterweißenbach
Pregarten
Ottensheim
LINZ
Leonding
Steyregg
PERG
Grein
Traun
Ansfelden
Enns
St. Valentin
Strudengau
Machland
AMSTETTEN
Neuhofen
Haag
Kremsmünster
Bad Hall
Sierning
STEYR
St. Peter i. d. Au
WAIDHOFEN A. D. YBBS
Ybbstaler
KIRCHDORF a. d. Krems
Weyer Markt
Göstling
Oberösterreichische Voralpen
Sengsengeb.
Windischgarsten
Ennstaler Alpen
Gesäuse
Admont
LIEZEN
St. Gallen
Hieflau
Palfau
Wildalpen
Leopoldsteiner See
Pyhrnpass
Spital a. Pyhrn
Gleinkersee
Hengstpass (Laussapass)
Altenmarkt
Steirische Eisenstr.
Eisenerz
Hochkar
Lassing
Ö Ö-Eisenstraße
Großraming
Losenstein
Enns
Donau
Steyr
Krumme Steyrling
Traun
ÖSTERREICH

Kirchberg a. Wald
Waldenstein
Echsenbach
Scheideldorf
Göpfritz a. d. Wild
Allentsteig
Brunn a. d. Wild
Wildberg
Pernegg
Mödring
Sigmundsherberg
Pulkau
Eggenburg
Rodingersdorf
Maria Dreieichen
Globnitz
Schweiggers
Truppenübungsplatz
HORN
Altenburg
Fuglau
Rosenburg
Neupölla
Heinreichs
Döllersheim.
Jagenbach
Kamptal Stausee
Stift Zwettl
ZWETTL
Rosenau
Rosenau
Franzen
Ottenstein
Krumau
Wegscheid
Kamp
Mörtersdorf
Gars
Burgschleinitz
St. Leonhard
Tautendorf
Plank
Maissau
Ravelsbach
Merzenstein
Großweißenbach
Friedersbach
Rastenfeld
Reisinger Höhe
Manhartsberg
Eggendf.
Mühlbach
Etzen
Rappottenstein
Großgöttfritz
Waldhausen
Marbach
N I E D E R Ö S
Schiltern
Schönbg.
Zöbing
Großriedenthal
Grafenschlag
Lichtenau
Gföhl
Kremstal
Langenlois
Kamptwarte
Lengenfeld
Straß
Gösing
Guttenberg
Pehendorf
Grainbrunn
Großreinprechts
Albrechtsbg.
Obermeisling
Krems
Hadersdf.
Wagram
Fels
Sallingberg
Gr. Krems
Els
Hartenstein
Senftenbg.
Stratzing
Etsdf.
Schönbach
Purk
Rehberg
Rohrendf.
Grafenegg
Traunstein
Ottenschlag
Weinzierl
Wachauer Str.
Waldwarte
Stein a. d. D.
KREMS
Haitzendf.
Grafenwörth
Kottes
Weißenkchn.
Mautern
Theiß
Donau
Seebarn
Wald
Bärnkop
Weinsberg
Habruck
Dürnst.
Unterbergern
Furth
Göttweig
Nußdorf
Traismauer
Martinsberg
Gutenbrunn
Elsenreith
Spitz
Mühldf.
Mühlbg.
Mühlberg
Paudorf
Sitzenberg
Gr. Yspertal
Raxendorf
Jauerling
Schwallenbach
Oberwölbling
Inzersdf.
Niederösterr. Barockstr.
Ysper Klamm
Laimbach
Würnsdorf
Heiligenblut
Maria Laach
M. Langegg
Gansb.
Pöggstall
Weitenbach
Weiten
Aggstein
Dorf Aggsbach
Markt Aggsbach
Statzendf.
St. Andrä
Gutenbrunn
Herzogenbg.
Peilstein
St. Oswald
Ysper-tal
Münichreith
Ostrong
Nibelungengau
Dunkelsteiner Wald
Weyersdorf
Karlstetten
Kleinhain
Pottenbr.
Kapelln
Murstetten
Emmersdorf
Schönbühel
Neidling
Artstetten
Leiben
Maria Taferl
Weitenegg
MELK
Mauer
Hohenegg
Hafnerbach
ST. PÖLTEN
Maspelt
Marbach
Klein Pöchlarn
Nibelungenstr.
Nöchling
Krummnußbaum
Pöchlarn
Melk
Loosdorf
Prinzersdf.
Markersdorf
Boheimkchn.
Ollersbach
Persenbeug
Erlauf
Schallaburg
St. Pölten
Knoten St. Pölten
Boheimkchn.
Furth
St. Christ.
Ybbs
Zelking
Hürm
Harland
Pyhra
Kasten
St. Martin
Neumarkt
Petzenkchn.
St. Leonhard
Obergrafendf.
St. Georgen
Wald
Hegerberg
Stössing
Wieselburg
Amstetten-Ost
Ruprechtshofen
Mank
Bischofstetten
Hofstetten
Ochsenburg
Wilhelmsburg
Michelbach
Zarnsdorf
Kilb
Niederösterr. Barockstr.
Ferschnitz
Senftenegg
Niederöst. Eisenstr.
Oberndorf
Kirnberg
Rabenstein
Gföhlberg
Steinakchn.
Kl. Erlauf
Eschenau
Traisen
Bergau
Hainfeld
Purgstall
Einegg
Türnitzer Alpen
Texing
Kirchberg
Pielach
St. Veit
Rainfeld
Gerichtsberg
Wang
Bichlberg
LILIENFELD
Ramsau
Randegg
SCHEIBBS
Neustift
Loich
Hohenstein
Kleinzell
Frankenfels
Freiland
Gutensteiner Alpen
Gresten
Neubruck
St. Anton
Eisenstein
Lehenrotte
Reisalpe
NÖ. Eisenstr.
Schwarzenbach
Halbach
Unterberg
Gaming
Kienberg
Puchenstuben
Türnitz
Türnitzer Höger
Erlauf
Wastl a. Wald
Hohenberg
Traisen
Rohr
Rohrer Sattel
Alpen
Ötscherhöhlen
Gösing
Annaberg
Ochsattel
Grubberg
Naturpark
Tormäuer
Lackenhof
Ötscher
Wienerbruck
St. Aegyd
Industriestr.
Lunz
Lunzer See
Josefsberg
Lassingfall
Ulreichsberg
Klostertaler Gscheid
Schwarzau
Kernhof
Gippel
Schwarza
Niederöst. Eisenstr.
Obersee
Zeller Rain
Erlaufsee
Mitterbach
Hubertus See
Göller
Lahnsattel
Dürrenstein
Neuhaus
Mariazell
Terz
Singerin
Schneeb
Höllental
Ybbstaler Alpen
Bärenriß-S.
Osch
Gr. Zellerhut
Salza
Halltal
Frein
Gußwerk
Lassingbach
Wasserfall z. tot. Weibl
Hinternaßwald
Schöneben
Dürradmer
Tonion
Schneealpe
Raxalpe
Mürzsteger Alpen
Greith
Edlach
Bergbaumuseum
Alpen
Wegscheid
Niederalpl
Mürz
Jagdschloß
Krampen
Altenberg
Preiner Gscheid
Prein
Weichselboden
Mürzsteg
Neuberg
Wasserstr.
Aschbach
Brandhof
Veitsch
Kapellen
Semmering
Gollrad
Wildalpen
Gschöder
Seebergsattel
Veitschalpe
Roßkogel
Spital
Hochschwab
Seewiesen
Dürrsee
Veitsch
Ebenstein
Hochschwab Gruppe
Pretalsattel
MÜRZZUSCHLAG
A.-Günther Haus
Pfaffensattel
Freistritz
Langenwang
Au
Stübming
Troiseck
Grüner
St. Ilgen
Graßnitz
Turnau
Krieglach
Frauenmauer
E I C H

Pulkau
Schrattenthal
Haugsdorf
Poysdorf
Eggenburg
Mistelbach
Maissau
Hollabrunn
Leiserberge
ÖSTERREICH
Wagram
Weinviertel
Kirchberg
Stockerau
Wolkersdf.
Korneuburg
Traismauer
Tulln
Tullner Feld
Klosterneubg.
Deutsch-Wagram
Gerasdorf
31
WIEN
Neulengbach
Purkersdorf
Groß-Enzersdorf
Schwechat
Fischamend
Perchtoldsdf.
Wienerwald
32
Hainfeld
Mödling
Gumpoldskchn.
Traiskchn.
35
Baden
Bad Vöslau
Mannersdorf a. Leithagebirge
Berndorf
33
Ebenfurth
Eisenstadt
Wr. Neustadt
34
Puchberg
Neunkirchen
Mattersburg
Ternitz
Sopron (Ödenburg)
Gloggnitz
Bucklige Welt
Aspang
22

SLOWAKEI
BRATISLAVA
(PRESSBURG)
URGENLAND
Senica
Brezová
Jablonica
Trstín
Smolenice
Modra
Pezinok
Senec
Plavecký Mikuláš
Malacky
Stupava
Svätý Jur
Šamorín
Hainburg a. d. Donau
Marchegg
GÄNSERNDF.
Zistersdorf
BRUCK a. d. L.
NEUSIEDL a. See
Purbach
RUST
Frauenkirchen
Mosonmagyaróvár
Csorna
Kapuvár
Neusiedler See
Nationalpark
Seewinkel
Hansag
Malé Karpaty
Marchfeld
Kittsee
Petronell
Deutsch Jahrndorf
Nickelsdorf
Hegyeshalom
Rajka
Závod
Kúty
Holíč
Dunaj
Donau
Leitha
Rábca
Rába
Répce
Malý Dunaj
Mosoni-Duna

Bodensee
Langenargen
Kreßbronn
Wasserburg
Lindau
Lindenberg
Sigmarszell
Scheidegg
Weiler
Hörbranz
Scheffau
Lochau
Pfänder
Pfändertunnel (6,7km)
Langen
Sulzberg
Zwing
Romanshorn
Uttwil
Güttingen
Amriswil
Egnach
Neukirch
Weinfelden
Berg
Mattwil
Bürglen
Sulgen
Mettlen
Zihlschlacht
Bischofszell
Arbon
Steinach
Roggwil
Rorschach
BREGENZ
Hard
Lauterach
Fußach
Gaißau
Höchst
Wolfurt
Kennelb.
Buch
Doren
Bildstein
Burgen
Lingenau
Krumbach
Hittisau
Uzwil
Oberbüren
Niederuzwil
Waldkirch
Arnegg
Kronbühl
Helden
St. Margr.
Berneck
Lustenau
Schwarzach
Alberschw.
Schwarzenberg
Egg
Ittensberg
Flawil
Gossau
ST. GALLEN
Herisau
Speicher
Trogen
Heerbrugg
Rebstein
Widn.
DORNBIRN
Kehlegg
Bersbuch
Degersheim
Teufen
Altstätten
Diepoldsau
Hohenems
Ebnit
Bezau
Bizau
Reuthe
Mellau
Schnepfau
Waldstatt
Hundwil
Gais
Kriessern
Mäder
Altach
Götzis
Rappenlochschlucht
Necker
Schönengrund
Hundwiler Höhi
Appenzell
Eichberg
Montlingen
Oberriet
Koblach
Klaus
Viktorsbg.
H. Freschen
Mittag Spitze
Argenzipfel
St. Peterzell
Urnäsch
Hemberg
Appenzeller Alpen
Rüthi
Meiningen
Röthis
Rankweil
Wasserauen
Wildkirchli
Fählensee
Sennwald
Bendel
Krummenau
Säntis
Frümsen
Nofels
Altenstadt
FELDKIRCH
Tal
Innerlaterns
Damüls
Faschina
Fontanella
Sonntag
Zitterklapfen
Buchboden
Neu St. Johann
Alt St. Johann
Wildhaus
Gams
Haag
Salez
Ruggell
Mauren
Tisis
Gisingen
Göfis
Satteins
Frastanz
Düns
Stein
Unterwasser
Grabs
Eschen
Nendeln
Amerlügen
VORARLBERG
Bludesch
Ludesch
Nüziders
Raggal
Lechquellen
Rote Wand
Gamsfreiheit
Wildenmannlisloch
Churfirsten
Hinterrugg
Voralpsee
Buchs
Schaan
Galinak.
Nenzing
Brandnertal
BLUDENZ
Formarin See
Innerbraz
Amden
Walensee
Walenstadt
Gamsberg
Vaduz
Bürs
Bludenz-Montafon
Mühleborn
Quarten
Berschis
Sevelen
LICHTENSTEIN
Triesen
Fundelkopf
Brand
St. Anton
Dalaas
Murg
Oberterzen
Flums
Azmoos
Trübbach
Balzers
Nenzinger Himmel
Gamperdonatal
Zimba
Vandans
Bartholomäberg
Schruns
Klostertal
Sargans
Mels
Naafkopf
Schesaplana
Douglashütte
Lünersee
Tschagguns
Hochjoch
Spitzmeilen
Vilters
Fläsch
Maienfeld
Rätikon
Drusenfluh
Montafon
St. Gallenkirch
Weisstannen
Bad Ragaz
Taminaschlucht
Malans
Seewis
Grüsch
Schuders
Partnun
Sarotla
Weißtannental
Valens
Landquart
Schiers
St. Antönien
Gargellen
Trämligen
Igis
Valzeina
Vergalda
Silvretta
Hochalpen
Pizol
Prättigau
Elm
Piz Segnas
Ringel Spitz
St. Martin
Vättis
Tamina
Untervaz
Zizers
Furna
Jenaz
Putz
Küblis
Madrisa
Schlappin
Glarner Alpen
Calanda
Conters
Serneus
Klosters Dorf
Klosters Platz
Kunkels-Pass
Haldenstein
Hochwang
Flims
Fidaz
Trin
Tamins
Domat
Chur
Plessuralpen
Peisl
Laax
Falera
Schluein
Ilanz
Bonaduz
Reichenau
Castiel
Weissfluh
Langwies
Davos Dorf
Davoser See
Pischahorn
Berghaus Vereina
Versam
Rhäzüns
Malix
Tschiertschen
Davos
Valendas
Rothenbrunnen
Churwalden
Arosa
Frauenkirch
Clavadel
Flüela-Wisshorn
Riein
Safiental
Präz
Tartar
Stätzerhorn
Parpan
Aroser Rothorn
Sandhubel
Sertig Dörfli
Flüelapass
Piz Fess
Valbella-S.
Thusis
Viamala-Schlucht
Schynschlucht
Landwasser
Mon-stein
Dürrboden
Uors
SCHWEIZ
Sils
Vaz
Lantsch/Lenz
Alvaneu
Wiesen
Urmein
Safien Platz
Via Mala
Stierva
Filisur
Ducan
Piz Vadret
Thalkirch
Bruschghorn
Zillis
Donath
Mon
Tiefencastel
Brail
Platz
Salouf
Bergün
Piz Kesch
Susauna
Andeer
Piz Curver
Cunter
Savognin
Schanf
Bärenhorn
Alperschällihorn
Sufers
Roflaschlucht
Oberhalbstein
Albulapass
Zuoz
Splügen
Ausserferrera
Tinizong
Wintersperre XI-V
La Punt
Hinterrhein
Nufenen
Rheinwald
Bever
Livigno-alpen
Splügenpass
Piz Grisch
Piz d'Err
Mulegna
Sur
Samedan
San Bernardino Tunnel
M. Spluga
Innerferrera
L. d. M. Spluga
Cresta
Piz Platta
St. Moritz
Julierpass
Champfèr
Pontresina
Isola
L. di Lei
Avers
Bivio
Silvaplana
Madèsimo
Juf
Pian San Giacomo
Silvaplaner See
47°
10°

Sibratshofen
Martinszell
Petersthal
Oy
Nesselwang
Hopferau
Forggen-see
Buching
28
Akams
Missen
Mutten
Alpsee
Vorderburg
Wertach
Grüntensee
5
Pfronten
Füssen
Rieden
Bannwaldsee
Oberstaufen
Immenstadt
Rettenberg
Jungholz
Weißensee
Schwangau
Hoh. Schwangau
Neuschwanstein
Thalkirchdorf
Deutsche Alpenstr.
Blaichach
Burgberg
30
Unterjoch
Oberjoch-P.
Dt. Zollanschluss-gebiet
Vils
Pinswang
Säuling
Alpsee
Sonthofen
Hindelang
Oberjoch
Schattwald
Grän
Schlicke
Ammergebirge
Rindalphorn
29
Bad Oberdorf
Haldensee
Nesselwängle
Lechaschau
REUTTE
Pflach
Weißbach
Ofterschwang
Balderschwang
Altstädten
Tannheim
Hinterstein
Fischen
Vilsalpsee
Plansee
Heiterwanger See
Riedbergerhorn
Sturmanns-Höhle
Gaichtpass
Weißenbach
Heiterwang
Sibratsgfäll
Tiefenbach
Rohrmoos
Breitach-klamm
Nebelhorn
Rieden
Via Claudia Augusta
Thaneller
Lähn
Forchach
Bichlbach
Schönbach-Vorsäße
Oberstdorf
Berwang
Freibergsee
Breitach
Hochvogel
Vorderhornbach
Stanzach
Brand
Lermoos
Kleinwalsertal
Hinterhornbach
Kelmen
Fernpass
Blindsee
Hoher Ifen
Riezlern
Kanzelwand
Skiflugschanze
Namlos
Fernstein
Rehmen
Dt. Zollanschlussgebiet
Mittelberg
Elmen
Namloser Wetterspitz
Baad
Allgäuer Alpen
Mädelegabel
Häselgehr
Heiterwand
Nassereith
Widderstein
Hochtannbg.-P.
Elbigenalp
Bschlabs
Wintersperre XI-V
Lechtal
Lechleiten
Hohes Licht
Boden
Hahntennjoch
Muttekopf
Schröcken
Holzgau
Bach
Gramais
Gurglbach
Haiming
Warth
Stockach
Tarrenz
Wintersperre XII-III
Hägerau
IMST
Ötztal
Steeg
Karrösten
Lech
Kaisers
Madau-Bergheim
Mils
Lechtaler Alpen
Sautens
Zug
Ravensburger Hütte
Schönwies
Imst/Pitztal
Arzl
Piburger See
Zürs
Flexenpaß
Parsaiersp.
Zams
Unterleins
Stuben
Arlbergp.
St. Jakob
Pettneu
Schnann
66
Klösterle
Flirsch
Grins
Stanz
Wenns
Langen
St. Christoph
St. Anton
Hoher Riffler
Strengen
Pians
LANDECK
Piller
Jerzens
Wildgrat
Arlbergtunnel (13,9km)
Trisannabrücke
Zaunhof
Fundusfeiler
Kaltenberg
Rosanna
Langesthei
Kegel K.
Fließ
Köpfle
Pitztal
See
Ladis
Kauns
Verwallgruppe
Kuchensp.
Kappl
Fiss
Prutz
St. Leonhard
Samnaungruppe
Serfaus
Fendels
Gsallkopf
Paznauner Tal
Fagge
Hexenkopf
Ried
Ischgl
Trisanna
Tösens
Feichten
Trenkwald
Gaschurn
Mathon
Vesulsp.
Via Claudia Augusta
Kaunertal
Speicher Kops
Zollanschlussgebiet
Pfrostkopf
Watzesp.
Plangeross
16
Galtür
Spiss
Pfunds
Am See
Fimbabach
Kajetansbrücke
69
Bieler Höhe
Wintersperre XI-V
Gamspleissp.
Samnaun
Gepatsch Stausee
Riffelsee
Hochfinstermünz
Finstermünzp.
Silvretta Stausee
Muttler
Kaunertaler Gletscherstr.
Mittagskogel
Gepatsch Haus
Seehorn
Fluchthorn
Nauders
Glockturm
Silvrettagruppe
Martina
Wildspitze
Silvrettahorn
Tschlin
Piz Buin
Dreiländersp.
Schafkopf
Vnà
Reschenpass
Weißseesp.
Ramosch
Reschen
Melag
Ötztaler Alpen
Sent
Piz Linard
Rojen
Pedroß
Ftan
Graun
71
Weißkugel
Guarda
Ardez
Scuol
Reschen Stausee
Danzewell
Piz Lischana
Lavin
Vallatscha
St. Valentin
Similaun
Susch
Unterengadin
Piz Pisoc
Haider See
Kurzras
Salurn Sp.
Vernagt
75
Piz Nuna
Planeil
S-Charl
Vernagt-Stausee
Schnalstal
Zernez
Piz Sesvenna
Burgeis
Schlinig
Mals (Málles)
Spöl
Piz Tavrü
Matsch
Litzner Sp.
Nationalpark
Laatsch
Marzillspitze
Churburg
Schluderns
Piz Quattervals
Ofenpass
Glurns (Glorenza)
Taufers
Spondinig
Schlanders (Silandro)
Kastelbell
Tschierv
72
Lichtenberg
Laas
Lü
Müstair
Prad
Latsch
Lago di Livigno
Fuldera
Etsch
Via Claudia Augusta
Stilfs
Tschengls
P. d. Ferro
St. Maria
Morter
Piz Murtaröl
Wintersperre XI-V
Vinschgau
Gomagoi
Lago di S. Giacomo d. Fr.
Umbrailpass
Salt
Livigno
Pso. d. Eira
Stilfser-Joch
Trafoi
Gand
Hasenöhrl
Trepalle
L. d. Cancano
Braulio-schlucht
Hlg. 3 Brunnen
Vertain Sp.
Schweizer Zollanschlussgebiet
Pso. d. Foscagno
Valdidentro
Sulden
Ortler
Nationalpark
Martelltal
Zufritt Sp.
Wintersperre XI-V
Römerbäder
Bòrmio
25
S. Carlo
S. Antonio
Königspitze
73
St. Gertraud
Forc. d. Livigno
Oga

16

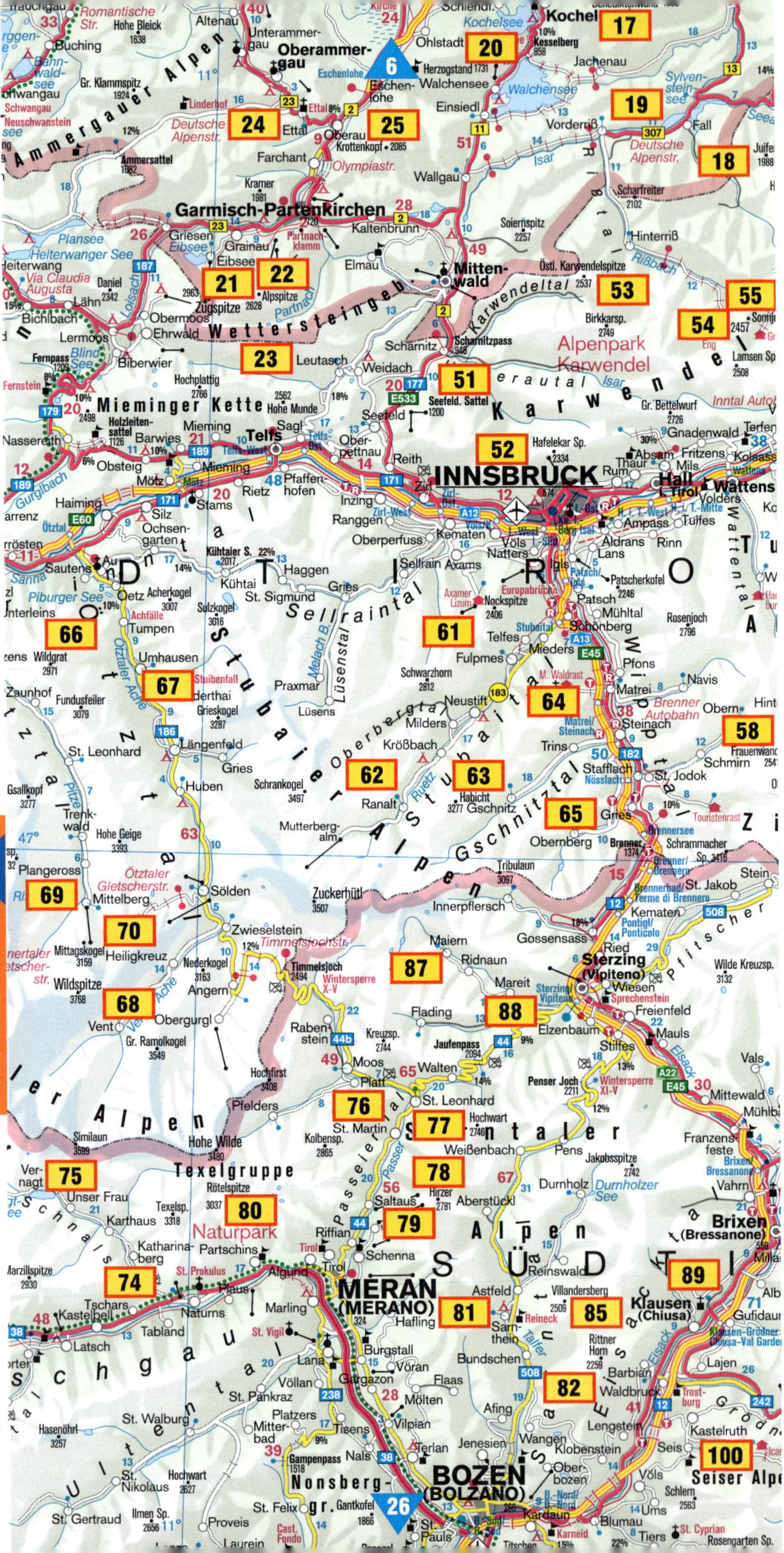
Oberammergau
Ammergauer Alpen
Garmisch-Partenkirchen
Mittenwald
Kochel
Walchensee
Wallgau
Zugspitze
Wettersteingeb.
Karwendeltal
Alpenpark Karwendel
Karwendel
Mieminger Kette
Telfs
Seefeld
INNSBRUCK
Hall i. Tirol
Wattens
TIROL
Ötztal
Sellraintal
Stubaier Alpen
Stubaital
Gschnitztal
Wipptal
Brenner
Sölden
Ötztaler Gletscherstr.
Timmelsjochstr.
Obergurgl
Sterzing (Vipiteno)
Ötztaler Alpen
Sarntaler Alpen
Texelgruppe
Naturpark
MERAN (MERANO)
Brixen (Bressanone)
Klausen (Chiusa)
SÜDTIROL
Vinschgau
Ultental
BOZEN (BOLZANO)
Nonsberg
Seiser Alpe
Grödnertal

Kreuth
14
Risserkogel
Wildbad Kreuth
Achenpass
12
Bayerische Voralpen
Valepp
49
Ht. Sonnwendjoch
Gr. Traithen
Oberaudorf
7
Ursprungpass
Kiefersfelden
Thiersee
Niederndf.
Walchsee
Ebbs
Durchholzen
Schwendt
41-43
Kaiser-
Griesenau
Erpfendorf
KUFSTEIN
44-45
Ellmauer Halt
Hintersteinersee
Kirchdorf
Achenwald
Achenthal
Guffert
Landl
Inntal Autobahn
Kufstein-Süd
Kufstein-N.
Köglhörndl
Schwoich
Scheffau
geb.
St. Johann i. Tirol
46
Hochplatte
Achenkirch
Steinberg
Pinegg
50
Mariastein
Kienberg
Kirchbichl
Bad Häring
Söll
Ellmau
Going
Oberndf.
47
Seebergspitze
Rofan
48
Rofanspitze
Achensee
Brandenberg
Reintaler See
Inn
Breitenbach
Schönau
Wörgl-Ost
Wörgl-West
Angath
Wörgl
Itter
Hohe Salve
Brixental
Reith
Kitzbüheler Horn
Pertisau
Kramsach
Kundl
Wildschönau
Brixen
Schwarzsee
KITZBÜHEL
Maurach
Münster
Wiesing
Rattenberg
Brixlegg
Holzalmhaus
Oberau
Niederau
Hopfgarten
Westendorf
Kirchbg.
Oberaurach
Jenbach
Tratzberg
Reith
Strass
Alpbach
Auffach
Wildschönauer Ache
Kitzbüheler
Rettenbach
Stans
Rotholz
Bruck a. Ziller
Schlitters
Inneralpbach
Kelchsau
Windauer Ache
Brechhorn
Aschau
Jochberg
Buch
SCHWAZ
Fügen
Wiedersberger Horn
Alpen
Hart
Galtenberg
Langer Grund
Gr. Rettenstein
Gaisstein
Pill
Weerberg
Uderns
Zillertal
Stumm
Kaltenbach
Salzachgeier
Pass Thurn
Mühlbach
Mittersill
Gilfert
Hochfügen
Zillertaler Höhenstr.
Aschau
Kreuzjoch
Gerlosstr.
Wald
Neukirchen
Bramberg
Hollersbach
Zell
56
Gerlosberg
Gerlos
Gerlos-P.
Durlaßboden
Rosenthal
Vorderkrimml
Krimml
Krimmler Wasserfälle
Breit K.
Hainzenbg.
Gmünd
Gerlostal
Rastkogel
Schwendau
Hüttelkogel
Edelweiß Hütte
Breitfuß
Habach
Felber B.
Felbertauernstr.
57
Mayrhofen
Brandberg
Wildkar Spitze
Krimmler Achental
Obersulzbachtal
Obersulzbach
Wildgerlostal
Lanersb.
Finkenbg.
Tuxer Tal
Häusling
Zillergrund
Zillerkopf
Nationalpark
Hintersee
Innergschloß
Felbertauerntunnel
Lange Wand Sp.
Ahornspitze
60
In der Au
Speicher Zillergründl
Großvenediger
Hohe
Ginzling
Zemmtal
Stilluptal
Roßwandspitze
Alpen
Glockenkar K.
Venedigergruppe
Friesenberghaus
59
Breitlahner Hütte
Feldkopf
Kasern
Dreiherrnsp.
Nationalpark
Tauerntal
Dominikus-hütte
Zillertaler
Gr. Löffler
Prettau
St. Peter
Rötspitze
Hinterbichl
Prägraten
Schlegeis-speicher
Schwarzenstein
St. Jakob
Ahrntal
Arvental Sp.
Weißenstein
Virgen
Steinhaus
Ahrn Bach
Virgental
Zedlach
Pfitscher-J.
Gr. Möseler
86
Hochfeiler
St. Johann
Naturpark
Lasörling
94
Gr. Moosstock
Villgraten
Weißenbach
Luttach
Rieserfernergr.
Rain
Lenkstein
Nationalpark
Defereggental
Deferegger
St. Veit
Lappach
Speikboden
Taufers
Sand
Hochgall
Erlsbach
Schwarzach
Pfunders
Hochgruppachsp.
Mühlwald
Mühlen
Taufers
Schwarze Wand
Antholzer See
Obersee Hütte
Wintersperre XI-IV
Staller Sattel
OST
Hochalm Sp.
Weiße Sp.
Tauferer Tal
Sambock
Uttenheim
Antholz Mittertal
Rote Wand
Regenstein
Weitental
Gais
Antholzer Bach
St. Magdalena
Obertal
Berge
Terenten
Niedervintl
Kiens
St. Georgen
Bruneck (Brunico)
91
92
Kalkstein
Innervillgraten
Gölbner
Obervintl
Ehrenburg
Rienz
Oberrasen
Niederrasen
Unterplanken
Toblacher Pfannhorn
Außervillgraten
Nauders
Rodeneck
Montal
St. Lorenzen
Reischach
Niederolang
Hochrast
Sillian
Heinfels
Schabs
Lüsen
Kronplatz
Oberolang
Welsberg
Niederdorf
Toblach (Dobbiaco)
Arnbach
St. Leonhard
Zwischenwasser
Pustertal
Innerprags
Ausserprags
Innichen
Helm
Kartitsch
St. Andrä
Naturpark
Toblacher See
Sexten
TIROL
St. Vigil
93
Pragser Wildsee
Naturpark
Pfann Sp.
St. Martin
101
Seekofel
Dreischustersp.
Peitlerkofel
Plätzwiesensattel
Höhlensteintal
Villnöß
90
Zehner Sp.
Rif. Pederu
Hohe Gaisl
95
Kreuzbergsattel
Naturpark
102
Stua Alm
Schluderbach
Höhlenstein
Dürrensee
Drei Zinnen
Bagni d. Valgrande
Geisler Sp.
Pedraces
Parei Sp.
Rif. Ospitale
Rif. Auronzo
St. Ulrich
96
103
Naturpark
Peutelstein
113
Padola
97-98
Wolkenstein
Stern
St. Cassian
M. Cristallo
Misurina See
Giralba
Pso. d. Zovo
Grödner J.
Kolfuschg
Tofana
Dolomiten
Auronzo
Villapiccola
104
Corvara
112
Tre-Croci-Pass
Lago di S. Catarina
Lang-Kofel
99
Sella
Valparola-J.
Rif. Valparola
Cortina d'Ampezzo
Ansiei
105
Piz Boe
Campolongopass
Falzaregopass
27
Sorapis
114
Sella-Joch
Pordoijoch
M. Marmarole
108
Arabba
Croda
Olympiaschanze
Pelos
Laggio
Marmarole
Lozzo

4
5
2
1
8
Bischofswiesen
Berchtesgaden
Schönau
Königssee
Ramsau
Wimbachklamm
Hochkalter 2608
Watzmann 2713
St. Bartholomä
Nationalpark Berchtesgadener Alpen
Obersee
Hagengebirge
Tennengebirge
Hoher Göll 2522
Golling
Kuchl
Vigaun
Pernegg
Scheffau
Pass Lueg
Bärenhöhle
Eisriesenwelt
Hohenwerfen
Werfen
Tenneck
Jagdschloß Blühnbach
Pfarrwerfen
Bischofshofen
Kreuzbergmaut
Unken
Winkelmoos A.
Kniepass
Reit
Reiter Alpe
Schwarzbach-wacht-S.
Lofer
Loferer Steinberge
Leoganger Steinberge
Pass Strub
Hirschbichel
St. Martin
Gr. Ochsenhorn 2511
Seisenbg. Klamm
Weißbach
Gr. Hundstod 2594
Lamprechts Ofenloch
Saalach
Steinernes Meer
Schönfeld Sp. 2651
Lichtenberg
Saalfelden
Leogang
Leogangtal
Hütten
Grießenpass
Grießen
Hochfilzen
Spielberghorn 2044
Waidring
Strub
Steinplatte 1869
Fellhorn 1764
Erpfendorf
Kirchdorf
St. Johann i. Tirol
St. Ulrich
Piller See
Kirch Berg 1678
St. Jakob
Kitzbüheler Horn 1996
Fieberbrunn
Oberaurach
Wildseeloder 2118
Jochberg
Saalbach
Hinterglemm
Glemmtal
Viehhofen
Harham
Gerling
Maishofen
Hinterthal
Maria Alm
Filzen-S. 1357
Dienten
Hochkönig 2941
Wintersperre XII-IV
Mitterberg
Mühlbach
ST. JOHANN i. Pongau
St. Veit
Weng
Goldegg
Schwarzach
Lichtensteinklamm
Gaisstein 2363
Hochkogel 2249
Schmittenhöhe 1965
Thumersb.
Zeller See
ZELL a. See
Hundstein 2117
Taxenbach
Lend
Stuhlfelden
Uttendorf
Piesendf.
Steindorf
Bruck
Mittersill
Hollersbach
Salzach
Kaprun
Kaprunertal
Fuscher Tal
Archen K. 2260
Klamm-P.
Klammstein
Bernkogel 2325
Dorfgastein
Großarl
SALZBURG
Pongau
Gasteiner Tal
Rauris
Rauriser Tal
Felbertal
Stubachtal
Fellern
Fusch
Kitzsteinhorn 3203
Wasserfallboden
H. Tenn 3368
Ferleiten
Bad Fusch
Wörth
Bucheben
Türchlwand 2577
Bad Hofgastein
Gamskarl Sp. 2467
Hüttschlag
Großarltal
Enzinger Boden
Stausee Mooserboden
Gr. Wiesbachhorn 3564
Rauriser Ache
Felbertauernstr.
Hintersee
Felbertauerntunnel
Weißsee
Tauernmoossee
Sonnblick 3088
Großglockner Hochalpenstr.
Edelweißsp. 2577
Stubnerkogel 2246
Badgastein
Böckstein
Bhf. Böckstein 1171
Hohe Tauern
Matreier Tauernhaus
Tauernbach
Tauerntal
Muntanitz 3232
Großglockner 3798
Glocknergruppe
Franz-Josefs-Höhe
Glocknerhaus
Wintersperre XI-V
Hochtor 2505
Kolm-Saigurn
Hocharn 3254
Bockhartsee
Valeriehaus
Tauerntunnel
Gamskarlsp. 2833
Ankogel 3252
Nationalpark
Heiligenblut
Schareck 3125
Autoverladung
Mallnitz
Weißenstein
Virgen
Matrei i. Osttirol
Felbertauernstr.
Lucknerhütte
Kals
Böses Weibl 3119
Roter Knopf 3296
Apriach
Putschall
Goldberggruppe
Böseck 2833
Oschenik Stausee
Innerfragant
Döllach
Sagritz
Zedlach
Rotenkogel 2762
Feld
Kalser Bach
Kalser Tal
Schobergruppe
Hochschober 3242
Petzeck 3283
Sadnig 2745
Außerfragant
Flattach
Obervellach
Deferegger Kogel 2769
Huben
Hopfgarten
Unterleibnig
Debantbach
Debanttal
Seichen K. 2918
Mörtschach
Kolmitzen 2942
Stall
Raggaklamm
Mölltal
Polinik 2784
Napplach
Unterkolbnitz
Hochalm Sp. 2797
TIROL
Iseltal
Schlaiten
Ainet
Winklern
Rangersdf.
Tresdorf
Regenstein 2891
Rotstein 2702
LIENZ
Lainach
Kreuzeckgruppe
Stawipfl 2514
Hochkreuz 2708
Gölbner 2943
Bruck
Dölsach
Leisach
Amlach
Tristacher See
Lavant
Nikolsdorf
Penzendorf
Außervillgraten
Anras
Lienzer Dolomiten-Hütte
Spitzkofel 2718
Gr. Sandsp. 2770
Oberdrauburg
Drautal
Irschen
Berg
Steinfeld
Heinfels
Mittewald
Abfaltersbach
Eggenkofl 2591
Lienzer Dolomiten
Flaschberg
Dellach
Greifenburg
Bruggen
Kartitsch
Kartitsch-S. 1523
Leiten
Karnische Dolomitenstr.
Maria Luggau
Schatzbühel 2095
Gailbergsattel 982
Stein
Obertilliach
Untertilliach
St. Lorenzen
Laas
Gailtal
Kreuzberg 1074
Weißbriach
Reißkofel 2371
Pfann Sp. 2678
Lesachtal
Gail
Liesing
Birnbaum
Kötschach
Mauthen
Dellach
Hochsp. 2581
St. Jakob
Würmlach
Gailtaler Alpen
Reisach
Kirchbach
Waidegg
Karnische Alpen
Plenge 2372
Hohe Warte 2780
Pollnik 2332
Plöckenpass 1362
Hoher Trieb 2199
Rattendorf
Tröpolach
Pso. d. Cason di Lanza 1552
Karnische Dolomitenstr.
Trogkofel 2280
Naßfeldjoch 1557
Bagni d. Valgrande
Padola
Candide
Pso. d. Zovo 1482
Danta
S. Pietro
Campolongo
S. Stefano
Villapiccola
Forni Avoltri
M. Crostis 2250
Timau
Via Julia Augusta
Pso. d. C. Sappada 1292
Granvilla
Rigolato
Ligosullo
Paularo
M. Creta 2463
F. Piave
Forc. Lavardel 1542
Pesáris
Prato Cárnico
Cercivento
Sutrio
Paluzza
M. Tersadia 1959
T. Pesarina
Comeglians
Laggio
Pelos
Razzosattel 1809
M. Pieltinis 2027
M. Arvenis
Arta
M. Semio
Sella
REISEATLAS ALPEN
17
28

Bad Goisern
Altaussee
Bad Aussee
Grundlsee
Toplitzsee
Hallstätter See
Hallstatt
Obertraun
Gosau
Gosausee
Abtenau
Rußbachsaag
Pass Gschütt
Bad Mitterndorf
Tauplitz
Wörschach
Klachau
Grimming
Pürgg
Irdning
Aigen
St. Martin
Öblarn
Gröbming
Stein
Pruggern
Aich
Mooshein
Großsölk
Kleinsölk
Annabering
Lungötz
Salzburger Dolomitenstr.
Hoher Dachstein
Dachsteingruppe
Gosaukamm
Filzmoos
Ramsau
Kulm
Haus
Schladming
Rohrmoos
Mandling
Pichl
Radstadt
Altenmarkt
Forstau
Eben
Hüttau
Wagrain
Flachau
Reitdorf
Naturpark
Sölktäler
Schwarzensee
Schladminger Tauern
Hochgolling
Riesachsee
Untertauern
Obertauern
Radstädter Tauernpass
Radstädter Tauern
Tauern-Autobahn
Tauerntunnel
Zauchensee
Kleinarl
Lessach
Hinterweißpriach
Twenger Talpass
Tweng
Mariapfarr
St. Andrä
Krakauebene
Prebersee
Seetal
Schöder
Ranten
Seebach
Zederhaus
Mauterndorf
Unternberg
TAMSWEG
St. Ruprecht
St. Georgen
St. Lorenzen
Stadl
St. Michael
Muhr
Rotgülden
Kölnbreinspeicher
Thomatal
Ramingstein
Predlitz
St. Margarethen
Katschberg
Katschbergtunnel
Oberdorf
Rennweg
Murauer Berge
Turrach
Turrachgraben
Turracher Höhe
Turrachsee
Innerkrems
Kremsbrücke
Königstuhl
Eisenhut
Flattnitz
Malta
Koschach
Gmünd i. Kärnten
Eisentratten
Nockberge
Nockgebiet
Nationalpark
Rosennock
Ebene Reichenau
Deutsch-Griffen
Kaning
St. Oswald
Bad Kleinkirchheim
Patergassen
Zedlitzdorf
Gnesau
Himmelberg
Sirnitz
Steuerberg
St. Ulrich
FELDKIRCHEN
Tiffen
Millstatt
Radenthein
Seeboden
Trefling
Lieserhofen
Mühldorf
Möllbrücke
SPITTAL a. d. Drau
Baldramsdf.
Lind
Millstätter See
Döbriach
Feld
Feldsee
Afritzer See
Afritz
Arriach
Laastadt
Steindorf
Bodensdf.
Ossiach
Ossiacher See
Paternion
Fresach
Feistritz
Kellerberg
Molzbichl
Olsach
Ferndorf
Kamering
Goldeck
Latschur
Weißensee
Kreuzen
Treffen
Sattendf.
Puch
Radweg
Kostenbg.
Rubland
Töplitsch
Bad Bleiberg
Bleiberg Kreuth
Förolach
Windische Höhe
Radnig
HERMAGOR
St. Stefan
Egg
Latschach
Vorderberg
Nötsch
VILLACH
Villacher Alpe
Villacher Alpenstr.
Landskron
Velden
Wörther See
Drobollach
Faak
Faaker See
Fürnitz
Finkenstein
Latschach
Rosegg
St. Egyden
St. Jakob
Arnoldstein
Thörl
Radendf.
Rosenbach
Maria Elend
Wurzen-Pass
Karawankentunnel
Podkoren
Kranjska
Tarvisio
Fusine
Camporosso
Ugovizza
Malborghetto
Pontebba
Valbruna
Karawanken
KÄRNTEN
Gurktaler Alpen
Gailtal

Liezen
Rottenmann
Admont
Selzthal
Aigen
Irdning
Trieben
Gaishorn
Treglwang
Eisenerz
Hieflau
Kalwang
Mautern
Rottenmanner Tauern
Seckauer Tauern
Eisenerzer Alpen
Wölzer Tauern
Oberwölz
Murau
Knittelfeld
Zeltweg
Judenburg
Fohnsdorf
Spielberg
Weißkirchen
Pöls
Oberzeiring
Unzmarkt
St. Georgen
Scheifling
Neumarkt
Perchau
Obdach
Seetaler Alpen
Packalpe
Naturpark
Metnitzer Alpen
Friesach
Strassburg
Bad St. Leonhard i. Lavanttal
Wolfsberg
St. Andrä
Nockberge
Wimitzer Berge
St. Veit a. d. Glan
Feldkirchen
Völkermarkt
Klagenfurt
Ferlach
Bleiburg
Eisenkappel-Vellach
Wörther See
Lavant

19

Hochschwab Gruppe
Veitschalpe
MÜRZZUSCHLAG
Mürztal-Schnellstr.
Kindbg.
Mürz
Fischbacher Alpe
Kapfenberg
BRUCK A. D. MUR
Trofaiach
LEOBEN
St. Michael
Steirische Eisenstr.
Gleinalm-Autobahn
Gleinalmtunnel (8,3 km)
Gleinalpe
Koralpe
STEIERMARK
Frohnleiten
Übelbach
Peggau
Deutschfeistritz
Gratkorn
Birkfeld
WEIZ
Gleisdorf
Graz
Köflach
Bärnbach
VOITSBG.
Packsattel
Stainz
Schilcher Weinstr.
DEUTSCH-LANDSBG.
Sausaler Weinstr.
LEIBNITZ
Wildon
Kainach
Eibiswald
Radlje ob Dravi
Dravograd
Drava
Windische Bühel
Mureck
Pohorje (Bacher gebirge)
Ravne na Koroškem
Slovenjgradec (Windischgrätz)
MARIBOR (MARBURG)
Koralpen Höhenstr.

Hochwechsel
Aspang
Mönichkirchen
Wechsel-P.
Friedbg.
Pinggau
Mönichwald
St. Lorenzen
Waldbach
Wenigzell
Blumenstr.
Strallegg
Vorau
Dechantskirchen
Rohrbach
Ehrenschachen
Joglland
Naturpark
Masenberg
Miesenbach
Lafnitz
Pinkafeld
Grafenschachen
Loipersdf.
Riedlingsdorf
Kirchschlag
Krumbach
Zöbern
Schäffern
Hochneukirchen
Stuben
Bernstein
Redlschlag
Pilgersdf.
Lockenhaus
Köszeg
(Güns)
Oberpullendorf
Günser Geb.
Stadtschlaining
Rechnitz
Oberwart
Hartberg
St. Johann
Markt Allhau
Wallfahrtskirche
Pöllau
Schildbach
Neuberg
Steirische Schlösserstr.
Stubenberg
Kaindorf
Oberbuch
Unterrohr
Wörth
Wolfau
Schlösserstraße
Unterwart
Kemeten
Oberdorf
Rohrbach
Großpetersdorf
Weinidylle Südbgld.
Hannersdorf
Burg
Eisenberg
Deutsch Schützen
Ebersdf.
Sebersdf.
Oststeir. Römerweinstr.
Bad Waltersdorf
Hirnsdorf
Blaindorf
Pischelsdorf
Großsteinb.
Hohenbrugg
Großhartmannsdf.
Burgau
Stegersbach
Rauchwart
St. Michael
Litzelsdorf
Ollersdorf
Neudau
Olbendorf
Neuberg
Kirchfidisch
St. Kathrein
Bocksdf.
Rohr
Eisenhüttl
Tobaj
Punitz
Gleisdorf
Sinabelkirchen
Nestelbach
Ilz
Kalsdorf
Bierbaum
Blumau
Lindegg
Markt Hartmannsdf.
Walkersdf.
Gr. Wilfersdf.
Altenmarkt
Fürstenfeld
Rudersdorf
Deutsch Kaltenbr.
Kukmirn
Sulz
Gerersdorf
Güssing
Pinkataler Weinstr.
Moschendorf
Strem
Heiligenbr.
Großmurbisch
Hagensdorf
St. Margarethen
Ottendf.
Breitenfeld
Söchau
Übersbach
Loipersdorf
Eltendorf
Königsdorf
Heiligenkreuz
St. Marein
Studenzen
Riegersburg
Edelsbach
Schützing
Lödersdorf
Hatzendorf
Thermenland
Weinstr.
Hohenbrugg
Jennersdf.
Mogersdorf
Rábafüzes
Szentgotthárd
Vasszentmihály
Feldbach
Mühldf.
Fehring
Welten
Windisch Minihof
St. Martin
Neumarkt
Alsószölnök
Apátistvánfalva
Farkasfa
Lichendorf
Paldau
Oedt
St. Stefan
Bad Gleichenbg.
Kapfenstein
Neuhaus
Minihof Liebau
Tauka
Bonisdorf
Klöcher Weinstr.
Felsöszölnök
Jagerberg
Gnas
Merkendorf
Krusdorf
St. Anna
Straden
Frutten
Dietersdorf
St. Peter
Südoststeir. Hügellandweinstr.
Trescher
Deutsch Haseldorf
Klöch
Jurij
Grad
Dolenci
Salovci
Hodoš
Kercaszomor
Križevci
Domanjševci
Magyarszombatta
Mačkovci
Fokovci
Wittmannsdorf
Weinburg
Oberspitz
Unterpurkla
Eichfeld
Mureck
Halbenrain
Apače
Cankova
Skakovci
Lemerje
Sebeborci
Čikečka vas
Bukovnica
Bad Radkersbg.
Puconci
Martjanci
Bonjci
Tešanovci
Bogojina
Murska Sobota
Filovci
Dobrovnik
Renkovci
Bödeháza
Petanjci
Krog
G. Radgona
Mura
Sv. Ana
Benedikt
Kapelski vrh
Hrastje
Dokležovje
Beltinci
Lipa
Turnišče
Gomilica
Odranci
Melinci
Ledava
Lenart v. Slov. G.
Gradišče
Cerkvenjak
Sp. Ivanci
Jurjevski dol
Pesnica
Videm
Križevci
Veržej
Črenšovci
Lendava
Hotiza
Ljutomer (Luttenbg.)
Sr. Bistrica
Sv. Martin
Razkrižje
Murska Središče
Zg. Voličina
Trnovska vas
Cezanjevci
Štrigova
Štrukovec
Maribor (Marburg)
Miklavž
Sp. Duplek
Vurberk
Zlatoličje
Janežovci
Gabernik
Savci
Jeruzalem
Miklavž
Rače
Pesnica
Pince
Petišovci
Sivica
Podturen
Rédics
Resznek
Kobilje
Csesztreg
Szentgyörgyvölgy
Kerkáskápolna
Nagyrákos
Pankasz
Őriszentpéter
Szalafő
Bajánsenye
Kerka
Kondorfa
Őrimagyarósd
Viszák
Rábagyarmat
Csörötnek
Rába
Ivánc
Pinkamindszent
Szentpéterfa
Nagykölked
Pornóapáti
Bildein
Eberau
Kulm
Gaas
Felsőcsatár
Torony
Bucsu
Gencsapáti
Schachendorf
Markt Neuhodis
Dürnbach
Weiden
Neumarkt
Bozsok
Köszegszerdahely
Gyöngyösfalu
Goberling
Bad Tatzmannsdf.
Holzschlag
Mariasdorf
Tauchen
Oberschützen
Unterloisdorf
Steinberg
Mannersdf.
Piringsdf.
Unterrabnitz
Oberrabnitz
Dörfl
Draßmarkt
Weingr.
Kaisersdf.
Lembach
Stang
Landsee
Bad Schönau
Neudorf
Markt St. Martin
Weppersdf.
Kobersdf.
Lackenbach
Unterfrauenhaid
Raiding
Röm. Bernsteinstr.
Neutal
Stoob
Unterpullendorf
Wiesmath
Hollenthon
Wehrkirchenstraße
Lichtenegg
Edlitz
Feistritz
Kirchbg.
Otterthal
Trattenbach
St. Corona
Mariensee
Feistritzsattel
Pfaffensattel
Steinhaus
Spital
Rettenegg
Breitenbrunn
Ratten
Koglhof
Rabenwald Kogel
Oberfeistritz
Puch
Herberstein
Etzersdf.
Großpesendf.
Oststeir. Römerweinstr.
Feistritz
Sinabelkirchen
Ilzbach
Safenbach
Lafnitztal
Raab
Lichendorf
Paldau
Saßbach
Kirchbg.
Volfsberg
Mureck
Murek
Lenart
Hrastovec
Sv. Trojica
Maribor

REISEATLAS ALPEN 1:600.000

San Bernardino Tunnel
M. Spluga
L. d. M. Spluga
Isola
Madèsimo
Plattagruppe
Campodolcino
Mesocco
Soazza
Cimaganda
Chiavenna
Castasegna
Soglio
Vicosoprano
Bergell
Maloja
Malojapass
Sils
Silser See
Silvaplaner See
Silvaplana
St. Moritz
Champfèr
Pontresina
Julierpass
Bivio
Juf
Cresta
Piz Platta
Piz Turba
Piz Duan
Avers
L. di Lei
Innerferrera
Bernina Alpen
Piz Bernina
L. Bianco
Piz Badile
C. d. Castello
Chiareggio
Rif. Zoia
P. Scalino
Primolo
Tornadri
Caspoggio
Chiesa
M. Disgrazia
Torre
Val Malenco
Bagni
S. Martino
Samòlaco
Somaggia
Novate
Mera
P. Campanila
P. Ledu
Tessiner Alpen
Lago d. Mezzola
Verceia
Cataeggio
C. Spluga
Valtellina
Gera
Gravedona
Dongo
Còlico
Mantello
Adda
Dàzio
Ardenno
Buglio
Màsino
Castione
SONDRIO
Ponte
Chiuro
Albosaggia
Faedo Valtellina
Castello
S. Antonio
Delèbio
Còsio
Morbegno
Campo
Cedrasco
Caiolo
Dòrio
Vignola
M. Legnone
Albaredo
Tàrtano
Lago di Como
Aveno
Premana
Gerola Alta
Bergamasker Alpen
P. d. Coca
Bellano
Taceno
Fòppolo
M. C. Stella
Diarolo d. Tenda
Carona
Fiumenero
Varenna
P. dei Tre Signori
Mezzoldo
Branzi
Lizzola
Bellàgio
Esino
Cortenova
Valsassina
Ornica
Cùsio
Piazzatorre
Valtorta
Trabuchello
M. Pradella
Vilminore
L. d. Lecco
Grigna
Pasturo
Cassiglio
Olmo
Bàresi
Gromo
Valle Seriana
Olcio
Mandello
Lenna
Val Brembana
Ardesio
Vassena
Piani Resinelli
Colle d. Balisio
Ballabio
P. Arera
Pso. Presolana
Onno
Abbadia
Vedeseta
Castione
Osigo
Asso
Lecco
Parè
S. Giovanni Bianco
Brembo
Bartolomeo
Serina
Oneta
Ponte Nossa
Clusone
Rovetta
Canzo
Brumano
S. Pellegrino
M. Alben
P. Formico
Cerete
Pusiano
Galbiate
Imagna
Brembilla
LOMBARDEI
Casnigo
Lòvere
Calolziocorte
Zogno
Vertova
Gandino
Sòvere
Rogeno
Oggiono
Olginate
M. Linsone
Gazzaniga
Leffe
Endine
Dolzago
Valle
Bianzano
Riva
Airuno
Palazzago
Villa d'Alme
Sorisole
Albino
Cene
Lago Endine
Barzanò
Alzano
Casazza
Lago d'Iseo
Renate
Monticello
BERGAMO
Villa di Sèrio
Vigano
S. Martino
Parzànica
Besana Br.
Missaglia
Merate
Calusco
Presezzo
Scanzorosciate
Seriate
M. Bronzone
Sivian
Casatenovo
Osnago
Ponte S. P.
Tavèrnola
Usmate
Bernareggio
Bonate Sotto
Albano
Trescore
Predore
Costa
Gorlago
Sàrnico
Iseo
Filago
Stezzano
Grumello d. Monte
Capriolo
Biassono
Arcore
Cornate
Colnago
Trezzo
Zànica
Provaglio d'Iseo
Concorezzo
Vimercate
Verdello
Telgate
Palazzolo
Monza
Urgnano
Ghisalba
Passirano
Cazzago
Bòltiere
Cologne
Vàprio
Cologno
Martinengo
Brugherio
Carugate
Cambiago
Àrcene
Cividate
Pontòglio
Coccàglio
Rovato
Ospitaletto
Inzago
Fara
Brignano
Cernusco
Bussero
Gorgonzola
Cassano
Treviglio
Morengo
Romano di Lombardia
Chiari
Vimodrone
Pozzuolo
Melzo
Bariano
Càlcio
Castrezzato
Travagliato
Pioltello
Casirate
Caravàggio
Antegnate
Castelcovati
MILANO (MAILAND)
Rivolta
Vailate
Mozzanica
Fontanella
Rudiano
Trenzano
Isso
Roccafranca
Capralba
Camisano
Agnadello
Paullo
Zelo B. P.
Pandino
Sergnano
Gallignano
Pompiano
Mediglia
Spino
Pòrtico
Soncino
S. Giuliano
Mulazzano
Offanengo
Orzinuovi
Romanengo
Crema
Melegnano
Riolo
Bagnolo
Ticengo
Villachiara
S. Paolo
Ombriano
Izano
Borgo
Lombardei

Ortler Alpen
Nationalpark
Bòrmio
Sobretta-
Gavia-
Gruppe
Trepalle
Valdidentro
S. Carlo
Oga
S. Antonio
Valdisotto
S. Caterina
Sulden
Ortler 3905
Königspitze 3859
Zufall Sp. 3764
Vertain Sp. 3545
Zufritt Sp. 3438
St. Gertra
Bagni di Rabbi
S. Bernardo
Malè
Dimaro
Mezzana
Cusiano
Fucine
Pizzano
Peio
Cògolo
C. Vegaia 2890
Antica Fonte d. Peio
L. di Careser
Lago di Poschiavo
Poschiavo
Brusio
Malghera
Eita
le Prese
Fumero
Sòndalo
Fusino
Grosio
Grosotto
Mazzo
Baruffini
Madonna
Tirano
Lòvero
Trivigno
Cortenèdolo
Èdolo
Monno
Vezza d'Oglio
Ponte d. Legno
Pso. d. Tonale 1883
Pso. d. Gavia 2621
P. d. Pietra Rossa 3212
C. d. Tre Signori 3359
P. S. Matteo 3684
M. Sobretta 3295
Cima de Piazzi 3439
Cima Viola 3374
Piz Zembrasca 3090
M. Seroltine 2867
C. Cadi 2449
Cima Presanella 3556
Madonna d. Campiglio
Campo di Carlo M. 1682
C. Brenta 3150
C. Tosa 3173
S. Vigilio
Pinzolo
Caderzone
Naturpark
Mortaso
Sarca
grupp e
Adamello-
Presanella-
Alpen
Naturpark
M. Adamello 3554
M. Banone 3331
M. Care Alto 3462
Sònico
S. Pietro
Pso. d'Aprica 1181
S. Antònio
Corteno
Carona
Malonno
M. Torena 2911
Lago Belviso
M. Torsoleto 2707
Paisco
Cedègolo
Saviore
Valle
Lago d. M. Bissina
Pso. di Vivione 1828
Schilpàrio
Capo
Villa
Lòsine
M. Frisozzo 2899
C. d. Valbona 2889
Lago d. M. Boazzo
M. Listino 2746
Villa Rendena
Ràgoli
Tione
Stènico
Cavrasto
Fiavè
Campo
Ponte d. Arche
Roncone
Ballino
Dezzo
Palline
Borno
Ossimo
Breno
Bienno
Pieve di Bono
Cimego
Condino
Valli Giudicarie
M. Cadria 2254
Bezzecca
Tiarno
Lago d. Ledro
Pranzo
Massone
Arco
Riva
Torbole
Lòppio
Ponale-fall
Boario Terme
Darfo
M. Fra 2160
Pso. d. Croce Domini 1895
Val Camonica
Val Trompia
M. Muffetto 2060
Pso. d. Maniva 1662
Bagolino
Storo
Pso. d. Tremalzo 1694
Limone s. Garda
M. Altissimo 2079
Navene
Mte. Baldo
Malcèsine
Assenza
Àvio
Pisogne
Còllio
S. Antònio
Bondone
M. Capione 1977
Magasa
Vesio
Zone
Bovegno
Pezzace
Anfo
Lago d'Idro
Gardasee-berge
Campione
Gàrdola
Marone
Navono
Lavenone
Idro
M. Manos 1518
Costa
Sale
Brozzo
Vestone
Casto
Nozza
Eno
Gargnano
Gardone
Sulzano
Ponte Zanano
Sarezzo
Barghe
Toscolano
Maderno
M. Maggiore 2200
Castelletto
Ferrara
Pai
Brione
Lumezzane
Òdolo
Vobarno
Tòrmini
Fasano
Salò
Torri d. Benaco
Caprino
Breone
Caino
Collebeato
Bovezzo
Nave
Cellàtica
Gavardo
Serle
San Felice
S. Vigilio
San Vigilio
Garda
Lago di Garda
Dolcè
Via Claudia Augusta
BRESCIA
Mandolossa
Botticino
Nuvolente
Rezzato
Carzago
Bardolino
Roncadelle
Bedizzole
Padenghe
Moniga
Grotte di Catullo
Lazise
Sant'Ambrògio d. Valpol.
S. Zeno Naviglio
Borgosatollo
Sirmione
Pastrengo
Poncarale
Castenèdolo
Lonato
Desenzano di Garda
Colombare
Pescantina
Bussolengo
Calcinato
Montirone
Peschiera
Castelnuova d. Ver.
Sona
Bagnolo
Ghedi
Montichiari
Castiglione di Stiviere
Pozzolengo
Sommacampagna
Monzambano
Custoza
Leno
Pt. Rosso
Solferino
Villafranca
Manèrbio
Mella
Chiese
Oglio

26
REISEATLAS ALPEN

25
REISEATLAS ALPEN

Grödner J. 2137
Corvara
Sella
Campolongopass
Piz Boè 1878
Sella Joch
Pordoijoch 2242
Arabba
Canazei
Campitello
Fedaia Stausee
Pieve
Penia
M. Marmolada 3342
Fedaiapass 2057
Valparola-J.
Rif. Valparola
Falzaregopass 2192
Giaupass 2236
Croda da Lago 2715
Tofana
Cortina d'Ampezzo
Olympia-schanze
Tre-Croci-Pass 1809
Sorapis 3205
Boite
Auronzo
Lago di S. Catarina
F. Piave
Villa-piccola
Laggio
Pelos
Lozzo d. Cadore
Lorenzago
M. Marmarole 2932
Marmarole
S. Vito
M. Antelao 3264
Borca
Pieve di Cadore
Valle d. Cadore
Vallesella
Pso. d. Mauria 1298
Lago Centro di Cadore
C. Monfalcon 2548
Vodo
Cibiana
Forc. Cibiana 1536
Perarolo
Südlic
Caprile
Pescul
Rocca Piètore
Pso. Staulanza 1773
M. Pelmo 3168
Alleghe
Gr. Dolomiten Str.
Pso. di S. Pellegrino 1918
C. d. Auta 2623
S. Pellegrino
S. Tomaso
M. Civetta 3220
Mareson
Zoppe
Fornesighe
C. Bocche 2745
Falcade
Canale d'Agordo
Cencenighe
Dont
Forno di Zoldo
M. Rocchetta 2436
Ospitale
Maè
Pso. d. Valles 2033
C. di Pra 2503
Listolade
Pso. d. Duran 1605
M. Tamer 2546
Paneveggio
Gares
Natur-park
Pso. di Rolle 1984
Taibon
Agordo
La Valle
Termine
Pso. d. S. Osvaldo 897
Erto
Cimolais
C. di Cece 2772
S. Martino
Pala-gruppe
M. Agner 2872
Rivamonte
Longarone
Vaiont-Schlucht (Bergsturz 1963)
L. d. Vaiont
Cellino
Faè
Provagna
C. Scanaiol 2467
Forc. Aurine 1298
Forc. Franche 992
Tiser
Don
Cordevole
M. Schiara 2565
Col Nudo 2471
M. Serva 2133
Sovèrzene
Pian di Vedòia
Soccher
Montanes
M. Messer 2230
Caoria
Sirò
Fiera
Pso. d. Cereda 1369
M. Alto 2058
Lago di Mis
Gioz
Ponte
Belluno
Pieve d'Alpago
Chies d'Alpago
Prade
Pso. d. Gobbera 998
Mezzano
Certosa d. Vedana
Mas
Sospirolo
Cugnan
Puos d'Alpago
M. Cavallo 2251
M. Pizzocco 2186
BELLUNO
Castion
Farra
Tambre d'Alpego
Paderno
Quantin
Lago di S. Croce
Le Vette Feltrine
S. Gregorio
Sèdico
Limana
Cirvoi
S. Croce
Rif. Nevegal
Fadalto-Lago di S. Croce
Cesiomaggiore
S. Giustina
Trichiana
Tassei
Bosco d. Cansiglio
M. Coppolo 2069
Aune
S. Donato
Cast. Schener
Lamon
Villabruna
F. Piave
Mel
S. Antonio Tortal
Budoia
Arina
Faller
Pedavena
Foèn
Busche
Lentiai
Pso. di S. Boldo 706
Vittorio Veneto-Nord
la Crosetta
Polcenigo
Mugnai
Feltre
Fonzaso
Arten
Vittorio Veneto
Osigo
Sarone
Arsie
Seren
Sanzan
Lago
Tarzo
Sarmede
Fastro
Follina
Càneva
Miane
Vittorio Veneto-Sud
S. Giacomo
M. Cesen 1569
Vas
S. Pietro
Pontera
Alano d. Piave
Farra d. Soligo
Gòdega
S. Fior
Cismon d. Grappa
Fener
Valdobbiàdene
Pieve d. Soligo
S. Vendemiano
S. Marino
Pederobba
Bigolino
Sernàglia
Conegliano
Gaiarine
Ponte S. Lorenzo
Possagno
Onigo
Crocetta d. Montebelluna
Susegana
Codognè
Fontanellè
Crespano d. Gr.
Cornuda
Nervesa d. Battaglia
S. Lucia d. Piave
Vazzola
Monticano
Tezze
Pove
Àsolo
Maser
Ciano
Arcade
Mussolente
Caerano d. S. M.
Venegazzù
Spresiano
S. Polo d. Piave
Bassano di Grappa
S. Zenone d. Ezzelini
Montebellùna
Volpago
Povegliano
Cimadolmo
Oderzo
Altivole
Villorba
Maserada
Cassola
Lòria
Riese
Trevignano
Piave
Rosa
Fanzolo
Musano
Postioma
Treviso-Nord
Saletto
Breda d. Piave
Ponte d. Piave
Cartigliano
Rossano
Castello d. Godego
Vedelago
Istrana
TREVISO
Carbonera
Cusinati
Galliera
Zensen d. Piave
Castelfranco
Paese
Cittadella
S. Martino d. Lupari
Quinto d. Treviso
Silea
Treviso-Sud
Tòmbolo
Fornaci
Fontaniva
Resana
Piombino Dese
Sile
Roncade
Mèolo
Grantorto
Trebaseleghe
Preganziol
Zero Branco
Casale s. Sile
S. Giorgio i. Bosco
Villa d. Conte
Capos
Brenta
Camposampiero
Scorzè
Mogliano
Mogliano Ven.
Quarto d'Altino
Portegrandi
S. Giustina
Borgoricco
Noale
Marcon
Trepalade
Piazzola s. Brenta
S. Giorgio
Martellago
Salzano
Terraglio
Favaro-Marcon-Dese
Laguna Veneta
Villafranca
Campodàrsego
Tessera
Limena
S. Maria di Sala
Spinea
Mirano
Castellana Miranese
Mestre-Marghera
Mestre
Favaro
Torcello
Burano
Vigodarzere
Mestrino
Vigonza
Dolo Mirano
Murano
Pàdova-Ovest
Pte. d. Brenta
Rubano
Pàdova (Padua)
Strà
Dolo
Mira
VENEZIA (VENEDIG)
Punta Sabbioni
Noventa
Lido
Golfo
Laguna Veneta
Vigonovo
Camponogara
S. Biagio
Pàdova-Zona Ind.
Veneto

28

REISEATLAS ALPEN 27

Arnoldstein
Finkenstein
Latschach
St. Jakob
Rosenbach
Maria Elend
Pontebba
Ugovizza
Camporosso
Tarvis
Valbruna
Fusine
Lago di Fusine
Podkoren
Kranjska gora
Sava Dolinka
Dovje
Mojstrana
Hrušica
Jesenice (Assling)
Wurzen-Pass
Karawankentunnel
Dogna
Jof di Montasio
Cave d. Predil
M. Mangart
Pso. Mojstrovka
Strmec
Saletto
Sella Nevea
Log
Triglavski-Narodni Park
Triglav
Bled
Gorje
Bohinjska Bela
Blejsko Jez.
S. Giorgio
Stolvizza
M. Canin
Bovec (Flitsch)
Soča
Pluzna
Uccea
Žaga
Čezsoča
Lepena
Bohinjsko jezero
Srednja vas
Stara
Boh. Bistrica
Nomenj
Monteaperta
Srpenica
Trnovo
Breginj
Drežnica
Kobarid (Karfreit)
Platischis
Taipana
Idrsko
Kamno
Volarje
Tolmin (Tolmin)
Javorca
Zadlaska jama
Rodica
Podbrdo
Zali log
Stupizza
Livek
Canebola
Masarolis
Pòlava
Drenchia
Volče
Most
Ljubinj
Grahovo
Kneža
Bukovo
Šentviška gora
Cerkno
Gorje
D. Novaki
Faèdis
Torreano
Ponteacco
Grimacco
Stregna
Campeglio
S. Leonardo
Tolminski
Slap
Cividale di Friuli
Codromaz
Idrija
Ročinj
Avče
Kanal
Kal
Dol. Trebursa
Šebrelje
Želin
Hotavlje
Čepovan
Deskle
Plave
Bate
Prepotto
Kožbana
Orsària
Buttrio
Oleis
Šmartno
Grgar
Lokve
Vojsko
Spodnja Idrija
Žiri
Idrija
Manzano
Neblo
Nemci
Trnovo
Pavia
Dolegnano
Cormons
Gorizia (GÖRZ)
Pluma
N. Gorica
Ozeljan
Predméja
Zadlog
Godovič
Trivignano Udinese
Mossa
Kostanjevica
Šempeter
Šempas
Otlica
S. Lorenzo
Crnjče
Sv. Pavel
Ajdovščina (Heidenschaft)
Crni vrh
Palmanova
Romans
Gradisca
Sagrado
Vogrsko
Selo
Col
Podkraj
Renče
Vipava
Nanos
Strassoldo
Doberdo
Opatje Selo
Branik
Šmarje
Turriaco
Ronchi
Brestovica
Komen
Štanjel
Slap
Cervignano
Pieris
Monfalcone
Terzo
Fiumicello
Gorjansko
Kopriva
Suhi Vrh.
Landol
Aquileia
Duino
Sistiana
Vrabče
Isola Morosini
Dutovlje
Tomaj
Štorje
Razdrto
Belvedere
Golfo d'Panzano
Aurisina
Sgonico
Lago di Grado
Prosecco
Senožeče
Grignano
Miramare
Fernetti
Sežana
Villa Opicina
Lipica
Grado
Grado Pineta
TRIESTE (TRIEST)
Basovizza
Vremski Britof
Golfo di Trieste
Barka
Baia d. Muggia
S. Dorligo
Kozina
Brezovica
Muggia
Bac
Tatre
Ankaran
Koperski Zaliv
Dekani
Črni Kal
Obrov
Izola
Koper
Piran
Kubed
Podgorje
M. Taiano
Portorož
Lucija
Marezige
Savudrija
Pomjan
Hraslovlje
Šmarje
Vodice
Marija n. Krasu
Brič
Sočerga
Dane
Momjan
Brest
Umag
Buje
Štrena
Zrnj
Buzet
Račja vas

St. Jakob
Ludmannsdf.
Maria Elend
Feistritz
Kappel
Unterloibl
Windisch Bleiberg
Ferlach
Schwarz Gupf 1685
Stausee
Waidisch
Terkl
Kl. Loiblpass
St. Margareten
Rechberg
Hochobir 2139
Trögerner Klamm
Globasnitz
Sittersdorf
Feistritz
Eisenkappel-Vellach
Feistritzer Sp. 2113
Topla
Mežica
Žerjav
Črna na Koroškem
Poljana
Meža
Bärental
Loibltal
Loiblpass (Ljubelj) 1367
Hochstuhl 2237
Zell-Pfarre
Koschutnik-Hütte
Trogern
Seeberg-Pass 1218
Bad Vellach
Jesenice (Assling)
Sv. Ana
Medvodje
Solčava
Raduha 2062
Kamen 1684
Logarska Dolina
Kamniške Alpe
(Steiner Alpen)
Plesnik
Luče
Savinja
Ljubno
Žirovnika
Zasip
Gorje
Bled
Blejsko Jez.
Lesce
Kamen
Begunje
Radovljica
Podvin
Kovor
Tržič
Sp.-Jezersko
Storzec 2132
Grintavec 2558
Radmirje
Goriče
Bašelj
Kamna gorica
Kropa
Jelovica
Strahinj
Preddvor
Brdo
Visoko
Strmol
Sv. Anton
Gornjigrad
Bočna
Šmiklavž
Tirosek
Vivodnik 1508
Sv. Primož
Menina
Dražgoše
Sp. Besnica
Kranj (Krainburg)
Kokrica
Šenčur
Cerklje
Stranje
Mekinje
Loke
Ratitovec 1666
Železniki
Sv. Mohor
Selca
Sp. Brnik
Kamnik (Stein)
Špitalič
Šmartno
Zali log
Voklo
Trboje
Brnik
Moste
Šentožbolt
Sv. Duh
Podreča
Vodice
Smlednik
Utik
Menges
Lukovica
Blagovica
Krašnja
Limbarska gora
Peče
Blegaš 1562
Javorje
Škofja Loka (Bischoflack)
Sora
Goričane
Medvode
Tacen
Gameljne
Trzin
Dob
Domžale
Krumperk
Moravče
Geoss
Vače
Novaki
Poljane
Poljanščica
Hotavlje
Smartno
Brod
Črnuče
Podgorica
Dolsko
Senožeti
Hotič
Trata
Črni vrh
Dol
SLOWENIEN
Dobračeva
Lučine
Polhov Gradec
Dvor
Brdo
Dobrova
Zalog
Janče
Litija
Žiri
LJUBLJANA (LAIBACH)
Šmartno
Smrečje
Horjul
Brezje
Vič
Sv. Urh
Trebeljevo
Log
Brezovica
Lj.-C.
Lj.-Rudnik
Lj.-Lug
M. Lipoglav
Polica
Kucelj 748
Rovte
Notranje gorice
Vnanje gorice
Škofljica
Smarje-Sap
Grosuplje
Višnja Gora
Stična
Stiški samostan
Vrhnika
Ljubljanica
Brest
Ig
Godovič
Ceste
Bistra
Podpeč
Krim 1106
Pijava Gorica
Grosuplje
Ponova vas
Ivančna Gorica
Hotedršica
Breg
Višnja Gora
Črni vrh
Dol. Logatec
Borovnica
Tabor jama
Vel. Račne
Muljava
Kalce
Rakitna
Mokrec 1059
Turjak
Krka
Podkraj
Grčarevec
Pokojišče
Ponikve
Zagrade
Hrušica
Žilce
Rob
Rašica
Zdenska vas
Predjama
Bukovje
Planina
Hasburg
Unec
Rakek
Cerknica (Zirknitz)
Karlovica
Kompolje
Ambrus
Studeno
Planinska jama
Zelške jame
Mikunca 870
Ortnek
Pri cerkvi Struge
Suhi Vrh. 1313
Landol
Pivka jama
Postojnska jama
Postojna (Adelsbg.)
V. Javornik 1268
Grahovo
Nova vas
Mala gora
Žlebič
Žvirče
Hrašče
Razdrto
Hruševje
Cerkniško jezero
Bloška Polica
Sodražica
Križna jama
Nova Štifta
Ribnica
Francetova j.
Vrbov
Javorniki
Lož
Hrib-Loški Potok
Velika gora
Dolenja vas
Senožeče
Grad Prestranek
Prestranek
Pivka
Palčje
Pudob
Snežnik
Vremski Britof
Podpreska
Kočevje
Reka
Zagorje
Dedna gora 1293
Prezid
Draga
Barka
Ribnica
Mašun
Leskova dol
Gotenica
Kežak
Javor 1323
Trava
Goteniški Snežnik 1289
Tatre
Milanov Vrh
Parg
Čabar
Rauchgrotte
Pregarje
Ilirska Bistrica
Sviščaki
Snežnik 1796
Nac. Park
Tršće
Gotenička gora
Obrov
Harije
Jablanica
Zatrep 1458
Cerk 1190
Morava
Smrekova Draga
Mali Lug
Kupa
Podgrad
Jelšane
Gomanci
Gerovo
Turke
Banjalo
Kraj
Livigrada
Lipa
Gorski Kotar
Kuželj
Dane
Vele Mune
Žejane
Skalnica
Klana
Snježnik 1505
Platak
V. Risnjak 1528
V. Drgomalj 1154
Crni Lug
Delnice
Rečja vas
Gomila 1241
Permani
Marčelji
Lanišće
Kamenjak
Nac. Park Risnjak
Lokvarsko
Viškovo

Ravne na Koroškem
Slovenjgradec (Windischgrätz)
MARIBOR (MARBURG)
21
Pohorje
Ribnica
Lovrenc
Ruše
Miklavž
Rače
Slivnica
Slov. Bistrica
Zreče
Oplotnica
Rogla 1517
Velenje
Šoštanj
Mozirje
Nazarje
Šmartno ob Dreti
Vransko
Žalec
Polzela
Šempeter
Celje (Cilli)
Vojnik
Slov. Konjice
Poljčane
Makole
Dramlje
Šentjur
Štore
Rogaška Slatina
Rogatec
Hum
Prebold
Laško
Hrastnik
Trbovlje
Zagorje ob Savi
Rimske Toplice
Zidani most
Radeče
Sevnica
Senovo
Brestanica
Videm Krško
Leskovec
Brežice
Kozje
Podčetrtek
Bistrica
Bizeljsko
Kapele
Dobova
Sava
Mirna
Trebnje
Šmarjeta
Novo Mesto
Otočec
Kostanjevica
Gorjanci
Samobor
Bregana
Jastrebarsko
Samoborsko gorje
Žužemberk
Dolenjske Toplice
Semič
Metlika
Kočevski Rog
Črnomelj
Vinica
Ozalj
Krašić
Karlovac
Duga Resa
Kupa
Vrbovsko
Ravna Gora
Kupjak
E N
K R O

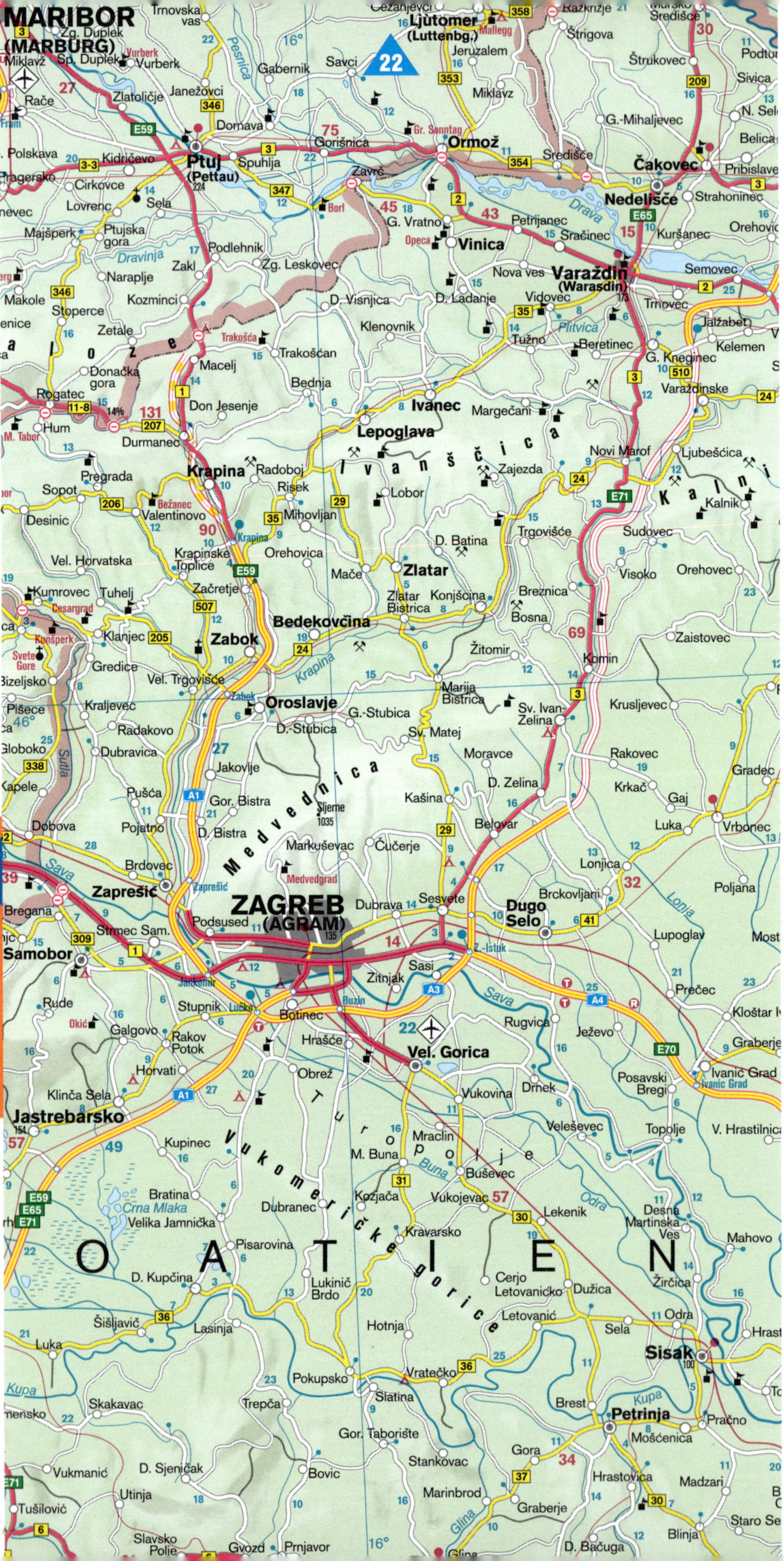

31
REISEATLAS ALPEN